CB028435

O LIVRO DA LITERATURA

O LIVRO DA LITERATURA

GLOBO LIVROS

GLOBOLIVROS

DK LONDRES

EDITOR SÊNIOR
Sam Atkinson

EDITOR DE ARTE SÊNIOR
Gillian Andrews

EDITOR DE ARTE
Saffron Stocker

EDITOR EXECUTIVO
Gareth Jones

EDITOR DE ARTE EXECUTIVO
Lee Griffiths

DIRETORA DE ARTE
Karen Self

DIRETORA ASSOCIADA DE PUBLICAÇÕES
Liz Wheeler

DIRETOR DE PUBLICAÇÕES
Jonathan Metcalf

DESIGNER DA CAPA
Natalie Godwin

EDITORA DA SOBRECAPA
Claire Gell

GERENTE DE DESENVOLVIMENTO DO DESIGN DA CAPA
Sophia MTT

PRODUTOR SÊNIOR, PRÉ-PRODUÇÃO
Tony Phipps

PRODUTORA, PRÉ-PRODUÇÃO
Nadine King

PRODUTOR SÊNIOR
Mandy Innes

ILUSTRAÇÕES
James Graham

Projeto original
STUDIO 8 DESIGN

produzido para a DK por
COBALT ID

EDITORES DE ARTE
Darren Bland, Paul Reid

EDITORES
Richard Gilbert, Diana Loxley,
Kirsty Seymour-Ure, Marek Walisiewicz,
Christopher Westhorp

EDITORA GLOBO

EDITORAS RESPONSÁVEIS
Camila Werner e Sarah Czapski Simoni

TRADUÇÃO
Camile Mendrot, Luiza Leal da Cunha,
Ana Paula Corradini (Ab Aeterno) e Ive Brunelli

PREPARAÇÃO DE TEXTO
Luciana Garcia

REVISÃO TÉCNICA E ADAPTAÇÃO DE CONTEÚDO
Livia Lima

REVISÃO DE TEXTO
Erika Nakahata e Vanessa C. Rodrigues

EDITORAÇÃO ELETRÔNICA
Duligraf Produção Gráfica Ltda.

Editora Globo S.A.
Rua Marquês de Pombal, 25
Centro – Rio de Janeiro – RJ

www.globolivros.com.br

Texto fixado conforme as regras do Acordo
Ortográfico da Língua Portuguesa
(Decreto Legislativo nº 54, de 1995)

Título original: *The Literature Book*

Impressão e acabamento: Coan

2ª edição, 2018 – 5ª reimpressão, 2024

CIP-BRASIL. CATALOGAÇÃO NA PUBLICAÇÃO
SINDICATO NACIONAL DOS EDITORES DE LIVROS, RJ

L761
O livro da literatura / organização James Canton ... [et al.] ;
tradução Camile Mendrot ...
[et al.]. - 1. ed. - São Paulo : Globo, 2016.
352 p. : il. ; 24 cm.

Tradução de: *The literature book*
Inclui índice
ISBN 978-85-250-6055-6

1. Literatura - História e crítica. I. Canton, James. II.
Mendrot, Camile.

15-26426 CDD: 809
CDU: 82.09

COLABORADORES

JAMES CANTON, EDITOR CONSULTOR

Nosso consultor e coautor James Canton é professor da Universidade de Essex, na Inglaterra, onde leciona o curso "Wild Writing: Literature and the Environment" [Escrita selvagem: literatura e o meio ambiente] no mestrado em artes. Seus trabalhos publicados incluem *From Cairo to Baghdad: British Travellers in Arabia* [Do Cairo a Bagdá: viajantes britânicos na Arábia] (2011) e *Out of Essex: Re-Imagining a Literary Landscape* [Fora de Essex: reimaginando uma paisagem literária] (2013), que explora as ligações entre nossas paisagens e nós mesmos ao investigar as maravilhas do mundo natural. Atualmente, está escrevendo um conto sobre uma viagem pelas localidades mais selvagens da Grã-Bretanha na trilha de mundos pré-históricos.

HELEN CLEARY

Editora e escritora de não ficção, Helen Cleary estudou literatura inglesa na Universidade de Cambridge, na Inglaterra. Mais tarde, completou o prestigiado mestrado de escrita criativa na Universidade de East Anglia, onde teve professores como W. G. Sebald e Lorna Sage. Helen é autora de poesia e contos de ficção e não ficção.

ANN KRAMER

Escritora e historiadora, Ann Kramer já trabalhou para uma série de editoras, incluindo a DK, antes de se tornar autora em tempo integral. Ao longo dos anos, tem escrito vários livros para o leitor em geral, sobre assuntos que vão de arte e literaturas a humanidades e história da mulher. Apaixonada por livros e pela literatura, Ann também já deu aula de alfabetização para adultos e de literatura.

ROBIN LAXBY

Editor *freelancer* e escritor, Robin Laxby é formado em inglês pela Universidade de Oxford, na Inglaterra, e trabalha como diretor de publicações em Londres. Já escreveu resenhas sobre obras de ficção para o guia de livros *The Good Book Guide* e publicou cinco livros de poesia desde 1985. Recentemente, recebeu uma bolsa da Sociedade de Autores do Reino Unido para completar um poema em prosa de 30 mil palavras.

DIANA LOXLEY

Diana Loxley é editora e autora *freelancer* e ex-editora executiva de uma editora em Londres, na Inglaterra. Possui doutorado em literatura pela Universidade de Essex. Seus trabalhos publicados incluem uma análise da ideologia colonial e imperial em vários textos fundamentais de ficção do século XIX.

ESTHER RIPLEY

Esther Ripley é formada em literatura aliada à psicologia e trabalha há muitos anos como jornalista, editora de uma revista educativa, crítica de livros e juíza de competições de contos. Ex-editora executiva na DK, possui vários livros infantis publicados e agora escreve sobre uma série de assuntos culturais.

MEGAN TODD

Professora sênior de ciências sociais na Universidade de Central Lancashire, na Inglaterra, Megan Todd é formada em literatura inglesa pela Universidade de Aberdeen, na Escócia. Ela ensinou literatura inglesa em uma escola para alunos de 11 a 14 anos em Cumbria e completou seu mestrado em estudos de gênero na Universidade de Newcastle, tendo a escrita produzida por mulheres como assunto central.

HILA SHACHAR

Professora de literatura inglesa na Universidade de Montfort, na Inglaterra, e autora para o Balé Australiano, Hila Shachar é doutora em literatura inglesa pela Universidade da Austrália Ocidental. Já escreveu uma série de livros e histórias transformadas em filme, incluindo *Cultural Afterlives and Screen Adaptations of Classic Literature* [Pós-vida cultural e adaptações da literatura clássica para o cinema] (2012), resenhado pelo *New York Times*. Também é autora de vários estudos sobre a adaptação de trabalhos literários, feminismo na literatura e ficção popular e clássica. Atualmente está escrevendo uma monografia sobre cinebiografias e investigando a adaptação para as telas da figura do autor.

ALEX VALENTE

Como pesquisador na Universidade de East Anglia, na Inglaterra, tradutor de literatura e escritor, Alex Valente tem contribuído para o guia de literatura infantil *Oxford Companion to Children's Literature* (2015) e para a publicação especializada em quadrinhos *Cultures of Comics Work* (2016), além de várias publicações menores de poesia e prosa, tanto em italiano quanto em inglês. Também foi professor de alguns módulos de literatura inglesa na Universidade de East Anglia.

BRUNO VINCENT

Como ex-vendedor e editor de livros e, agora, escritor *freelancer*, Bruno Vincent passou sua carreira inteira cercado por livros e pela palavra escrita. É autor de dez títulos, incluindo dois *best-sellers* do *Sunday Times* e dois volumes de histórias de terror góticas dickensianas para crianças.

NICK WALTON

Nick Walton é gerente de desenvolvimento dos cursos sobre Shakespeare no Shakespeare Birthplace Trust, em Stratford-upon-Avon, na Inglaterra. Já escreveu introduções para as edições da Penguin de *Timon de Atenas* e *Trabalhos de Amor Perdidos* e é coautor do *The Shakespeare Wallbook*, um grande livro ilustrado sobre Shakespeare. Também foi colaborador em *The Shakespeare Book* [O livro de Shakespeare], da série *As grandes ideias de todos os tempos*, publicada pela DK.

MARCUS WEEKS

Marcus Weeks estudou música, filosofia e tecnologia dos instrumentos musicais e teve uma carreira variada, primeiro como professor de "inglês como língua estrangeira" e, então, como músico, gerente de galeria de arte e restaurador de instrumentos antes de se tornar um autor em tempo integral. Já escreveu e contribuiu em diversos livros sobre humanidades, artes e ciências populares com o objetivo de tornar grandes ideias acessíveis e atraentes, incluindo vários títulos da série *As grandes ideias de todos os tempos*, da DK.

PENNY WOOLLARD

Gerente de estudos teatrais da Universidade de Essex, na Inglaterra, Penny Woollard possui doutorado em literatura pela mesma universidade, tendo publicado sua tese, intitulada *Derek Walcott's Americas: the USA and the Caribbean* [As Américas de Derek Walcott: os Estados Unidos e o Caribe]. Já deu aulas sobre Walcott e também foi professora de literatura norte-americana na Universidade de Essex.

SUMÁRIO

O ROMANTISMO E A ASCENSÃO DO ROMANCE
1800-1855

A REPRESENTAÇÃO DA VIDA REAL
1855-1900

O ROMPIMENTO COM AS TRADIÇÕES
1900-1945

A LITERATURA DO PÓS-GUERRA
1945-1970

LITERATURA CONTEMPORÂNEA
1970 ATÉ O PRESENTE

INTRODUÇ

ÃO

O ato de contar histórias é tão antigo quanto a própria humanidade. A tradição de capturar os acontecimentos e as crenças das comunidades vem da época em que os humanos se sentaram pela primeira vez ao redor de uma fogueira para contar casos. A história foi preservada na forma de lendas e mitologias passadas de uma geração para a outra, e ofereceu respostas sobre os mistérios do universo e sua criação.

Narrativas escritas apareceram na mesma época que as antigas civilizações, mas, em um primeiro momento, a invenção da escrita serviu a funções simples e prosaicas – por exemplo, para registrar transações entre comerciantes ou quantidades de bens. Os milhares de tabletes cuneiformes descobertos em Ugarit, na Síria, revelam a natureza já complexa da forma escrita em 1500 a.C. A escrita logo evoluiu de uma maneira de fornecer informações comerciais para preservar as histórias orais que eram intrínsecas de cada cultura e seus costumes, ideias, morais e estruturas sociais. Isso levou aos primeiros exemplos de literatura escrita, encontrados nas narrativas épicas da Mesopotâmia, da Índia e da Grécia antiga, e nos textos mais filosóficos da China na Antiguidade. Como John Steinbeck declarou tão sucintamente em seu discurso de agradecimento ao Prêmio Nobel de 1962: "A literatura é tão antiga quanto a fala. Ela surgiu a partir da necessidade humana, e não mudou, a não ser por ter se tornado mais necessária".

Eu começo escrevendo a primeira frase – e confiando a segunda a Deus Todo-Poderoso.

Laurence Sterne

A srta. Bingley, da obra *Orgulho e preconceito* de Jane Austen, podia estar falando besteira quando declarou: "alguém se cansa muito mais rápido de qualquer coisa do que de um livro!", mas esse sentimento é verdadeiro para muitos de nós. Apesar das distrações quase ilimitadas que os leitores encaram hoje, a literatura continua satisfazendo uma necessidade espiritual ou psicológica, e abrindo a mente dos leitores para o mundo e sua extraordinária variedade. Há trabalhos escritos há centenas de anos que continuam a encantar e a entreter até hoje; textos pós-modernos complexos que podem ser extremamente desafiadores e, mesmo assim, ainda prendem a nossa atenção; e novos romances que soam tão modernos que suas palavras parecem ter acabado de ser inventadas.

Definindo a literatura

Apesar de a simples definição de literatura ser "qualquer coisa escrita", a palavra tem sido associada principalmente a trabalhos de ficção, teatro e poesia, e foi atribuída como uma distinção de mérito e superioridade impossível de medir. Esses valores são intrínsecos ao cânone da literatura e à base para o estudo e a apreciação acadêmica que vem evoluindo desde a segunda metade do século XIX. O termo "cânone" foi emprestado dos cânones eclesiásticos dos textos religiosos autorizados. O cânone literário – uma coleção de trabalhos cuja qualidade foi considerada, de comum acordo, excepcional – era formado quase que inteiramente por trabalhos familiares da literatura europeia ocidental.

Desde a metade do século XX, teóricos culturais e literários vêm fazendo muito para desestabilizar o cânone ao criticar a autoridade dessas listas de trabalhos de "europeus brancos e mortos". A ideia de um cânone notável de "grandes trabalhos" ainda é considerada uma estrutura útil, mas, em vez de o termo ser usado para definir o mesmo

conjunto de títulos, ele hoje evolui a cada nova geração, que examina novamente a ideologia e as estruturas de poder que sustentam as seleções das gerações anteriores, e questiona por que certos trabalhos foram excluídos. Pode-se argumentar que estudar como a literatura é criada e testar seu lugar no cânone pode ajudar a nos tornar melhores leitores. Com a mesma premissa, este livro traz muitos títulos geralmente considerados "grandes obras", mas explora seu lugar em uma história mais ampla da literatura, e dentro de uma mistura mais variada de escritos do mundo todo. Eles se encontram ao lado de textos mais novos que conferem poder a algumas das vozes silenciadas ao longo dos séculos por construções sociais, como o colonialismo e o patriarcalismo, e pelo domínio da literatura pela Europa.

A escolha dos livros

Este livro embarca em uma jornada cronológica pela literatura, usando mais de uma centena de livros como marcos ao longo do caminho. Essa viagem também emprega uma abordagem global ao explorar textos literários de uma ampla variedade de culturas diferentes que muitos leitores podem não ter visto anteriormente.

Os trabalhos escolhidos para *O livro da literatura* são exemplos de um estilo ou técnica literária em particular ou representam um grupo ou movimento que partiu em uma nova direção então adotada por gerações seguintes. Os trabalhos estão organizados cronologicamente para destacar o aparecimento de inovações literárias contra o pano de fundo social e político da época. Por exemplo, durante os séculos XVII e XVIII, a literatura francesa evoluiu das comédias de costumes neoclássicas de Molière para a crítica satírica de Voltaire e o otimismo do Iluminismo, e, mais tarde, para a representação primitiva da aristocracia francesa decadente mostrada em *As relações perigosas*, de Pierre Choderlos de Laclos, publicado pouco antes da Revolução Francesa. Inevitavelmente, essas mudanças na literatura se sobrepõem conforme os escritores desbravam o caminho de técnicas que demoram a figurar na corrente principal de ideias, enquanto outros dão continuidade a tradições literárias de eras anteriores.

Alguns livros nos deixam livres e alguns livros nos tornam livres.
Ralph Waldo Emerson

Listas são sempre um motivo de controvérsia; pode-se argumentar que os cento e poucos livros escolhidos poderiam ser substituídos por outros cem, e assim sucessivamente. Eles não são apresentados como uma lista definitiva de "leituras obrigatórias"; na verdade, cada trabalho é retratado segundo um enfoque ou contexto e apoiado por uma linha do tempo de marcos e eventos literários relacionados. As referências cruzadas citam trabalhos similares, que influenciaram ou foram influenciados pelo livro em discussão, e mais de duzentos títulos foram incluídos para uma leitura mais aprofundada, explorando o cenário literário de cada período em mais detalhes.

A história da literatura

Há mais ou menos 4 mil anos, as primeiras histórias escritas vieram na forma de poemas, como *A epopeia de Gilgamesh*, na Mesopotâmia, ou *O Mahabharata*, na Índia, baseados em tradições orais. Rimas, ritmo e métrica eram auxiliares essenciais para a memória em músicas e histórias orais, então não é de surpreender que os primeiros textos tenham usado mecanismos poéticos familiares. »

Muitos dos primeiros textos escritos eram religiosos, e textos sagrados, como a Bíblia e o Alcorão, contam histórias antigas e vêm influenciando a escrita há séculos. A forma de literatura que se transformou no teatro grego usava uma narrativa semelhante à de uma balada, e introduziu vozes, refrões de comentário e as categorias distintas de comédia e tragédia que continuam sendo usadas hoje. As coleções de histórias que compõem a obra árabe *As mil e uma noites* têm várias origens, mas essa ficção em prosa escrita em discurso simples usa técnicas que acabaram se tornando a base para os romances modernos, como o encadeamento (que apresenta histórias dentro da estrutura de uma outra história), prenúncios e a inclusão de temas repetitivos.

Apesar de a vasta era Medieval ter sido marcada por obras laicas de destaque, como o poema anglo-saxão *Beowulf* e contos de romances de cavalaria, no Ocidente, esse período foi dominado por textos religiosos em latim e grego. Durante o Renascimento, a energia conjunta da nova investigação filosófica e da onda pura de invenções abriu as portas para a inovação literária. A força motriz por trás do Renascimento foi a produção de novas traduções de textos gregos e romanos da Antiguidade, que libertaram os acadêmicos dos dogmas da Igreja. Um programa humanista de educação que incorporava filosofia, gramática, história e idiomas foi criado com base na sabedoria dos antigos. A Bíblia foi traduzida em vernáculo, permitindo aos cristãos que pudessem conversar diretamente com seu Deus. A prensa de Gutenberg trouxe os livros para a vida de pessoas comuns, e autores como Geoffrey Chaucer e Giovanni Boccaccio transformaram o dia a dia em assunto de literatura. No início do século XVII, Miguel de Cervantes e Daniel Defoe deram ao mundo o que muitos acadêmicos consideram os romances inaugurais, e o primeiro folheto de peças de Shakespeare foi publicado.

A ascensão do romance

O teatro e a poesia continuaram evoluindo enquanto a importância do romance aumentava inexoravelmente, e, ao final do século XVIII, havia se tornado uma das formas principais de expressão literária.

Assim como o trabalho dos artistas é descrito de acordo com os movimentos, como Barroco e Rococó, a história literária também é definida por autores unidos por um estilo, técnica ou localização em particular. O romantismo, caracterizado por histórias desencadeadas pelas emoções de heróis idiossincráticos, em vez de por um enredo e uma ação, teve suas raízes no movimento alemão Sturm und Drang [Tempestade e ímpeto], em português. Enquanto isso, na Inglaterra, os poetas românticos testificavam o poder da natureza para curar a alma humana, e temas similares foram adotados pelos transcendentalistas da Nova Inglaterra. A palavra "gênero" passou a ser cada vez mais aplicada a subconjuntos de ficção – por exemplo, os romances do gênero gótico. No século XIX, o romantismo foi suplantado por uma nova forma de realismo social, interpretado nas salas de estar das classes média e alta de Jane Austen e nas cidades francesas provincianas de Gustave Flaubert, mas usado de modo crescente para retratar a vida difícil dos pobres. Fiódor Dostoiévski descreveu seu romance *Crime e castigo* como "realismo fantástico", e os monólogos interiores e sombrios do assassino Raskólnikov contêm os elementos de um *thriller* psicológico. Ao longo dos anos, a

Uma palavra após uma palavra após uma palavra é poder.
Margaret Atwood

ficção se diversificou em vários gêneros e subgêneros, que hoje incluem de tudo – de romances distópicos a autobiografias ficcionais e escritas sobre o Holocausto.

À medida que o romance crescia, o vocabulário da literatura se expandia para representar estilos de escrita: por exemplo, romances "epistolares" eram escritos em forma de cartas, e termos como "*Bildungsroman*" (romance de formação ou aprendizagem) e "picaresco" indicavam contos sobre o amadurecimento. A linguagem usada na literatura também se desenvolvia, e romances na voz vernácula ampliaram o âmbito da literatura norte-americana enquanto escritores como Harriet Beecher Stowe e Mark Twain capturavam a diversidade das pessoas dos Estados Unidos.

No início do século xx, a sociedade ocidental foi revolucionada por avanços industriais e tecnológicos, novos movimentos artísticos e desenvolvimento científico. Em duas décadas, uma geração de rapazes foi perdida na Primeira Guerra Mundial. Uma série de experimentações literárias veio logo em seguida, enquanto escritores modernistas buscavam recursos estilísticos criativos, como o fluxo de consciência, e criavam narrativas fragmentadas representando a angústia e a alienação de seu mundo em transformação. Após um breve período de otimismo e experimentação, o mundo foi jogado mais uma vez em um turbilhão quando a Segunda Guerra Mundial começou, e a produção literária diminuiu o ritmo, já que muitos escritores se envolveram nos esforços para a guerra, produzindo propaganda política ou enviando reportagens do *front* em vez de escrever literatura.

A explosão global

Depois de duas guerras globais brutais, o mundo estava pronto para uma mudança, e a literatura teve papel central na contracultura no Ocidente das décadas de 1950 e 1960. Os escritores e teóricos pós-modernistas enfocavam o artifício da escrita, exigindo mais do leitor que o simples envolvimento com uma narrativa realista. Os romances passaram então a apresentar intervalos de tempo fragmentados ou não lineares, narradores não confiáveis, episódios de realismo mágico e finais com múltipla escolha. Durante esse período, o Ocidente, e particularmente a escrita em inglês, também se rendeu à cultura mundial. A escrita pós-colonial surgiu em países como Nigéria, África do Sul e Índia, e autores como Gabriel García Marquez contribuíram para o *status* de um grupo de escritores sul-americanos de uma criatividade extraordinária.

Agora a literatura moderna canta com as vozes até então silenciadas de feministas, ativistas de direitos civis, gays, indígenas, afro-norte-americanos e imigrantes. Há uma meritocracia saudável borrando a distinção entre ficção clássica e popular.

A publicação global, a publicação independente e na internet, cursos de literatura global, prêmios nacionais e internacionais de literatura e o número crescente de traduções de trabalhos publicados estão trazendo romances modernos australianos, canadenses, sul-africanos, indianos, caribenhos e chineses, entre outros, para um público mundial. Essa vasta biblioteca de literatura global tem se tornado tanto um lembrete das conexões compartilhadas no mundo todo como também uma celebração da diferença. ■

A leitura é a única maneira pela qual vestimos, de forma involuntária, e muitas vezes desamparada, outra pele, outra voz, outra alma.
Joyce Carol Oates

HERÓIS E

3000 A.C.- 1300 D.C.

LENDAS

Os textos mais antigos conhecidos, na linguagem suméria, estão escritos em **tábuas de argila em Abu Salabikh**, no sul da Mesopotâmia.

C. 2600 A.C.

A PARTIR DE 2600 A.C.

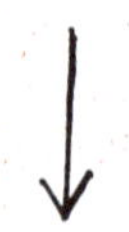

A epopeia de Gilgamesh é um dos **primeiros exemplos do mundo da literatura escrita**.

O rei Wen de Zhou escreve um comentário sobre um **antigo método divinatório**, que mais tarde é ampliado e se torna o *Livro das mutações* (o *Yijing* ou *I Ching*).

SÉCULOS XII-XI A.C.

SÉCULOS IX-IV A.C.

Os grandes poemas épicos sânscritos ***O Mahabharata*** e ***Ramayana*** são compostos na antiga Índia.

Os **poemas épicos da Grécia antiga** *Ilíada* e *Odisseia*, atribuídos a Homero, são escritos.

SÉCULO VIII A.C.

551-479 A.C.

O filósofo chinês Kong Fuzi (Confúcio) ensina e **compila os *Cinco clássicos*.**

A adoção de uma **constituição democrática** na cidade-estado grega de Atenas abre as portas para a era clássica.

508 A.C.

SÉCULO V A.C.

Os autores de tragédias Ésquilo, **Eurípides** e Sófocles competem pelo título de maior dramaturgo de Atenas.

Os sistemas de escrita foram usados pela primeira vez como uma maneira de registrar transações administrativas e comerciais. Gradualmente, esses sistemas se tornaram mais avançados e passaram a preservar a sabedoria antiga, anotações históricas e cerimônias religiosas, que haviam sido memorizadas anteriormente e transmitidas oralmente. Em todas as primeiras civilizações do mundo, na Mesopotâmia, na China, na Índia e na Grécia, o cânone escrito da literatura apareceu inicialmente como história e mitologia.

Essa primeira literatura tomou como forma um longo poema narrativo, conhecido como épico, que enfoca os mitos que cercam um grande guerreiro ou líder e suas batalhas para proteger seu povo de seus inimigos e das forças do mal. Essa combinação de eventos históricos e aventuras míticas, contada em forma de verso metrificado, explicava a herança cultural do povo de uma maneira interessante e memorável.

Histórias de deuses e homens

Os primeiros poemas épicos conhecidos, que incluem as inúmeras versões de *A epopeia de Gilgamesh* e as grandes epopeias sânscritas, O *Mahabharata* e *Ramayana*, muitas vezes falam sobre a origem de uma civilização, ou sobre um momento decisivo no início de sua história. Quando observados pelo viés das façanhas de um indivíduo heroico ou de uma família no poder, esses poemas épicos também explicavam o envolvimento dos deuses, com frequência contrastando seus poderes com as fraquezas dos heróis humanos. Esse é um tema que também apareceu em poemas épicos posteriores atribuídos a Homero. Seus heróis, Aquiles e Odisseu, são retratados não apenas como guerreiros nobres da Guerra de Troia, que estabeleceu a Grécia antiga como uma grande potência, mas também como personagens humanas que enfrentam tanto o destino quanto suas próprias fraquezas. Mais tarde, enquanto a influência grega declinava, os poetas romanos desenvolveram sua própria versão latina do formato, pegando emprestada até mesmo a história da Guerra de Troia, como fez Virgílio em *Eneida*, para produzir um poema épico sobre o início de Roma. A escala e a profundidade das epopeias de Homero e sua estrutura poética forneceram a base sobre a qual a literatura ocidental foi construída.

Teatro grego

Outro produto da tradição de contar histórias na Grécia antiga foi o teatro, que se desenvolveu a partir da releitura

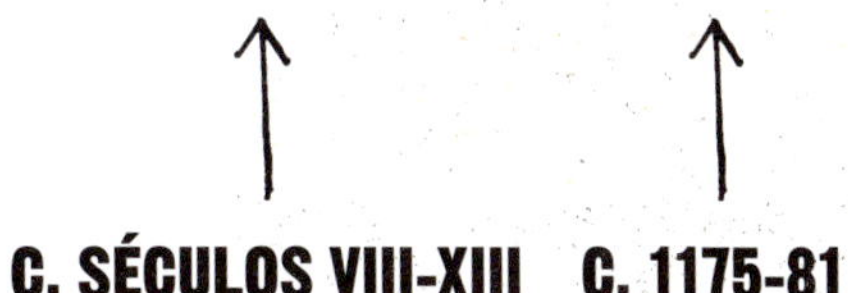

Virgílio escreve sua obra-prima, e provavelmente o poema épico latino mais conhecido, *Eneida*.

29-19 A.C.

A tradição *shi* da poesia chinesa chega ao **auge durante a dinastia Tang**, com obras de poetas como Li Bai, Du Fu e Wang Wei.

618-907 D.C.

Colonizadores nórdicos na ilha da Islândia estabelecem **uma assembleia geral conhecida como Althing** para seu novo Estado.

930

Na Era de Ouro da cultura islâmica, a poesia árabe clássica floresce, e os contos de *As mil e uma noites* são reunidos pela primeira vez.

C. SÉCULOS VIII-XIII

Em *Lancelote, o Cavaleiro da Carreta*, Chrétien de Troyes apresenta **a ideia do romance de cavalaria** no contexto das lendas arturianas.

C. 1175-81

SÉCULO V D.C.

O poeta **Kalidasa escreve os poemas épicos sânscritos** *Raghuvamsha* e *Kumarasambhava* e a peça *Abhijnanashakuntala*.

868

O livro impresso mais antigo – um texto budista, o *Sutra do diamante* – é produzido na China usando a xilogravura.

SÉCULOS VIII-XI

O épico anglo-saxão *Beowulf* é composto, e é **o poema épico mais antigo existente em inglês arcaico**.

SÉCULO XI

O conto de Genji, de Murasaki Shikibu, e *O livro do travesseiro*, de Sei Shōnagon, usam a vida na corte no período Heian, no Japão, como pano de fundo.

de uma narrativa para a interpretação do papel de uma personagem e, assim, para trazer a história à vida. Gradualmente, essa contação de histórias dramatizada se tornou mais sofisticada, e, quando Atenas foi estabelecida como um estado-nação democrático, o teatro já era parte integral de sua cultura, com dramaturgos como Ésquilo, Eurípides e Sófocles produzindo tragédias e comédias que atraíam públicos de milhares de espectadores.

Da Europa à Ásia

No norte da Europa, a transmissão oral de histórias prevalecia, e os contos dessas culturas não foram escritos até mais ou menos o século VIII. O poema épico anglo-saxão completo e mais antigo de que se tem conhecimento é *Beowulf*, que relaciona história e mitologia preservadas pelos ancestrais escandinavos dos ingleses. As sagas islandesas que vieram mais tarde também foram influenciadas pelas lendas nórdicas. Enquanto isso, na Europa continental, a nobreza era entretida por poetas profissionais. Alguns deles tinham seus temas inspirados na antiga mitologia grega e romana, enquanto os trovadores do sul da França escolheram misturar histórias sobre Carlos Magno e seus homens em batalha contra os mouros e sarracenos islâmicos. Os *trouvères* do norte da França, por outro lado, recitavam histórias líricas e apaixonadas sobre cavaleiros e amor na corte durante o reino do lendário rei Arthur, da Grã-Bretanha.

No Oriente, a Era de Ouro da cultura islâmica surgiu no final do período medieval, quando o conhecimento ainda era altamente estimado, os contos narrativos épicos, como aqueles reunidos em *As mil e uma noites*, eram valorizados por sua capacidade de entreter, apesar de a poesia ser tida como a mais elevada forma de literatura. Na China antiga, lendas heroicas também eram consideradas mais uma forma de folclore que literatura, e os primeiros textos escritos a receber o *status* de clássicos são aqueles que preservaram a história, os costumes e a filosofia da cultura. No entanto, com esses textos factuais, havia também uma coleção de odes que forneceram o modelo para a poesia chinesa por séculos, atingindo seu auge sob os imperadores da dinastia Tang.

No século XI, o Japão, que havia sido dominado pela cultura chinesa, produziu sua própria literatura em língua japonesa. Histórias ficcionais em prosa sobre a vida na corte do período Heian se desenvolveram a partir de antigas crônicas sobre as dinastias no poder, antecipando o aparecimento do romance na Europa. ■

SOMENTE OS DEUSES HABITAM PARA SEMPRE A LUZ DO SOL

A EPOPEIA DE GILGAMESH (A PARTIR DE 2100 A.C.)

EM CONTEXTO

FOCO
Literatura da Idade do Bronze

ANTES
Século xxx a.C. Sistemas de escrita surgem pela primeira vez na Mesopotâmia e no Egito.

c. 2600 a.C. Os primeiros textos conhecidos – ainda que não literários – foram escritos em tabuletas, na língua suméria, em Abu Salabikh, Mesopotâmia.

c. 2285-2250 a.C. A primeira autora de que se tem notícia, a princesa e sacerdotisa acadiana Enheduana, vive e trabalha na cidade suméria de Ur.

DEPOIS
c. 1700-1100 a.C. O *Ri-Veda*, primeiro dos quatro livros sagrados hindus conhecidos como Vedas, é redigido no noroeste da Índia.

c. 1550 a.C. O *Livro dos mortos* é o primeiro entre os textos funerários egípcios a ser escrito em papiro, e não nas paredes de túmulos ou sarcófagos.

A escrita surgiu na Mesopotâmia, no início do que hoje se conhece como Idade do Bronze (c. 3300-1200 a.C.). Símbolos cuneiformes, originalmente criados como meios de grafar transações comerciais, evoluíram de algarismos para representações de sons, as quais geraram modos de registrar as línguas suméria e acadiana.

Entre os fragmentos de textos descobertos em 1853 pelo arqueólogo Hormuzd Rassan, encontram-se tabuletas com inscrições sobre histórias do legendário rei Gilgamesh de Uruk, que figuram como alguns dos primeiros exemplos de literatura escrita. As histórias provavelmente foram repassadas por meio da tradição oral, numa combinação de história e mitologia.

De tirano a herói

A epopeia de Gilgamesh, como é conhecida a coletânea de histórias, conta como o déspota opressor da cidade mesopotâmica de Uruk aprende uma lição e se torna um herói local. Para punir Gilgamesh por sua arrogância, os deuses enviam o "selvagem" Enkidu, feito a partir do barro, para atormentá-lo. Depois de uma briga, contudo, eles se tornam amigos e partem para uma série de aventuras para aniquilar monstros. Irritados com essa inesperada reviravolta nos acontecimentos, os deuses sentenciam Enkidu à morte. Gilgamesh fica perturbado por perder seu companheiro, mas também toma consciência de sua própria mortalidade. A segunda metade da história narra a busca de Gilgamesh pelo segredo da vida eterna e seu retorno a Uruk – ainda que mortal, agora ele é um homem mais sábio e um soberano mais nobre. ■

Jamais encontrarás a vida que procuras.
A epopeia de Gilgamesh

Veja também: *O Mahabharata* 22-25 ▪ *Ilíada* 26-33 ▪ *Beowulf* 42-43 ▪ *A saga de Njal* 52-53

NUTRIR-SE DA VIRTUDE ANCESTRAL INDUZ À PERSEVERANÇA

LIVRO DAS MUTAÇÕES (SÉCULOS XII E XI A.C.), ATRIBUÍDO AO REI WEN DE ZHOU

EM CONTEXTO

FOCO
Os cinco clássicos

ANTES
c. século XXIX a.C. Fu Xi, o mítico primeiro imperador da China, concebe um método divinatório composto de trigramas, a base para o sistema da escrita chinesa.

DEPOIS
c. 500 a.C. É compilado o *Livro dos ritos* original, que descreve os rituais e as cerimônias chineses – um trabalho tradicionalmente atribuído a Confúcio.

Século II a.C. Inicia-se um cânone confuciano de escrita a partir das obras conhecidas como os *Cinco clássicos*.

136 a.C. O imperador Wu de Han descreve o *Zhou yi* como o clássico primordial e o intitula *Livro das mutações*.

960-1279 d.C. Durante a era Song, o erudito Zhu Xi acrescenta os *Quatro livros*, todos surgidos antes de 300 a.C., ao cânone da literatura confuciana, junto de *Cinco clássicos*.

O *Livro das mutações* trata de arte divinatória. É uma espécie de oráculo. O método original de adivinhação do qual evoluiu é atribuído ao legendário imperador Fu Xi, sendo formalizado pelo rei Wen de Zhou (1152-1056 a.C.) em um texto conhecido como *Zhou yi*. A "Sequência do rei Wen" descreve 64 hexagramas, possíveis combinações de números obtidos pelo lançamento de moedas ou de talos de milefólio, cada um associado a determinada situação ou circunstância, para as quais Wen tecia julgamentos. Mais tarde, estudiosos adicionaram comentários no texto "Dez asas", incluindo o *Grande comentário*, que, junto com o *Zhou yi*, tornou-se conhecido como o *Livro das mutações* (*Yijing* ou *I Ching*, como ainda é chamado atualmente).

Frequentemente, faz-se referência ao livro como um entre os *Cinco clássicos*, ou seja, *Livro dos documentos* (*Shujing*), *Os anais de primavera e outono* (*Chunqi*), *Livro dos ritos* (*Liji*) e *Livro das odes* (*Shijing*). Acredita-se que esses clássicos foram compilados por Kong Fuzi (datas prováveis: 551-479 a.C.), mais conhecido no Ocidente como Confúcio. A filosofia moral e política de Kong Fuzi foi adotada como a ideologia oficial da China durante o século III a.C.

Muito tempo depois, por volta do século XII, escritos mais curtos – ora atribuídos a Confúcio, ora tidos como inspirados em seus ensinamentos – foram agrupados para formar os *Quatro livros do confucionismo*.

Fonte de sabedoria

Cinco clássicos e *Quatro livros* formaram o principal ponto de referência para o confucionismo como ideologia de estado. O *Livro das mutações* parece ser uma estranha adaptação para o confucionismo racional, mas foi considerado fonte de grande sabedoria. Complementou os volumes da filosofia, da história, da etiqueta e da poesia confucianista como livro a ser consultado não apenas por sua habilidade profética, mas também como modelo de sábio aconselhamento, descrevendo o que o "homem superior" deve fazer em várias situações. Permanece como fonte de sabedoria na China (e em outros lugares) até os dias de hoje. ■

Veja também: *Quan Tangshi* 46 ▪ *Romance dos três reinos* 66-67 ▪ *Trilha estreita ao confim* 92

QUE CRIME É ESSE QUE ESTOU PLANEJANDO, Ó KRISHNA?

O MAHABHARATA (SÉCULOS IX A IV A.C.), ATRIBUÍDO A VYASA

EM CONTEXTO

FOCO
As grandes epopeias sânscritas

ANTES
Milênio III a.C. Vyasa escreve a versão original de *O Mahabharata*, na qual ele aparece como personagem.

c. 1700-500 a.C. Os Vedas (Rig Veda, Yajur Veda, Sama Veda e Atharva Veda) são compostos em sânscrito e, juntos, formam as primeiras escrituras hindus.

DEPOIS
c. século V-IV a.C. Segundo a tradição, Valmiki escreve o *Ramayana*, usando o *shloka* (ou "canção"), que se torna a forma-padrão do verso em sânscrito.

c. 250 a.C.-1000 d.C. Um cânone de textos hindus conhecido como *Puranas* é desenvolvido. Ele inclui a genealogia das divindades e narrativas da cosmologia.

A poesia épica do subcontinente indiano pertence à mais antiga literatura conhecida, e surgiu a partir de uma longa tradição oral de contar histórias e de recitar. Assim como outros representantes da literatura antiga, os contos são uma mistura de mitologia, lendas e eventos históricos que se desenvolveram ao longo dos séculos até serem finalmente consolidados.

Além da poesia épica, a escrita indiana antiga inclui os Vedas – principais textos sagrados do hinduísmo bramânico, registrados a partir de cerca da metade do milênio II a.C. Os Vedas e a poesia foram escritos em sânscrito, considerado o idioma literário comum da Índia antiga e o

Veja também: *A epopeia de Gilgamesh* 20 ▪ *Ilíada* 26-33 ▪ *As mil e uma noites* 44-45 ▪ *Ramayana* 55 ▪ *Os contos de Canterbury* 68-71 ▪ *Filhos da meia-noite* 300-305 ▪ *Um rapaz adequado* 314-317

Poetas já contaram isso antes, poetas estão contando agora, outros poetas contarão essa história na Terra no futuro.
O Mahabharata

responsável por originar várias línguas indo-europeias.

Até o século I d.C., a literatura sânscrita foi dominada pelos Vedas e por dois grandes poemas épicos: *O Mahabharata* e o *Ramayana*. Apesar de o *Ramayana* conter uma narrativa histórica, mitologia e contos folclóricos, parece ser o trabalho original de um único poeta, e é tradicionalmente atribuído ao sábio Valmiki. Por outro lado, *O Mahabharata*, o poema mais famoso e mais longo dos dois, tem uma proveniência muito mais complexa, que sugere um longo período de evolução.

O presente de Vishnu

O Mahabharata provavelmente começou a tomar forma no século IX a.C. e chegou ao seu formato final aproximadamente no século IV a.C. O trabalho é muito extenso e abrange mais de 100 mil pares de versos, conhecidos como *shloka*, e divididos em dezoito livros ou *parvas*. Assim como relata a história de duas famílias em guerra, a obra também conta a própria história, além da história da Índia e da religião hindu. No início, o narrador do primeiro livro, o *Adi Parva* [O livro do começo], explica: "O que quer que esteja aqui pode ser encontrado em outro lugar. Mas o que não está aqui não está em lugar nenhum". De acordo com a tradição, e como está descrito em sua seção introdutória, *O Mahabharata* foi escrito por um poeta e sábio chamado Vyasa. Acredita-se que ele tenha vivido no milênio III a.C., e que tenha sido um avatar (encarnação) do deus hindu Vishnu. O narrador da maior parte da epopeia é Vaisampayana, discípulo de Vyasa, mas duas outras pessoas também narram seções diferentes: um sábio menestrel, Ugrasrava Sauti, e um cortesão, Sanjaya.

Vaisampayana explica como Vyasa ditou a história inteira para Ganesha, o deus com cabeça de elefante, de uma só vez. Subsequentemente, muitos anos depois, a história de Vaisampayana assume sua forma final como *O Mahabharata* quando é recontada por Sauti em uma reunião de sábios hindus, como descrito no *Adi Parva*. Essa mistura complicada de narrativas dentro de narrativas provavelmente reflete as diferentes versões históricas do relato antes de chegar ao formato que conhecemos hoje.

Também é típica a maneira como o histórico, o mitológico e o religioso se entrelaçam por todo *O Mahabharata*. Apesar de o enredo central abordar a separação da família Bharata, que dominava o norte da Índia, e a batalha subsequente em Kurukshetra e seu resultado, a história recebe uma dimensão mítica com a introdução da personagem Krishna, outro avatar de Vishnu. Há também vários subenredos e diversas divagações filosóficas e religiosas – uma das quais chamada *Bhagavad Gita*, que se tornou »

O sábio Vyasa dita o épico *O Mahabharata*, que significa "Grande história dos Bharata", referindo-se à família que dominava o norte da Índia. O escriba é Ganesha, o deus com cabeça de elefante.

importante por si só. A epopeia explora temas como laços e conflitos familiares, dever e coragem, destino e escolha, e os apresenta em uma série de alegorias para explicar os elementos do *dharma*, um conceito complexo de "conduta correta".

Divisões familiares

Depois dessa introdução explanatória, *O Mahabharata* descreve propriamente como o clã dominante Kuru se divide em duas famílias rivais, os Kaurava e os Pandava. Esses são os descendentes de dois príncipes, o cego Dhritarashtra e seu irmão, Pandu. A inimizade começa quando Dhritarashtra é proibido de assumir o trono por causa de sua deficiência. Então, Pandu se torna o rei, mas uma maldição impede que ele tenha filhos. No entanto, os deuses engravidam a esposa de Pandu e a linhagem dos Pandava parece estar a salvo. Então, os cem filhos de Dhritarashtra chegam à conclusão de que têm direito ao reino, e, depois de Yudhishtira, o Pandava mais velho, ser coroado, eles o enganam e o fazem perder tudo em um jogo de dados. Em desgraça, os Pandava são exilados. Alguns anos depois, os cinco irmãos Pandava voltam para pedir o trono, e assim começa a série de batalhas de Kurukshetra. O segundo filho de Pandu, Arjuna, vai para a guerra com seu primo e companheiro Krishna como

> O homem não é o mestre do destino, mas uma marionete presa por um barbante.
> ***O Mahabharata***

cocheiro, mas entra na batalha, relutantemente, só depois que Krishna o convence que é seu dever lutar por aquilo que é certo. A guerra é um verdadeiro banho de sangue, no qual quase todos os Kaurava são trucidados; os poucos que sobrevivem se vingam contra as tropas de Pandava assassinando-os enquanto dormem. Apenas os cinco irmãos sobrevivem ao massacre, e garantem que os Kaurava sejam completamente exterminados.

Yudhishtira se torna rei novamente, mas a vitória é vazia e o poema descreve em detalhes o terrível resultado da guerra. Krishna, ou pelo menos essa encarnação de Vishnu em particular, é morto acidentalmente, e os Pandava começam sua jornada longa e perigosa para o céu. Apenas no final é que os irmãos se reúnem e se reconciliam com seus primos Kaurava, no mundo espiritual.

Dilemas morais

O *dharma* é um tema recorrente em *O Mahabharata*, tanto em termos de como essa noção se aplica a cada um de nós em cada situação, quanto de como é difícil seguir esse caminho, por causa das fraquezas humanas e da força do destino. Como Kripa – um dos Kaurava – diz no décimo livro, o *Sauptika Parva* [O livro dos guerreiros adormecidos], "Existem duas forças: o destino e o esforço humano – e tudo

O desejo de Arjuna de se comportar de acordo com o *dharma* faz com que ele hesite antes de agir, mas seu cocheiro Krishna o direciona para o caminho da conduta correta.

Arjuna	**Krishna**
A guerra é errada.	Você tem o direito de lutar em uma guerra justa.
Matar família e amigos é inaceitável para mim.	Você tem o dever de proteger o seu povo e os direitos dele.
A violência vai contra o meu código moral.	Você deve deixar sentimentos pessoais de lado.
Essas ações serão pecaminosas.	Negligenciar o seu dever é um pecado muito maior.

Dhritarashtra estende as mãos cegamente para sua esposa, Gandhari, que vendou os próprios olhos para compartilhar seu mundo de escuridão. Más ações em uma vida anterior o levaram a sofrer de cegueira, em consequência do carma.

daquilo que o homem depende está conectado por elas, não há mais nada". O certo e o errado raramente são claros, e é ao reconciliar interesses conflitantes, como o amor e o dever, que podemos atingir a libertação do ciclo de vida, morte e renascimento.

Em cada um dos episódios de *O Mahabharata*, as fraquezas e fortalezas humanas são contrastadas, e a batalha entre o certo e o errado, exemplificada pela guerra devastadora entre os Kaurava e Pandava, é mostrada como algo complexo, sutil e, por fim, destrutivo. Enquanto a maior parte do poema mostra suas personagens lidando com dilemas morais em seus afazeres humanos, nas seções finais, e especialmente depois da morte de Krishna, podemos observá-las tendo que encarar seu destino espiritual. Depois de muita tragédia e conflito, a história termina com os protagonistas atingindo o êxtase eterno, mas também com o aviso de que as lutas humanas continuam na Terra.

Marco cultural

O enredo e os assuntos variados de *O Mahabharata*, baseados em narrativas mitológicas e históricas famosas com uma mensagem moral e religiosa, garantiram a popularidade desse poema épico até os dias de hoje. Seu sucesso é tão grande que, por vários séculos, apenas o *Ramayana* pôde rivalizá-lo como a maior epopeia sânscrita. Apesar de não se comparar a *O Mahabharata* em termos de puro alcance e entusiasmo, o *Ramayana* é mais consistente e elegantemente poético, e, juntos, os dois inspiraram uma escola de poesia épica sânscrita que floresceu do século I ao VII d.C. Como fontes de sabedoria hindu e história e mitologia indianas, as grandes epopeias desfrutam de um valor cultural na Índia comparável a *Ilíada* e *Odisseia* de Homero no Ocidente. ■

O "Bhagavad Gita"

No coração da epopeia *O Mahabharata* está a guerra em Kurukshetra iniciada no sexto livro, que inclui uma seção hoje conhecida como o "Bhagavad Gita", ou "A canção dos abençoados". Antes da batalha, Arjuna, o príncipe Pandava, reconhece membros de sua família no lado oposto, no exército Kaurava, e baixa seu arco. Mas seu primo e companheiro Krishna o faz lembrar de seu dever de lutar essa guerra justa. O diálogo filosófico entre eles é descrito nos setecentos versos do "Bhagavad Gita", que se tornou uma escritura hindu importante por si só ao explicar conceitos como o *dharma* (a conduta correta) e o *moksha* (a libertação do ciclo de morte e renascimento). Apesar dos conselhos de Krishna serem específicos em relação ao dever de Arjuna de lutar, o cenário da batalha pode ser interpretado como uma metáfora para as forças opostas do bem e do mal em geral, e a crise de consciência de Arjuna, como uma representação das escolhas que todos temos que fazer.

Quando os deuses escolhem a derrota para uma pessoa, primeiro levam sua mente embora, para que ela veja tudo de maneira incorreta.

O Mahabharata

CANTE, Ó DEUSA, A CÓLERA DE AQUILES

ILÍADA **(C. SÉCULO VIII A.C.), ATRIBUÍDA A HOMERO**

EM CONTEXTO

FOCO
A epopeia grega

DATAS IMPORTANTES
A partir de 2100 a.C. Versões da primeira obra de literatura escrita, *A epopeia de Gilgamesh*, aparecem no idioma sumério.

Século IX a.C. A epopeia *O Mahabharata* surge na Índia.

DEPOIS
c. Século VIII a.C. Atribuída a Homero, a epopeia *Odisseia* continua a história da personagem principal de *Ilíada*, Odisseu.

c. 700 a.C. Aproximadamente ao mesmo tempo que as versões finais dos épicos de Homero tomam forma, Hesíodo escreve a *Teogonia* (a origem dos deuses), um poema que descreve a criação do mundo e a mitologia dos deuses gregos antigos.

Século I a.C. Os poemas épicos gregos servem de modelo para poetas romanos como Horácio, Virgílio e Ovídio.

As epopeias são poemas narrativos que recontam a história de um herói representante de uma cultura em particular. Elas registram as missões e provações do herói e contam quais são as suas escolhas e motivações para ajudar a estabelecer e sistematizar os princípios morais de uma sociedade.

As epopeias estão entre as formas mais antigas de literatura em muitas culturas no mundo todo. A princípio, essas histórias famosas eram contadas oralmente, e, com o tempo, foram ornamentadas, reinterpretadas, formalizadas e enfim registradas por escrito, muitas vezes estabelecendo a base para a história literária de uma cultura. As epopeias geralmente continham inúmeras personagens e genealogias, eram longas e apresentavam uma estrutura complexa. É provável que fossem memorizadas por meio de uma métrica poética repetitiva, já que é bem mais fácil decorar versos do que prosa. Na verdade, a própria palavra "épico" vem do grego antigo *epos*, que significa tanto "história" quanto "poema".

Beba a batalha a fundo.
Ilíada

A Guerra de Troia

Na Grécia Antiga, muitas narrativas épicas eram contadas sobre a Guerra de Troia – um conflito entre os aqueus (uma aliança de estados gregos) e a cidade de Troia. As primeiras e mais famosas dessas narrativas foram *Ilíada* e *Odisseia*, ambas atribuídas a um único autor, conhecido como Homero. Os historiadores reconhecem que esses poemas épicos foram inspirados por acontecimentos reais – guerras esporádicas entre a Grécia e Troia realmente aconteceram aproximadamente cinco séculos antes de os trabalhos serem escritos –, mas suas personagens e seus enredos foram frutos da imaginação. No entanto, os gregos da era de Homero acreditavam nessas histórias como narrativas verdadeiras do heroísmo de seus ancestrais.

Os gregos começaram a registrar por escrito suas epopeias no século VIII a.C. Como nos contos orais nos quais

Homero viveu em uma época antes dos retratos realistas. Este busto é baseado em imagens do escritor que apareceram apenas no século II a.C.

A questão homérica

As duas grandes epopeias da Grécia Antiga, *Ilíada* e *Odisseia*, são tradicionalmente atribuídas ao poeta Homero – mas pouco se sabe sobre ele. Desde os tempos do historiador grego Heródoto, no século V a.C., sugestões muito diferentes foram oferecidas sobre as datas de nascimento e morte de Homero, assim como o local de sua origem e outros detalhes de sua vida. Acadêmicos clássicos se referem a essa falta de informações como "a questão homérica", que inclui uma série de enigmas. Quem é Homero – se é que um dia existiu e, em caso afirmativo, quando? Homero foi o único autor das epopeias ou um de vários autores? Será que os poemas são originais, ou o(s) autor(es) simplesmente fez(fizeram) um registro escrito de poemas transmitidos oralmente entre gerações?

Muitos acadêmicos argumentam que as epopeias evoluíram de uma tradição oral e foram refinadas e ornamentadas por vários poetas em uma série de versões. Faltam provas concretas, e a questão homérica ainda precisa ser definitivamente solucionada.

Veja também: *A epopeia de Gilgamesh* 20 ▪ *Édipo rei* 34-39 ▪ *Eneida* 40-41 ▪ *Beowulf* 42-43 ▪ *Odisseia* 54 ▪ *Teogonia* 54 ▪ *Metamorfoses* 55-56 ▪ *Digenis Acritas* 56 ▪ *O conto da campanha de Igor* 57 ▪ *Ulisses* 214-221

Gregos e troianos eram auxiliados ou atrapalhados pelos deuses, que usaram o conflito para lutar suas próprias batalhas. Hera, Atena e Poseidon alinharam-se aos gregos, enquanto Apolo, Afrodite e Ártemis apoiaram os troianos. Zeus se manteve predominantemente neutro.

Os deuses

Zeus
rei dos deuses

Hera
rainha dos deuses

Atena
deusa da sabedoria

Poseidon
deus dos oceanos

Apolo
deus do Sol

Afrodite
deusa do amor

Ártemis
deusa da Lua

Os aqueus (gregos)

Agamenon
rei de Micenas

Aquiles
o maior guerreiro da Grécia

Pátroclo
companheiro de Aquiles

Menelau
rei de Esparta

Odisseu
comandante e rei de Ítaca

Os troianos

Príamo
rei de Troia

Heitor
filho de Príamo

Páris
irmão de Heitor

Helena
esposa de Menelau

Eneias
filho de Afrodite

foram baseadas, elas assumiram a forma de poemas narrativos. Essas epopeias gregas apresentam uma métrica regular – cada verso é composto de seis unidades rítmicas básicas, e cada uma dessas unidades contém uma sílaba longa e duas curtas. Essa métrica é conhecida como hexâmetro dactílico, ou, mais comumente, como "métrica épica". Variações desse padrão rítmico básico fornecem a flexibilidade necessária para a composição poética.

Uma história de deuses e homens

Ilíada é um exemplo sofisticado de contação de história. Ela relata a guerra em Troia (Ilium) sob a perspectiva de uma única personagem em particular: Aquiles. Partes da narrativa sobre a guerra são contadas em *flashback*, ou em profecias sobre o futuro. Entrelaçados nesse enredo estão subenredos e vislumbres da vida dos protagonistas.

É impossível dizer quanto dessa complexidade pode ser atribuída a Homero e quanto provém do refinamento e da ornamentação de gerações anteriores. O resultado é um trabalho que combina história, lenda e mitologia enquanto oferece os ingredientes essenciais de uma boa narrativa – aventura e drama humano – para se tornar uma leitura atraente.

Ilíada é robusta, tanto em comprimento quanto em escopo narrativo (afinal, é daí que vem a escala "épica"), consistindo de mais de 15 mil versos divididos em 24 livros. Em vez de simplesmente contar a história em ordem cronológica, Homero prende a atenção do leitor ao usar um mecanismo comum para muitas epopeias: lançar o autor bem no meio da ação, ou *in media res* (no meio da coisa), como descrito pelo poeta romano Horácio. A história de Homero começa no ano final do conflito, que já durava nove anos. Homero sai um »

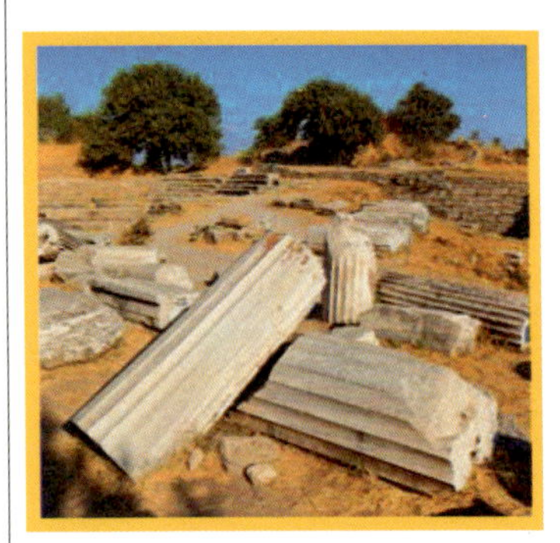

Por muito anos, acreditou-se que Troia fosse uma cidade mitológica. No entanto, atualmente, arqueólogos concordam que escavações em Anatólia, na Turquia, revelaram a Troia da *Ilíada* de Homero.

pouco do assunto para explicar o pano de fundo para os acontecimentos que está descrevendo, mas assume que as causas do conflito são de conhecimento de todos, e seus leitores contemporâneos as conheceriam muito bem.

Origens da guerra

As raízes da Guerra de Troia podem ser encontradas em acontecimentos que ocorreram durante o casamento da ninfa do mar Tétis com o herói grego Peleu, o companheiro do herói Hércules. Vários deuses e deusas compareceram às comemorações, incluindo Hera, Atena e Afrodite. Começou uma discussão entre as três deusas, já que cada uma delas dizia ser a mais bela. Para resolver a disputa, Zeus pediu a Páris, o filho do rei Príamo de Troia, para julgar um concurso de beleza entre elas. Afrodite ofereceu a Páris um suborno – a mão de Helena de Troia, a mulher mais bonita do mundo. Infelizmente, Helena já era casada com Menelau, irmão do rei Agamenon de Micenas, um estado grego. O rapto subsequente de Helena por Páris desencadeou o conflito.

Os leitores se juntam à narrativa quando as forças aqueias de Agamenon estão lutando para resgatar Helena. A abertura do livro, "Cante, ó deusa, a cólera de Aquiles", estabelece o cenário de guerra, mas também sugere que se trata de uma história de vingança pessoal – e alude ao envolvimento com os deuses. A história da guerra se desdobra paralelamente à de Aquiles, e seu senso de honra e valor é um espelho da própria nação grega.

A vitória vai e vem entre os homens.
Ilíada

Quando perguntam a Páris quem é a deusa mais linda, Hera tenta suborná-lo com um império, Atena, com glória, e Afrodite promete a ele Helena, a mulher mais bonita do mundo.

O poder da cólera

A raiva é um tema predominante em *Ilíada*, manifestada na própria guerra e como motivação para as ações individuais das personagens. Há a cólera honrada de Agamenon e Menelau a respeito do rapto de Helena, mas também a fúria que leva Aquiles à frente e faz dele um guerreiro assustador, provocado várias vezes pelos acontecimentos na história. Sua raiva não é direcionada somente aos troianos nem está restrita a inimigos humanos; em certo ponto, ele está tão enlouquecido de ódio que luta contra Xanthus, o deus dos rios.

Por trás da fúria de Aquiles está um senso de honra e nobreza que, como o do povo grego, é ofendido pelo desrespeito e pela injustiça, mas, às vezes, é direcionado para dentro enquanto ele luta contra conflitos que surgem entre o dever, o destino, a ambição e a lealdade.

No início de *Ilíada*, Aquiles fica possesso com o rei Agamenon, o comandante grego, que tomou para si Briseida – uma mulher que havia sido dada a Aquiles como prêmio de guerra. Sem conseguir direcionar sua raiva ao rei, Aquiles se recolhe à sua tenda e se recusa a lutar novamente. Apenas a morte em combate de seu amigo próximo, Pátroclo, pelas mãos de Heitor, o filho mais velho do rei Príamo e herói dos troianos, o traz de volta à batalha – mais violento do que nunca –, ao dar a ele um foco para a sua raiva.

Uma história de dois heróis

Heitor é, como Aquiles, um líder militar. Ele é considerado o mais nobre e poderoso dos guerreiros troianos. Mas seu caráter e sua motivação contrastam com os de Aquiles, destacando duas atitudes muito diferentes em relação à guerra.

Aquiles é movido por uma raiva interior, mas também pelos motivos mais nobres de defender a honra de seu rei e de seu país e, por fim, vingar a morte de Pátroclo, seu companheiro de batalha. Heitor luta por lealdade – a Troia, é claro, mas também à sua família. Ele protege seu irmão mais novo, Páris, cujo rapto de Helena acabou por desencadear a guerra, mas também é leal a seu pai, Príamo, retratado como um rei sábio e benevolente. Aquiles é o soldado profissional, com poucas ligações familiares, enquanto Heitor é o guerreiro violento, porém relutante, defendendo seu país e sua família em vez da honra.

Homero retrata ambos como homens nobres, mas não sem falhas. Suas características e situações são metáforas dos valores da sociedade em contraste com os do indivíduo, e dos valores de dever e responsabilidade comparados a lealdade e amor. Nenhum dos dois lados está totalmente certo ou errado, mas, na guerra, um deles precisa emergir vitorioso. Apesar de os dois heróis acabarem morrendo no conflito – Aquiles mata Heitor e acaba sendo atingido por uma flecha fatal em seu calcanhar –, é o heroísmo personificado por Aquiles que vence os laços de parentesco de Heitor. Por fim, *Ilíada* afirma que existe glória na guerra, e que há motivos honrados para lutar.

O destino e os deuses

Homero sabia que seus leitores – os gregos – conheciam muito bem o final da história porque, se Troia tivesse vencido a guerra, não haveria civilização grega. Os gregos estavam destinados a vencer, e, para reforçar essa inevitabilidade, Homero cita várias profecias em *Ilíada*, e o papel do destino e o dos deuses ao decidirem o resultado da guerra.

Para os gregos antigos, os deuses eram imortais com domínio sobre algumas áreas e certos poderes; não eram as divindades onipotentes de crenças posteriores. Às vezes, eles interagiam com os humanos, mas geralmente os deixavam resolver a vida sozinhos. Em *Ilíada*, no entanto, muitos dos deuses haviam investido em interesses que levavam ao seu envolvimento na Guerra de Troia de tempos em tempos. Afinal, a guerra havia sido desencadeada pelo rapto de Helena, a filha de Zeus e Leda. Páris havia levado Helena em uma conspiração com Afrodite, de modo que os deuses do Monte Olimpo já tinham escolhido de que lado estavam. Há também outras conexões entre os deuses e os mortais: Tétis, por »

Entre todas as criaturas que respiram e rastejam sobre a terra não há em lugar nenhum algo mais triste que o homem.
Ilíada

Com uma consciência comunitária, Heitor é um homem de família que tenta evitar um derramamento de sangue ainda maior.

Digno de confiança, Heitor lidera seus homens com bravura, unidos por uma lealdade ancestral.

Com humor moderado, Heitor é passível de falhas e fraqueja no confronto final.

Os guerreiros Heitor e Aquiles têm personalidades e motivações contrastantes, que fornecem temas recorrentes no estudo de Homero do ideal heroico.

Individualista, Aquiles vive absorvido em sua própria sede de glória.

Imprevisível, ele é indiferente aos outros e obcecado pela honra.

De temperamento difícil e inclinado à raiva, Aquiles prospera na violência da batalha.

Eu passei por aquilo que nenhum outro mortal na Terra passou; eu pousei meus lábios sobre as mãos do homem que matou meus filhos.
Ilíada

exemplo, não era apenas uma ninfa do mar, mas também a mãe de Aquiles.

Alianças como essa incitavam os deuses a intervir em assuntos humanos, protegendo seus favoritos contra o mal e tornando a vida difícil para seus inimigos. Apolo, em particular, é ferozmente antigrego, e causa problemas a eles em várias ocasiões. Por exemplo, quando Pátroclo vai para a batalha disfarçado de Aquiles ao usar sua famosa armadura protetora, Apolo planeja tirá-la dele, permitindo que Heitor o mate. Inflamado pela morte de seu melhor amigo, Aquiles jura vingança. E, mais uma vez, os deuses intervêm: sua mãe imortal Tétis o presenteia com uma nova armadura divina, forjada especialmente pelo deus Hefesto.

A necessidade que os humanos têm dessa proteção salienta a diferença entre eles e os deuses: sua mortalidade. Os heróis vão para a guerra sabendo que terão de encarar a morte, mas, pelo menos, conformam-se com a ideia de que todos os humanos morrem um dia. Não apenas as personagens são mortais, como também suas criações não duram para sempre. Elas sabem que a guerra resultará em mais que perdas humanas, porque uma nação deve ser destruída – e que mesmo a civilização vitoriosa chegará a seu fim um dia. Às vezes, Homero destaca esse fato notoriamente ao citar profecias para o futuro das personagens principais de *Ilíada* e para Troia, mas fica implícito que esse é o destino comum da humanidade: o destino de todas as sociedades. No entanto, o que sobrevive para sempre é a glória dos heróis e seus grandes feitos, recontados em histórias transmitidas ao longo das eras.

Além do conflito

Depois de tanta guerra, banho de sangue e fúria, a epopeia de Homero termina com paz e reconciliação. Na cena talvez mais emocionante e memorável do poema, um rei Príamo já mais velho visita Aquiles e pede que ele devolva o corpo de seu filho, Heitor. Aquiles fica sensibilizado pelo pedido do velho, e uma trégua temporária é estabelecida para que os troianos tenham tempo de fazer um enterro adequado, e isso também acalma a fúria de Aquiles. Mas, apesar do final aparentemente pacífico, sabemos que essa calma não durará muito. A batalha

Príamo beija a mão de Aquiles, e pede a ele que tenha pena e libere o corpo de seu filho Heitor, morto pelo próprio Aquiles em batalha. Aquiles demonstra empatia com a dor de Príamo.

recomeçará, Troia cairá, e, em algum ponto da narrativa, Aquiles morrerá. A história ainda não acabou.

Realmente, o segundo poema épico de Homero, *Odisseia*, resolve algumas histórias em aberto ao seguir o destino de outro herói grego, Odisseu (conhecido pelos romanos como Ulisses), enquanto ele faz a viagem para casa entre Troia e Ítaca depois da guerra. Em *Odisseia*, o herói reconta a história de como Troia foi finalmente destruída e descreve a morte de Aquiles – esta, contudo, mais como pano de fundo para a história de sua própria jornada árdua.

Pilar ocidental

É quase impossível exagerar o impacto de *Ilíada* e de *Odisseia* na literatura da Grécia e da Roma antiga, e, portanto, de toda a literatura ocidental. Eles não foram simplesmente os primeiros trabalhos literários na Europa, mas exemplos monumentais que estabeleceram uma base firme para o gênero épico. O uso hábil de Homero de analogias complexas e altamente visuais conferiu à sua poesia uma profundidade sem precedentes, e seu domínio do hexâmetro dactílico proporcionou uma musicalidade inspiradora a seus versos. A métrica usada por Homero foi adotada por poemas épicos subsequentes em grego e também em latim, e o dialeto híbrido que ele usou se tornou o grego reconhecido pela literatura.

Talvez a façanha de Homero mais significativa de todas tenha sido transformar uma tradição oral de histórias sobre heróis folclóricos em uma forma literária: a epopeia. Ele também estabeleceu as características desse formato literário; por exemplo, a narrativa principal deve seguir a missão ou jornada do herói, que acontece com um pano de fundo histórico, com vários entremeios ou enredos episódicos. Homero também estabeleceu o padrão do subtexto para o poema épico, em que valores pessoais e sociais muitas vezes se opõem.

Ilíada e *Odisseia* inspiraram vários poetas gregos a escrever epopeias com temas similares, mas também influenciaram a nova forma de teatro que se desenvolveu no período clássico. Enquanto Homero era uma leitura popular na Grécia antiga, *Ilíada* e *Odisseia* se tornaram textos-padrão na Roma antiga, inspirando poetas a desenvolver uma poesia épica distintamente latina. Esse estilo atingiu seu ápice com *Eneida*, de Virgílio, que, além de ser um tributo a Homero, toma como ponto de partida a queda de Troia.

Odisseia detalha a morte do herói Aquiles. Ele é morto por uma flecha disparada por Páris, guiada para um ponto vulnerável no corpo de Aquiles – seu calcanhar – pelo deus Apolo.

Zeus sabe, sem dúvida, e todo mortal também, qual guerreiro está fadado a acabar tudo isso com a morte.
Ilíada

Eternamente influente

A reverência às epopeias de Homero não acabou no período clássico. Seus trabalhos foram amplamente lidos e estudados na Idade Média, e suas histórias já foram recontadas inúmeras vezes e de maneiras diferentes.

Os antigos poemas de Homero podem ser considerados os antecedentes das sagas medievais, assim como do romance. Desde o começo do século xx, outras formas de contação de história para o público em massa – de filmes a séries de televisão – têm seguido o modelo épico, e sua estrutura e relevância cultural devem muito a Homero. ■

O CONHECIMENTO DE UMA COISA
PODE REVELAR-NOS
MUITAS OUTRAS, QUANDO ENTRELUZ
UM RAIOZINHO DE
ESPERANÇA

ÉDIPO REI (C. 429 A.C.),
SÓFOCLES

EM CONTEXTO

FOCO
Teatro clássico grego

ANTES
c. século VII a.C. Os ditirambos, formas de entretenimento reunindo canto e dança junto a um coro, são encenados em honra a Dionísio em Delos e Atenas.

c. 532 a.C. Téspis, considerado o primeiro ator, aparece no palco interpretando um papel dramático.

c. 500 a.C. Pratinas apresenta as sátiras – um gênero satírico.

458 a.C. Em Atenas, é encenada a *Oresteia* ou *Oréstia*, de Ésquilo, a única trilogia do período clássico a sobreviver intacta.

431 a.C. *Medeia*, de Eurípides, introduz um realismo que choca o público.

DEPOIS
423 a.C. A comédia *As nuvens*, de Aristófanes, satiriza a cena social em Atenas e, em especial, Sócrates.

Com a revolta que depôs o último rei tirano em 510 a.C. e o estabelecimento de uma forma de democracia, a cidade-estado de Atenas inaugurou a era da Grécia clássica. Durante dois séculos, Atenas foi não apenas o centro do poder político na região, mas também o berço da atividade intelectual que testemunhou um extraordinário florescimento da filosofia, da cultura literária e da arte, que viria a exercer uma profunda influência sobre o desenvolvimento da civilização ocidental.

A cultura grega clássica foi dominada pelas realizações de pensadores, artistas e escritores atenienses, que conceberam valores estéticos de clareza, forma e equilíbrio – princípios sintetizados pela arquitetura clássica. Uma visão centrada no ser humano também influenciou o desenvolvimento de uma forma de arte literária relativamente nova: o drama, que se originou das interpretações religiosas feitas por um coro em honra ao deus Dionísio.

O nascimento do teatro

No início da era clássica, as interpretações religiosas haviam mudado de cerimônias essencialmente musicais para algo mais parecido com o drama conforme o conhecemos na atualidade, acrescentando-se os atores que interpretam as personagens em vez de apenas narrar a história.

Essa nova forma de entretenimento tornou-se extremamente popular e foco do festival anual de Dionísia, realizado durante muitos anos em um teatro ao ar livre que atraía plateias com mais de 15 mil pessoas. Os autores apresentavam peças a serem encenadas no festival no formato de

O teatro de Delfos possui três ambientes: o palco, a orquestra ou coro (à frente) e o anfiteatro. Foi construído no século IV a.C. e podia receber cerca de 5 mil pessoas.

Sófocles

Sófocles nasceu em Colono, próximo a Atenas, por volta de 496 a.C. Demonstrou uma aptidão precoce para a música e, por meio disso, veio a se interessar pela arte do drama, encorajado e talvez treinado por Ésquilo, o inovador autor de tragédias. Fazendo sua estreia no concurso dramático de Dionísia em 468 a.C., tirou o primeiro lugar de Ésquilo, o campeão absoluto. Sófocles logo se tornaria o mais celebrado escritor de tragédias de sua geração. Ao todo, escreveu mais de 120 peças, entre as quais apenas algumas sobreviveram intactas. Sófocles também foi um membro respeitável da sociedade ateniense, sendo nomeado tesoureiro do governo de Péricles e, mais tarde, comandante militar. Casou-se duas vezes. Tanto seu filho Iofon como seu neto Sófocles seguiram seus passos como dramaturgos. Pouco antes de sua morte, em 406 a.C., concluiu sua última peça, *Édipo em Colono*, produzida postumamente por seu neto.

Outras obras

c. 441 a.C. *Antígona*
c. 429 a.C. *Édipo rei*
c. 409 a.C. *Electra*

Veja também: *Ilíada* 26-33 ▪ *Eneida* 40-41 ▪ *Odisseia* 54 ▪ *Oréstia* 54-55 ▪ *Medeia* 55 ▪ *As vespas* 55 ▪ *Primeiro fólio* 82-89 ▪ *O misantropo* 90

uma trilogia de tragédias seguida de uma peça cômica, competindo por prêmios de prestígio.

Três dramaturgos encabeçaram a lista de vencedores durante a maior parte do século v a.C.: Ésquilo (c. 525/524-c. 456/455 a.C.), Eurípides (c. 484-406 a.C.) e Sófocles (c. 496-406 a.C.). Suas contribuições, representadas por várias centenas de peças, estabeleceram um padrão definitivo para a arte da tragédia. Ésquilo, como o primeiro dos três grandes autores do gênero, é geralmente considerado inovador por iniciar muitas das convenções associadas ao formato. A ele se credita o número crescente de atores numa peça, bem como a interação por meio do diálogo, que introduziu a ideia de conflito dramático. Onde antes o coro apresentava a ação do drama, os atores agora tomavam o centro do palco, e o coro assumia apenas o papel de ambientar a cena e de comentar as ações das personagens.

A mudança em prol de um maior realismo foi sustentada por Eurípides, que também reduziu o papel do coro e apresentou personagens mais tridimensionais, com interações mais complexas.

O desenvolvimento da tragédia grega

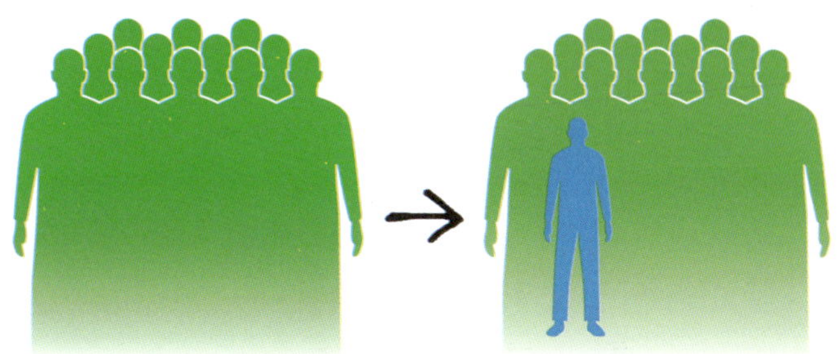

O coro apresentava as tragédias, narrando a ação. Mesmo muito tempo depois, o coro continuou a ambientar a ação e a apresentar os pensamentos das personagens que não pudessem ser encenados no palco.

O protagonista, inserido por Téspis, atuava como personagem principal, o que deu início à arte da interpretação.

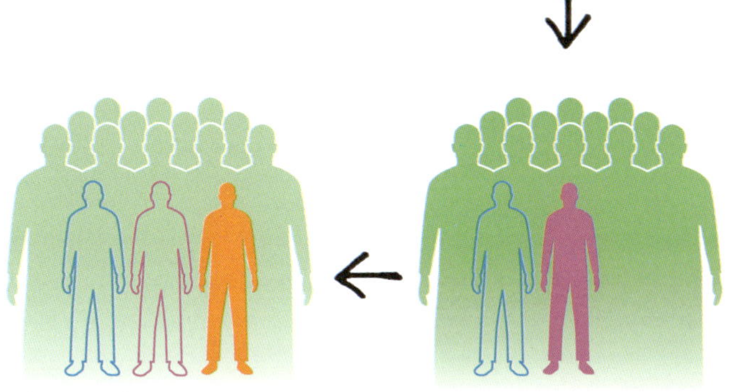

O deuteragonista, um ator secundário incluído por Ésquilo, normalmente interpretava o papel de antagonista no drama. As personagens agora podiam atuar em diálogo, apresentando a ideia de conflito dramático.

O tritagonista, um terceiro ator introduzido por Sófocles, assumia o papel de adversário, enquanto o deuteragonista tornava-se coadjuvante – uma espécie de assistente ou conselheiro do protagonista.

Rompimento de convenções

Entre os três grandes dramaturgos, Sófocles produziu as tragédias consideradas pontos altos do teatro clássico grego. Infelizmente, apenas sete das 123 tragédias escritas por ele sobreviveram. No entanto, talvez a mais refinada esteja entre elas: *Édipo rei*.

A peça foi uma das três escritas por Sófocles sobre o mítico rei de Tebas (as outras são *Édipo em Colono* e *Antígona*), conhecidas em conjunto como as peças de Tebas. Ao romper com a convenção de apresentar as tragédias em trilogias, conforme estabelecido por Ésquilo, Sófocles concebeu cada uma como uma entidade em separado, e elas foram escritas e produzidas muitos anos distantes umas das outras e fora da ordem cronológica.

Em *Édipo rei* (frequentemente referenciada como *Oedipus rex*, seu título em latim), Sófocles criou o que hoje se considera um símbolo da tragédia grega clássica. A peça obedece à estrutura formal estabelecida: um prólogo, seguido de uma apresentação das personagens e o desenrolar da trama por meio de uma série de episódios entremeados por comentários do coro, evoluindo para um *exodus* coral ou conclusão. Dentro desse formato, Sófocles inovou ao » introduzir um terceiro ator para expandir a variedade de interações entre as personagens e viabilizar uma trama mais complexa, criando tensões psicológicas sinonímicas à palavra "drama" na atualidade.

Uma tragédia típica é a história do herói que sofre um infortúnio capaz de levá-lo à ruína, estando tradicionalmente nas mãos dos deuses ou do destino. Entretanto, à medida que a tragédia grega clássica foi se desenvolvendo, os reveses do herói foram cada vez mais retratados como resultantes de uma fraqueza ou falha de caráter do protagonista – a "falha trágica". Em *Édipo rei*, tanto o destino quanto o caráter desempenham seu papel para a formação dos acontecimentos trágicos. A personagem de Édipo também está longe de qualquer moderação. No início da peça, ele aparece como o respeitado governante de Tebas, a quem as pessoas recorrem para se libertar de alguma maldição. Porém, à medida que a trama evolui, seu envolvimento inadvertido nessa imprecação é descoberto.

Tal revelação contribui para a atmosfera de presságio que caracteriza as melhores tragédias

Os sofrimentos atormentam mais quando são voluntários.
Édipo rei

clássicas. O sentimento de danação surgiu do fato de que muitas dessas histórias já eram de amplo conhecimento, como a de Édipo deve ter sido. Esse tipo de situação cria uma ironia trágica, quando a plateia está consciente do destino de certa personagem e testemunha seu progresso insuspeitado em direção à fatalidade inevitável. Em *Édipo rei*, Sófocles intensifica essa atmosfera de inevitabilidade ao introduzir várias referências a profecias feitas muitos anos antes, que Édipo e sua esposa, Jocasta, ignoravam. A história não é tanto sobre os eventos que levaram à ruína de Édipo, mas sobre os acontecimentos que motivaram as revelações do significado de suas ações passadas.

Tragédia anunciada

A cadeia de eventos começa com Tebas tomada pela peste. Ao ser consultado, o oráculo de Delfos diz que a peste diminuirá de intensidade quando o assassino de Laio, o rei anterior de Tebas e ex-marido de Jocasta, for encontrado. Édipo segue o conselho do profeta cego Tirésias para encontrar o matador. Isso deixa Tirésias numa situação difícil porque, apesar de cego, ele pode ver o que Édipo não consegue: que o próprio Édipo é o assassino involuntário. Então ele o aconselha a deixar a questão de lado. No entanto, Édipo exige saber a verdade e, em seguida, recusa-se furiosamente a acreditar na acusação feita pelo profeta, enquanto Tirésias prossegue, revelando que o assassino acabará sendo o filho de sua própria mulher. Um Édipo aturdido se recorda de uma visita a Delfos quando jovem em busca de averiguar sua verdadeira filiação, depois de ter ouvido falar que havia sido adotado. Nessa ocasião, o oráculo o preveniu de que ele mataria seu pai e se casaria com sua mãe – e assim ele fugiu, indo parar em Tebas. No caminho, matou um homem mais velho que tentara impedi-lo de prosseguir a viagem.

O significado disso não se perde na audiência, especialmente quando Sófocles introduz Jocasta, a esposa de Édipo e viúva de Laio, que conforta Édipo argumentando que as profecias não correspondem à verdade; houve uma profecia de que

Um mosaico ancestral doméstico mostra máscaras utilizadas em tragédias. Os atores frequentemente usavam máscaras – algumas com expressões exageradas, para auxiliar na dramaticidade da personagem.

A comédia de Aristófanes *Pluto ou um deus chamado dinheiro* (*Ploutus*, em grego), aqui encenada por atores modernos, é uma sátira leve da vida – e da distribuição de riquezas – em Atenas.

Laio seria morto por seu filho, ela diz, quando na verdade ele foi abatido por bandidos.

Essa informação torna claro para a plateia que a profecia apresentada a Édipo bastou-se a si mesma; prontificou-o a sair de casa e a pôr em ação os eventos que o levaram a matar inconscientemente seu próprio pai, Laio, tornando-se rei de Tebas e tomando a própria mãe como esposa.

Chega-se ao clímax quando os fatos se tornam claros para Édipo. Ele reage cegando a si mesmo. Durante toda a peça, o coro, que expressa os pensamentos interiores e os sentimentos que não podem ser expressos pelas próprias personagens, encerra o drama repetindo para um palco vazio que "nenhum homem deve se considerar afortunado até que esteja morto".

A tradição ocidental

Édipo rei conquistou aprovação imediata do público ateniense e foi saudada por Aristóteles como provavelmente a mais requintada de todas as tragédias gregas. O domínio habilidoso que Sófocles tem sobre uma trama complexa, que lida com temas como o livre-arbítrio e a determinação, bem como a falha fatal de uma personagem nobre, não apenas estabeleceu um ponto de referência para o teatro clássico, mas também formou a base da tradição dramática ocidental que se seguiu.

Depois da morte de Ésquilo, Eurípides e Sófocles, não apareceram autores trágicos de sua estatura. O teatro continuou como parte central da vida cultural ateniense, mas os aplausos com mais frequência foram direcionados a produtores e atores do que aos autores propriamente ditos. As comédias de Aristófanes (c. 450-c. 388 a.C.) também ajudaram a preencher o vazio deixado pela ausência de grandes tragédias e, aos poucos, o gosto popular evoluiu em direção a peças menos sérias.

Mesmo hoje em dia, no entanto, as tragédias do período grego clássico permanecem significativas, inclusive por sua exploração psicológica do caráter, que Freud e Jung utilizaram em suas teorias do inconsciente, das pulsões e das emoções reprimidas. As obras sobreviventes dos escritores trágicos atenienses, em especial *Édipo rei*, foram revistas durante o Iluminismo, sendo encenadas com regularidade desde então e tendo seus temas e histórias reinterpretados por muitos autores. ■

Por que haveria o homem de deixar-se dominar pelos temores, se ele está nas mãos do futuro é de todo impossível? Vive-se melhor vivendo-se como se pode, ao léu, sem preocupar-se com o futuro.

Édipo rei

A *Poética* de Aristóteles (c. 335 a.C.)

Aristóteles (384-322 a.C.) tinha alta consideração pelos autores de tragédias. Sua *Poética* é um tratado sobre a arte trágica. Ele enxergava a tragédia como *mimesis* (imitação) de uma ação capaz de gerar piedade e pavor. A essas emoções recai uma *katharsis* (purgação) decorrente do desenvolvimento do drama.

A qualidade dessa tragédia é determinada por seis elementos: enredo, personagem, pensamento, dicção, espetáculo e melodia. O enredo precisa ser "uma unidade de ação", com princípio, meio e fim.

Ao menos uma das personagens deve encarar uma mudança de rumo, ocasionada pelo destino, por uma falha de caráter ou por uma combinação das duas coisas. O próximo elemento em importância é o pensamento, ou seja, os temas e a moral da história na peça. Em seguida, vem a dicção, a linguagem, tal como o uso de metáforas e a interpretação dos atores. O espetáculo (cenários e efeitos) e a melodia (do coro) devem integrar o enredo e ajudar na composição da personagem.

OS PORTÕES DO INFERNO ESTÃO ABERTOS DIA E NOITE, A DESCIDA É SUAVE E O CAMINHO, FÁCIL

ENEIDA (29-19 A.C.), VIRGÍLIO

EM CONTEXTO

FOCO

A literatura do mundo romano

ANTES

Século III a.C. Cneu Nevius escreve poemas épicos e dramas baseados em modelos gregos, mas em latim, sobre mitologia e história gregas.

c. 200 a.C. A epopeia *Os Anais*, de Quinto Ênio, conta a história de Roma após a queda de Troia.

c. 80 a.C. A oratória de Cícero como advogado marca o início da "Era de Ouro" da literatura em latim, que dura até a morte de Ovídio, no ano 17 ou 18 d.C.

DEPOIS

Século I a.C. A poesia de Horácio inclui as *Odes*, as *Sátiras* e os *Epodos*.

c. 8 d.C. O poema narrativo *Metamorfoses*, de Ovídio, é publicado.

Século II Apuleio escreve o irreverente *Metamorfoses*, também conhecido como *O asno de ouro*.

Roma começou a substituir a Grécia como o poder dominante no Mediterrâneo a partir, aproximadamente, do século III a.C., e a primeira literatura em latim apareceu nessa época.

A influência da cultura grega na Roma antiga foi enorme no início, e uma reconhecível cultura literária romana surgiu lentamente. Apesar de os autores romanos escreverem em latim, eles produziam poesia, drama e histórias no formato grego até mais ou menos 80 a.C., quando o estadista, orador, escritor e poeta Cícero inspirou o nascimento de uma "Era de Ouro" da literatura em latim, que estabeleceu o estilo e as formas de uma tradição romana distinta.

Raízes do império

A chamada Era de Ouro ocorreu durante a evolução de Roma de República para Império. Essa transformação, que envolveu um turbilhão de guerras civis, foi refletida em uma mudança dos escritos históricos e retóricos de Cícero, Salústio e Varrão, para os trabalhos poéticos de Horácio, Ovídio e Virgílio, especialmente durante o reino do Imperador Augusto, a partir de 27 a.C.

Reconhecido durante sua vida como a principal figura literária de

Virgílio

Publius Vergilius Maro nasceu em 70 a.C. em Mântua, no norte da Itália. Ele passou boa parte da vida nessa região da República Romana, e lá escreveu seus poemas sobre a vida rústica, as *Écoglas*. O próximo grande trabalho de Virgílio, as *Geórgicas*, foi dedicado a seu patrono, o estadista Caio Mecenas. Virgílio também era amigo de Otávio, que se tornaria o Imperador Augusto, e se estabeleceu em Roma como poeta ao lado de Horácio e Ovídio. Ele começou a trabalhar em sua obra-prima, *Eneida*, em aproximadamente 29 a.C., encorajado por Otávio, e continuou escrevendo e revisando esse trabalho até a sua morte por febre, em 19 a.C. Dizem que, em seu leito de morte, Virgílio pediu que *Eneida* fosse destruída, possivelmente por causa de seu desapontamento com o reinado de Augusto, mas a obra foi publicada postumamente sob ordens do imperador.

Outras obras importantes

c. 44-38 a.C. *Écoglas*
29 a.C. *Geórgicas*

Veja também: *Ilíada* 26-33 ▪ *Metamorfoses* 55 ▪ *O asno de ouro* 56 ▪ *A divina comédia* 62-65 ▪ O *paraíso perdido* 103

Suportem as dificuldades de seu estado atual, vivam e se reservem para um destino melhor.
Eneida

Roma, Virgílio escreveu vários trabalhos poéticos, mas conquistou respeito duradouro com sua epopeia *Eneida*. É possível que sua história sobre os ancestrais de Roma tenha sido comissionada pelo Imperador Augusto, e a maré ascendente de orgulho na nova era imperial teve, sem dúvida, seu papel no sucesso do poema patriótico.

Apesar de seu tema nacionalista, *Eneida* tem suas raízes na literatura grega e, especialmente, em *Ilíada* e *Odisseia* de Homero, sobre as quais é basicamente modelada, compartilhando a mesma métrica poética regular, ou a "métrica épica" clássica. Os doze livros de *Eneida* recontam a jornada de Eneias de seu lar em Troia para a Itália e a guerra no Lácio (a terra dos latinos), que por fim levou à fundação de Roma.

Uma conquista homérica

Eneias já era conhecido como uma personagem em *Ilíada*, mas a continuação de Virgílio para a história faz uma conexão organizada entre as lendas de Troia e as de Roma – e, em particular, entre as virtudes do herói e os valores romanos tradicionais.

Virgílio começa o poema com *"Arma virumque cano..."* ("Eu canto sobre armas e um homem..."), estabelecendo seus temas de maneira similar a *Ilíada* ("Cante, ó deusa, a cólera de Aquiles, filho de Peleu...") e abordando a história de Eneias a caminho da Itália enquanto ele é forçado por uma tempestade a aportar em Cartago. Ali, ele conta à rainha Dido sobre o saque de Troia. Fingindo uma retirada, os gregos se esconderam no mar e deixaram para trás um enorme cavalo de madeira sobre rodas. Os troianos foram persuadidos, por um agente grego, de que o cavalo estava sob a proteção de Atena, tornando Troia, assim, invencível. À noite, depois que os troianos já tinham levado o cavalo para o interior dos muros, um bando seleto de guerreiros saiu do cavalo e abriu os portões para a passagem do exército grego que retornava. Por todo o poema épico, Virgílio enfatiza as *pietàs* de Eneias, sua virtude e seu dever, que acabam desviados por ação do destino e da intervenção dos deuses, levando-o de sua casa a seu destino no Lácio.

A *Eneida* não apenas assegurou a reputação de Virgílio como um escritor distintivamente romano, como também acabou se tornando provavelmente o trabalho mais respeitado em latim. Virgílio foi reverenciado como escritor durante a Idade Média, e aparece como o guia em *A divina comédia* de Dante. As histórias de *Eneida* têm sido recontadas continuamente desde que surgiram, e a ideia do perigo representado por termos como "cavalo de Troia" e "presente de grego" entraram para a cultura popular. ■

As viagens de Eneias no Mediterrâneo

1. Troia: Ele foge da cidade com os outros, incluindo seu pai, o rei Anquises, e a sombra de sua esposa diz que ele procura a terra do Tibre.

4. Creta: Sonha que os deuses aparecem para ele e revelam que a terra de seus antepassados, a qual procura, está na distante Itália.

5. Ilhas Estrófades: Ele sobrevive ao ataque quando desviado do curso para o lar das harpias, as quais profetizam que uma onda de fome o espera na Itália.

9. Cartago: Encontra a rainha Dido e se apaixona por ela, deixando-a apenas porque os deuses o persuadem a terminar sua jornada.

11. Cumas: É guiado pela profetisa Sibila para o submundo, onde conversa com espíritos e o futuro de Roma lhe é revelado.

12. Lácio: É recebido na foz do rio Tibre pelo rei Latino, que oferece a mão de sua filha, a princesa Lavínia, em casamento.

O DESTINO SE DESVENDARÁ NATURALMENTE

BEOWULF (SÉCULOS VIII A XI)

EM CONTEXTO

FOCO
Literatura anglo-saxã

ANTES
Século VII Caedmon, um pastor que se tornou monge na abadia de Whitby, escreve um hino que é o primeiro exemplo conhecido de um poema do inglês antigo.

c. século VIII Fragmentos de inscrições rúnicas entalhadas em Ruthwell Cross – hoje na Escócia, mas outrora parte do reino da Nortúmbria – são versos de um poema atualmente conhecido como "O sonho da cruz", que mistura cenas de guerra com a história da crucificação.

DEPOIS
c. 1000 O poema épico *Waldere* é transcrito. Apenas dois fragmentos sobreviveram, porém oferecem elementos do ideal guerreiro anglo-saxão.

Século X Monges beneditinos compilam uma antologia de poesia anglo-saxã, hoje conhecida como *O livro de Exeter*.

Embora opiniões acadêmicas dividam-se sobre a data exata em que *Beowulf* foi escrito, trata-se do primeiro poema épico anglo-saxão a sobreviver na íntegra. É narrado na língua hoje conhecida como inglês antigo ou anglo-saxão, que evoluiu das línguas germânicas levadas à Inglaterra pelos invasores escandinavos e permaneceu como língua comum até a Conquista Normanda, em 1066.

O inglês antigo foi amplamente falado na Inglaterra e no sul da Escócia a partir do século V, mas a literatura escrita no vernáculo surgiu aos poucos. Durante o século VII, a Grã-Bretanha se converteu ao cristianismo. O latim era a língua das classes letradas, sendo utilizado em abadias e monastérios cristãos, onde surgiram os manuscritos. Contudo, no reinado de Alfred (871-899), traduções para o inglês antigo de textos cristãos em latim começaram a aparecer ao mesmo tempo que os textos originais.

Cada um de nós deve esperar por um fim neste mundo; deixai àquele que pode a conquista da glória antes da morte – porque, no final, assim é melhor para o guerreiro que partiu.
Beowulf

Uma tradição oral

É provável que *Beowulf* tenha surgido entre o século VIII e o início do século XI porque parece ter sido escrito sob uma perspectiva cristã, a despeito de seu conteúdo pagão. Não está claro se *Beowulf* foi composto pela pessoa ou por pessoas que redigiram o manuscrito original ou se é uma transcrição de um poema mais antigo. Havia uma tradição oral anglo-saxã em que histórias eram contadas por recitadores de poemas conhecidos como "*scops*", mencionados em diversos textos em inglês antigo, incluindo *Beowulf*. Assim, é possível que o poema tenha passado de boca em boca por muitos anos antes de ganhar um registro.

Como a língua, a história do poema tem raízes na Escandinávia e trata das lendas daqueles povos, incluindo diversas personagens

Veja também: *A epopeia de Gilgamesh* 20 ▪ *O Mahabharata* 22-25 ▪ *Ilíada* 26-33 ▪ *Eneida* 40-41 ▪ *Lancelote, o cavaleiro da carreta* 50-51 ▪ *A saga de Njal* 52-53 ▪ *Cantar de Mio Cid* 56-57 ▪ *A divina comédia* 62-65 ▪ *O senhor dos anéis* 287

históricas em torno do ano 500. Fala sobre a vida e as conquistas de Beowulf, um guerreiro geata que vem em auxílio de Hrothgar, rei dos dinamarqueses, para libertar as terras do monstro Grendel e, mais tarde, de sua mãe. Beowulf evolui de um frágil e jovem aventureiro para se tornar um respeitável rei dos geatas, depois de seguir o conselho de Hrothgar: "Não se curve à arrogância, famoso guerreiro!". Sua batalha final trata de salvar seu próprio povo de um dragão.

Épico e elegia

Assim como na história do herói que trucida o monstro e na batalha do bem contra o mal, o poema lida com os temas lealdade e amor fraternal, a efemeridade da vida e o perigo do orgulho e da arrogância em face do destino fatal da humanidade. O escritor e estudioso inglês J. R. R. Tolkien argumenta que *Beowulf* é tanto uma elegia como um épico; triste, porém heroico; não apenas um lamento pela morte do herói epônimo, mas também uma elegia nostálgica por uma forma de vida em declínio, e de nossos esforços contra a fatalidade.

Embora o manuscrito de *Beowulf* tenha sido preservado no Nowell Codex no final do século x ou no início do século xi, foi considerado um simples artefato histórico até o século xix, quando as primeiras traduções para o inglês moderno foram realizadas. Foi apenas no século xx que seu mérito literário foi reconhecido, em grande medida, pela defesa que Tolkien fez da obra. Atualmente, *Beowulf* já foi traduzido incontáveis vezes para vários idiomas e, além da popularidade conquistada por seus próprios méritos, o poema agora influencia a fantasia literária recente. ■

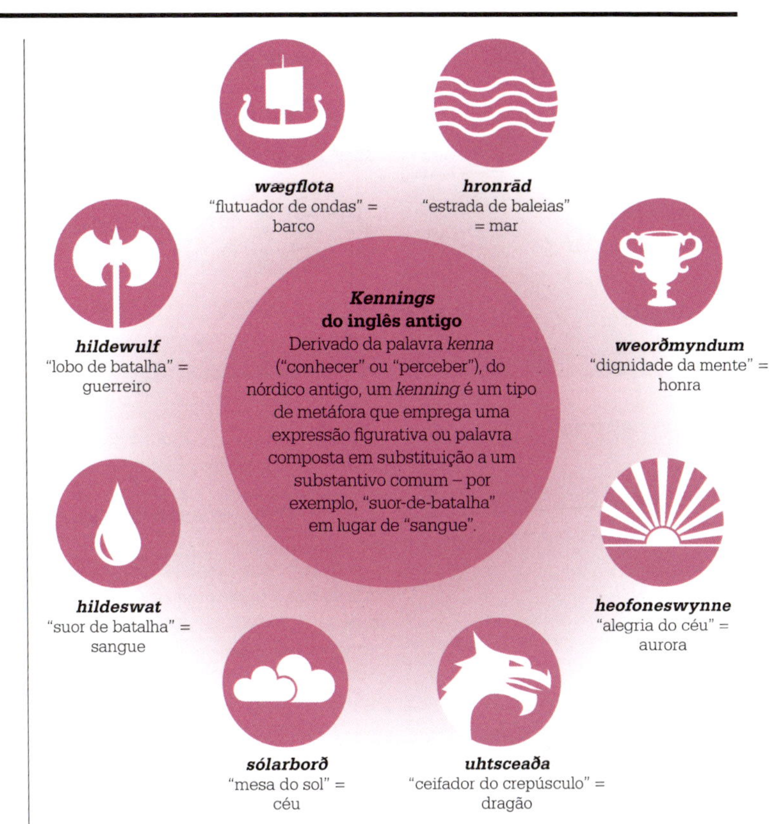

A poesia no inglês antigo

Beowulf tem o formato de um poema épico – 3.182 versos – em estilo declamatório, lançando mão de instrumental poético anglo-saxão idiossincrático.

O que mais surpreende é que, diferentemente dos esquemas de rimas do verso moderno, a típica poesia do inglês antigo é escrita em versos com aliterações. Cada linha é dividida em duas metades conectadas não apenas pelas rimas no final das palavras, mas por sons similares no início de palavras ou sílabas. As duas metades de cada linha são frequentemente divididas por uma pausa que faz a marcação como dístico de aliteração. Outra característica é um recurso metafórico conhecido como *kenning*: uma palavra composta figurativa em lugar de uma única palavra menos poética.

Recursos assim apresentam problemas para tradutores de línguas modernas, especialmente em virtude da riqueza da alusão feita em inglês antigo.

ENTÃO SHERAZADE COMEÇOU...

AS MIL E UMA NOITES (C. SÉCULO VIII-XV)

EM CONTEXTO

FOCO
Primórdios da literatura árabe

ANTES
610-632 De acordo com a crença islâmica, o *Alcorão* [recitação, em árabe] é revelado por Deus a Maomé.

Século VIII Uma coleção de sete poemas pré-islâmicos, alguns datando do século VI, é escrita em ouro sobre linho e, supostamente, exibida nos muros da Caaba em Meca. Eles ficam conhecidos como *Al-Mu'allaqat* ("poemas pendurados").

DEPOIS
c. 990-1008 Badi' al-Zaman al-Hamadani escreve *Maqamat* [assembleias], uma coleção de histórias em prosa rimada que relata os encontros do espirituoso Abul-Fath al--Iskanderi.

Século XIII *A história de Bayad e Ryiad*, romance sobre o amor de um filho de comerciante pela dama de uma corte estrangeira, é escrito na Andaluzia islâmica.

Por todo o mundo árabe há uma forte tradição de contação de histórias, com contos folclóricos passados oralmente por muitas gerações. No entanto, a partir do século VIII, com a ascensão dos centros urbanos em florescimento e uma cultura árabe sofisticada que prosperava sob a orientação do islã, passou-se a fazer uma distinção cada vez maior entre a *al-fus'ha* (a linguagem refinada ensinada em centros educacionais) e a *al-ammiyyah* (a linguagem das pessoas comuns). A literatura pré-islâmica escrita em vernáculo – incluindo contos folclóricos tradicionais – passou a ser desprezada pela elite educada, e autores de literatura árabe se afastaram dos trabalhos de prosa criativa para se concentrar na poesia e na não ficção.

O apelo das histórias

Apesar da ênfase dada à "arte sofisticada" da poesia, havia um apetite público cada vez maior por uma boa história. E, embora não fosse vista com bons olhos pelos acadêmicos árabes, a coleção de contos que apareceu sob vários títulos ao longo dos séculos seguintes, mas que hoje é conhecida como *As mil e uma noites* ou *Noites árabes*, nunca deixou de atrair interesse.

Uma Era de Ouro da literatura islâmica

Na metade do século VIII, o território controlado pelos muçulmanos se estendia do Oriente Médio, passando pela Pérsia até o subcontinente indiano, e da África do Norte à Ibéria. Sociedades urbanas sofisticadas se tornaram centros culturais e também políticos.

Esse foi o início da Era de Ouro islâmica, que durou aproximadamente quinhentos anos. Centros de aprendizagem, como a Casa da Sabedoria em Bagdá, atraíam sábios proficientes em ciência, filosofia e artes, assim como acadêmicos do livro sagrado islâmico, o *Alcorão*.

O *Alcorão* é a palavra de Deus revelada a Maomé; assim, é considerado não apenas uma fonte de conhecimento religioso, mas também o modelo para a literatura árabe. Seu estilo e linguagem influenciaram profundamente a literatura árabe clássica que floresceu a partir do século VIII – em sua maior parte, em forma de poesia, gênero que apresentava um *status* bastante superior à ficção narrativa.

Veja também: *O Mahabharata* 22-25 ▪ *Os contos de Canterbury* 68-71 ▪ *Decamerão* 102 ▪ *Contos maravilhosos infantis e domésticos* 116-117 ▪ *Contos de fadas* 151 ▪ *Contos do grotesco e arabesco* 152 ▪ *O profeta* 223

As noites de Sherazade

Quando a noite cai, Sherazade captura a atenção do marido ao continuar a história da noite anterior.

Depois de terminar uma narrativa, ela começa outra, muitas vezes com a personagem contando a sua própria história.

Ao chegar ao auge do suspense da história ao nascer do dia, sua vida é poupada para o marido saber o final.

A coleção foi reunida de maneira caótica durante vários séculos, e não existe uma versão canônica dos contos. Os contadores de histórias combinaram antigos contos indianos, persas e árabes, com mais histórias sendo adicionadas ao longo dos séculos. Considera-se que o manuscrito árabe mais antigo ainda existente tenha sido produzido na Síria no final do século XV. Ele foi escrito em uma linguagem rotineira, oferecendo um forte contraste ao árabe clássico da poesia e do *Alcorão*.

Contos dentro de contos

A estrutura de *As mil e uma noites* leva o formato de moldura narrativa, na qual uma história contém todas as outras. A "moldura" é a história da princesa Sherazade, ameaçada de execução pelo próprio marido, o príncipe Shahryar. Depois de sua esposa anterior ter cometido adultério, o príncipe acredita que todas as mulheres são traiçoeiras, e, assim, prometeu se casar com uma nova noiva todos os dias, "tirar sua virgindade à noite e matá-la pela manhã para garantir a sua honra". A princesa evita esse destino ao não contar o final da história que estava narrando em sua noite de núpcias, fazendo com que Shahryar adie a sua execução. Depois de 1.001 noites como essa, ele confessa que ela acabou por transformar sua alma e a perdoa.

Os contos narrados por Sherazade misturam histórias fantásticas que acontecem em locais lendários com outras narrativas que envolvem figuras históricas – como Haroun al Rashid (c. 766-809), soberano do califado abássida durante a Era de Ouro islâmica. A natureza diversa dos contos é responsável pela grande variedade de gêneros encontrada na coleção, que vão de aventura, romance e contos de fadas ao terror e até mesmo à ficção científica.

Ó, minha irmã, recite-nos uma história nova, deliciosa e deleitável, com a qual podemos passar as horas de vigília de nossa última noite.
As mil e uma noites

Influência no Ocidente

As histórias só se tornaram conhecidas na Europa no século XVIII, graças ao reconto realizado pelo acadêmico francês Antoine Galland em *Les mille et une nuits* (1704-1717). O manuscrito traduzido por Galland era incompleto, contendo bem menos que as 1.001 noites de histórias, então ele adicionou os contos árabes de Ali Babá, Aladim e Simbad. Estes nunca fizeram parte da coleção original de *As mil e uma noites*, mas, desde então, tornaram-se as histórias mais famosas da compilação no Ocidente.

As mil e uma noites de Galland deve muito de sua popularidade ao próprio exotismo, com histórias de gênios e tapetes voadores, e foi uma influência importante no movimento de coleção de contos folclóricos liderado pelos irmãos Grimm e outros no começo do século XIX. Uma tradução das histórias originais feita por Sir Richard Burton, em 1885, inspirou um interesse mais sério pela cultura islâmica – mas, no mundo árabe, os contos ainda são considerados mais uma fantasia de entretenimento que literatura. ■

SE A VIDA NÃO É MAIS QUE UM SONHO, POR QUE ESFORÇAR-SE EM VÃO?

QUAN TANGSHI (SÉCULO VIII), UMA COLETÂNEA DE POEMAS DE LI BAI (LI PO), DU FU E WANG WEI

EM CONTEXTO

FOCO
Poesia imperial chinesa

ANTES
c. século IV a.C. É compilada uma coletânea de poemas líricos, *Canções de Chu* (*Chu Ci*), atribuída a Qu Yuan, Song Yu e outros.

Séculos II e III d.C. Cao Cao, mais tarde imperador Wu de Wei, e seus filhos Cao Pi e Cao Zhi, estabelecem o estilo poético *jian'an* da dinastia Han posterior.

DEPOIS
960-1368 Durante as dinastias Song e Yuan, o estilo lírico *ci* torna-se mais popular que o estilo formal *shi* da dinastia Tang.

1368-1644 A poesia da dinastia Ming é dominada por Gao Qi, Li Dongyang e Yuan Hongdao.

1644 Os soberanos Manchu fundam a dinastia Qing, inaugurando um período de erudição e a publicação da literatura Tang.

A China possui uma tradição poética que remonta ao século XI a.C. Enquanto algumas poesias iniciais apresentavam um estilo lírico – *ci* – no formato de canções e poemas de amor, um estilo mais formal – *shi* – lidava com temas reflexivos e utilizava estruturas mais restritas. Durante a dinastia Han anterior, no século III a.C., uma coletânea de 305 poemas *shi* foi compilada: o *Livro das odes* (*Shijing*). Considerado um dos Cinco clássicos da literatura chinesa, ele fixou o padrão para a poesia chinesa clássica subsequente.

Tradições poéticas

Essa tradição *shi* atingiu seu auge na era Tang (618-907 d.C.). Surgiram alguns poetas brilhantes, em particular, no século VIII. Entre eles, destacam-se Li Bai (701-762), também conhecido como Li Po, cujos poemas incluíam meditações nostálgicas sobre amizade; seu amigo Du Fu (712-770), conhecido como o "historiador-poeta"; e o polímata Wang Wei (699-759), cujas descrições da natureza raramente mencionavam qualquer interferência humana. Em 1705, o imperador Kangxi (que reinou de 1661 a 1722) convocou o estudioso Cao Yin para compilar uma coletânea definitiva que viria a se chamar *Quan Tangshi* (Poemas Tang completos), contendo quase 50 mil poemas escritos por mais de 2 mil poetas. Uma antologia mais curta foi compilada por volta de 1763 por Sun Zhu, intitulada *Trezentos poemas Tang* (*Tangshi sanbai shou*) – a qual, como o *Livro das odes*, recebeu *status* de obra clássica e permanece como leitura essencial na China até a atualidade. ■

Sentamo-nos juntos, a montanha e eu, até somente restar a montanha.
"Sozinho olhando a montanha"
Li Bai

Veja também: *Livro das mutações* 21 ▪ *Romance dos três reinos* 66-67 ▪ *Trilha estreita ao confim* 92

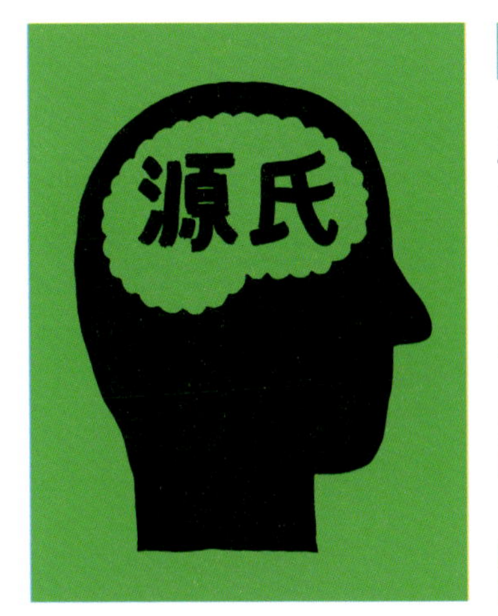

AS COISAS REAIS NA ESCURIDÃO NÃO PARECEM MAIS REAIS DO QUE SONHOS

O CONTO DE GENJI (C. 1000-1012), MURASAKI SHIKIBU

EM CONTEXTO

FOCO
Literatura da corte Heian

ANTES
c. 920 d.C. É publicada a primeira antologia de *waka* (poesia clássica japonesa), conhecida como *Kokinshū* (Coletânea de poemas ancestrais e modernos).

Final do século x O conto de fadas *Ochikubo monogatari* é escrito.

c. 1000 Sei Shōnagon termina *O livro do travesseiro*, observações sobre a vida na corte da imperatriz consorte Teishi.

DEPOIS
Início do século xii Compilação de *Konjaku monogatari* (Histórias que hoje pertencem ao passado), contendo histórias da Índia, da China e do Japão.

1187 *Senzaishū* (Antologia dos mil anos), a última antologia imperial de *waka*, é concluída por Fujiwara Shunzei.

A arte e a cultura japonesa floresceram no período Heian (794-1185), quando a corte imperial se situava em Heian-Kyō (atual Quioto). Foi durante essa época que a literatura clássica japonesa começou a surgir distinta da língua e da cultura chinesas. E, apesar de o chinês permanecer como língua oficial da burocracia e da nobreza, a forma mais simples da escrita silábica japonesa *kana* gradualmente se tornou a língua da literatura nacional.

Patrocínio imperial

A poesia era altamente considerada e incentivada pelos imperadores Heian, que encomendaram oito grandes antologias de poemas em japonês. No final do século x, no entanto, obras em prosa também começaram a surgir, incluindo histórias e contos folclóricos, como *O conto do cortador de bambu*, e uma engenhosa história, *Ochikubo monogatari* (O conto de Lady Ochikubo), cujo autor seria membro da corte Heian.

Merece destaque Murasaki Shikibu (973-1014 ou 1025), uma dama de companhia da corte que escreveu aquele que é considerado o primeiro romance japonês (e também tido por alguns como o primeiro romance de todos os tempos): *Genji monogatari (O conto de Genji)*. Em seus 54 capítulos, reconta as experiências e os amores do "Ilustre Genji", filho deserdado de um imperador japonês, e de seus descendentes. Apesar de apresentar uma sequência de acontecimentos em vez de uma verdadeira trama, as descrições da personagem são convincentes, proporcionando uma percepção não apenas sobre os cortesãos daqueles tempos, mas também sobre seus pensamentos e suas motivações, certamente tornando a obra precursora do romance psicológico moderno.

Murasaki provavelmente pretendia direcionar *O conto de Genji* para um público leitor formado por mulheres nobres, porém acabou ganhando um público mais amplo e se tornou um clássico publicado em diversas edições a partir do século xii. Apesar desse *status*, seu estilo complexo fez com que não fosse vertido ao japonês moderno até o século xx. Geralmente, o texto é acompanhado de anotações que explicam suas referências culturais. ■

Veja também: *O livro do travesseiro* 56 ▪ *Trilha estreita ao confim* 92 ▪ *Os amantes suicidas de Sonezaki* 93

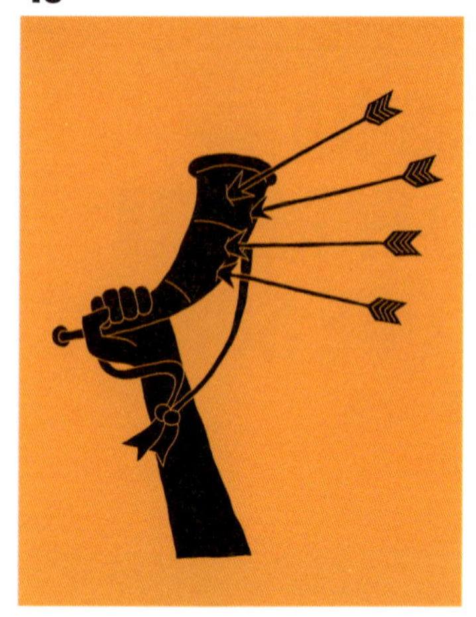

POR SEU SENHOR, UM HOMEM DEVE SOFRER GRANDES MALES

A CANÇÃO DE ROLANDO (C. 1098)

EM CONTEXTO

FOCO
Canções de gesta

ANTES
Séculos V a VI Na Bretanha anglo-saxônica, poetas conhecidos como *scops* entretinham as cortes cantando ou recitando poemas épicos, principalmente os provenientes da história escandinava.

880 *A cantilena de Santa Eulália* é um dos primeiros textos do vernáculo setentrional francês conhecido como *langue d'oïl*.

DEPOIS
Fim do século XI ou início do século XII Surgem os primeiros poemas da Matéria de França, como *Chanson de Guillaume* e *Gormont et Isembart*.

c. 1200 É escrito *Cantar de mio Cid*, primeiro poema épico espanhol de que se tem notícia.

Séculos XIV e XV Os áureos tempos da poesia medieval francesa terminam com a Guerra dos Cem Anos (1337-1453) e a devastação causada pela peste negra (c. 1346-1353).

Embora alguns textos religiosos tenham surgido no francês arcaico já no século IX, considera-se geralmente que a literatura na França tenha suas bases nos poemas épicos conhecidos como canções de gesta – ou "canções de feitos heroicos" –, recitados ou cantados para as cortes por jograis e menestréis. Originalmente, essas narrativas em versos faziam parte de uma tradição oral. Porém, a partir do século XI, ganharam cada vez mais a forma escrita.

Lendárias proezas

As canções de gesta firmaram as bases da Matéria de França, uma das três fases de um ciclo literário mais amplo das obras medievais, principalmente do francês antigo. A Matéria de França tratava dos feitos heroicos de figuras históricas, como Carlos Magno, rei dos francos. Nenhum dos dois outros ciclos literários – a Matéria de Roma (história e mitologia do mundo clássico) e a Matéria da Bretanha (contos do rei Arthur e de seus cavaleiros) – foi tema das canções de gesta.

Uma das canções pioneiras da Matéria de França foi *A canção de Rolando*. Uma de suas versões é de autoria de um poeta conhecido como Turold. Em cerca de 4 mil versos, trata da Batalha de Roncevaux (atual Roncesvalles) em 778, durante o reinado de Carlos Magno. Na batalha pela fortaleza muçulmana de Saragoça, na Espanha, Rolando é traído por seu padrasto numa emboscada. Recusando-se a pedir ajuda, empreende um combate heroico. Porém, quando seus homens são massacrados, emite um sopro de vingança em seu olifante (uma corneta feita de presa de elefante) com tamanha força que é capaz de matá-lo. Carlos Magno responde o chamado e derrota os muçulmanos.

As canções de gesta inspiraram a tradição da poesia de gesta espanhola, que inclui o épico castelhano *El cantar de mio Cid*. Muitos poemas também foram recontados em alemão e na forma do *Karlamagnús saga*, em nórdico antigo. Mesmo depois que poetas do século XII desenvolveram uma preferência por escrever poemas líricos palacianos, *As canções de gesta* mais refinadas, como *A canção de Rolando*, permaneceram populares até o século XV. ■

Veja também: *Beowulf* 42-43 ▪ "Unter den Linden" 49 ▪ *Lancelote, o cavaleiro da carreta* 50-51 ▪ *Os contos de Canterbury* 68-71

TANDARADEI, CANTAVA ALEGREMENTE O ROUXINOL

"UNTER DEN LINDEN" (FINAL DO SÉCULO XII), WALTHER VON DER VOGELWEIDE

EM CONTEXTO

FOCO
Trovadores e *Minnesänger*

ANTES
Final do século XI A tradição da poesia palaciana de amor dos trovadores, escrita no dialeto occitano (*langue d'oc*) no sul da França, dissemina-se pela Espanha e pela Itália.

Século XII Trovadores conhecidos como *trouvères*, incluindo Chrétien de Troyes, começam a compor poemas líricos em dialeto francês setentrional (*langue d'oïl*).

Final do século XII Der von Kürenberg e Dietmar von Aist iniciam a tradição alemã dos cantores *Minnesänger*.

DEPOIS
Final do século XIII Heinrich Frauenlob, um dos últimos *Minnesänger*, funda uma escola para cantores *Meistersinger*.

Por volta da década de 1330 Apresentações de trovadores começam a diminuir até desaparecerem com a peste negra (c. 1346-1353).

O entretenimento nas primitivas cortes medievais da Europa era proporcionado por menestréis, que recitavam ou cantavam poemas épicos. Porém, no século XI, grupos de poetas mais aristocráticos, a começar pela Occitânia, no sul da França, tornaram-se menestréis itinerantes. Para distingui-los dos jograis, que eram artistas comuns, ganharam a denominação de trovadores. O foco de sua poesia passou da narrativa histórica para as canções de amor palacianas – proezas da corte envolvendo cavaleiros e suas nobres amadas.

Nobres artistas

A poesia lírica ganhou espaço primeiramente no norte da França, e, mais tarde, na Itália e na Espanha. No século seguinte, os artistas cortesãos apareceram na Alemanha como cantores *Minnesänger*. Entre eles, destacava-se Walther von der Vogelweide (c. 1170-1230), que também escreveu poesia política e satírica. É mais conhecido por seu gracioso "Unter den Linden" [Sob a tília], um poema de amor escrito conforme a tradição palaciana dos trovadores, porém distinto em alguns pontos essenciais. Com seu memorável refrão do rouxinol cantando "*Tandaradei!*", faz referência aos coros típicos da música folclórica, e, mais importante, as palavras mais bonitas do poema não são enunciadas por uma nobre, mas por uma moça simples.

Essas características prenunciaram o fim da poesia lírica palaciana, que, na Alemanha, foi marcada pelosurgimento de novos poetas e compositores profissionais, os chamados *Meistersinger*, ou "mestres cantores". ■

Você ainda há de encontrá-las, ternamente juntas, flores despetaladas sobre a relva amassada.
"Unter den Linden"

Veja também: *A canção de Rolando* 48 ▪ *Lancelote, o cavaleiro da carreta* 50-51 ▪ *Os contos de Canterbury* 68-71

AQUELE QUE SE ATREVE A NÃO SEGUIR AS ORDENS DO AMOR COMETE UM GRANDE ERRO

LANCELOTE, O CAVALEIRO DA CARRETA (C. 1175-1181), CHRÉTIEN DE TROYES

EM CONTEXTO

FOCO
O romance de cavalaria arturiano

ANTES
1138 *Historia Regum Britanniae*, do clérigo e cronista galês Geoffrey de Monmouth, populariza a lenda do rei Arthur.

Século XII O poema *Tristão*, em francês arcaico (a *langue d'oïl* vernacular do norte), de Thomas da Grã-Bretanha, conta a lenda do Cavaleiro da Távola Redonda Tristão e sua amada Isolda.

DEPOIS
Século XIII O ciclo de cinco volumes Lancelote-Graal (também chamado de Lancelote em prosa ou Ciclo da Vulgata), escrito em francês arcaico por clérigos anônimos, conta a história da busca de Lancelote pelo cálice sagrado.

1485 Em *A morte de Arthur*, o escritor inglês Sir Thomas Malory reinterpreta as lendas arturianas.

A tradição da poesia épica, que tem suas raízes em Homero e Virgílio, sobreviveu por toda a Idade Média na forma das canções de gesta (sobre feitos heroicos), escritas e apresentadas pelos trovadores do sul da França e seus pares em outros países mediterrâneos. Esses poemas épicos medievais faziam jus ao gênero por contar histórias de atos valorosos e de batalhas de origem clássica ou sobre as guerras contra os sarracenos e os mouros. No entanto, no século XII, esses contos sobre cavaleiros e suas aventuras assumiram um tom diferente à medida que a ideia do amor cortês começou a substituir as façanhas militares como tema predominante, e a ênfase mudou do heroísmo para atos nobres.

Lenda arturiana

O poeta que levou o crédito por introduzir essa mudança foi Chrétien de Troyes, um *trouvère* (o equivalente no norte da França a um trovador) que se inspirou nas lendas do rei Arthur e seus Cavaleiros da Távola Redonda. Na época de Chrétien, havia duas culturas distintas na França, reconhecíveis por seus dialetos: no sul, os trovadores usavam a *langue d'oc*, enquanto os *trouvères* no norte usavam a *langue*

Chrétien de Troyes

Pouco se sabe sobre Chrétien de Troyes, um *trouvère* que, no final do século XII, serviu na corte de Maria da França. A adoção do sobrenome "de Troyes" sugere que ele tenha vindo de Troyes, na região de Champagne, na França, a sudeste de Paris, mas pode também ser uma referência à sua benfeitora, Marie, condessa de Champagne, cuja corte ficava em Troyes. Seus poemas, que datam do período de 1160-1180, indicam que ele era um membro menor do clero. As principais obras de Chrétien foram os quatro romances que ele escreveu sobre histórias arturianas, e ele é considerado o responsável por introduzir nos contos a nova ideia do amor cortês, no caso de amor entre Lancelote e Guinevere. Um quinto poema, *Perceval* ou *O conto do Graal*, permaneceu inacabado quando ele morreu, em cerca de 1190.

Outras obras importantes

c. 1170 *Érec et Énide*
c. 1176 *Cligès*
1171-1181 *Yvain, o Cavaleiro do Leão*

Veja também: *A canção de Rolando* 48 ▪ "Unter den Linden" 49 ▪ *Dom Quixote* 76-81 ▪ *Sir Gawain e o Cavaleiro Verde* 102 ▪ *A morte de Arthur* 102

Quando pedem que Lancelote siga viagem em uma carreta ou charrete, como um criminoso comum, ele aceita relutantemente. No entanto, mais tarde ele se redime de sua hesitação com seus atos de cavalaria.

d'oïl. Não é de surpreender que Chrétien tenha desviado sua atenção dos heróis clássicos franceses mediterrâneos e do sul para se concentrar na chamada "questão da Grã-Bretanha", as lendas da Grã-Bretanha e da Bretanha.

O amor conquista tudo

Além de apresentar as lendas arturianas ao público francês, Chrétien reinterpretou a ideia do romance de cavalaria. Na história de *Lancelote, o Cavaleiro da Carreta*, ele se concentra em uma personagem até então menos conhecida, cuja missão era, em grande parte, essencialmente romântica, e que demonstrou sua nobreza ao defender a honra da rainha Guinevere.

A missão de Lancelote é salvar Guinevere das garras do malvado Malagant, e ele embarca em uma série de aventuras. Sua trajetória inevitavelmente envolve brigas com Malagant, nas quais Lancelote por fim emerge vitorioso, mas também a maneira como corteja a rainha. No entanto, nem tudo sai como ele esperava: uma série de desentendimentos e enganos faz com que Guinevere se torne fria ou calorosa com ele durante a história; Lancelote sofre a indignidade de ter de viajar a bordo de uma carreta normalmente usada para transportar prisioneiros e, em certo ponto, acaba se tornando um prisioneiro também. Mas, no final, ele e seu amor são triunfantes, e tanto a honra de Guinevere quanto a nobreza de Lancelote sobrevivem intactas.

Uma era de cavalaria

A abordagem inovadora de Chrétien ao poema épico combinava com o clima da época, e, apesar de as antigas canções de gesta permanecerem populares entre os leitores, poetas por toda a Europa adotaram o novo estilo e, várias vezes, o tema das lendas arturianas. Muitos escolheram contar a história de amantes como Lancelote e Guinevere ou Tristão e Isolda; outros optaram pela lenda da nobre missão pelo cálice sagrado. No entanto, durante o século XIII, a ideia da poesia épica estava em declínio, e os romances arturianos passaram a ser contados mais frequentemente em prosa, chegando ao seu auge com *A morte de Arthur*, de Sir Thomas Malory.

O gênero do romance de cavalaria arturiano perdeu expressão com a chegada do Renascimento. A representação de cavaleiros nobres, donzelas em perigo e amor cortês e bem-educado já havia se tornado um clichê quando Miguel de Cervantes escreveu seu *Dom Quixote*, em 1605, apesar de as palavras "cavalaria" e "romance" ainda reterem sua associação com aquele mundo mítico medieval. ■

Três tipos distintos de poesia épica já tinham evoluído durante a Idade Média na Europa ocidental. Em sua maioria registradas em francês arcaico, cada uma dessas coleções se distinguia por seu tema ou assunto.

A questão de Roma

Mitos e lendas do mundo clássico, abrangendo a mitologia grega e, principalmente, a romana, assim como relatos de fatos históricos, incluindo Alexandre, o Grande, e Júlio César.

A questão da França

Lendas de Carlos Magno e seus paladinos e as guerras contra os mouros e sarracenos, incluindo as histórias de Rolando, Guillaume d'Orange e Doon de Mayence.

A questão da Grã-Bretanha

Lendas da Grã-Bretanha e da Bretanha: lendas arturianas, a busca pelo cálice sagrado e as histórias de Bruto da Bretanha, rei Cole, rei Lear e Gogue e Magogue.

DEIXE QUE AS FERIDAS DOS OUTROS LHE SIRVAM DE AVISO

A SAGA DE NJAL (FINAL DO SÉCULO XIII)

EM CONTEXTO

FOCO
As sagas nórdicas

ANTES
Século XII As primeiras sagas em língua nórdica antiga, as *Konungasogur* (*As sagas dos reis*), são escritas na Noruega e na Islândia.

c. 1220 Atribui-se ao erudito islandês Snorri Sturluson tanto a redação como a compilação da coletânea de mitos conhecida como *Edda prosaica*.

Meados até fins dos anos 1200 Uma coletânea anônima em verso dos mitos escandinavos é compilada, tornando-se mais tarde conhecida como *Edda poética*.

DEPOIS
Século XIII Traduções a partir do francês das canções de gesta ("canções de feitos heroicos") inspiram o surgimento de um gênero de sagas palacianas islandesas.

c. 1300 Histórias sobre a família Sturlung na Islândia do século XII formam a coletânea *Saga de Sturlung*.

Ricas em feitos heroicos, disputas familiares, casos de amor, lendas e detalhes históricos, as sagas nórdicas foram escritas entre os séculos XII e XIV. De modo geral, sua autoria é desconhecida. Até o século XII, a maior parte delas pertencia à tradição oral, e somente foram redigidas por escribas anos mais tarde. Contudo, diferentemente da maior parte da literatura medieval, registrada em latim, as sagas foram transcritas para o vernáculo das pessoas comuns – nas línguas nórdica e islandesa antigas.

As sagas se dividem em cinco classes principais: as sagas dos reis, em especial sobre os primeiros governantes da Noruega, mas incluindo as ilhas Órcadas e a Suécia; as sagas contemporâneas, que compreendem questões seculares de caciques islandeses (muitas vezes com nomes da importante família Sturlung); as *Fornaldsogur*, que apresentam pouca base histórica e se referem a tempos lendários e mitológicos; as sagas românticas palacianas, como a *Alexandreis*, que surgiram como traduções das canções de gesta em francês; e as sagas islandesas.

As Eddas

As *Eddas* se referem a um grupo de antigos textos literários islandeses encontrados em livros do século XIII: a *Edda prosaica* e a *Edda poética*. Juntas, essas duas obras formam a fonte mais abrangente sobre a mitologia escandinava.

A *Edda prosaica*, ou *Edda menor*, foi escrita ou compilada pelo estudioso islandês Snorri Sturluson (1179-1241) por volta de 1220. Trata-se de um texto sobre poesia que explica as métricas dos primeiros *skalds* (poetas da corte) e oferece um guia para temas mitológicos na poesia ancestral. Consiste de um prólogo e três partes: *Skáldskaparmál* ("a linguagem da poesia"); *Háttatal* ("um catálogo de métricas"); e *Gylfaginning* ("o encantamento de Gylfi"), que narra a visita do Rei Gylfi a Asgard, a cidadela dos deuses.

A *Edda poética*, ou *Edda maior*, é uma coletânea que surge mais tarde, contendo material ainda mais antigo (800-1100). Consiste de poemas heroicos e mitológicos compostos por autores desconhecidos.

Veja também: *Ilíada* 26-33 ▪ *Beowulf* 42-43 ▪ *A canção de Rolando* 48 ▪ *Lancelote, o cavaleiro da carreta* 50-51 ▪ *Cantar de Mio Cid* 56-57 ▪ *Ivanhoé* 150 ▪ *Kalevala* 151 ▪ *O senhor dos anéis* 287

Escritas no início do século XIII, as sagas islandesas, também conhecidas como sagas de família, são narrativas heroicas em prosa voltadas principalmente para a genealogia (história familiar) e descrevem seus vários conflitos e contendas. O realismo, a escrita marcadamente bela e a descrição viva da personalidade nas sagas de família as distinguem como o ponto alto da escrita nas clássicas sagas islandesas. Entre as mais conhecidas estão *A saga de Egil*, *A saga de Laxdæla*, *A saga de Grettis* e *A saga de Njal*. Alguns estudiosos acreditam que Snorri Sturluson possa ser o autor de *A saga de Egil*, porém os autores das outras sagas são desconhecidos.

Literatura dos nórdicos

Sagas dos reis 	As *Konungasögur* narram os feitos dos reis da Escandinávia e compõem a forma mais elaborada de criação das sagas. *Heimskringla* (c. 1230), de Snorri Sturluson, sobre os reis da Noruega, é a mais conhecida.
Sagas contemporâneas 	As *Sturlungsasögur* tratam de batalhas internas na Islândia nos séculos XII e XIII. Ricas em história social, foram escritas – diferentemente das sagas de família – pouco tempo depois que os fatos ocorreram.
Sagas da Antiguidade 	As *Fornaldarsögur* tratam de eventos ocorridos antes da formação da Islândia e incluem a *Saga dos Volsung* (c. 1270). Assim como na mitologia e nas lendas de heróis germânicos, há aventuras passadas em lugares distantes.
Sagas palacianas 	As *Riddarasögur* contêm versões nórdicas traduzidas das histórias em língua românica voltadas para a leitura popular. A história de Tristão (c. 1226) é uma das primeiras.
Sagas de família 	As *Islendingasögur* formam uma classe de histórias genealógicas em prosa sobre as primeiras gerações de famílias de colonizadores (c. 930-c. 1030). Sua autoria é desconhecida.

Uma trágica disputa entre famílias

A saga de Njal, ou "A história de Njal, o Queimado", é uma das sagas islandesas mais longas e geralmente considerada a mais refinada. O texto é escrito em prosa, com alguns versos embutidos na narrativa. Recria a vida na Islândia durante seu período heroico, descrevendo eventos que ocorreram entre as grandes famílias dos séculos X e XI. *A saga de Njal* é episódica e sombria: essencialmente, constitui o relato de uma disputa familiar que durou 50 anos, envolvendo uma vasta gama de personagens complexas e bem delineadas.

A maior parte da narrativa é focalizada em dois heróis: Njal, um advogado sábio e prudente, e seu amigo Gunnar, um guerreiro poderoso, embora relutante. Ambos são homens pacíficos, mas as demandas pela honra e os laços de parentesco os conduzem, e a suas famílias, a conflitos sangrentos com trágicas consequências. Sob alguns aspectos – sua extensão, seu conteúdo e seus temas psicológicos –, *A saga de Njal* é similar a um romance moderno. Os relacionamentos e as personagens são familiares e verossímeis. A questão da honra e as consequências da vingança são temas-chave, porém a saga também explora o papel da lei na resolução de disputas.

Uma influência poderosa

As sagas islandesas apresentam guerreiros, reis, homens fortes e matriarcas poderosas. Ao invocar acontecimentos históricos e épocas tumultuadas, e ao mesmo tempo mitos e lendas ancestrais, elas pintam um quadro realista de uma sociedade extinta, assim como histórias fantásticas e aventuras.

Essas coletâneas de histórias estão entre os mais importantes escritos da literatura da Europa medieval. Também exerceram forte influência sobre escritores como Sir Walter Scott, poeta e dramaturgo escocês do século XIX, e J. R. R. Tolkien, autor inglês de textos fantásticos do século XX. ■

Nunca rompa a paz que homens bons e verdadeiros fizerem entre ti e outros.
A saga de Njal

LEITURA ADICIONAL

O LIVRO DOS MORTOS DO ANTIGO EGITO
(SÉCULO XVI A.C.)

Ilustrado e escrito em papiro, *O livro dos mortos do antigo Egito* é uma compilação de cerca de duzentos capítulos de feitiços e fórmulas mágicas escritos por vários autores para serem usados na vida após a morte. Os escribas faziam cópias para serem enterradas com a múmia, as quais deveriam ser lidas pelo falecido em sua jornada ao submundo, como fonte de proteção e também como um guia para as ameaças à sua espera. Um exemplo famoso é *O papiro de Ani*, hoje no Museu Britânico, em Londres.

ODISSEIA
(C. 725-675 A.C.), HOMERO

Poema épico da Grécia antiga em 24 livros (mais de 12 mil versos), composto para ser lido em voz alta, *Odisseia* é tradicionalmente atribuída a Homero (veja p. 28). Em parte, o poema é uma continuação da grande obra de Homero, *Ilíada*. Seu herói é Odisseu, rei de Ítaca, mostrado navegando pelos mares a caminho de casa depois dos dez anos da Guerra de Troia. Ele vive aventuras intensas que incluem encontros com criaturas sobrenaturais e tentações da carne. Tanto seu filho, Telêmaco, quanto sua esposa, Penélope, se desesperam com o retorno de Odisseu – afinal, ele ficou ausente por duas décadas. Penélope tem de lidar com uma série de pretendentes, cujos destinos estão nas mãos de um Odisseu disfarçado, o que leva ao desfecho dramático da história.

TEOGONIA
(C. 700 A.C.), HESÍODO

O poema épico de 1.022 versos *Teogonia* ou *A origem dos deuses* foi escrito por Hesíodo, um poeta da Grécia antiga (séculos VIII-VII a.C.), e é a narrativa mítica mais antiga das origens do cosmos e dos deuses. Começando com a formação da Terra (*Gaia*) em meio ao caos (o abismo primordial), o poema descreve detalhadamente o nascimento e a queda de gerações sucessivas de deuses, terminando com o triunfo de Zeus. No centro de *Teogonia* estão alguns dos temas principais que assombram a imaginação humana, como a criação, a luta entre pais e filhos e o lugar da humanidade no universo.

Ésquilo

As sete tragédias completas que sobraram para nós do trabalho de Ésquilo – que se estima ter escrito entre setenta e noventa peças – atestam seu domínio do gênero. Supostamente nascido em Eleusis, perto de Atenas, em 525 ou 524 a.C., ele viveu no início do período da democracia ateniense e participou da luta contra a invasão persa – mais especificamente, na batalha de Maratona. Além de tragédias, escreveu também peças satíricas em um estilo leve e burlesco. Ambos os gêneros eram apresentados em competições no principal concurso dramático de Atenas, o festival anual de Dionísio, e Ésquilo foi vencedor várias vezes. Em um ano excepcional, ele perdeu para um escritor de tragédias mais jovem, Sófocles. Ésquilo morreu em Gela, na Sicília, em 456 ou 455 a.C.

Obras importantes

458 a.C. *Oréstia* (veja à direita)
472 a.C. *Os persas*
467 a.C. *Sete contra Tebas*
Século v a.C. *Prometeu acorrentado*

DAO DE JING
(SÉCULOS VI-III A.C.), LAOZI

Tradicionalmente atribuído ao lendário sábio chinês Laozi, *Dao de Jing* [Clássico do caminho e da virtude], principal texto sagrado do taoismo, é uma compilação de 81 capítulos em versos contendo conselhos enigmáticos sobre como viver em harmonia ao seguir o tao ("caminho"). Seus aforismos atraentes, misteriosos e poéticos – como "Não faça nada, e não há nada que não será feito" – ilustram a prática do *wu wei*, ou "não ação".

ORÉSTIA
(458 A.C.), ÉSQUILO

Escrita por Ésquilo, o primeiro dos grandes dramaturgos da Atenas clássica, *Oréstia* é uma trilogia (o único exemplo grego clássico que sobreviveu) que conta a trágica história da casa de Atreu. A primeira peça retrata o retorno do rei Agamenon da guerra, e o plano de sua esposa infiel, Clitemnestra, para matá-lo. A segunda peça trata da vingança da filha do rei, Electra, e do filho dele, Orestes. Já a terceira aborda as consequências de tudo. O ciclo de banho de sangue é finalmente suplantado pela lei, sob a influência da deusa Atena.

MEDEIA
(431 A.C.), EURÍPIDES

Tragédia escrita pelo dramaturgo grego Eurípides (c. 484-406 a.C.), *Medeia* é uma peça interessante sobre injustiça, inveja e vingança. Com apenas dois atores no palco durante todo o tempo, é baseada na lenda da princesa Medeia e sua perseguição implacável ao marido, Jasão (herói do mito do Argonauta), depois que ele a abandona pela filha do rei de Corinto. Apesar da crueldade de Medeia, e principalmente do tratamento deplorável que ela dispensa a seus filhos com Jasão, Eurípides ainda assim consegue que o público sinta compaixão por ela.

AS VESPAS
(422 A.C.), ARISTÓFANES

Uma das maiores comédias do mundo, escrita pelo dramaturgo grego Aristófanes (c. 450-c. 388 a.C.), *As vespas* satiriza o sistema legal na antiga Atenas ao demonstrar como ele poderia ser explorado por um demagogo corrupto. A ação da peça é centrada em um velho que vive de mau humor e é viciado em servir em júris. A peça é um clássico da Antiga Comédia, caracterizada pelo uso de um coro, criatividade mordaz, humor irreverente, crítica social sem rodeios e elementos de fantasia. O título da peça vem do coro, um enxame de jurados.

Não, não sei perdoar mais do que sei tocar a lira.
As vespas
Aristófanes

RAMAYANA
(SÉCULOS V-IV A.C.), VALMIKI

Uma das maiores obras da literatura indiana, rivalizando até com *O Mahabharata*, o *Ramayana* (que significa "a jornada de Rama") é uma epopeia em sânscrito composta de 24 mil pares de versos em sete livros. Sua proposta moral é apresentar os modelos ideais de vida – para um rei, irmão, esposa, criado e assim por diante – dentro de uma estrutura narrativa. A história descreve as ações do deus Rama, com a ajuda do general-macaco Hanuman, contra um rei-demônio que sequestrou sua esposa, Sita. O sábio e poeta hindu Valmiki, o famoso autor, também aparece na obra.

CANÇÕES DE CHU
(SÉCULO IV A.C.)

Uma compilação de versos de Chu, um estado chinês do sul, *As canções de Chu* contém várias passagens atribuídas ao ministro exilado Qu Yuan (c. 339-c. 278 a.C.), um inovador literário que introduziu uma maior variedade formal à poesia. Muitos dos poemas aqui são influenciados por ritos folclóricos xamanísticos e por lendas locais. A primeira parte, "Sobre o encontro com a tristeza", é uma reflexão longa e melancólica que ajudou a estabelecer a tradição do romantismo na literatura chinesa.

Valmiki

Conhecido como o "primeiro poeta" da poesia sânscrita graças à sua invenção da forma de verso clássica, a *shloka* ("canção"), Valmiki era um sábio que, de acordo com a crença hinduísta, viveu na Índia em algum ponto entre os séculos VI e I a.C. Ele era um ladrão andarilho e assassino chamado Ratnakara, e tornou--se um homem sagrado após meditar por muitos anos como penitência depois de tentar roubar Narada, um sábio divino. Durante sua meditação, um formigueiro cresceu ao seu redor, e foi assim que ele ganhou seu novo nome, Valmiki (ou "aquele que nasce dos formigueiros", em sânscrito). Dizem que ele compôs a *Ramayana* por ordem do deus hindu Brahma.

Obra importante

Séculos V-IV a.C. *Ramayana* (veja à esquerda)

METAMORFOSES
(C. 8 D.C.), OVÍDIO

O poeta romano Ovídio (43 a.C.-18 d.C.) reuniu uma série de contos mitológicos joviais nesse poema épico, *Metamorfoses*. A obra marca uma mudança no gosto popular pela guerra para o amor como um assunto apropriado para a poesia. As histórias são ligadas pelo tema da transformação, muitas vezes resultante do amor e do desejo. Os assuntos incluem algumas das lendas mais conhecidas da Grécia e Roma antigas. *Metamorfoses* teve um enorme impacto tanto na literatura (incluindo Shakespeare e Dante) como nas artes visuais, principalmente na pintura.

Sei Shōnagon

A diarista e ensaísta Sei Shōnagon nasceu em c. 966 d.C., filha do acadêmico e poeta *waka* Kiyohara Motosuke. Ela entrou para a corte japonesa para servir à imperatriz Teishi (Sadako) na cidade que mais tarde ficaria conhecida como Quioto. Seu *O livro do travesseiro* é um retrato cativante da vida da corte na dinastia Heian, em cerca de 991-1000 d.C. Em parte por causa de sua perspicácia e inteligência, ela colecionou uma série de desafetos entre seus contemporâneos. Seus rivais incluíam Murasaki Shikibu, que escreveu *O conto de Genji*. Depois que sua benfeitora morreu, dizem que Sei Shōnagon deixou a corte e se casou, tornando-se uma monja budista depois de viúva. Ela morreu em aproximadamente 1025 d.C.

Obra importante

c. 1000 d.C. *O livro do travesseiro* (veja à direita)

O ASNO DE OURO
(SÉCULO II D.C.), LUCIUS APULEIO

Escrito por Apuleio (c. 124-c. 170 d.C.), um berbere da Numídia que se beneficiou de oportunidades oferecidas pelo governo romano, *O asno de ouro* é a única obra de ficção em latim a sobreviver por inteiro. Ela conta as aventuras de um rapaz cujo fascínio pela magia resulta em sua transformação em um asno. Com sua nova aparência, ele passa de dono para dono até a deusa Ísis quebrar o feitiço e libertá-lo. Os principais ingredientes do conto incluem sátira, comédia debochada, obscenidades, alegorias, reflexões morais e, acima de tudo, humor. A ideia da transformação de humanos em animais se manteve como um grande tema na literatura mundial.

A CANÇÃO DE HILDEBRANDO
(C. 800 D.C.)

Obra anônima em verso escrita em alemão-padrão arcaico, *A canção de Hildebrando* foi encontrada em uma folha de guarda de um códice teológico e copiada por escribas entre 830 e 840 d.C. Apenas 68 versos sobreviveram; o poema composto de versos aliterativos (provavelmente escrito para ser lido e transmitido em voz alta) pode em sua origem não ter contido mais que cem versos. O assunto é uma ocasião em que o guerreiro Hildebrando fica frente a frente com seu filho em combate e tenta esconder quem é enquanto garante que o jovem não seja ferido.

DIGENIS ACRITAS
(C. SÉCULO X)

O herói épico bizantino Basil, conhecido por seu epíteto *Digenis Acritas* (ou "senhor da fronteira de dois sangues"), é o protagonista das chamadas baladas folclóricas acríticas, celebradas em grego vernáculo. *Digenis Acritas* também é o nome da epopeia anônima e sem versos que descreve a linhagem de Basil, sua adolescência e, mais tarde, sua vida heroica. Filho de um sarraceno que se converteu ao cristianismo, Basil demonstra grande força e coragem e defende com valentia o Império Bizantino de seus inimigos. A epopeia foi desenvolvida mais a fundo entre os séculos XII e XVII.

O LIVRO DO TRAVESSEIRO
(C. 1000), SEI SHŌNAGON

Na tradição japonesa, um livro de travesseiro é uma coleção de reflexões pessoais supostamente escritas no quarto de dormir. O exemplo mais conhecido é o de Sei Shōnagon , uma dama da corte de Heian-kyo. As anotações, organizadas tematicamente em vez de por ordem cronológica por escribas da corte japonesa, oferecem observações sobre pessoas e a natureza, indo de uma perspicácia cáustica à apreciação das coisas boas da vida. O leitor vislumbra a minúcia da vida na corte e se vê às voltas com flautas, cachorros desobedientes e damas apostando quanto tempo demora para um monte de neve derreter.

MABINOGION
(SÉCULOS XI-XIV)

Exemplo mais antigo da literatura em prosa na Grã-Bretanha, o *Mabinogion* é uma coleção de onze contos anônimos em galês, e alguns deles revelam influências celtas e francesas. Os dois manuscritos que deram origem a ele datam do final do século XIV. Há elementos de fantasia sobrenatural, provavelmente derivados de uma antiga tradição oral de contação de histórias. Distintos em forma e conteúdo, alguns dos contos trazem o lendário rei Arthur. As histórias mais sofisticadas são "Os quatro ramos", que incluem gigantes, cavalos brancos mágicos e incesto, traição e redenção.

CANTAR DE MIO CID
(C. 1140)

O poema épico sobrevivente mais antigo na literatura espanhola, *Cantar de Mio Cid* [Canção/Poema de Cid] conta as façanhas do herói castelhano El Cid (1043-1099), que realmente existiu, ao tentar recapturar a Espanha dos mouros. O poema enfoca proezas militares e diplomáticas, assim como o relacionamento de El Cid com o rei Afonso VI, usando um tom realista para descrever os esforços do herói para recuperar a honra perdida. A autoria do poema épico, que provavelmente foi escrito para ser recitado publicamente, nunca foi estabelecida – o único manuscrito sobrevivente foi assinado *Per Abbas*, mas a identidade do escritor jamais foi confirmada.

O CONTO DA CAMPANHA DE IGOR
(FINAL DO SÉCULO XII)

Poema épico no antigo idioma eslavo oriental, *O conto da campanha de Igor* descreve uma incursão malsucedida de um príncipe da terra do Rus, chamado Igor Svyatoslavich. O orgulho heroico de Igor o leva a encarar desafios esmagadores, e ele é feito prisioneiro por seus inimigos, mas consegue escapar. O conto apresenta tanto elementos épicos quanto líricos, além de sobretons políticos. A obra se tornou um clássico nacional russo.

CANÇÃO DOS NIBELUNGOS
(C. 1200)

As personagens principais dessa obra se tornaram conhecidos internacionalmente por meio do ciclo de óperas de Wagner. O *Nibelungenlied* [Canção dos Nibelungos] é um poema épico e anônimo rico em imaginação, em alemão-padrão da Idade Média. A literatura alemã medieval havia se voltado para o refinamento da corte, mas o *Nibelungenlied* trazia de volta noções mais antigas e viscerais sobre honra e vingança. A canção fala sobre um tesouro roubado (ouro do Reno) e poderes mágicos (incluindo a invisibilidade); sobre o matador de dragões Siegfried e como ele conquistou a princesa Kriemhild; e sobre a vingança de Kriemhild contra os Nibelungos (borgonhenses) depois que Siegfried foi assassinado por um de seus guerreiros mais proeminentes e também irmão do rei, Hagen. Algumas personagens – incluindo a poderosa rainha Brunhild – e parte da narrativa têm suas raízes no nórdico arcaico.

(...) vidas são deixadas no chão de terra batida, almas são sopradas dos corpos.
O conto da campanha de Igor

O ROMANCE DA ROSA
(C. 1225-1280), GUILLAUME DE LORRIS E JEAN DE MEUN

O francês Guillaume de Lorris (c. 1200-c. 1240) escreveu os 4.058 versos de *O romance da rosa*, e Jean de Meun (c. 1240-c. 1305) o estendeu para mais de 21 mil versos. Baseado na *Ars amatoria* [A arte do amor] de Ovídio, o poema é um dos exemplos franceses mais famosos do final da Idade Média. É uma alegoria em sonho da conquista de uma moça, simbolizada por um botão de rosa, dentro da sociedade da corte, representada por um jardim. De Meun dá suas opiniões sobre os temas correntes. Os primeiros 1.705 versos foram traduzidos para o inglês por Geoffrey Chaucer.

CANTIGAS DE SANTA MARIA
(1252-1284), AFONSO X

Uma das maiores coleções de canções medievais em solo, as *Cantigas de Santa Maria* foram escritas em galego-português, provavelmente (ou pelo menos em parte) por Afonso x, rei de Castela, Leão e Galiza. Cada canção ou cântico se refere à Virgem Maria, cujos milagres – incluindo eventos locais incitados por sua intercessão – fornecem o conteúdo narrativo; cada décimo cântico é um hino sacro em sua homenagem. As canções, escritas com notação musical, apresentam grande variedade métrica, com versos que vão de duas a 24 sílabas.

Afonso x

Nascido em 1221 em Burgos, capital de Castela (norte da Espanha atual), Afonso x era um acadêmico e rei sábio que incentivava o aprendizado e as artes. Seu reinado começou em 1252, em seguida à morte de seu pai, Fernando III, que havia expandido Castela e lutado as campanhas mais bem-sucedidas da Reconquista contra os mouros. Ao herdar um território rico e estável, Afonso comissionou e supervisionou pessoalmente a produção de uma série de textos, cujos temas variavam de lei e astronomia a música e história, e acabou garantindo que o castelhano fosse o precursor do espanhol moderno. Morreu em Sevilha, em 1284.

Obras importantes

1252-1284 *Cantigas de Santa Maria* (veja acima)
c. 1255-1265 *Sete partidas*
1264 *Primeira crônica geral da Espanha*

DO RENAS
AO ILUMIN
1300-1800

CIMENTO

SMO

Dante Alighieri escreve *A divina comédia*, em que detalha uma viagem pelo **inferno, purgatório e paraíso**.

c. 1308-1320

São escritos *Romance dos três reinos*, de Luo Guanzhong, e *A margem da água*, de Shi Nai'an – os dois primeiros entre os quatro grandes **romances clássicos** da **literatura chinesa**.

Século XIV

Na Alemanha, Johannes Gutenberg inventa o processo de impressão gráfica com tipos móveis, propiciando pela primeira vez a **publicação em massa de material impresso**.

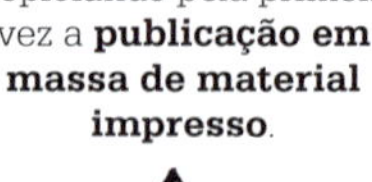

c. 1439

Tem início uma revolução científica e humanista com o aparecimento de *Das revoluções das esferas celestes*, de Nicolau Copérnico, e *De Humani Corporis Fabrica* [Da organização do corpo humano], de Andreas Vesalius.

1543

1346-1353

A peste negra causa uma grave **ruptura social e econômica**, acelerando o fim da era medieval na Europa. Em termos culturais, ela encerra a grande era dos trovadores franceses.

c. 1387-1400

Em *Os contos de Canterbury*, Geoffrey Chaucer reconta histórias narradas por **um grupo de peregrinos de diferentes estratos sociais**.

1532-1564

É publicada uma série de romances satíricos escritos por François Rabelais, narrando as aventuras dos gigantes **Gargântua e Pantagruel**.

1604

O drama elisabetano *A história trágica do Doutor Fausto*, de Christopher Marlowe, é **publicado após a morte do autor**, uma década depois da primeira apresentação da obra no palco.

A partir do início do século XIV, o movimento cultural conhecido como Renascimento começou a se disseminar pela Europa, tendo como ponto de partida a cidade italiana de Florença. Foi um movimento marcado pela mudança das atitudes da era medieval – dominadas pelos dogmas da Igreja Católica – em prol de uma perspectiva mais humanista, inspirada pela redescoberta da cultura e da filosofia ancestral greco-romana. Contudo, significou mais que um simples renascimento de ideais clássicos: foi também um tempo de inovações.

O épico e o cotidiano

Na literatura, embora a inspiração viesse da forma e do estilo clássico, os escritores escolheram trabalhar com línguas vernáculas, em oposição ao grego e ao latim, bem como criar suas próprias narrativas em vez de recontar histórias do passado. Entre os primeiros a trabalhar dessa maneira, estava o poeta florentino Dante Alighieri, cuja *A divina comédia* era não apenas uma jornada épica poética pelo além-túmulo, mas também uma alegoria do mundo contemporâneo.

Ao mesmo tempo, outros escritores escolheram dar as costas ao reino de épicos e lendas para focalizar a vida, a autonomia e a ingenuidade das pessoas comuns. Em *Decamerão*, publicado em 1353, Giovanni Boccaccio apresentou uma coletânea de cem *novellas* em prosa escritas em florentino vernacular. Pouco tempo depois, Geoffrey Chaucer escreveu uma coletânea similar intitulada *Os contos de Canterbury*. Ambas as obras compreendiam uma variedade de contos sobre a vida cotidiana – de histórias de amor a parábolas com fundo moral. Com discussões sobre as imperfeições humanas, relatos sobre licenciosidade e piadas impudicas, logo se popularizaram.

O nascimento do romance

No século XV, a invenção da imprensa por Gutenberg propiciou a disseminação de ideias. Essa tecnologia também facilitou a divulgação de línguas vernáculas para o público leitor. A demanda popular por livros havia sido particularmente estimulada pelas narrativas em prosa de Boccaccio e Chaucer. Dessas histórias pioneiras surgiu uma forma de literatura mais extensa, tal como a conhecemos hoje.

Durante o século XVI, as narrativas em prosa substituíram, aos poucos, o poema épico como forma literária predominante em quase toda a Europa. Em particular, as histórias de humor eram bem recebidas pelo público, como

1605

É publicado o primeiro volume de *Dom Quixote*, de Miguel de Cervantes, marcando o auge da **era de ouro da literatura espanhola**.

1623

Uma coletânea de **comédias, histórias e tragédias** de William Shakespeare é publicada, sendo conhecida atualmente como *Primeiro fólio*.

1702

Em *Trilha estreita ao confim*, Matsuo Bashō utiliza o ***haicai*** em uma narrativa de prosa para descrever sua **jornada espiritual** pelo Japão.

1719

O livro mais conhecido de Daniel Defoe, *Robinson Crusoé*, é publicado como **autobiografia ficcional** do herói epônimo, único sobrevivente de um naufrágio.

1751

O primeiro volume da *Enciclopédia*, editado por Denis Diderot e Jean le Rond d'Alembert, oferece uma referência abrangente às **ciências e ideias iluministas**.

1759

Voltaire adiciona um tom divertido ao otimismo do movimento moderno do Iluminismo por meio de *Cândido ou o otimismo*, seu romance **satírico, filosófico e fantástico**.

1781

Os bandoleiros, de Friedrich Schiller, **drama** do movimento **Sturm und Drang**, retrata um relacionamento violento e emocional entre dois irmãos.

1789

Em 14 de julho, a Queda da Bastilha, em Paris, dispara a Revolução Francesa, bem como os ideais de **liberdade e igualdade** do Iluminismo, resultando numa era secular republicana.

no caso das aventuras satíricas de Gargântua e Pantagruel, de François Rabelais. Na Espanha, Miguel de Cervantes seguiu essa tradição, embora com um humor mais apurado em seu *Dom Quixote*. Entretanto, a sátira de Cervantes sobre o tema da cavalaria possui uma propensão oculta mais séria e, mais que um herói, o cavaleiro epônimo é descrito como demasiadamente humano. Com frequência, *Dom Quixote* é considerado o primeiro romance moderno ou, ao menos, o primeiro romance europeu – os quatro grandes romances clássicos chineses e *O conto de Genji*, do Japão, foram escritos muito antes.

A vida no palco e nas páginas

Na Inglaterra, a narrativa em prosa levou mais tempo para conquistar a atenção popular. Poetas como Edmund Spenser e John Milton seguiram reinterpretando o poema épico, mas foi o teatro que mais atraiu o público. As peças de Christopher Marlowe e Ben Jonson aprofundaram as ideias da tragédia e da comédia gregas com seus dramas, mas mesmo estes foram ofuscados pela maestria de Shakespeare, com sua descrição de personagens muito humanas em suas comédias, contos e tragédias.

Os romances começaram a aparecer na Inglaterra pouco depois de Shakespeare, e rapidamente sobrepujaram o teatro em popularidade. Desde o início, romancistas ingleses, como Daniel Defoe e Henry Fielding, apresentaram personagens verossímeis em seus textos, com descrições vívidas do tempo e do espaço, atribuindo realismo às obras. *Robinson Crusoé*, de Defoe, pretende ser um relato autobiográfico "verdadeiro". Tanto o cômico *A vida e as opiniões do cavalheiro Tristram Shandy*, de Laurence Sterne, como o fantástico *As viagens de Gulliver*, de Jonathan Swift, também fazem uso da voz autobiográfica, porém de maneiras que testam a disposição do leitor em acreditar no narrador.

Na França do século XVII, o teatro também estava no coração da literatura e ainda mais ligado aos modelos clássicos do que ocorria na Inglaterra, com Jean Racine e Pierre Corneille esforçando-se para seguir as "regras" do drama grego. Contudo, era o público que costumava ditar as regras, e as comédias de Molière pareciam descrever melhor aqueles tempos. A intensificação do tom de diversão continuou a fazer parte da cena literária do século XVIII, com filósofos iluministas como Voltaire satirizando as convenções já estabelecidas. ■

ACHEI-ME NUMA SELVA TENEBROSA

A DIVINA COMÉDIA (C. 1308-1320), DANTE ALIGHIERI

EM CONTEXTO

FOCO
Épico pós-clássico

ANTES
800 a.C. O antigo poeta grego Homero escreve seu épico *Odisseia*, que influencia grande parte da literatura ocidental.

29-19 a.C. A *Eneida* é escrita em latim pelo poeta romano Virgílio. Mais tarde, será um modelo para os épicos latinos do período medieval.

DEPOIS
1572 O poema épico português *Os lusíadas*, de Luís de Camões, segue a tradição de Dante ao entremear ficção, história e política numa narrativa que trata das viagens de descobrimentos de Portugal.

1667 O último grande poema épico a ser escrito em inglês, *O paraíso perdido*, por John Milton, reflete o papel emergente da Inglaterra como potência mundial.

O épico foi a forma literária preferida de alguns dos grandes poetas da Antiguidade. Esses textos eram escritos para celebrar as façanhas de um herói – parcialmente divino, como de costume, ou possuído por força e valores excepcionais –, e as narrativas com frequência simbolizavam alegorias de momentos transitórios da história, como o nascimento de uma nação ou a derrota de um inimigo. Por exemplo, a *Ilíada*, de Homero, conta a história do herói Aquiles, mas também trata, com maior importância, da conquista de Troia pelos poderosos exércitos da Grécia. Esses poemas normalmente juntam o contemporâneo ao mítico, e seus heróis desempenham papéis centrais na construção da civilização.

Veja também: *Eneida* 40-41 ▪ *Odisseia* 54 ▪ *A rainha das fadas* 103 ▪ *Os lusíadas* 74 ▪ *O paraíso perdido* 103 ▪ *A terra desolada* 213

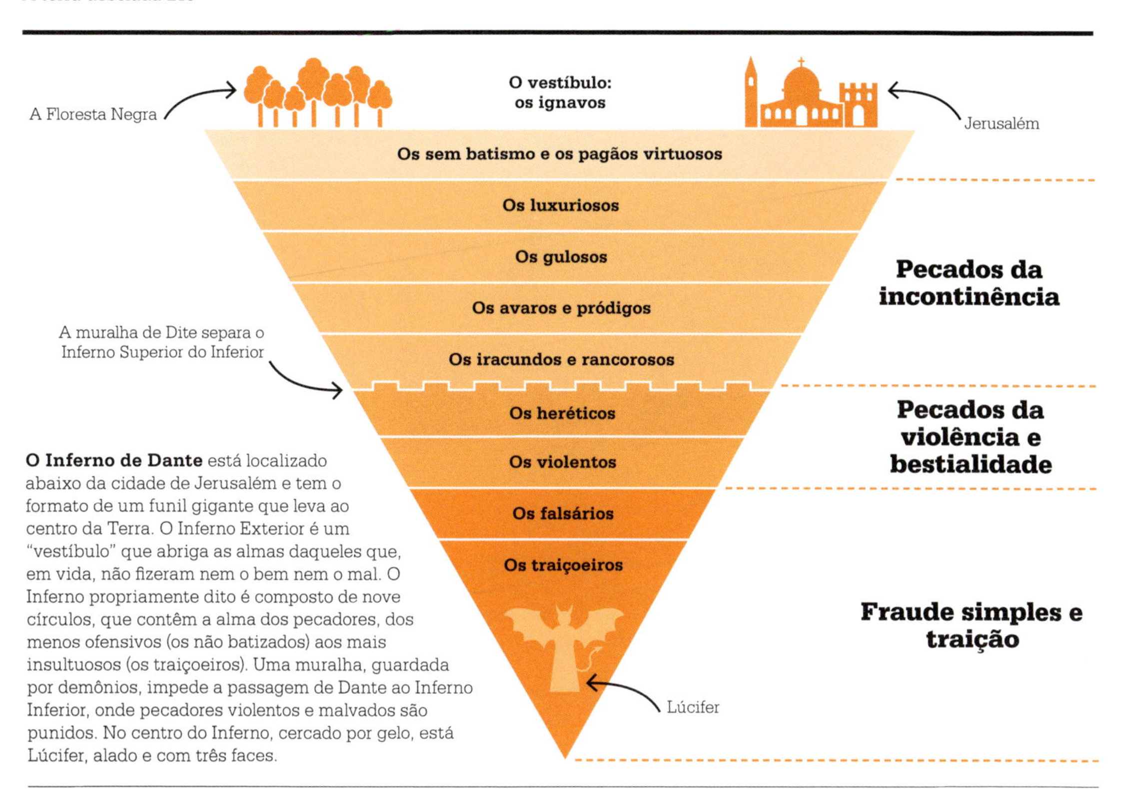

O Inferno de Dante está localizado abaixo da cidade de Jerusalém e tem o formato de um funil gigante que leva ao centro da Terra. O Inferno Exterior é um "vestíbulo" que abriga as almas daqueles que, em vida, não fizeram nem o bem nem o mal. O Inferno propriamente dito é composto de nove círculos, que contêm a alma dos pecadores, dos menos ofensivos (os não batizados) aos mais insultuosos (os traiçoeiros). Uma muralha, guardada por demônios, impede a passagem de Dante ao Inferno Inferior, onde pecadores violentos e malvados são punidos. No centro do Inferno, cercado por gelo, está Lúcifer, alado e com três faces.

Muito depois da queda das civilizações clássicas, o poema épico permaneceu como forma literária favorita para a celebração de um poder nacional. Um exemplo é o épico *A rainha das fadas*, de 1590, do poeta inglês Edmund Spencer, um peã de louvor à ascensão de Elizabeth I e de seu país. Também *Orlando furioso*, do italiano Ludovico Ariosto, escrito em 1516, aplaude a crescente influência da Casa d'Este.

Um épico divino

A divina comédia de Dante se encaixa na tradição épica pós-clássica: é longa, heroica, alegórica e frequentemente nacionalista, refletindo o papel ativo desempenhado por Dante na política florentina. Entretanto, é também incomum e inovadora em uma variedade de formas. Enquanto o narrador onisciente de épicos anteriores permanecia "de fora" da história, Dante coloca seu narrador "dentro" do texto. Audaciosamente, o livro utiliza a língua vernácula toscana (italiano) em vez do latim tradicional. E Dante arroja o formato épico ao combinar o pensamento clássico e motivos mitológicos com a filosofia europeia contemporânea e o simbolismo cristão.

Dante conduz o leitor numa jornada através do Inferno, do Purgatório e do Paraíso – do pecado e do desespero à salvação final –, mapeando em detalhes a geografia de cada reino e evocando uma realidade quase física. A obra retoma diversos épicos clássicos que descrevem viagens ao submundo, e, como nos primeiros épicos, faz uma alegoria: a jornada pelo submundo é simbólica da própria busca de Dante por um significado pessoal.

De início, Dante deu apenas o nome de *Commedia* [Comédia] ao poema, uma expressão utilizada, na época, para obras em que as dificuldades ou os desafios enfrentados pelo protagonista eram resolvidos num final totalmente feliz (contrastando com as tragédias clássicas, que focalizavam a perda e o sofrimento). Foi o poeta Giovanni Boccaccio, no século XIV, quem primeiro chamou o poema de "divino", refletindo seu conteúdo »

O Purgatório é uma montanha de terraços em degraus onde as almas se submetem a diferentes sofrimentos conforme o nível em que se encontram. Lá purgam-se de seus pecados para passarem ao Paraíso Terrestre.

espiritual e também a extrema beleza de seu estilo.

Política e poesia

Quando Dante começou *A divina comédia* – uma obra que levaria doze anos para ficar pronta –, já havia se estabelecido como poeta, trabalhando no *dolce stil novo* ("doce estilo novo"), um movimento caracterizado por sua introspecção e pelo uso liberal da metáfora e do simbolismo. A política e as paixões pessoais eram temas de seus versos, e a Itália do fim do século XIII lhe provia com plenas inspirações.

O próprio Dante se viu enredado na vida política de sua amada Florença, que se encontrava envolvida, como o resto da Itália, em disputas pelo poder entre a Igreja (o papa) e o Estado (o Santo Imperador Romano). Figuras centrais desses conflitos foram descritas em *A divina comédia*, e a inclusão de pessoas reais causou um grau de sensacionalismo capaz de contribuir para o sucesso do poema.

Dante acabou exilado de Florença por sua lealdade política, e, apesar do grande sofrimento que isso lhe causou, seu afastamento da vida pública lhe propiciou o distanciamento necessário para produzir sua celebrada alegoria da filosofia, da moral e das crenças de seu mundo medieval.

A divina comédia é estruturada em três partes que refletem o significado do número três na teologia cristã (simbolizando a trindade do Pai, do Filho e do Espírito Santo). A jornada compreende três livros ("Inferno", "Purgatório" e "Paraíso"), contendo 33 cantos (ou capítulos) cada um, além de um capítulo introdutório, perfazendo cem cantos no total. É escrita em um estilo de verso chamado *terza rima*, um esquema rímico de três linhas desenvolvido por Dante.

Não há tão grande dor/ qual da lembrança de um tempo feliz,/ quando em miséria.
A divina comédia

Narrada em primeira pessoa, a obra é apresentada como uma jornada escatológica (sobre a morte e a vida no além-mundo). A história começa numa selva tenebrosa, símbolo da vida pecaminosa na Terra. Dante tenta escalar uma montanha para escapar da floresta, mas é impedido de avançar por animais selvagens (que representam os pecados). Desesperado, fraco e necessitado de orientação espiritual, encontra o poeta romano Virgílio, enviado a ele como guia por Beatrice, seu amor perdido do passado. Para Dante, Virgílio representa o pensamento clássico, a razão e a poesia. Virgílio assegura a Dante que ele alcançará a salvação – mas somente depois de viajar através do além-mundo. Os dois então iniciam a jornada, começando pela descida ao Inferno.

Jornada pelo além-mundo

O primeiro livro de *A divina comédia* descreve os níveis do Inferno e os diferentes castigos aplicados aos pecadores. A alma dos bajuladores, por exemplo, passa a eternidade imersa em excremento, como recordação das excrescências ditas na Terra. Os sedutores são atormentados por demônios chifrudos que estalam sobre eles seus chicotes até se tornarem uma massa informe de carne bem açoitada. Em suas descrições viscerais das punições e do plano geográfico do Inferno, Dante convida os leitores a refletir sobre suas próprias falhas, a mudar de rumo e a viver em harmonia com outras pessoas e com Deus. Quando a viagem até a parte mais inferior do Inferno chega ao fim, Dante e Virgílio começam a subir o Monte Purgatório, com seus terraços circulares. O Purgatório é um local para pecadores que levaram uma vida egoísta na Terra, mas demonstraram remorso suficiente para ter esperança na salvação. No Purgatório, podem purgar a si próprios numa preparação para alcançar o Paraíso. À medida que escalam a montanha, passando por sete níveis representativos dos sete pecados capitais, Dante e Virgílio se deparam com indivíduos trabalhando arduamente para superar as falhas que os levaram a pecar. Almas orgulhosas, por exemplo, carregam imensas pedras nas costas enquanto aprendem o que é humildade.

Fora do Purgatório, Beatrice assume o lugar de guia de Dante: isso ocorre porque Virgílio nasceu antes de Cristo, e, portanto, não pode entrar nos "Reinos Abençoados". Beatrice pode ser vista como a eterna guia feminina, o coração e a alma da humanidade. É ela quem intervém pela salvação de Dante, e, por meio dela, Dante vem a compreender o amor de Deus.

O legado de Dante

Dante adaptou a forma do épico clássico, com seus heróis aventureiros e múltiplos deuses, para expressar uma visão profunda do destino cristão, incorporando acontecimentos tanto pessoais como históricos no enredo. Inúmeros artistas e escritores se inspiraram em *A divina comédia*, e o escritor americano T. S. Eliot a descreveu como "o ponto mais alto que a poesia já alcançou e jamais conseguirá alcançar". ■

Dante viaja através das nove esferas do Paraíso, respectivamente relacionadas a um corpo celestial, em consonância com as ideias medievais sobre a estrutura do universo, que se centravam na Terra, assim como numa hierarquia angelical. Além das esferas está Deus, no Empíreo – um paraíso que extrapola o tempo e o espaço.

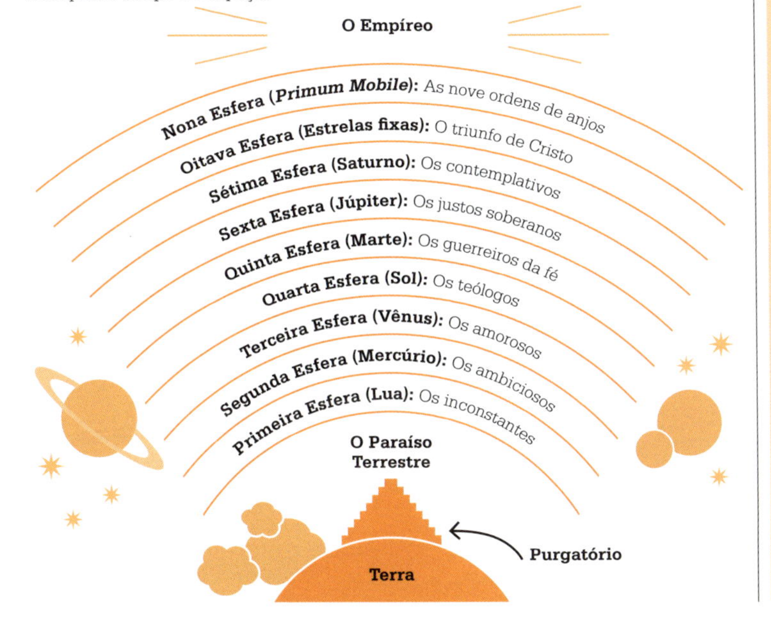

Dante Alighieri

Político, escritor e filósofo, Durante degli Alighieri (conhecido como Dante) nasceu em Florença, Itália, em 1265, numa família abastada com uma longa história de envolvimento na política florentina. Dante teve um casamento arranjado em 1277, mas já estava apaixonado por outra moça, Beatrice "Bice" Portinari, que se tornou sua musa e a quem dedicou muitos poemas de amor. Beatrice morreu de forma trágica em 1290. Dante ficou tão arrasado que mergulhou na vida política, tornando-se um prior (oficial superior do governo da cidade) em 1300, vindo a atuar como encarregado de negócios diplomáticos do papa Bonifácio VIII durante rebeliões em Florença. Enquanto estava em Roma, seus inimigos ganharam força e Dante acabou exilado, sem nunca poder voltar a Florença. Não se sabe exatamente quando começou a escrever *A divina comédia*, mas pode ter sido já em 1304. Dante morreu em Ravena, Itália, em 1321.

Outras obras

1294 *La vita nuova* [A vida nova]
1303 *De vulgari eloquentia* [Sobre a língua vulgar]
1308 *O convívio*

NÓS TRÊS JURAREMOS FRATERNIDADE E UNIDADE DE PROPÓSITOS E SENTIMENTOS

ROMANCE DOS TRÊS REINOS (SÉCULO XIV), LUO GUANZHONG

EM CONTEXTO

FOCO
Os quatro grandes romances clássicos da China

DEPOIS
Século XIV O segundo grande romance, *A margem da água*, de Shi Nai'an, é a história de um bando de fora da lei que fazem oposição a um ditador corrupto.

Século XVI O terceiro grande romance, *Jornada ao Oeste*, de Wu Cheng'en, descreve a peregrinação de um monge budista da China para a Índia.

c. 1618 Alguns estudiosos consideram *A ameixa no vaso de ouro*, de autor desconhecido, o quarto romance clássico chinês. Embora muito popular, foi proibido em virtude de seu realismo abertamente sensual.

c. 1791 Comumente considerado o quarto grande romance clássico, *O sonho da câmara vermelha*, de Cao Xueqin, focaliza a ascensão e a queda de uma família aristocrata.

Na condição de primeiro entre os quatro grandes romances clássicos da China, *Romance dos três reinos* é uma obra literária extremamente significativa e influente. Assim como nos outros três trabalhos – *A margem da água*, *Jornada ao Oeste* e *O sonho da câmara vermelha* –, marcou um rompimento radical com o "estilo elevado" dos gêneros poéticos e filosóficos chineses. Dirigido ao público comum, empregou técnicas cognatas à tradição oral de contar histórias, tais como o uso de canções e linguagem vernacular, diretamente voltadas ao leitor. Apesar de suas fortes origens em textos históricos, o *Romance dos três reinos* (assim como os outros três textos clássicos chineses) é prontamente reconhecível como um romance. Trata-se de uma façanha da escrita de imaginação redigida com mais de 800 mil palavras traduzidas e mais de mil personagens.

O primeiro romance?

O livro descreve o colapso da dinastia Han na China, que se dividiu em três reinados no século III d.C., e os 111 anos de guerras que se sucederam. Escrito mais de cem anos depois dos eventos que descreve, toma inspiração

Luo Guanzhong

Embora sua existência não esteja em questão, muito pouco pode ser confirmado sobre a vida de Luo Guanzhong (c. 1330-c. 1400). Tradicionalmente considerado o autor do primeiro dos quatro grandes romances clássicos da China – *Romance dos três reinos* –, é também coautor e editor do segundo, *A margem da água*. Acredita-se ainda que tenha escrito textos relacionados ao passado dinástico da China, incluindo o conto fantástico "As três Sui aniquilam a revolta do demônio". No entanto, na China do século XIV, atribuir autoria a uma pessoa podia na verdade significar que ela foi a principal compiladora e editora de um grande número de textos de contadores de histórias anteriores.

Outras obras

A margem da água (como editor)
"As três Sui aniquilam a revolta do demônio"
O fim da dinastia Tang e o período das cinco dinastias
Crônica das dinastias Sui e Tang

Veja também: *O conto de Genji* 47

História do texto

169-280 d.C.: acontecem o histórico esfacelamento da dinastia Han e mais tarde sua reunificação.

Século IV d.C.: os eventos são escritos por Chen Shou como *História dos três reinos*.

Século IV a XIV: muitas das centenas de histórias tornam-se mitológicas, sendo contadas e recontadas pela tradição oral.

Século XIV: Luo Guanzhong assume a "autoria" da enorme coleção de narrativas, tanto históricas como ficcionais, editando e organizando os textos.

Século XIV a XVI: o romance é copiado e republicado muitas vezes por mãos anônimas.

1522: o mais antigo texto remanescente do *Romance dos três reinos* é publicado.

histórica em *História dos três reinos*, escrito no século IV d.C.

Estudiosos acreditam que *Romance dos três reinos* foi redigido aproximadamente 250 anos antes de *Dom Quixote*, com frequência considerado o primeiro grande romance europeu. Talvez, surpreendentemente, esse pioneiro clássico chinês não tenha gerado uma profusão de obras literárias em prosa. Na verdade, os "quatro grandes clássicos" foram publicados num período superior a quatrocentos anos. No entanto, *Romance dos três reinos* possui um apelo persistente: continuamente republicado, suas cenas são tão conhecidas a ponto de serem familiares até aos falantes de chinês que nunca leram o livro. O sucesso se deve em parte à sua narrativa convencional e conservadora: os vilões sempre recebem a punição que merecem e a ordem é sempre restabelecida.

Um dos temas mais importantes do livro é a lealdade. Naquela que talvez seja sua passagem mais conhecida, "O juramento no pessegal", o futuro ditador Liu Bei persuade dois homens a se juntarem a ele num juramento de fraternidade, contrariando o valor mais forte da sociedade da época: a lealdade inquestionável à família. É uma cena marcante, invocada desde então por sociedades e fraternidades chinesas de todos os tipos.

Apesar da popularidade do *Romance dos três reinos*, os outros três clássicos não foram lidos de forma tão notável. Contudo, todos os quatro continuaram a ser apreciados e estudados (*Jornada ao Oeste* foi amplamente aclamado fora da China) e são considerados os pináculos da literatura popular chinesa. ■

Muitas edições do *Romance dos três reinos* foram ricamente ilustradas, o que ajudou a tornar o texto e as histórias acessíveis ao grande público e não apenas à elite chinesa.

VIRE A PÁGINA E ESCOLHA OUTRA HISTÓRIA

OS CONTOS DE CANTERBURY (C. 1387-1400), GEOFFREY CHAUCER

EM CONTEXTO

FOCO
A moldura narrativa

ANTES
c. século VIII a XIII *As mil e uma noites*, coletânea de contos de diferentes autores do mundo islâmico, é inserida na história de Sherazade.

1348-1353 *Decamerão*, do italiano Giovanni Boccaccio, contém cem histórias relacionadas a pessoas que fogem da peste negra.

DEPOIS
1558 *Heptamerão*, da autora francesa Margarida de Navarra, contém 72 contos ambientados em uma história que entrelaça o destino de dez viajantes.

2004 *Atlas das nuvens*, do escritor inglês David Mitchell, segue a tradição da moldura narrativa, incluindo histórias dentro de outras histórias que atravessam séculos.

O uso de uma narrativa exterior que se mescla à história principal (ou a uma coletânea de contos, ou mesmo a uma reunião de histórias dentro de outras histórias) é um recurso literário de longa data. As "molduras narrativas" têm contexto e estrutura para formar uma história e muitas vezes incluem um narrador (ou narradores), que pode ajudar a envolver diretamente o leitor. *As mil e uma noites* empregou essa técnica com êxito, assim como Giovanni Boccaccio em seu *Decamerão*. Embora trabalhos bem anteriores tenham utilizado a moldura narrativa para sustentar histórias em torno de um tema único – religião, com frequência –, Geoffrey Chaucer usou efeitos muito mais vivazes em *Os contos*

Veja também: *As mil e uma noites* 44-45 ▪ *Decamerão* 102 ▪ *O morro dos ventos uivantes* 132-137 ▪ *O cão dos Baskerville* 208 ▪ *Se um viajante numa noite de inverno* 298-299 ▪ *O assassino cego* 326-327

As primeiras edições de *Os contos de Canterbury* continham xilogravuras para tornar o texto mais acessível a uma variada gama de leitores. Esta reprodução mostra os peregrinos em meio a uma refeição.

de Canterbury, trazendo para a narrativa a inclusão de uma gama de personalidades, cujas histórias compreendiam diversos temas.

Obras posteriores do gênero incluem *O morro dos ventos uivantes*, de Emily Brontë, e as histórias de detetive de Sherlock Holmes, de Arthur Conan Doyle. A técnica continua em uso e muitos trabalhos da ficção modernista e pós-moderna se utilizam da moldura narrativa. Um exemplo é *Se um viajante numa noite de inverno*, de Italo Calvino. A estratégia também é frequentemente utilizada em filmes e peças de teatro.

Inovação literária

Chaucer provavelmente começou a escrever *Os contos de Canterbury* por volta de 1387, durante um breve período de ausência de seus afazeres como homem público. O texto marcou uma mudança significativa em seu estilo literário: seus outros poemas – incluindo seu primeiro poema importante (uma elegia em forma de visão onírica) e *Troilus and Criseyde*, uma versão recontada da história de amor ambientada durante o cerco de Troia – eram primordialmente relacionados a temas da corte e escritos para serem ouvidos em leituras para o público palaciano. *Os contos de Canterbury*, no entanto, foram escritos para um público muito mais abrangente, que provavelmente desejava mais ler do que ouvir.

O texto é redigido em inglês médio, em lugar do latim ou do francês comumente usados na poesia cortesã da época. Chaucer não foi o primeiro a fazer isso, mas argumenta-se que ele desempenhou papel central na popularização do uso do vernáculo na literatura inglesa. Também é importante mencionar que *Os contos de Canterbury* constitui um retrato notável da sociedade inglesa na Idade Média, descrevendo homens e mulheres de todos os extratos sociais, da nobreza às classes trabalhadoras.

"Pessoas diferentes"

Os contos de Canterbury tem início com um prólogo geral que ambienta a cena e cria uma estrutura para as histórias que virão. A moldura narrativa se refere a um grupo de 29 peregrinos a caminho do santuário de São Tomás Becket, na catedral de Canterbury, sul da Inglaterra. Os peregrinos se reúnem na Taberna »

Chegou de tardezinha àquela hospedaria uma comitiva de bem vinte e nove pessoas diferentes...
Os contos de Canterbury

As personagens de Chaucer: classes sociais e ocupações

Aristocratas ou nobres
- O cavaleiro
- A prioresa
- O monge
- O frade

Donos de riquezas comerciais
- O mercador
- O magistrado
- O mercador
- O proprietário de terras

Membros de agremiações
- O fabricante de tecidos
- O tintureiro
- O carpinteiro
- O tecelão
- O tapeceiro

A classe média
- O cozinheiro
- O marinheiro
- O médico
- A mulher de Bath

Os pobres virtuosos
- O pároco
- O lavrador

As classes inferiores
- O provedor
- O moleiro
- O feitor
- O oficial de justiça eclesiástica
- O vendedor de indulgências

do Tabardo, em Southwark, próximo a Londres, onde o narrador, Geoffrey Chaucer, une-se a eles. As peregrinações eram acontecimentos cotidianos na Europa medieval, e Chaucer descreve os peregrinos como "pessoas diferentes" – de todas as classes sociais e de variados ofícios.

A maior parte do prólogo geral, que consiste de 858 linhas em verso, descreve os peregrinos, sua classe social, suas vestes e sua personalidade (incluindo o próprio narrador). Depois da introdução dos peregrinos, ou da maioria deles, o prólogo termina com o taberneiro, ou anfitrião, um homem chamado Harry Bailly, sugerindo uma competição. Ele propõe que cada um dos peregrinos conte quatro histórias: duas na ida e duas na volta. Quem contar a melhor história será recompensado com uma refeição grátis, paga pelos demais peregrinos, ao retornarem à taberna. Os peregrinos fazem um sorteio e fica decidido que o cavaleiro contará a primeira história.

As histórias

As 24 histórias que compõem a moldura incluem duas relatadas pelo narrador – o próprio Chaucer. A maioria é escrita em parelhas de rimas. Poucas estão em prosa. Variam enormemente porque Chaucer escolheu temas muito diversos em estilos literários diferentes, incluindo fábulas, *fabliaux* (histórias satíricas e grosseiras), versos românticos, homilias religiosas, sermões, alegorias e *exempla* (narrativas de fundo moral). Enquanto a história do cavaleiro trata de amor e rivalidade entre dois irmãos, a história do moleiro, obscena e cômica, trata de um carpinteiro de Oxford traído pela mulher. A história ruidosa e vulgar do oficial de justiça inclui uma descrição de um frade sendo enganado ao aceitar um peido como forma de pagamento. Em contraste, a história da segunda freira é a mesma de Santa Cecília, uma mulher profundamente espiritualizada martirizada por sua fé.

As histórias variam bastante em extensão: uma das mais longas, e talvez a mais conhecida, é a história da mulher de Bath. Começa com um prólogo que se estende sobre o caráter dela (dominadora e ávida por prazeres) antes de prosseguir com o relato de sua vida agitada, envolvendo cinco maridos – o tema sendo centrado, portanto, na dominação das mulheres sobre os homens.

Este mundo é apenas uma passagem, cheia de sofrimento...
Os contos de Canterbury

Um retrato multicolorido

Chaucer dá vida a cada história certificando-se de que o tom e o estilo estão apropriados a cada narrador, refletindo sua própria posição social, sua profissão e seu caráter. A vivacidade é aumentada pelo uso de dispositivos "emoldurantes", que ligam as histórias umas às outras por meio de diálogos e interações entre as personagens. Os narradores frequentemente interrompem uns aos outros com discussões, insultos ou mesmo elogios. A história da prioresa, por exemplo, começa depois de o anfitrião tê-la gentilmente convidado a contar sua história. Em outra ocasião, o cavaleiro interrompe o monge porque considera sua história desprezível. A moldura narrativa mais ampla acrescenta uma dimensão extra às histórias individuais.

Os contos de Canterbury apresenta um retrato multicolorido da Inglaterra medieval, de seu povo e dos acontecimentos. Chaucer estava vivo e

O manuscrito Ellesmere (c. 1410) é um belo exemplar de *Os contos de Canterbury*, ricamente apresentado com iluminuras. Constitui a base para as versões mais modernas do texto de Chaucer.

escrevendo durante um período particularmente turbulento. A Peste Negra de 1348-1349 havia matado um terço da população. A Revolta Camponesa de 1381 havia exposto falhas no sistema feudal, e a autoridade da Igreja vinha sendo questionada – em especial, por suas práticas corruptas.

As histórias de Chaucer refletem muitos desses acontecimentos, muitas vezes debochando da hipocrisia da Igreja e satirizando-a. Em sua história, o vendedor de indulgências é considerado culpado de vários pecados contra os quais costuma pregar. Na história do frade, há um ataque satírico contra os oficiais de justiça eclesiástica, cuja função era intimar o comparecimento de membros pecadores da diocese diante da corte. Não é de surpreender que a história do oficial de justiça eclesiástica seja um ataque contra os frades.

Obra inacabada

Chaucer utilizou inúmeras fontes para escrever *Os contos de Canterbury*. A história do cavaleiro é baseada em *Teseida*, poema épico de Boccaccio, havendo outras referências à obra desse autor ao longo dos contos. As fontes de Chaucer também incluem Ovídio, a Bíblia, obras palacianas como *Sir Gawain e o cavaleiro verde*, e, possivelmente, trabalhos de seu amigo, o poeta inglês John Gower.

Mas, enquanto dormimos ou vigilamos, caminhamos ou cavalgamos, o tempo está sempre a fugir, e nada permanece.
Os contos de Canterbury

Os estudiosos não sabem qual era a intenção final de Chaucer para *Os contos de Canterbury*, nem mesmo a ordem em que gostaria que as histórias aparecessem, ou se considerou a obra acabada. A única pista deixada está no prólogo geral, no plano para que os peregrinos contassem quatro histórias cada. Como só há 24 histórias, há peregrinos que não contaram nem ao menos uma história. Além disso, nenhum narrador nem o anfitrião indicam a sequência ou a numeração das narrativas.

Obra-prima duradoura

As evidências indicam que Chaucer ainda estava trabalhando em *Os contos de Canterbury* ao morrer. Não há nenhum manuscrito original de seu próprio punho: o que há são fragmentos que teriam sido redigidos por outras pessoas. O primeiro deles é o manuscrito Hengwrt, copiado pouco depois da morte de Chaucer. A sequência mais comumente usada hoje em dia é, no entanto, baseada no manuscrito Ellesmere, do século XV, que divide o texto em dez partes, contendo diferentes números para as histórias. As narrativas são agrupadas de acordo com pistas ou conexões internas entre os textos e terminam com a história do pároco, um longo sermão em prosa sobre os sete pecados capitais. Segue-se uma retratação de Chaucer com uma curiosa apologia em que o autor pede perdão pelos elementos vulgares e profanos de seus trabalhos. O significado exato dessa apologia não é claro, embora alguns a vejam como um arrependimento manifestado no leito de morte.

Apesar das incertezas em torno da estrutura e do enredo, *Os contos de Canterbury* é considerada uma obra-prima e um dos feitos literários mais importantes em língua inglesa. Seu humor, sua vulgaridade, seu *páthos* e suas observações satíricas permanecem únicos até hoje, passados mais de seiscentos anos desde que foi escrita. ■

Geoffrey Chaucer

Grande poeta inglês, mas também frequentador da corte, homem público e diplomata, Chaucer provavelmente nasceu em Londres por volta de 1343. Seu pai, um comerciante de vinhos, tinha grande interesse na carreira do filho e tratou de conseguir para ele a posição de pajem na propriedade da Condessa de Ulster. A partir daí, Chaucer passou a servir a Eduardo III – primeiramente como soldado e, mais tarde, como diplomata –, viajando para a França e para a Itália, onde teria lido as obras de Dante e de Boccaccio. Entre 1374 e 1386, exerceu o cargo de inspetor alfandegário.

Chaucer casou-se em 1366 e ganhou um patrono: João de Gante – o quarto filho do rei. Escreveu seu primeiro poema de importância em 1369, *O livro da duquesa*, como uma elegia para Blanche, a primeira mulher de Gante. Enfrentou tempos difíceis no reinado de Ricardo II, mas em 1389, foi nomeado escriturário dos projetos arquitetônicos reais. Morreu em 1400 e foi enterrado na abadia de Westminster.

Outras obras

1379 *The house of fame* [A casa da fama]
c. 1385 *Troilus and Criseyde* [Tróilo e Créssida]
c. 1388 *The legend of good women* [A lenda das boas mulheres]

RIR É PRÓPRIO DO HOMEM. VIVA ALEGREMENTE

HISTÓRIAS DE GARGÂNTUA E PANTAGRUEL (1532-1564), FRANÇOIS RABELAIS

EM CONTEXTO

FOCO
O humanismo na Renascença

ANTES
1304-1374 O acadêmico e poeta italiano Petrarca traduz pergaminhos gregos e romanos – o ponto de partida para o humanismo e a Renascença italiana.

1353 As cem histórias contadas por dez jovens florentinos fugindo da peste em *Decamerão*, de Giovanni Boccaccio, estabelecem um padrão para a literatura renascentista e influenciam autores, de Chaucer a Shakespeare.

1460 *O lavrador da Boêmia*, de Johannes von Tepl, um diálogo entre a morte e um lavrador, é um dos primeiros poemas humanistas alemães.

1522-1535 O humanista holandês Erasmo de Roterdã publica suas traduções do grego e do latim do Novo Testamento; elas servem de base para as traduções de Martinho Lutero para o alemão e de William Tyndale para o inglês.

Na obra de cinco volumes *Histórias de Gargântua e Pantagruel*, François Rabelais cria um mundo de fantasia ao redor de dois gigantes e suas esposas. O texto inclui todos os elementos do humor folclórico medieval que teria sido familiar aos leitores contemporâneos – funções corporais, comportamento sexual grosseiro, partos e morte. Ricos em sátira, os contos também são movidos pela energia do humanismo renascentista, que se espalhou pelo norte da Europa vindo da Itália. Naquela época, "humanismo" tinha uma conotação diferente da que tem o termo hoje em dia, e se referia ao ressurgimento do interesse pela sabedoria do mundo clássico. Até aquele ponto, a educação havia evoluído às cegas, seguindo a tradição escolástica limitada da Igreja; o grande ímpeto humanista foi criar um programa completo de educação, que incluía filosofia, gramática, poesia, história e grego e latim antigos.

O tempo, que diminui e desgasta todas as coisas, aumenta e amplia ações generosas...
Histórias de Gargântua e Pantagruel

Erudito e satírico

No limiar desse mundo que passa por rápidas mudanças, Rabelais encontra maneiras de incluir ideias humanistas em sua aventura sobre os gigantes – mas, primeiramente, atrai a atenção do leitor com humor escatológico e fantasia absurda. No começo da história, o texto apresenta a visão de uma parteira da mãe em trabalho de parto, enquanto o bebê Gargântua se esforça para passar pelo corpo dela e então nascer de sua orelha esquerda. As façanhas, batalhas e missões de Gargântua e seu filho Pantagruel seguem em frente, ornamentadas com descrições de banquetes repletos de carne e pás cheias de mostarda lançadas em bocas cavernosas, peregrinos comidos com salada, bolsas para esconder o saco escrotal, exércitos vencidos por um jato de urina e bolas de canhão que caem do cabelo de Gargântua depois de uma batalha. Apesar de seu comportamento rude e

Veja também: *Decamerão* 102 ▪ *Os contos de Canterbury* 68-71 ▪ *Dom Quixote* 76-81 ▪ *A vida e as opiniões do cavalheiro Tristram Shandy* 104-106

Apesar de Rabelais ter escrito primeiro *Pantagruel*, a série é geralmente publicada na ordem da história, começando com *Gargântua*. Os primeiros dois livros são caracterizados pela sátira e por um humor obsceno; o terceiro é mais sério; e os dois últimos trazem uma forte dose de humor negro.

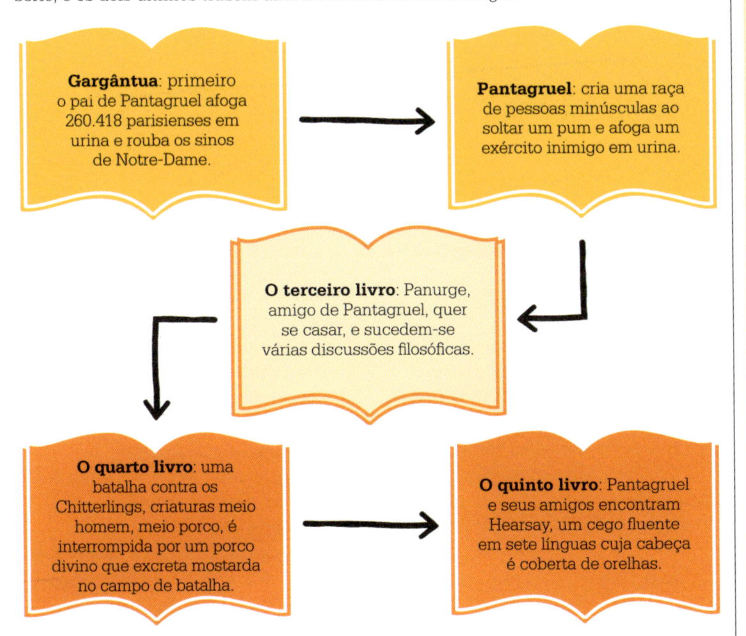

extremo, Rabelais garante que os gigantes que criou ingressem facilmente no novo mundo do humanismo renascentista ao torná-los plenamente fluentes nos pontos mais refinados do aprendizado, incluindo medicina, direito e ciência. Em uma carta a seu filho, o velho gigante Gargântua faz uma comparação entre sua própria infância em tempos sombrios e a época atual, em que "a luz e a dignidade foram recuperadas".

Gargântua: primeiro o pai de Pantagruel afoga 260.418 parisienses em urina e rouba os sinos de Notre-Dame.
Pantagruel: cria uma raça de pessoas minúsculas ao soltar um pum e afoga um exército inimigo em urina.
O terceiro livro: Panurge, amigo de Pantagruel, quer se casar, e sucedem-se várias discussões filosóficas.
O quarto livro: uma batalha contra os Chitterlings, criaturas meio homem, meio porco, é interrompida por um porco divino que excreta mostarda no campo de batalha.
O quinto livro: Pantagruel e seus amigos encontram Hearsay, um cego fluente em sete línguas cuja cabeça é coberta de orelhas.

Após a chegada da prensa na metade do século XV, pessoas comuns passaram a ler a Bíblia traduzida – e, pela primeira vez, tiveram acesso à palavra de Deus sem a mediação dos interesses da Igreja. Embora fosse padre, Rabelais aproveitou essa chance para satirizar o dogmatismo religioso. O guerreiro corajoso de Gargântua, frei João, recebe de presente a suntuosa abadia de Thélème, repleta de freiras ricamente vestidas e monges que se relacionam livremente. "Faça o que tu quiseres" é a palavra de ordem, assim como "todos nós nos envolvemos em coisas proibidas e ansiamos por coisas negadas".

Espirituoso, irreverente e repleto de essência intelectual, nenhum outro romance é igual a *Histórias de Gargântua e Pantagruel*. A obra tem sido celebrada por autores ao longo dos séculos e, mais recentemente, pelos escritores pós-modernos, que encontraram muito a ser admirado na liberdade narrativa da grande obra de Rabelais. ■

François Rabelais

Escritor, médico, estudioso de grego e padre, François Rabelais foi um gigante intelectual da França do século XVI. Nascido na região de Touraine, provavelmente em cerca de 1494, estudou direito antes de se juntar aos franciscanos. Transferiu-se então para uma ordem beneditina, onde estudou medicina e grego. Em 1530, ao quebrar seus votos, ele deixou os beneditinos para estudar medicina na Universidade de Montpellier. Depois de se formar, deu aulas sobre os trabalhos de médicos da Grécia antiga, como Hipócrates e Galeno, cujas obras traduziu, e trabalhou como médico em Lyon.

Sob o pseudônimo Alcofribas Nasier (um anagrama de seu nome), em 1532, Rabelais publicou *Pantagruel*, o primeiro de cinco livros que formariam *Histórias de Gargântua e Pantagruel*, embora a autoria de Rabelais do quinto livro seja duvidosa. Todos os cinco livros foram condenados pela Sorbonne e pela Igreja, e, apesar de ser protegido por benfeitores poderosos, Rabelais foi forçado a morar no exterior entre 1545 e 1547, temendo a perseguição. Mais tarde, ele recebeu o perdão papal. Rabelais morreu em Paris, em 1553.

AS ARMAS E OS BARÕES ASSINALADOS QUE, DA OCIDENTAL PRAIA LUSITANA, POR MARES NUNCA DANTES NAVEGADOS

OS LUSÍADAS (1572), LUÍS DE CAMÕES

EM CONTEXTO

FOCO
Renascimento em Portugal

ANTES
1527 A medida nova – uso do verso decassílabo na composição do soneto – introduzida em Portugal por Francisco Sá de Miranda, que a havia conhecido na Itália, indica o início do Renascimento ou Classicismo português.

DEPOIS
1578 O rei Dom Sebastião morre em uma batalha sem deixar herdeiros, interrompendo o projeto de difusão da fé católica e o resgate do passado épico português descrito por Camões. Tem início uma crise na dinastia portuguesa, que culmina com a união das coroas ibéricas sob o domínio espanhol.

1756 A fundação da Arcádia Lusitana marca o início do Arcadismo, movimento literário português que procurava recuperar os princípios estéticos renascentistas em oposição ao Barroco.

O Renascimento na literatura inspira-se na cultura da Antiguidade greco-latina e caracteriza-se pela volta aos princípios clássicos de harmonia, equilíbrio e da visão antropocentrista do mundo. Em Portugal, esse movimento coincide com o período das grandes navegações, em que o aprimoramento das tecnologias navais permite ao país ocupar um papel destacado na Europa. Em 1498, Vasco da Gama cria uma nova rota marítima para o comércio de especiarias provenientes da Índia; em 1500, Pedro Álvares Cabral chega ao Brasil.

Os lusíadas, escrito por Luís Vaz de Camões (1524-1580) em 1572, é marcado, portanto, pelo sentimento heroico da expansão portuguesa. O poema épico é formado por dez cantos, com oito estrofes de versos decassílabos, ou seja, versos de dez sílabas métricas. Assim como a *Odisseia*, de Homero, é composto de cinco partes: proposição, invocação, dedicatória, narração e epílogo. Depois de apresentar o tema, os feitos dos navegadores portugueses, em especial a viagem de Vasco da Gama para a Índia; invocar a inspiração das musas do rio Tejo; e dedicar a obra ao rei Dom Sebastião, grande propagador da fé católica; inclui narrativas de reis e heróis da história portuguesa, descrições de aventuras e tempestades e alusões aos deuses da mitologia, como Vênus, Marte, Baco e Netuno, que marcam um ecletismo religioso.

Essa homenagem ao povo português, além de ter se tornado um dos cânones da literatura mundial, por sua riqueza estilística (também presente na lírica camoniana), transformou a própria língua portuguesa e continua a influenciar poetas e prosadores, entre os quais destaca-se Fernando Pessoa. ■

E aqueles que por obras valerosas/ Se vão da lei da Morte libertando,/ Cantando espalharei por toda parte,/ Se a tanto me ajudar o engenho e arte.
Os lusíadas

Veja também: *A epopeia de Gilgamesh* 20 ▪ *Ilíada* 26-33 ▪ *Eneida* 40-41 ▪ *A divina comédia* 62-65 ▪ *Os sermões* 91 ▪ *Livro do desassossego* 209

AQUELE QUE AMA O PRAZER DEVE PELO PRAZER FENECER

A HISTÓRIA TRÁGICA DO DOUTOR FAUSTO (1604), CHRISTOPHER MARLOWE

EM CONTEXTO

FOCO
Teatro jacobita

ANTES
1592 Elementos da obra elizabetana *A tragédia espanhola*, de Thomas Kyd – tais como o tema da vingança e "a peça dentro da peça" – permanecem em dramas jacobitas subsequentes.

1598-1600 *Henrique IV*, partes I e II, de William Shakespeare, reflete o interesse jacobita por comédias ruidosas, história, violência e honra.

DEPOIS
1610 A primeira apresentação de *O alquimista*, de Ben Jonson, reforça a sede jacobita por sátiras cruéis.

1614 A tragédia de vingança em cinco atos de John Webster, *The duchess of Malfi* [A duquesa de Malfi], é verdadeiramente jacobita em suas considerações sobre incesto, tortura e loucura.

A peça teatral produzida na Inglaterra durante os reinados de Elizabeth I (1558-1603) e James I (1603-1625) – as eras elisabetana e jacobita, respectivamente – muitas vezes foi descrita como um mundo sórdido de assassinato, política e vingança, aliado ao humor e ao pastiche. O termo "jacobita" é utilizado para indicar a continuidade da literatura inglesa entre esses dois períodos. A era elisabetana testemunhou o surgimento das comédias e das tragédias até assumir elementos de psicologia e do sobrenatural sob o reinado de James, cuja corte era um lugar de moral sexual permissiva.

Um pacto com o diabo

Nascido em 1564, na era elisabetana, Christopher "Kit" Marlowe levava uma vida tempestuosa até ser, segundo boatos, esfaqueado numa briga aos 29 anos de idade. Sua obra é precursora do interesse apresentado pelo teatro jacobita por temas mais sombrios.

Baseada numa narrativa alemã sobre um lendário alquimista, o *Doutor Fausto* de Marlowe (originalmente intitulado *A trágica história do Doutor Fausto*) reconta a trama de um acadêmico altamente respeitado por seu intelecto, apesar de enfadado com os limites da ciência convencional. Sua sede de conhecimento é tão grande que ele se volta para a magia e invoca o demônio Mefistófeles, que faz falsas promessas a Fausto sobre onipotência e prazer.

A morte é
do pecado o prêmio!...
É duro!
A história trágica do Doutor Fausto

Os dois estabelecem um pacto mortal: Fausto concorda em entregar sua alma ao diabo em troca de seus favores por 24 anos. Como homem bom levado pelo orgulho e corrompido pelo poder, Fausto percebe, tarde demais, que atraiu para si um grande mal. ■

Veja também: *Primeiro fólio* 82-89 ▪ *A rainha das fadas* 103

CADA UM É FILHO DAS SUAS OBRAS

DOM QUIXOTE (1605-1615), MIGUEL DE CERVANTES

EM CONTEXTO

FOCO
O Século de Ouro da Espanha

ANTES
1499 A história de uma alcoviteira contada em sua série de diálogos, *A celestina*, de Fernando de Rojas, marca o início da Renascença literária na Espanha.

1554 A novela anonimamente publicada *Lazarillo de Tormes* cria um novo formato literário: o romance picaresco.

DEPOIS
1609 Lope de Vega, o dramaturgo espanhol mais prolífico e grande poeta, publica seu manifesto artístico *Sobre escrever peças nesta época* para justificar seu estilo de escrita.

1635 *A vida é sonho*, alegoria filosófica de Pedro Calderón de la Barca, é uma das obras mais traduzidas do Século de Ouro.

Com um pé no século XVI e outro no XVII, o Século de Ouro da Espanha se refere ao florescimento extraordinário das artes, que começou com a ascensão da nação ao *status* de superpotência graças às riquezas de suas colônias na América.

Sob o reinado de Carlos V, imperador do Sacro Império Romano, de 1519 a 1556, uma corrente livre de ideias se espalhou pela Europa, com os escritores espanhóis reagindo ao entusiasmo da Renascença. Novas técnicas de narração de histórias, versos e teatro produziram prosa, poesia e peças revolucionárias. A obra anônima *Lazarillo de Tormes* trazia um pícaro (um jovem malandro) narrador de destinos variados, dando ao mundo um novo gênero literário: o romance picaresco. A experimentação com formas de verso, assim como a métrica, caracterizou a obra do poeta Garcilaso de la Vega. E o dramaturgo Lope de Vega produziu uma coleção vasta e deslumbrante de 1.800 peças – ricas em personagens, enredo e história –, além de sonetos, novelas e poesia lírica.

No mesmo período, Miguel de Cervantes produziu *Dom Quixote* (intitulado originalmente *O engenhoso fidalgo Dom Quixote*), a maior façanha literária do Século de Ouro. Como Lope de Vega, ele estava escrevendo perto do fim de uma era, quando a Espanha começava seu declínio por causa de uma combinação entre um governo despótico, fanatismo religioso e fortunas que se esvaíam depois da derrota da Armada para os ingleses. Em meio a esse clima de mudanças, apareceu Dom Quixote, um herói excêntrico que cavalga por um passado romântico e um presente instável em uma aventura de cavalaria que continua a encantar e inspirar.

Envolvimento com a realidade

Assim como as peças de Shakespeare, contemporâneo de Cervantes, são a origem do teatro moderno, *Dom Quixote* é a origem da ficção moderna. Ambos os autores mergulharam nas motivações, ações e emoções de seus protagonistas de uma maneira que ainda não havia sido usada, emprestando a personagens como Hamlet, Macbeth e Dom Quixote uma complexidade psicológica que os fazia parecer reais.

Dom Quixote aborda a realidade em dois níveis principais. O protagonista do romance de Cervantes é encantado pelos cavaleiros heroicos dos antigos romances de cavalaria e passa a se autodenominar "Dom Quixote" para

Miguel de Cervantes

Miguel de Cervantes nasceu próximo a Madri, na Espanha, em 1547. Sua mãe era filha de um nobre, e seu pai, um médico. Pouco se sabe sobre os primeiros anos da vida de Cervantes, mas é provável que ele tenha morado e trabalhado em Roma, em cerca de 1569, antes de se alistar na Marinha espanhola. Gravemente ferido na Batalha de Lepanto (na qual uma aliança de estados europeus católicos venceu as forças otomanas), foi capturado pelos turcos em 1575 e passou cinco anos na prisão em Argel; seu resgate foi pago por uma ordem religiosa católica, e ele voltou a Madri. A primeira grande obra de Cervantes, *A galateia*, foi publicada em 1585. Ele enfrentou dificuldades financeiras, mas continuou escrevendo, encontrando sucesso (mas não riqueza) com *Dom Quixote*. Morreu em 1616, em Madri, mas seu caixão acabou sendo perdido. Em 2015, cientistas afirmaram terem desenterrado seus restos mortais em um convento em Madri.

Outras obras importantes

1613 *Novelas exemplares*
1617 *Os trabalhos de Persiles e Sigismunda* (inconclusa)

Veja também: *Os contos de Canterbury* 68-71 ▪ *Primeiro fólio* 82-89 ▪ *Decamerão* 102 ▪ *Amadis de Gaula* 102 ▪ *O tambor* 270-271 ▪ *O jogo da amarelinha* 274-275 ▪ *Se um viajante numa noite de inverno* 298-299

imitá-los. No entanto, ao contrário dos heróis românticos, as personagens de *Dom Quixote* se veem às voltas com preocupações rotineiras, como comer e dormir. Elas viajam por um mundo de tavernas e moinhos de vento e por estradas e caminhos indefiníveis, ocupando um cenário comum que lembra o nosso mundo.

Dom Quixote acha que pode **escolher a própria identidade**, assumindo o papel de um cavaleiro em uma missão.
A loucura de Quixote **transforma o mundano** em extraordinário – moinhos de vento viram gigantes, por exemplo.
As personagens sabem que **escrevem sobre elas** em uma história, mantendo o leitor consciente de que estão se envolvendo em **uma ficção**.
O livro é **baseado nas realidades enfadonhas** do dia a dia – hospedarias, estradas e moinhos de vento de La Mancha.

Em outro nível de envolvimento, o romance também opera segundo a abordagem literária conhecida como realismo: tudo acontece dentro das unidades de tempo e espaço (a ação no livro se passa simultaneamente à sua escrita, adere a uma região geográfica específica e é bastante cronológica), sem nenhuma intervenção mágica ou mítica.

Gigantes da imaginação

Apesar desse realismo, a ilusão tem seu lugar no romance – mas apenas na mente de sua personagem principal. Os encontros de Dom Quixote com donos de hospedarias, prostitutas, pastores de cabras, soldados, padres, prisioneiros fugitivos e amantes desprezados são ampliados por sua imaginação e se tornam uma jornada cavalheiresca que poderia ser realizada pelo cavaleiro Amadis de Gaula nos romances que trazem seu nome. Ao vestir sua armadura enferrujada, montar o velho cavalo que ele chama de Rocinante e alistar Sancho Pança, um trabalhador simples, como seu "escudeiro", Dom Quixote – na melhor tradição dos romances de cavalaria – anuncia seu amor por uma camponesa que ele chama de Dulcineia. Em seu mundo de fantasia, o dia a dia é transformado em algo extraordinário, cujo símbolo eterno são os moinhos de vento de La Mancha. »

promovidos por sua imaginação a inimigos assustadores, com quem ele se propõe a lutar.

Complexidade maior

A lacuna entre realidade e ilusão é a fonte do humor no livro (assim como de sua tragédia) e um tema que tem alimentado a ficção no mundo todo nos quatro séculos subsequentes. No entanto, apesar de ter estabelecido seu tema, Cervantes vai além e o torna ainda mais complicado na segunda parte do romance, publicada dez anos depois da primeira.

Na segunda parte de Cervantes, as personagens – incluindo o próprio Dom Quixote – já leram, ou pelo menos ouviram falar da primeira parte do romance no qual aparecem. Quando estranhos encontram Dom Quixote e Sancho Pança pessoalmente, já conhecem sua famosa história. Um duque e uma duquesa, por exemplo, ficam animados ao encontrar Dom Quixote, já que leram tudo sobre as aventuras dele. Eles acham divertido confundi-lo para seu próprio entretenimento, abordando aventuras imaginárias que resulta em uma série de brincadeiras sádicas. Honra – sugere Cervantes – claramente não tem nada a ver com posição social. Os leitores começam a rir menos. Enquanto Cervantes escrevia a segunda parte, o apócrifo *Segundo volume do engenhoso fidalgo Dom Quixote de La Mancha pelo licenciado Alonso Fernández de Avellaneda, de Tordesilhas*, apareceu. A criação literária de Cervantes havia sido roubada, incitando seu comentário, ao final da segunda parte: "Só para mim nasceu Dom Quixote e eu para ele: ele para praticar ações e eu para escrevê-las". Em uma vingança literária, Cervantes manda seu cavaleiro e escudeiro para Barcelona a fim de sequestrar uma personagem do livro de Avellaneda.

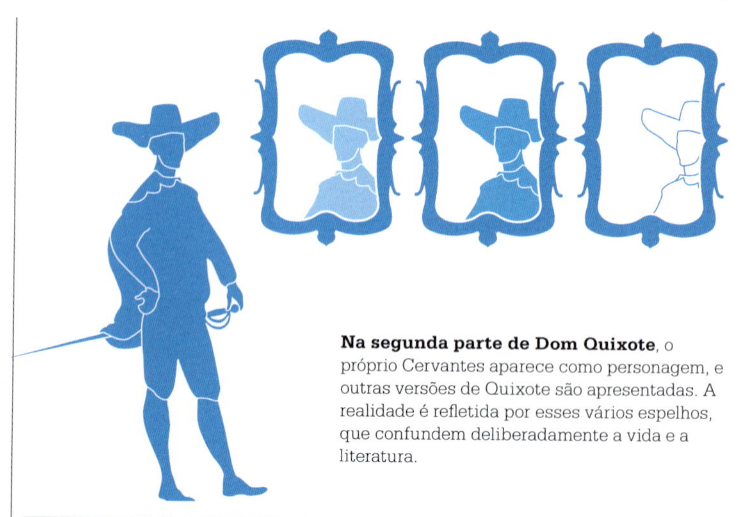

Na segunda parte de Dom Quixote, o próprio Cervantes aparece como personagem, e outras versões de Quixote são apresentadas. A realidade é refletida por esses vários espelhos, que confundem deliberadamente a vida e a literatura.

E assim, do pouco dormir e do muito ler se lhe secou o cérebro, de maneira que chegou a perder o juízo.
Dom Quixote

Histórias dentro de histórias

A própria literatura também é um tema no romance. Ficamos sabendo que as ilusões de Dom Quixote são resultado de ler demais – uma proposição importante para apresentar a um leitor de *Dom Quixote*. Mas, mesmo quando os livros de Dom Quixote são queimados pelo padre, pela empregada e pelo barbeiro, sua busca improvável pela glória continua. O papel do narrador do livro também é questionado. Em vez de desaparecer por trás de suas personagens e de sua história, Cervantes faz aparições frequentes, ostensivamente com sua própria voz ou, muitas vezes, como um narrador chamado Cide Hamete Benengeli, um mouro contador de histórias. As primeiras palavras do romance – "Em algum lugar de La Mancha, numa aldeia espanhola cujo nome não quero lembrar" – mostram a obstinação do narrador, assim como o controle do autor sobre seu material.

O romance é escrito em episódios, estabelecendo os fundamentos para os romances e filmes de estrada que seguiriam. A maioria das personagens que Dom Quixote e Sancho Pança encontram tem uma história para contar, conferindo ao romance um formato familiar para os leitores de *Os contos de Canterbury*, de Chaucer, de *Decamerão*, de Boccaccio, e do cânone de contos do oriente que chegou ao sul da Espanha nos longos séculos de dominação árabe.

Por exemplo, uma das personagens secundárias, Ricote, um mourisco (um muçulmano forçado a se converter ao cristianismo), reconta seu exílio da Espanha – uma história dentro de uma história que apresenta fatos históricos à narrativa ficcional. A expulsão dos mouriscos em 1609 era um assunto atual, e, enquanto os romances de cavalaria anteriores alimentaram-se de um mundo mítico, o romance de Cervantes estava pronto para se envolver com assuntos cabeludos do presente.

Ilusão e desilusão

Histórias proliferam a cada esquina, oferecendo mais oportunidades de ilusão e desilusão. Quixote e Sancho ouvem falar de um rapaz que se tornou pastor depois de estudar literatura pastoral, mas morreu pelo amor de uma bela pastora, Marcela. Acusada de ser a causa da morte dele, Marcela faz um discurso inflamado no enterro, defendendo seu direito de viver como deseja e de se recusar a ser o objeto da fantasia masculina. A literatura é aparentemente condenada por sua capacidade de encorajar os leitores a viver em um mundo de sonhos, enquanto o livro atinge precisamente esse objetivo.

Cervantes deixa bem claro que, como autor, fará exatamente aquilo que quer. Pouco a pouco, Dom Quixote é trazido de volta para casa, exausto e em desencanto. "Eu estava louco e agora estou são", diz ele à beira da morte. Ao

E diga-me, senhor D. Álvaro: pareço-me em alguma coisa com esse D. Quixote que Vossa Mercê diz?
Dom Quixote

matá-lo, Cervantes claramente queria impedir outras continuações não autorizadas para a história.

Apesar das tentativas de Cervantes de manter a autoria da personagem, Dom Quixote ilustra a ótima maneira como personagens fictícias acabam por escapar de seus autores, parecendo sair das páginas onde apareceram pela primeira vez. Ele inspirou romancistas cômicos ingleses como Henry Fielding e realistas franceses como Gustave Flaubert, cuja personagem Emma

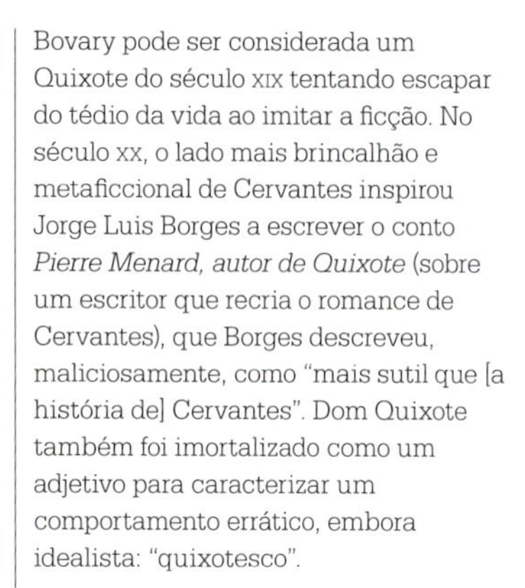

Bovary pode ser considerada um Quixote do século XIX tentando escapar do tédio da vida ao imitar a ficção. No século XX, o lado mais brincalhão e metaficcional de Cervantes inspirou Jorge Luis Borges a escrever o conto *Pierre Menard, autor de Quixote* (sobre um escritor que recria o romance de Cervantes), que Borges descreveu, maliciosamente, como "mais sutil que [a história de] Cervantes". Dom Quixote também foi imortalizado como um adjetivo para caracterizar um comportamento errático, embora idealista: "quixotesco".

Interpretações

Bem no meio do cruzamento entre contos medievais de cavalaria e o romance moderno, *Dom Quixote* deixou um rico legado cultural para gerações de leitores, e a obra tem sido o tema de interpretações inconstantes ao longo dos séculos. Ao ser publicada no Século de Ouro da Espanha, foi amplamente recebida como uma sátira – com Dom Quixote como alvo das piadas; mas, com grande parte da história da Espanha tecida na história, a obra também foi considerada uma crítica às ambições imperiais do país. As ilusões de heroísmo de Dom Quixote podem ser interpretadas como um símbolo do expansionismo extravagante da nação frente ao declínio. Para os revolucionários, Dom Quixote foi uma inspiração – um homem que estava certo quando o sistema estava errado – e os românticos o transformaram em uma personagem trágica – um homem de intenções nobres, derrotado pela mediocridade. Essa reavaliação da obra ao longo do tempo comprova o poder duradouro da história e de sua escrita, e garante ao livro um lugar central na história literária. ■

La Mancha, na região central da Espanha, é uma área seca, mas importante para a agricultura, deficiente de ressonância literária e, portanto, um lar improvável (e divertido) para um suposto herói de cavalaria.

UM HOMEM, EM SEU TEMPO, INTERPRETA MUITOS PAPÉIS

***PRIMEIRO FÓLIO* (1623), WILLIAM SHAKESPEARE**

EM CONTEXTO

FOCO
O bardo

ANTES
1560 Publicada em uma tradução em inglês, a *Bíblia de Genebra* é uma das maiores fontes de referências usadas por Shakespeare.

1565 *Metamorfoses*, do poeta romano Ovídio com tradução de Arthur Golding, é publicada e se torna uma grande fonte literária para Shakespeare.

1616 *Obras*, do escritor inglês Ben Jonson, é a primeira coleção publicada de peças de um dramaturgo popular.

DEPOIS
1709 A edição de *Obras completas de Shakespeare*, do escritor inglês Nicholas Rowe, é publicada por Jacob Tonson. Essa é a maior tentativa de reeditar as peças de Shakespeare desde o *Primeiro fólio*. Rowe modernizou a ortografia e a pontuação, além de adicionar divisões de cenas.

Quando William Shakespeare morreu, seu amigo e rival Ben Jonson escreveu que suas obras durariam "não apenas uma época, mas para sempre". A previsão se provou verdadeira: o nome de Shakespeare é conhecido em todo o mundo, e ele continua sendo considerado um dos escritores mais icônicos de todos os tempos. Suas obras foram traduzidas em mais de oitenta idiomas; suas peças foram transformados em filmes, animações e musicais; e suas palavras têm inspirado políticos, artistas e publicitários ao redor do mundo.

Alguns nascem grandes; outros conquistam a grandeza; outros recebem-na gratuitamente de circunstâncias fortuitas.
Noite de reis

Encanto duradouro

Em 1999, Shakespeare foi eleito o "Homem do Milênio" no Reino Unido, e os discursos de *A tempestade* foram usados na cerimônia de abertura dos Jogos Olímpicos de 2012. Ele é um dos maiores "produtos culturais de exportação" do Reino Unido, e todos os anos cerca de 800 mil visitantes vão para Stratford-upon-Avon para visitar as casas onde a história de sua vida começou.

E por que Shakespeare, um homem que morreu em 1616, continua sendo tão relevante para os leitores e o público de teatro de hoje? Parte do encanto está em sua habilidade de capturar em palavras como é ser humano. Seu domínio da linguagem lhe permitiu que transmitisse emoções complexas com grande impacto e economia. O fato de que os públicos de Shakespeare representavam uma amostra bem diversa da sociedade, de sapateiros a cortesãos, estimulou o dramaturgo a desenvolver uma voz poética que se estendia a todas as classes sociais, todos os níveis de educação e qualquer idade. Suas peças deveriam atrair aqueles que pagavam um centavo para ficar de pé no pátio, mas, em certas ocasiões, também satisfaziam os gostos do monarca e da corte. Não é à toa que as obras de Shakespeare continuam

William Shakespeare

William Shakespeare nasceu em Stratford-upon-Avon, em abril de 1564. Aos dezoito anos, casou-se com Anne Hathaway, que já estava grávida do primeiro dos três filhos que tiveram juntos. Registros revelam que Shakespeare estava em Londres no começo dos anos 1590 trabalhando como ator. A primeira referência a ele como dramaturgo, em 1592, não é nada elogiosa: seu amigo e também dramaturgo Robert Greene o rotulou como um "corvo arrogante, embelezado por nossas penas".

As peças históricas de Shakespeare sobre o rei Henrique VI se provaram muito populares no final dos anos 1590, e ele tinha uma reputação tão boa que, em 1598, Francis Meres o descreveu como o "melífluo e eloquente Shakespeare."

Escritor preeminente para a trupe de teatro King's Men e um dos acionistas do Globe Theatre em Bankside, ele conseguiu comprar uma casa em Stratford--upon-Avon, para onde voltou em seus últimos anos de vida. Morreu no Dia de São Jorge, 23 de abril, em 1616.

Outras obras importantes

1593 *Vênus e Adônis*
1594 *O rapto de Lucrécia*
1609 *Sonetos de Shakespeare*

Veja também: *Édipo rei* 34-39 ▪ *Metamorfoses* 55 ▪ *Os contos de Canterbury* 68-71 ▪ *A história trágica do Doutor Fausto* 75 ▪ *Moby Dick* 138-145 ▪ *Ulisses* 214-221

Shakespeare nasceu em Stratford--upon-Avon, uma cidade de comércio. Ele morou nesta casa na rua Henley até a idade adulta, incluindo os primeiros cinco anos do casamento com Anne Hathaway.

acessíveis para um público vasto; as histórias criativas do escritor têm a capacidade de deleitar tanto crianças em idade escolar quanto frequentadores assíduos do teatro.

Um escritor para todos os mundos

A genialidade de Shakespeare está em seu talento para segurar um espelho em frente à natureza e refletir seu público nele; as pessoas reconhecem a si e aos outros em suas obras. Sua técnica mais eficiente foi o uso do solilóquio. É nesses momentos, quando a personagem é deixada sozinha no palco e começa a revelar o âmago de seu próprio ser, que uma forte conexão é estabelecida entre o mundo da peça e aquele dos espectadores. O solilóquio permite às personagens que compartilhem seus medos, decepções, sonhos e ambições mais íntimos. Em momentos de privacidade, as personagens de Shakespeare podem parecer frágeis e vulneráveis, e também se revelar falsas e vis. Ao lhes permitir que conversem em particular com o público, Shakespeare criou a ilusão de que os espectadores eram cúmplices de cada pensamento. Suas personagens eram muito mais que meros instrumentos para o desenvolvimento do enredo, e pareciam ser indivíduos vivendo naquele momento, tomando decisões a cada cena.

Nossa festa acabou. Nossos atores (...) derreteram no ar.
A tempestade

As peças de Shakespeare foram criadas para serem apreciadas no teatro, mas os leitores também podiam experimentar algumas delas em versão impressa: *Hamlet*, *Romeu e Julieta*, *Sonho de uma noite de verão* e *Henrique v* foram impressas como obras individuais (conhecidas como "quartos"). No entanto, outras peças, como *Júlio César*, *Macbeth*, *Do jeito que você gosta* e *Noite de reis* supostamente não foram impressas antes da morte do dramaturgo e teriam desaparecido por completo se não fosse pela publicação, em 1623, de *Comédias, histórias & tragédias do Sr. William Shakespeare*, também conhecido como o *Primeiro fólio*.

O *Primeiro fólio*

Ainda existem cerca de 240 cópias do *Primeiro fólio*, que se tornou um dos livros mais valiosos do mundo, chegando a custar 6 milhões de dólares em um leilão. Se não fosse por ele, muitas das obras-primas de Shakespeare teriam sido perdidas para sempre.

Nos períodos elisabetano e jacobino, não havia garantia de que uma peça seria publicada simplesmente porque já havia sido encenada. Os editores tendiam a achar que dramas tinham um apelo momentâneo, não duradouro, e preferiam concentrar seus esforços (e finanças) na publicação de edições da Bíblia, sermões e crônicas da história inglesa. Ben Jonson foi o primeiro dramaturgo a ter suas obras reunidas e publicadas em um único livro. Suas *Obras* apareceram em 1616, o ano da morte de Shakespeare, e sua popularidade inspirou outros escritores a considerar volumes similares. »

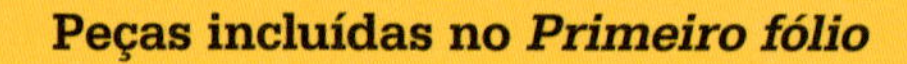

Comédias
A tempestade
Os dois cavalheiros de Verona
As alegres senhoras de Windsor
Medida por medida
A comédia dos erros
Muito barulho por nada
Trabalhos de amor perdidos
Sonho de uma noite de verão
Do jeito que você gosta
A megera domada
Tudo bem quando termina bem
Noite de reis
Conto de inverno
Históricas
Rei João
Ricardo II
Henrique IV – Parte 1
Henrique IV – Parte 2
Henrique V
Henrique VI – Parte 1
Henrique VI – Parte 2
Henrique VI – Parte 3
Ricardo III
Henrique VIII
Tragédias
Tróilo e Créssida
Coriolano
Tito Andrônico
Romeu e Julieta
Timão de Atenas
Júlio César
Macbeth
Hamlet
Rei Lear
Otelo
Antônio e Cleópatra
Cimbelino

Dois dos companheiros de palco e amigos próximos de Shakespeare, John Heminges e Henry Condell, supervisionaram a tarefa gigantesca da produção do *Primeiro fólio*. Deve ter sido um trabalho difícil, e sua maior prioridade foi localizar os textos das peças. O manuscrito original do dramaturgo era usado ou transcrito pela companhia de teatro e então servia como texto de base para a criação dos "roteiros de deixas": cada ator teria suas próprias falas transcritas na forma de uma ou duas linhas para ouvir como sua deixa. Ao longo do tempo, os manuscritos desapareceram ou foram alterados, revisados ou cobertos de tinta. Hoje não existem mais manuscritos shakespearianos, apesar de especialistas acreditarem que 147 falas de uma peça chamada *Sir Thomas More* tenham sido escritas à mão pelo próprio Shakespeare. O *Primeiro fólio* serve como um monumento, portanto, à memória de Shakespeare; ele se provou tão popular que teve de ser reimpresso (com revisões) apenas nove anos depois, e continua sendo republicado em formatos diferentes desde então. Não é à toa que o *Primeiro fólio* é considerado o livro mais importante atualmente, dadas a visão e a determinação envolvidas para garantir a sua publicação.

Uma divisão em três

O *Primeiro fólio* separa as peças de Shakespeare em comédias, históricas e tragédias. A divisão em três gêneros é um pouco arbitrária e reflete mais o desejo do editor que a maneira como Shakespeare via suas peças. *Júlio César*, por exemplo, é listada como tragédia, quando poderia ter sido incluída como uma peça histórica; da mesma maneira, *Ricardo III* é listada

O Globe Theatre, do qual Shakespeare foi coproprietário, abriu em 1599, na margem sul do Tâmisa, mas foi demolido em 1644. Um Globe recriado abriu no mesmo local nos anos 1990.

como histórica, quando também poderia ter sido incluída entre as tragédias.

Shakespeare não necessariamente pensava em escrever adotando um único gênero em particular. Como um escritor inovador, ele muitas vezes misturava características associadas a diferentes gêneros para criar variedade em seu próprio trabalho. Em momentos de profunda dor, por exemplo, ele ocasionalmente injeta um elemento de humor negro, que serve para alterar o clima pesado: o coveiro canta enquanto cava uma sepultura em *Hamlet*; o porteiro brinca com o público enquanto Macbeth e sua esposa deixam o palco para lavar suas mãos de sangue; e Cleópatra chega a ficar feliz ao contemplar o próprio suicídio em *Antônio e Cleópatra*.

Da mesma maneira, as comédias de Shakespeare, que poderiam ter um tom leve e frívolo, às vezes se provam sombrias e perigosas: Isabella sofre assédio sexual de Ângelo em *Medida por medida*; Oberon encanta os olhos de Titânia com uma poção que a fará se apaixonar pela primeira coisa que vir em *Sonho de uma noite de verão*; e o veio puritano de Malvólio em *Noite de reis* leva a uma humilhação bastante pública.

Relacionamentos testados

Enquanto as comédias de Shakespeare compartilham muitas similaridades, também diferem de forma evidente entre si. Quase todas terminam com o prospecto de casamento, que ajuda a unir indivíduos e comunidades simultaneamente; o casamento também traz um aspecto comemorativo e festivo para o final da peça e distancia a lembrança de quaisquer desentendimentos que possam ter frustrado a diversão anteriormente. *Trabalhos de amor perdidos* é uma comédia incomum, pois termina não com um casamento, mas com um acordo entre os casais para se encontrarem de novo depois de um ano separados.

Enquanto as comédias costumam terminar em harmonia e reunião, as tragédias são muito mais destrutivas em sua trajetória dramática. Relacionamentos são testados, colocados sob tensão e enfim desfeitos, muitas vezes resultando em um quadro de morte para fechar a peça. A mesma trajetória pode também ser seguida em algumas peças históricas. Narrativas de realeza, governo e poder são muitas vezes levadas à frente por conflitos, contendas e rivalidades. Apesar das diferenças, as peças de Shakespeare são ligadas pelo desejo do dramaturgo de dar voz a um elenco de personagens »

O mundo é um palco. E todos os homens e mulheres são apenas atores.

Do jeito que você gosta

A rainha egípcia Cleópatra, aqui interpretada por Harriet Walter, agarra a cobra e sucumbe à sua mordida, como um "beliscão do amante", durante o clímax apaixonado e mortal de *Antônio e Cleópatra*.

Assuntos recorrentes nas peças de Shakespeare

Mulheres disfarçadas		*Os dois cavalheiros de Verona, O mercador de Veneza, Do jeito que você gosta, Noite de reis, Cimbelino*
O tolo		*Rei Lear, Noite de reis, Do jeito que você gosta*
Uma peça dentro da peça		*Sonho de uma noite de verão, Hamlet, Trabalhos de amor perdidos*
O sobrenatural		*Macbeth, Hamlet, Sonho de uma noite de verão, A tempestade, Júlio César, Ricardo* III, *Cimbelino*
Ouvir algo por acaso		*Noite de reis, Trabalhos de amor perdidos, Hamlet, Otelo*
Identidade equivocada (como tema cômico)		*A comédia dos erros, Muito barulho por nada, Medida por medida, Tudo bem quando termina bem*
Tempestades e naufrágios		*Macbeth, Rei Lear, A tempestade, Péricles, A comédia dos erros*

socialmente diversas: cafetões, alcoviteiras e prostitutas dividem o espaço com o rei da Inglaterra em *Henrique* IV *– Parte 1* e *Parte 2*; o tecelão Bottom encontra um mundo de fadas em *Sonho de uma noite de verão*; e um monarca escuta os pensamentos de um tolo e de um mendigo em *Rei Lear*.

O tormento do trágico

Entre as peças incluídas no *Primeiro fólio*, algumas adquiriram o *status* de obras-primas shakespearianas. As pessoas nem sempre precisam ter lido ou visto *Hamlet* para conhecer as palavras "Ser ou não ser; eis a questão". A associação de Hamlet com a melancolia e o pensamento profundo agora é famosa no mundo todo. Em *Hamlet*, Shakespeare criou uma das vozes mais poéticas de todos os tempos e a ilusão literária de uma consciência atormentada. Shakespeare leva os ouvintes pelas voltas e curvas da mente imaginada de Hamlet enquanto ele luta com questões da moralidade e da mortalidade. Hamlet é atormentado pela ideia de "o que os sonhos podem se tornar/ Quando deixarmos essa carapaça mortal para trás"; como incontáveis poemas, romances e dramas sugerem, Hamlet não está sozinho. *Rei Lear* é outra criação trágica que dialoga diretamente com a compreensão que Shakespeare tem da condição humana. Em idade avançada, a compreensão de Lear a respeito dele mesmo e do mundo ao seu redor não corresponde às visões de uma geração mais jovem. Seu orgulho o leva a fazer julgamentos imprudentes, que servem para afastá-lo de seus amigos e de sua família, fazendo com que ele reflita sobre suas ações e relacionamentos com outras pessoas. Lear, como tantas outras figuras trágicas de Shakespeare, é atormentado pelos próprios pensamentos, e leva a duração da peça inteira para repensar sua situação e "ver melhor".

Questões de identidade

Sonho de uma noite de verão é uma das comédias mais populares de Shakespeare, e Bottom, uma de suas criações mais memoráveis. Ao ensaiar na floresta, Bottom tem sua cabeça transformada por um passe de mágica de Puck, um espírito desonesto, na cabeça de um asno. Os efeitos visuais têm um impacto muito maior no palco do que na página. A hilaridade de ver um ator se alterar por completo para transmitir essa metamorfose só pode ser de fato apreciada na apresentação, mas os

O príncipe Hamlet da Dinamarca, aqui interpretado por Laurence Olivier na versão em filme de 1948, também dirigida por ele, é uma personagem psicologicamente complexa que finge estar louca para obter vingança.

O tecelão encantado Bottom, em *Sonho de uma noite de verão*, cuja cabeça foi substituída pela de um asno, torna-se mais atraente para Titânia, que está sob o efeito de uma poção do amor.

leitores vão gostar do fato de que a experiência de vida de Bottom foi totalmente alterada; e, por um breve momento, ele consegue sentir a vida como outra pessoa. Essa técnica é repetida em outras comédias de Shakespeare, nas quais o disfarce permite às personagens que alterem sua identidade: Rosalinda, em *Do jeito que você gosta*, e Viola, em *Noite de reis*, vestem-se como rapazes; e, em *A comédia dos erros*, dois pares de gêmeos são confundidos um pelo outro para obter um grande efeito cômico.

Os perigos do poder

As peças históricas de Shakespeare são repletas de personagens traiçoeiras. Em *Ricardo III*, Ricardo de Gloucester disfarça suas intenções de assassinar quem quer que fosse para chegar ao trono e se transforma indiscutivelmente no maior vilão de Shakespeare. Deixado de lado por causa de seu corpo deformado, o corcunda Ricardo é forçadamente carismático desde seu primeiro solilóquio, que abre a peça. Ele informa ao público que está "determinado a se provar um vilão", e proclama que é "sutil, falso e traiçoeiro". Os solilóquios e o simbolismo de sua deformidade escalam Ricardo como a personagem que todos amam odiar na peça. E, mesmo assim, como é o caso de todas as peças históricas de Shakespeare, de *Ricardo III* a *Henrique VI*, o poder se revela frágil. Shakespeare nota, em *Henrique IV – Parte 2*, que "inquieta se torna a cabeça que usa a coroa": aqueles que se encontram no poder nunca estão livres do perigo. Essa é uma lição que Ricardo III aprende, para sua surpresa. Depois de assassinar a todos para chegar ao trono, ele tem de continuar matando até sentir que todas as ameaças à sua coroa desapareceram.

Obras para a posteridade

O *Primeiro fólio* chega a novecentas páginas, contém 36 peças e traz o retrato mais conhecido de Shakespeare em sua folha de rosto, mas não inclui *Péricles*, nem *Os dois nobres parentes*, que podem ser encontradas na maioria das edições das obras completas de Shakespeare atualmente. *A tempestade*, *Cimbelino* e *Conto de inverno* são considerados romances em edições modernas, enquanto *Coriolano*, *Júlio César* e *Antônio e Cleópatra* são consideradas, hoje em dia, "peças romanas".

As obras de Shakespeare ultrapassaram os confinamentos dos gêneros nos quais foram publicadas pela primeira vez, mas é graças ao *Primeiro fólio* que os trabalhos do escritor sobreviveram. ■

O debate sobre a autoria

Várias teorias da conspiração têm circulado desde o final do século XVIII, argumentando que William Shakespeare de Stratford-upon-Avon não seria o autor por trás das obras publicadas no *Primeiro fólio*. Há um longo catálogo de candidatos alternativos, e ele continua crescendo. A lista inclui figuras como Sir Francis Bacon, Christopher Marlowe, Edward de Vere e até mesmo a Rainha Elizabeth I – todos morreram uma década antes de as últimas peças de Shakespeare serem encenadas ou publicadas. Como é que o dramaturgo elisabetano Christopher Marlowe poderia ter escrito as peças se foi assassinado em 1593? Uma história diz que Christopher Marlowe não morreu realmente em uma briga de taverna em 1593, mas se escondeu e continuou abastecendo os teatros públicos com peças sob o pseudônimo "William Shakespeare". Os argumentos para os outros concorrentes são igualmente improváveis.

ESTIMAR TUDO É NÃO ESTIMAR NADA

O MISANTROPO (1666), MOLIÈRE

EM CONTEXTO

FOCO
Neoclassicismo francês

ANTES
1637 *O Cid*, uma "tragicomédia" de Pierre Corneille, é encenada em Paris. Recebe aclamação popular, porém é criticada pela academia francesa por não observar as unidades clássicas.

1653 Estreia de *Les rivales* [Os rivais], de Philippe Quinault, a primeira de sua prolífica lista de comédias, tragicomédias e tragédias menos conhecidas.

DEPOIS
1668 Jean de la Fontaine adapta sua coleção de *Fábulas* a partir de fontes clássicas, incluindo Esopo e Fedro e estendendo a métrica dos versos da época.

1671 Molière, Corneille e Quinault colaboram com o *Psyché*, um balé tragicômico.

1677 *Fedra* dá prosseguimento à série de tragédias de Jean Racine sobre temas da mitologia grega.

Uma fascinação por tudo o que é clássico invadiu a Europa durante o Iluminismo (1650-1800). Os antigos ideais gregos de forma, clareza e elegância inspiraram um movimento neoclássico em todas as artes, com a França à frente no campo da literatura. A influência clássica ficou mais aparente no teatro francês, que, durante o século XVII, adotou uma reinterpretação das convenções do teatro grego, conforme descrito na *Poética* de Aristóteles.

Esse teatro estilizado em verso frequentemente se transformava em tragédias, muitas vezes refletindo temas da mitologia grega (uma fonte notável de inspiração para Jean Racine), mas havia uma crescente demanda do público pelas comédias, que foi atendida por Molière (1622-1673) e suas peças espirituosas.

Uma comédia de costumes

A maior contribuição de Molière foi a "comédia de costumes", satirizando as convenções da época com suas personagens exageradas, como Alceste, o protagonista de *O misantropo*, cuja rejeição mal-humorada à *politesse* (uma gentileza superficial e fingida) é posta à prova quando ele se enamora de Célimène, uma moça da sociedade. Enganado pelo flerte, ele começa a agir exatamente da maneira que despreza nos outros, porém retoma seu caráter normal quando critica a poesia sentimental de um nobre. Isso gera uma questão legal contra ele, além da perda de amigos. Ele procura consolo (em vão) na frívola Célimène. Enquanto reveste de graça a misantropia de Alceste, Molière também expõe a hipocrisia dos costumes da corte do século XVII, no mesmo espírito das comédias do dramaturgo grego Aristófanes.

O sucesso das comédias de Molière, incluindo *Escola de mulheres*, *Tartufo* e *O avarento*, marcou o início de uma era teatral elegante e mordaz, que perdurou por todo o século XVIII. O gênero chegou à Inglaterra, inspirando uma linha de trabalho que pode ser observada a partir da comédia da Restauração, passando por Oliver Goldsmith, Richard Brinsley Sheridan (e romancistas como Jane Austen) e Oscar Wilde. ■

Veja também: *Édipo rei* 34-39 ▪ *Cândido ou o otimismo* 96-97 ▪ *O Cid* 103 ▪ *Fedra* 103-104 ▪ *Orgulho e preconceito* 118-119 ▪ *O retrato de Dorian Gray* 194

O PREGADOR EVANGÉLICO SERÁ PAGO NÃO SÓ PELO QUE SEMEIA COMO PELAS DISTÂNCIAS QUE PERCORRE

OS SERMÕES (1682), PADRE ANTÔNIO VIEIRA

EM CONTEXTO

FOCO
Barroco no Brasil

ANTES
1500 a carta de Pero Vaz de Caminha ao rei de Portugal D. Manuel, descrevendo a chegada da Pedro Álvares Cabral ao Brasil e as primeiras impressões dessa terra, é considerada o primeiro documento escrito brasileiro.

1601 A publicação do poema épico *Prosopopeia*, de Bento Teixeira, é o marco incial do Barroco no Brasil.

DEPOIS
1850 O historiador Francisco Adolfo de Varnhagen, visconde de Porto-Seguro, publica pela primeira vez poemas de Gregório de Matos, maior poeta barroco do Brasil, no livro *Florilégio da Poesia Brasileira*, editado em Lisboa.

Padre Antônio Vieira (1608-1697) era jesuíta, missionário da catequização indígena no Brasil. Grande pregador, ficou conhecido por defender os índios e os cristãos-novos, judeus recém-convertidos ao cristianismo, dos horrores que sofriam nas mãos de colonos portugueses, e criticar, entre outras coisas, a conduta de alguns colegas missionários, a influência do protestantismo e a própria Inquisição. Devido a essa posição polêmica no período da Contrarreforma foi preso pela Inquisição entre 1665-1667, mas foi absolvido graças à intervenção do papa.

Vieira é considerado o maior prosador do Barroco brasileiro. Sua obra divide-se entre profecias, cartas e sermões. Desenvolve, especialmente nestes últimos, o estilo conceptista. O conceptismo caracterizava-se pelo uso da lógica, jogo de ideias e conceitos com intuito de convencimento. Distinguia-se da outra corrente explorada no Barroco, o cultismo, por ser mais conciso e claro, enquanto o primeiro era formalmente rebuscado, com muitas metáforas e antíteses. As duas tendências, no entanto, coexistiram em alguns autores, como no mais destacado poeta do período, o complexo Gregório de Matos (1633-1696).

Os sermões

Padre Vieira escreveu mais de duzentos sermões. Em 1682 é publicada em Portugal uma compilação de alguns dos principais. Neste volume, está presente o famoso "Sermão da Sexagésima", proferido na Capela Real de Lisboa, em 1655, cujo tema é a própria arte de pregar. Nele, Vieira critica o cultismo e defende uma fala simples e acessível a todos, que privilegiasse o conteúdo, a palavra de Deus, e não a forma. ■

Para falar ao vento, bastam palavras: para falar ao coração, são necessárias obras.
"Sermão da Sexagésima"

Veja também: *Os lusíadas* 74 ▪ *O guarani* 164

TRISTE, SEPARO-ME DE TI; COMO UM MARISCO ARRANCADO DA CONCHA, EU ME VOU; E O OUTONO TEM FIM

TRILHA ESTREITA AO CONFIM **(1702), MATSUO BASHŌ**

EM CONTEXTO

FOCO
Haicai* e *haibun

ANTES
1686 Matsuo Bashō compõe um de seus mais famosos *haicais* sobre um sapo em meio a um esguicho d'água num açude ancestral, o que inspira uma competição sobre o mesmo tema entre outros escritores de *haicai* no Edo.

DEPOIS
1744 Yosa Buson, grande poeta de *haicais*, publica suas anotações de viagem depois de seguir os passos de Bashō.

1819 Kobayashi Issa prova ser um sucessor bem-sucedido de Bashō com *The spring of my life* [A primavera de minha vida] ao combinar poesia e *haicai* num *haibun*. Issa foi prolífico: escreveu cerca de 20 mil *haicais*, incluindo 230 sobre o tema do vaga-lume.

1885 Masaoka Shika começa a escrever *haicais* sobre retratos que desenha – ele defende a escrita sobre a vida, em campo, como um artista pintaria uma paisagem.

Matsuo Bashō (c. 1644-1694), de Edo (atual Tóquio), foi o mestre do *haicai*, uma forma de verso curto japonês. Vertido ao português em três ou (mais raramente) quatro linhas, o *haicai* captura um momento transitório, frequentemente com sagacidade e apurada observação. Porém, o maior trabalho de Bashō está num gênero composto – o *haibun* –, em que o *haicai* aparece imerso em prosa.

Uma nobre jornada

O objetivo de Bashō em *Trilha estreita ao confim* foi registrar uma peregrinação espiritual ao extremo norte do país, empreendida no espírito do zen-budismo para honrar os poetas que haviam feito a viagem antes dele. Nessa jornada, encontros diretos com a natureza enriquecidos por associações culturais e visitas a santuários xintoístas confirmam a libertação de Bashō dos apegos egoístas. A poesia e a prosa se encontram em perfeito equilíbrio, iluminando-se mutuamente como um par de espelhos voltados um ao outro. Viajando a pé durante a maior parte do trajeto, por centenas de quilômetros, Bashō busca a sabedoria, reportando suas descobertas em uma prosa vivaz e muitas vezes marcada por uma melancolia elegíaca: mesmo uma referência a "pinheiros esculpidos pelos ventos salgados, treinados por eles para se tornarem bonsais" parece solene e resignada. Seus *haicais* alcançam o tão sonhado *kenshō*, o rápido momento da iluminação – o breve despertar para a verdade. ■

Aqueles que passam a vida em embarcações ou conduzindo cavalos estão em contínua viagem, e seus lares estão em qualquer lugar aonde essas viagens os levem.

Trilha estreita ao confim

Veja também: *O conto de Genji* 47 ▪ *On the road* (*Pé na estrada*) 264-265

NINGUÉM IMPEDIRÁ A JORNADA À MONTANHA DA MORTE NEM POR ELA SERÁ IMPEDIDO

OS AMANTES SUICIDAS DE SONEZAKI (1703), CHIKAMATSU MONZAEMON

EM CONTEXTO

FOCO
Kabuki* e *bunraku

ANTES
c. 1603 O *kabuki* – uma forma teatral inusitada que mistura canção, dança, ação e mímica – surge com uma dançarina chamada Okuni, uma servente do templo xintoísta de Izumo.

c. 1680 O *bunraku* aparece como forma musical do teatro de marionetes em que bonecos com a metade da estatura humana interpretam o *jōruri* – uma narrativa romântica recitada.

DEPOIS
1748 É encenada a *Chūshingura*, ou *A lenda dos 47 ronin*, de Takedo Imuzo, Namiki Sosuke e Miyoshi Shoraku. Composta como um *bunraku* e adaptado para o *kabuki*, é a rival mais próxima da obra popular de Chikamatsu.

1963 A Associação de Bunraku de Osaka resgata a forma teatral do *jōruri* de seu declínio.

O *kabuki* e o *bunraku* são formas do tradicional teatro japonês originadas no século XVII. O *kabuki* trabalha com material vulgar e grosseiro, sendo encenado por trupes itinerantes de mulheres que frequentemente se dispunham à prostituição. O *bunraku* é uma forma de teatro de marionetes em que cada boneco tem um titereiro principal que move a mão direita enquanto um segundo move a mão esquerda e um terceiro comanda as pernas e os pés. Os três permanecem inteiramente visíveis para a plateia, porém vestidos de preto. Normalmente, há um único cantor, que interpreta diferentes personagens alterando os tons de voz.

O bardo nacional japonês

Até hoje, o maior dramaturgo de ambos os gêneros é Chikamatsu Monzaemon (1653-1725). Nascido na classe samurai, optou por escrever peças teatrais e, com o tempo, tornou-se o mais famoso dramaturgo do Japão. Sua obra geralmente apresenta indivíduos em conflito entre questões éticas e pessoais.

Produzida como *bunraku* e adaptada para o *kabuki*, a peça de Chikamatsu intitulada *Os amantes suicidas de Sonezaki* constitui sua obra-prima. Foi escrita duas semanas após um fato real que lhe serviu de base – a história de um jovem casal que se suicidou na floresta.

Em sua peça, Chikamatsu criou duas personagens que, como Romeu e Julieta, o desafortunado casal de William Shakespeare, se tornariam sinônimos para o tema dos amantes fadados à desgraça. Tokubei é um jovem rapaz cuja família recebe um dote para casamento, porém se recusa a casar com a noiva escolhida por amar Ohatsu, uma prostituta. Um rival seu, que desfruta dos favores de Ohatsu, ameaça acusá-lo de ladrão. Incapaz de cumprir suas obrigações familiares, Tokubei não consegue redimir sua honra nem ter um futuro ao lado de Ohatsu. Assim, os dois decidem fazer um pacto de morte. Essa e outras peças similares geraram uma onda de suicídios entre amantes, o que levou à extinção do gênero durante certo tempo após 1723. Entretanto, a linguagem da peça é considerada uma das mais bonitas da literatura japonesa. ■

Veja também: *Primeiro fólio* 82-89 ▪ *O pavilhão dourado* 288

NASCI NO ANO DE 1632, NA CIDADE DE YORK, DE BOA FAMÍLIA

ROBINSON CRUSOÉ (1719), DANIEL DEFOE

EM CONTEXTO

FOCO
Autobiografia ficcional

DEPOIS
1726 *As viagens de Gulliver*, do autor anglo-irlandês Jonathan Swift, é publicado como um conto de viajante e autobiografia ficcional e se torna um sucesso imediato.

1740 O autor inglês Samuel Richardson publica *Pâmela*, uma autobiografia ficcional que registra a vida da protagonista, uma criada, por meio de uma série de cartas.

1749 A autobiografia e romance cômico *Tom Jones*, do escritor inglês Henry Fielding, é publicada e segue as intrépidas aventuras de um menino abandonado.

1849-1850 *David Copperfield*, do autor inglês Charles Dickens, é publicado; apesar de ser uma obra de ficção, a vida do protagonista traça vários paralelos com a vida do próprio Dickens.

Construir a narrativa de um texto literário em torno de uma autobiografia literária é um mecanismo que permite ao escritor não só contar a história da vida de um indivíduo como se a pessoa fosse o autor, mas também dá a impressão de que as palavras ditas são uma transcrição diferente dos verdadeiros eventos. *Robinson Crusoé*, de Daniel Defoe (originalmente intitulado *A vida e as estranhas e surpreendentes aventuras de Robinson Crusoé*), foi o progenitor dessa voz autobiográfica ficcional. Várias outras personagens notáveis dos séculos XVIII e XIX seguiram Crusoé, incluindo o Gulliver de Jonathan Swift, o Tom Jones de Henry Fielding e o David Copperfield de Charles Dickens. A página de rosto da primeira edição de *Robinson Crusoé* não citava Defoe como o autor; em vez disso, as palavras "Escrita pelo próprio" apareciam sob o título – e, assim, inúmeros leitores podem muito bem ter pensado que a história fosse verdadeira. A frase de abertura do livro, "Nasci no ano de 1632", sugere que se trata de uma história real recontada por um indivíduo que viveu aquelas aventuras.

Os detalhes sobre o nascimento do "autor" conferem autenticidade à obra

Daniel Defoe

Acredita-se que Daniel Foe tenha nascido em Londres, em 1660 (ele mais tarde adicionou o prefixo "De" ao seu sobrenome). Em 1684, Defoe se casou com Mary Tuffley e então viveu muitos anos como homem de negócios e comerciante, mas faliu em 1692. Em 1697, ele se tornou o confidente do rei Guilherme III e viajou pela Grã-Bretanha como agente secreto. Em 1702, seu panfleto *O caminho mais curto com os dissidentes* levou-o à prisão por causa do conteúdo político, e a uma segunda falência. Liberado graças ao político Robert Harley, Defoe passou a agir como espião de Harley, viajando pela Grã-Bretanha e mandando informações sobre a opinião pública. Defoe não começou a escrever romances até chegar aos quase sessenta anos, e se tornou uma figura-chave na construção desse formato literário, atingindo grande sucesso com *Robinson Crusoé*. Morreu em 1731.

Outras obras importantes

1722 *Moll Flanders*
1722 *Um diário do ano da peste*
1724 *Roxana*

Veja também: *As viagens de Gulliver* 104 ▪ *Tom Jones* 104 ▪ *David Copperfield* 153 ▪ *O apanhador no campo de centeio* 256-257

Tanto *Robinson Crusoé* quanto *As viagens de Gulliver* usam uma voz autobiográfica para apresentar suas narrativas de viagem como se fossem descrições factuais de experiências da vida real; no entanto, os dois diferem em vários aspectos cruciais.

As viagens de Gulliver

Robinson Crusoé	*As viagens de Gulliver*
Usa uma voz autobiográfica para endossar o texto como uma história real.	Usa uma voz autobiográfica para parodiar alegações reais na ficção contemporânea.
Promove o individualismo: é um homem solitário e autossuficiente que domina a natureza por meio da razão.	Satiriza o conceito do individualismo e o uso da razão.
Crusoé se torna "rei e soberano" de sua ilha.	Gulliver se torna um prisioneiro na ilha de Lilliput.

como texto autobiográfico – e, portanto, também como história real. Essa verossimilhança é realçada pelo fato de que partes do romance são escritas em forma de diário.

Náufragos na ilha

Robinson Crusoé é uma obra amplamente considerada o fundamento do realismo, e, para muitos, também é o primeiro romance inglês. Acredita-se que o livro de Defoe tenha sido inspirado pela história de um náufrago de verdade: Alexander Selkirk, que, no começo do século XVIII, ficou à deriva em uma ilha no Pacífico. Sucesso instantâneo de publicação, a história de Defoe menciona expedições a regiões exóticas da África e do Brasil e uma missão para capturar escravos que leva ao naufrágio em uma ilha do Caribe.

Crusoé relata suas tentativas de salvar provisões do navio e sobre sua existência solitária na ilha. Ele constrói um abrigo e fabrica ferramentas para caçar, plantar e coletar alimentos. O náufrago conta os dias fazendo talhos em uma cruz de madeira; ele lê a Bíblia e agradece a Deus. Ele domestica um papagaio. Por anos, essa é a sua vida. Então – em um dos momentos mais icônicos da literatura –, Crusoé descobre uma pegada na areia, o que o leva a um medo obsessivo de ser atacado por "selvagens". Depois de dois anos protegido por sua fortaleza, ele encontra um nativo de uma ilha próxima que está fugindo de canibais. Crusoé "salva" o nativo, coloca-o para trabalhar e o batiza de "Sexta-Feira", em homenagem ao dia em que se conheceram. O relacionamento entre os dois tem sido criticado como aquele entre um senhor e um escravo (um explorador europeu e um indígena local); Crusoé, como aquele que traz a "civilização", é um símbolo do imperialismo britânico em florescimento. Assim como as nações europeias buscam terras e colônias, Crusoé também assume o domínio da ilha, e se vê como seu dono e "senhor absoluto".

As memórias "autobiográficas" de Crusoé na ilha vêm se provando notavelmente duradouras, inspirando inúmeras reimaginações da história e dando origem a um subgênero à parte, as robinsonadas. Essencial na literatura inglesa, o livro tem alcançado uma influência significativa – talvez incomparável à de qualquer outra obra –, e seu tema principal se tornou parte da cultura geral. ■

E então ele se ajoelhou novamente, beijou o chão e (...) colocou meu pé sobre sua cabeça; isso, parece, simbolizava o juramento de que seria para sempre meu escravo.

Robinson Crusoé

SE ESTE É O MELHOR DE TODOS OS MUNDOS POSSÍVEIS, QUAIS SÃO OS OUTROS?

CÂNDIDO OU O OTIMISMO (1759), VOLTAIRE

EM CONTEXTO

FOCO
Os *philosophes*

ANTES
1721 As *cartas persas*, de Montesquieu, satirizam a sociedade francesa vista pelos olhos de dois visitantes persas, que comparam o cristianismo com o islamismo e atacam a doutrina católica.

1751-1772 Jean Le Rond d'Alembert e Denis Diderot produzem o grande empreendimento coletivo do Iluminismo, a *Enciclopédia*, para "mudar o modo de pensar das pessoas".

DEPOIS
1779 *Natan, o sábio*, peça de Gotthold Ephraim Lessing, ambientada durante a terceira cruzada, oferece uma visão inspiradora sobre a tolerância religiosa.

1796 O romance filosófico de Diderot, *Jacques, o fatalista, e seu amo*, ao apresentar uma visão determinista do mundo, traz entre suas personagens dois homens que não conseguem parar de duelar.

Um distinto grupo de escritores e intelectuais que viviam na França no século XVIII veio a ser conhecido como os *philosophes* ("filósofos"), cujas obras se estendiam além do campo filosófico, abrangendo também aspectos sociais, culturais, éticos e políticos. Os *philosophes* – incluindo Voltaire, Jean-Jacques Rousseau, Denis Diderot e Montesquieu – faziam parte de uma mudança cultural amplamente disseminada pela Europa que veio a ser conhecida como Iluminismo: uma investida contra a superstição, a intolerância e a injustiça em nome da razão e da liberdade intelectual. Esse período durou do final do século XVII até a Revolução Francesa, em 1789. De fato, a revolução foi inspirada nas ideias de filósofos e cientistas, somadas ao espírito predominante de racionalismo e liberalismo político.

O homem nasceu para viver entre as convulsões da inquietude ou na letargia do tédio.
Cândido ou o otimismo

Otimismo supremo

Cândido, intitulado originalmente como *Cândido ou o otimismo*, é um *conte philosophique*, um conto filósófico em que Voltaire atribuiu expressão narrativa aos valores do Iluminismo. Com seu feroz escrutínio satírico, voltou-se particularmente contra as ideias do alemão Gottfried Wilhelm von Leibniz e sua filosofia do otimismo, segundo a qual este mundo deve ser o melhor lugar possível (lugar ideal) porque Deus é uma deidade benevolente.

As ideias de Leibniz ecoam pelo livro na voz do dr. Pangloss, que profere seu mantra "Tudo é para o melhor no melhor dos mundos possíveis" mesmo diante de desastres que se repetem. Desafiando essa rósea metafísica, Cândido, o jovem herói, sofre uma série de provações, incluindo a expulsão do castelo de um barão, numerosas desventuras violentas e um reencontro com Cunegundes, seu amor perdido, que serve apenas para fazê-lo descobrir que não mais a

Veja também: *As viagens de Gulliver* 104 ▪ *Jacques, o fatalista, e seu amo* 105

Crédulo e ingênuo, Cândido é incapaz de formar as próprias opiniões: sua visão de mundo – suas ideias sobre determinismo, otimismo e livre-arbítrio, por exemplo – é construída a partir do ponto de vista das pessoas que o cercam.

Dr. Pangloss (antigo preceptor de Cândido): tudo o que acontece reflete o supremo e harmonioso propósito que Deus reserva à humanidade.

A velha (filha do papa Urbano X e da princesa da Palestrina): a vida de todas as pessoas é uma história de infortúnios e sofrimentos.

Martinho (sábio e antigo charlatão editorial): o mundo é detestável e sem sentido. Foi criado pelas forças do mal a fim de nos enlouquecer.

Conde Pococurante (nobre veneziano): nenhum produto das artes pode gerar prazer de verdade. O esforço artístico é sempre enaltecido em demasia.

O fazendeiro turco: a política conduz à miséria – é melhor cultivar sua fazenda porque o trabalho espanta o tédio, o vício e a pobreza.

deseja. De qualquer modo, essas desventuras são apresentadas de forma tão direta e compacta, e redigidas de modo tão prosaico, que o efeito final acaba sendo cômico. Mulheres são estupradas, exércitos destroem-se mutuamente, pessoas são roubadas e escravizadas. Contratempos de todos os tipos tornam precárias a vida, a saúde e a felicidade. Em um mundo de cobiça, luxúria e brutalidade (frequentemente em nome da religião), faltam atos do bem. Em comparação com a realidade cruel, o otimismo de Pangloss é evidentemente ingênuo.

Influências pessoais

Apesar de sua riqueza em incidentes melodramáticos, *Cândido* é um conto filosófico, ainda que com raízes autobiográficas. Voltaire sofreu seus próprios infortúnios, incluindo maus-tratos por professores jesuítas, perda de prestígio na corte francesa e a expulsão da Prússia. Além disso, duas catástrofes públicas influenciaram sua imaginação e afetaram profundamente sua visão de Deus e do livre-arbítrio: o terremoto que destruiu Lisboa, Portugal, em 1755, e o início da Guerra dos Sete Anos (1756-1763), que levou a destruição à Europa. Esses dois eventos aparecem em *Cândido* em forma de ficção.

No livro, a narrativa com fatos pessoais entrelaçados se torna o elo que une descrições de sistemas sociais em contraste. A primeira comunidade que encontramos está num castelo feudal do qual o herói é expulso. Há um interlúdio utópico em Eldorado, uma nação igualitária e naturalmente farta. Cândido, afinal, vai viver em uma fazenda na Turquia. Lá ele visita uma família de fazendeiros dedicada ao trabalho cooperativo, num lugar onde as pessoas são felizes. No final, a fala de Cândido – "é preciso cultivar nosso jardim" – indica que é possível ser feliz por meio de trabalho duro e ausência de filosofia. ■

Voltaire

Filho de um tabelião, François-Marie Arouet nasceu em Paris, em 1694. Dramaturgo e poeta, adotou "Voltaire" como *nom de plume*. Seus versos satíricos lhe custaram uma temporada como prisioneiro da Bastilha entre 1717 e 1718. Depois de dois anos na Inglaterra (um país que considerava mais tolerante e racional que a França), suas *Cartas sobre os ingleses* (1733) foram proibidas em seu país natal, onde a obra foi vista como uma crítica contra o governo francês.

Um estudo sobre Luís XIV restaurou-lhe a reputação em Versalhes, onde assumiu o cargo de historiador real em 1745. Mais tarde, em Berlim, tornou-se amigo íntimo de Frederico, o Grande, rei da Prússia. Escreveu seus contos filosóficos em Ferney, França, por volta dos sessenta anos – incluindo *Cândido*. Ele também lutou a favor da reforma agrária e pela justiça para pessoas menos favorecidas. Morreu em Paris em 1778, aos 84 anos de idade.

Outras obras

1718 *Édipo*
1733 *Cartas filosóficas*
1747 *Zadig ou o destino*
1752 "Micrômegas" (conto)

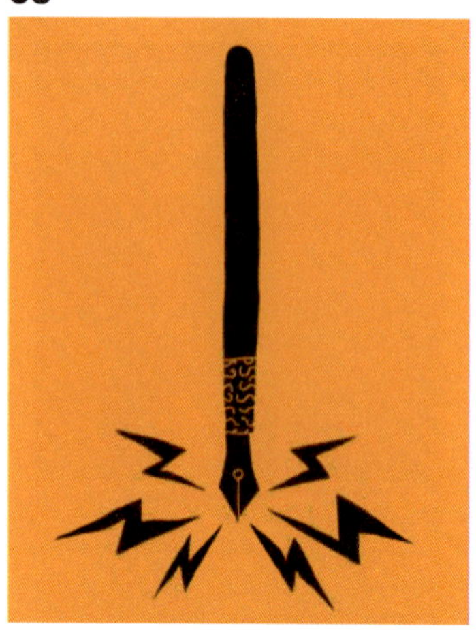

TENHO CORAGEM SUFICIENTE PARA ANDAR DESCALÇO PELO INFERNO

OS BANDOLEIROS (1781), FRIEDRICH SCHILLER

EM CONTEXTO

FOCO
Sturm und Drang

ANTES
1750 O filósofo suíço Jean--Jacques Rousseau escreve *Discurso sobre as ciências e as artes*, um ensaio no qual condena o avanço do Iluminismo em direção ao racionalismo puro.

1774 *Os sofrimentos do jovem Werther*, romance do escritor alemão Johann Wolfgang von Goethe, é um sucesso imediato e contém os elementos que caracterizarão o movimento Sturm und Drang, como expressões extravagantes de emoção intensa e a luta inútil de um jovem herói.

1777 A peça *Sturm und Drang*, de Friedrich Maximilian von Klinger, é encenada pela primeira vez, dando nome ao movimento.

DEPOIS
1808 Goethe se afasta do Sturm und Drang com sua obra-prima dramática *Fausto*.

O movimento Sturm und Drang (muitas vezes traduzido como "tempestade e estresse", mas "tempestade e ímpeto" é mais preciso) foi uma explosão repentina e breve na literatura alemã que durou cerca de dez anos. Sturm und Drang consistiu em peças e romances caracterizados por grande energia, violência física e emocional, um lirismo feroz e angustiado e quebra de tabus (tanto sociais quanto artísticos) para expressar o drama essencial ao coração humano.

O movimento foi uma reação aos valores de pura razão e racionalismo do Iluminismo (e, particularmente, à sua versão francesa). Alguns pensadores da fase inicial do Iluminismo achavam que a genialidade poderia ser obtida por meio de trabalho duro e muita prática, e que a boa literatura deveria aderir aos formatos clássicos. Mas, para os Sturmer und Dranger (como os escritores do movimento são conhecidos), tais ideias eram sufocantes, e foram descartadas.

As peças do Sturm und Drang ignoravam as estruturas formais: elas podiam não ter cinco atos ou o diálogo não ser escrito em frases perfeitamente formadas. E, além de ser expressiva, a linguagem também podia ser chocante: tanto a peça *Os bandoleiros*, de Friedrich Schiller, quanto o romance de Johann Wolfgang von Goethe *Os sofrimentos do jovem Werther* foram publicados em várias edições, já que a linguagem teve de ser suavizada.

A lei nunca formou um bom homem: é a liberdade que gera gigantes e heróis.
Os bandoleiros

Exuberância jovem

Os bandoleiros, de Schiller, foi encenada pela primeira vez em 1782, e fez parte da última safra de um movimento que perdia força. O enredo apresenta dois irmãos aristocráticos com visões opostas: Karl, um idealista honrável, e Franz, frio, materialista e manipulador. Karl vai morar nas florestas da Boêmia para liderar um bando de ladrões depois que Franz consegue virar o pai dos dois contra ele e rouba a herança do irmão.

Veja também: *Cândido ou o otimismo* 96-97 ▪ *Os sofrimentos do jovem Werther* 105 ▪ *Noturnos* 111 ▪ *Fausto* 112-115 ▪ *Jane Eyre* 128-131 ▪ *O morro dos ventos uivantes* 132-137 ▪ *Os irmãos Karamázov* 200-201

Os bandoleiros quebrou tabus. O enredo envolve violência, roubo e assassinato, e é o herói, Karl, quem lidera a gangue que comete esses atos ilegais e violentos. Em um arroubo de paixão, ele chega a matar sua prima inocente, Amalia, de quem está noivo. A linguagem da peça é tão selvagem e tempestuosa quanto as emoções que expressa, mas também é lírica, e *Os bandoleiros* é considerado um dos maiores exemplos de escrita dramática da literatura alemã. Ainda hoje é visto como uma obra-prima, e muitos críticos também o identificam com o início do melodrama europeu.

O movimento Sturm und Drang era formado por rapazes cheios de energia – a maioria, com seus vinte e poucos anos, e os mais velhos, com trinta e poucos. É possível que, à medida que os escritores fossem ficando mais velhos, perdessem o gosto pela rebelião jovem, o que pode ter contribuído para a brevidade do movimento. Muitos escolheram as maneiras mais reflexivas de expressão posteriormente, enquanto a tempestade e o ímpeto se acalmavam no período longo e produtivo do classicismo de Weimar e do romantismo alemão. ▪

Liberdade
Em *O cavaleiro da mão de ferro* (1773), de Johann Wolfgang von Goethe, um nobre honrado que valoriza sua liberdade não consegue se adaptar a um mundo no qual forças cínicas perseguem as políticas do poder.

Manipulação
Os soldados (1776), de Jakob Michael Reinhold Lenz, conta a história da bela Marie, que se torna um brinquedo na mão de oficiais jovens, nobres e chauvinistas, resultando em assassinato e suicídio.

Sturm und Drang
Os temas do movimento Sturm und Drang eram tipicamente melodramáticos, refletindo as paixões de seus escritores.

Desejo e inveja
Um gêmeo melancólico e violento mata seu irmão, um homem gentil, pela mulher que deseja para si em *Die Zwillinge* [Os gêmeos] (1776), de Friedrich Maximilian von Klinger.

Opressão
Na peça *Don Carlos* (1787), de Friedrich Schiller, o protagonista tenta libertar o povo oprimido de Flandres. A obra busca expor os horrores da Inquisição.

Friedrich Schiller

Johann Christoph Friedrich von Schiller (1759-1805) nasceu em Württemberg, na Alemanha. Poeta, dramaturgo, filósofo e historiador, ele escreveu *Os bandoleiros* quando ainda estava estudando. A peça fez dele um sucesso instantâneo, mas não lhe conferiu independência financeira. Mais tarde, Schiller se tornou professor de história e filosofia em Jena, cuja universidade hoje tem seu nome. Sua amizade com Goethe levou, no final do século XVIII, à montagem do Teatro Weimar, que se tornaria o maior teatro da Alemanha. Schiller passou a vida adoentado e morreu de tuberculose aos 45 anos, em 1805, depois de fazer um retorno produtivo à dramaturgia em seus últimos anos de vida. Ainda é considerado por muitos o maior dramaturgo clássico da Alemanha.

Outras obras importantes

1784 *Intriga e amor*
1786 *Ode à alegria*
1787 *Don Carlos*
1794 *Sobre a educação estética do homem*
1800 *Wallenstein*

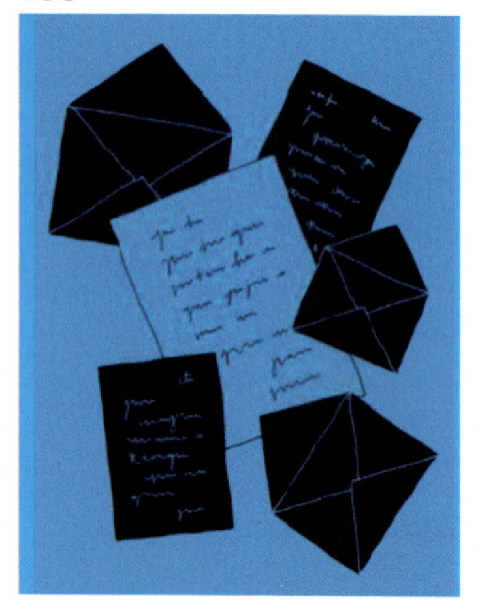

NÃO HÁ NADA MAIS DIFÍCIL NO AMOR QUE EXPRESSAR POR ESCRITO AQUILO QUE NÃO SE SENTE

AS RELAÇÕES PERIGOSAS (1782), PIERRE CHODERLOS DE LACLOS

EM CONTEXTO

FOCO
O romance epistolar

ANTES
1669 É publicado um dos primeiros romances epistolares, *As cartas portuguesas*, atribuído ao autor francês Gabriel-Joseph de La Vergne, conde de Guilleragues.

1740 *Pamela*, romance de enorme popularidade, do autor inglês Samuel Richardson, detalha o processo de perversão de uma inocente criada.

1747-1748 *Clarissa*, trágica história de Richardson, considerada sua obra-prima, é um dos romances mais longos em língua inglesa.

1761 O filósofo de origem suíça Jean-Jacques Rousseau escreve *Júlia ou a nova Heloísa*, em que utiliza a forma epistolar para explorar questões filosóficas da racionalidade, da moralidade e da autonomia.

Durante o século XVIII, cartas, diários e anotações eram as formas básicas de escrita por meio das quais as pessoas se comunicavam tanto na vida cotidiana como na literatura. *As relações perigosas* é um exemplo do estilo literário conhecido como romance epistolar ("carta", do grego), em que a história é contada por cartas e, às vezes, outros documentos. Embora tenha se enfraquecido muito depois do século XIX, em seu apogeu, o romance epistolar foi um gênero popular e moderno, que refletia o universo social da grande era das correspondências. Laclos não fez mera imitação do gênero: ele o aprofundou radicalmente. Os romances epistolares mais famosos do período, como *Clarissa*, de Samuel Richardson, e *Júlia ou a nova Heloísa*, de Jean-Jacques Rousseau, eram às vezes tediosos em suas longas e meticulosas descrições, além de seu tom moralista. Diferente de seus contemporâneos, Laclos se utilizou da forma epistolar para criar um excitante ritmo de ação, e suas personagens frequentemente se expressavam com o modo espirituoso e refinado da época.

Quando uma mulher apunhala o coração de outra, ela raramente erra o lugar vital, e a ferida nunca poderá ser curada.
As relações perigosas

A ruína dos inocentes

Na França, o romance epistolar estava relacionado às narrativas sobre paixão e à sedução calculada de mulheres. Essencial para o sucesso desses textos era a filosofia da "libertinagem", em que o erotismo, a depravação sexual e estilos de vida com excessos e vícios se misturavam a um sofisticado jogo de palavras.

Em *As relações perigosas*, as cartas trocadas entre múltiplas personagens expõem o declínio moral da aristocracia francesa do período anterior à Revolução. Os principais "atores" de Laclos nessa forma de sedução como esporte são o libertino visconde de Valmont e a marquesa de Merteuil – com sua fachada pública de senhora virtuosa. Outrora amantes,

Veja também: *Robinson Crusoé* 94-95 ▪ *Clarissa* 104 ▪ *Os sofrimentos do jovem Werther* 105 ▪ *Drácula* 195 ▪ *A pedra da lua* 198-199

tentam se superar mutuamente na crueldade e degradação manipuladora sobre os demais por meio da exploração sexual. Suas cartas e as de outras pessoas mostram como eles tramam em busca de entretenimento como numa campanha militar: a narrativa vai compondo um processo calculado de ruína envolvendo estupro, traição e humilhações.

Ambiguidade moral

Diferentemente de seus contemporâneos, que com frequência se dirigiam diretamente aos leitores em seus romances epistolares, Laclos retirou sua presença autoral da narrativa, deixando que suas personagens falassem por si mesmas. Em virtude da ausência de sua voz narrativa e pela falta de qualquer condenação autoral das ações de suas personagens, críticos contemporâneos especulavam se o próprio Laclos não seria tão perverso quanto Merteuil e Valmont.

A sagacidade de *As relações perigosas* está em sua ambiguidade moral e no ponto em que Laclos inclui o leitor no tratamento que a sociedade dá às mulheres como títeres em jogos de posse e dominação sexual. Em suas próprias palavras dirigidas a Valmont, Merteuil considera suas ações parte de uma guerra dos sexos mais ampla em que ela "nasceu para vingar meu sexo e subjugar o seu" – embora, ao fazê-lo, ela traga a destruição para outras mulheres e homens. Nas cartas em que apresenta essa guerra, Laclos seduz o leitor por meio do "prazer" de se encontrar em meio a uma exploração literária voyeurística de tentações ardilosas. ■

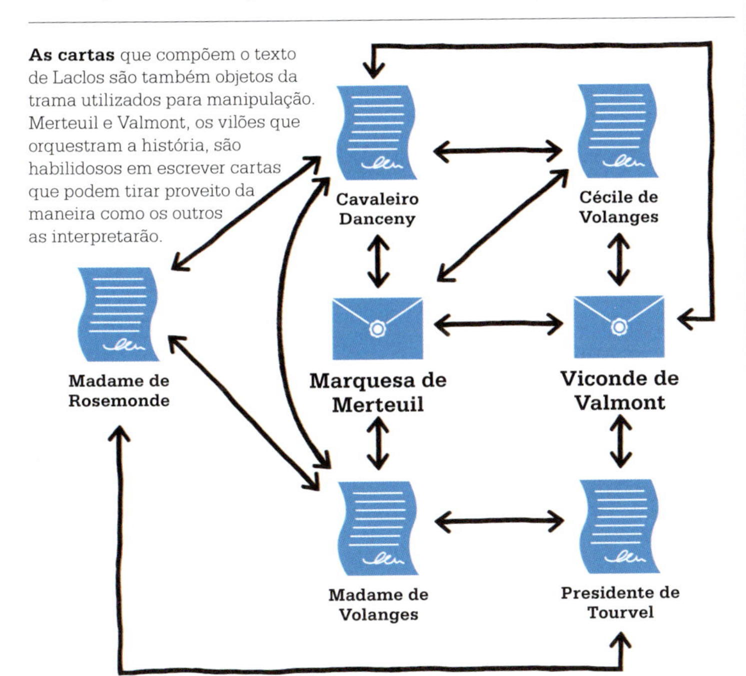

As cartas que compõem o texto de Laclos são também objetos da trama utilizados para manipulação. Merteuil e Valmont, os vilões que orquestram a história, são habilidosos em escrever cartas que podem tirar proveito da maneira como os outros as interpretarão.

Pierre Choderlos de Laclos

Pierre Choderlos de Laclos nasceu em 1741, em Amiens, numa família que tinha se tornado parte da nobreza havia pouco tempo. A relativa pouca importância da família na hierarquia social fez com que o jovem Laclos vislumbrasse a possibilidade de seguir a carreira militar. Durante o tempo em que foi capitão de um regimento de artilharia em Besançon, em 1778, começou a escrever seu único romance, influenciado pela obra de Jean-Jacques Rousseau.

Apesar de *As relações perigosas* ser um livro escandaloso por suas personagens libertinas e sua temática de perversões sexuais, o próprio Laclos não era um sedutor traiçoeiro. Casou-se com sua amante, Marie-Soulange Duperré, quando ela engravidou. Tiveram dois filhos e levaram uma vida feliz. Laclos escapou da guilhotina em 1794 e devotou-se à família até sua mortes decorrente de febre, em 1803.

Outras obras

1777 *Ernestine*
1783 *Da educação das mulheres*
1790-1791 *Journal des amis de la Constitution*

LEITURA ADICIONAL

DECAMERÃO
(1353), GIOVANNI BOCCACCIO

Estruturado como uma narrativa moldura, *Decamerão*, escrito pelo autor, poeta e acadêmico Giovanni Boccaccio (1313-1375), é uma coleção de cem contos. A narrativa que encadeia todas as outras conta a história de dez jovens – sete mulheres e três homens – que escapam da Florença arrasada pela peste para uma casa de campo atraente perto de Fiesole. O grupo decide que, todos os dias, cada um deles deveria contar uma história, resultando em cem contos ao longo de dez dias. A pessoa nomeada líder daquele dia escolhe o assunto e estipula regras para que a história seja contada. Cada dia termina com uma pessoa cantando uma *canzione* (canção), enquanto as demais dançam. O resultado é uma coleção deslumbrante de contos requintadamente escritos – de histórias de amor trágico e obscenidades ao poder da vontade humana e truques que as mulheres aplicam nos homens –, que inspiraram escritores da Renascença e além.

Uma boca beijada não perde o sabor, em vez disso, renova-se como a lua.
Decamerão
Giovanni Boccaccio

SIR GAWAIN E O CAVALEIRO VERDE
(C. 1375)

Consistindo em cerca de 2.500 versos, *Sir Gawain e o Cavaleiro Verde* é um dos exemplos mais conhecidos do verso aliterativo do inglês da Idade Média. De autoria desconhecida, o poema é um romance de cavalaria que se passa nos primeiros dias da lendária corte do rei Arthur. Conto de encantamento lindamente escrito e cheio de *insight* psicológico, o poema descreve uma série de tentações e desafios enfrentados pelo herói, Sir Gawain, após um encontro com o misterioso Cavaleiro Verde.

IZUTSU
(C. 1430), ZEAMI MOTOKIYO

Izutsu é uma peça nô clássica escrita por Zeami Motokiyo (1363-1443), o maior dramaturgo e teórico do teatro nô japonês. A peça, cuja tradução quer dizer "proteção ao redor do poço", é encadeada em um encontro entre um monge budista e uma aldeã, que conta uma história a ele. Altamente estilizada, a peça é baseada em uma história nô visionária sobre um rapaz e uma moça que se conhecem perto de um poço, apaixonam-se e se casam.

A MORTE DE ARTHUR
(1485), SIR THOMAS MALORY

Impressa por William Caxton em 1485, apesar de existir um manuscrito mais antigo, de cerca de 1470, *A morte de Arthur* é uma compilação de histórias

Ali cravada está uma espada sem bainha (...). Aquele que conseguir tirar essa espada da pedra e a bigorna será o rei da Inglaterra por direito.
A morte de Arthur
Sir Thomas Malory

sobre o lendário rei Arthur e os Cavaleiros da Távola Redonda. Baseadas em romances franceses mais antigos, as histórias foram traduzidas para a prosa inglesa e compiladas pelo cavaleiro, soldado, escritor e membro do parlamento Sir Thomas Malory (que morreu em 1471). Malory organizou as histórias em ordem cronológica, começando com o nascimento de Arthur, e preferiu enfocar a fraternidade entre os cavaleiros em vez do tema do amor na corte, tão popular entre os franceses.

AMADIS DE GAULA
(1508), GARCI RODRÍGUEZ DE MONTALVO

Romance de cavalaria em prosa escrito em espanhol por Garci Rodríguez de Montalvo (c. 1450-1504), *Amadis de Gaula* provavelmente teve suas origens no início do século XIV, mas sua data original e sua autoria são incertas. Escrita em quatro volumes, a versão de

Montalvo reconta a história de Amadis – um cavaleiro bonito e valente e, mesmo assim, gentil – e seu amor pela princesa Oriana, a cujo serviço ele embarca em aventuras de cavalaria e grandes façanhas contra gigantes e monstros. Ideais inatingíveis, bravura e romance estabelecem o tom para as obras de cavalaria que o sucederam.

A TRILOGIA DAS BARCAS
(1516, 1518, 1519), GIL VICENTE

Um trabalho devocional, *A trilogia das barcas*, escrita pelo dramaturgo português Gil Vicente (c. 1465-1573) – muitas vezes descrito como o pai do teatro português –, consiste em três peças de um único ato: *O auto da barca do inferno, O auto da barca do purgatório* e *O auto da barca do céu*. Satíricas e alegóricas, essas três peças – que, juntas, são consideradas a grande obra de Vicente – retratam os passageiros, um reflexo de todas as classes da sociedade lisboeta, e suas muitas tentativas frustradas de chegar ao céu.

LES AMOURS DE CASSANDRE
(1552), PIERRE DE RONSARD

Pierre de Ronsard foi o líder do grupo de poetas humanistas franceses Plêiade, cujo intuito era criar uma literatura igual à da Itália renascentista. Fez importantes contribuições à ode, ao soneto e à elegia. Na coletânea poética *Les amours de Cassandre* [Os amores de Cassandra], decide rivalizar com o poeta italiano Petrarca. Sua devoção a Cassandra é descrita por meio de imagens de flechas afiadas, poções de amor e venenos, que Petrarca também havia utilizado. Nas mãos de Ronsard, entretanto, essas imagens são imbuídas de sensualidade. Frequentemente ele faz referência a um desejo de ser transformado – por exemplo, em gotículas douradas que possam ser vertidas pelo colo da amada, ou em um touro que possa carregá-la em seu dorso.

A RAINHA DAS FADAS
(1590, 1596), EDMUND SPENSER

O trabalho definitivo do poeta inglês Edmund Spenser (c. 1552-1599) e um dos grandes poemas longos da língua inglesa, *A rainha das fadas* é uma alegoria religiosa, moral e política. Passado em um mundo arturiano mítico, que simboliza a Inglaterra dos Tudor, o poema consiste de seis livros, e cada um descreve as façanhas de um cavaleiro que representa uma virtude moral, como a castidade. Os cavaleiros servem Gloriana, a rainha das fadas, que simboliza a rainha Elizabeth I. Spenser tinha planejado doze livros, mas morreu aos 46 anos, em Londres, antes de completar sua obra.

O CID
(1637), PIERRE CORNEILLE

Tragédia em versos e em cinco atos, *O Cid*, escrita pelo autor francês especializado no gênero Pierre Corneille (1606-1684), é considerada o exemplo definitivo da tragédia neoclássica francesa. Inspirada pela história do herói nacional da Espanha, El Cid, a peça descreve o amadurecimento de Cid e um incidente quando seu pai pede-lhe que desafie seu futuro sogro em um duelo. Ao fazer isso, ele é obrigado a escolher entre a mulher amada e a honra da família.

O PARAÍSO PERDIDO
(1667), JOHN MILTON

Obra-prima de Milton e um triunfo supremo de ritmo e som, o poema épico *O paraíso perdido* relata a história bíblica da expulsão de Adão e Eva do paraíso – e também o de toda a humanidade. Organizado em doze livros para a edição final de 1674 (a primeira continha dez livros), o poema entrelaça dois temas: a revolta de Satã contra Deus e o céu, e a tentação de Adão e Eva e sua expulsão do Jardim do Éden.

FEDRA
(1677), JEAN RACINE

A tragédia dramática *Fedra*, escrita pelo dramaturgo francês Jean Racine

John Milton

O poeta inglês John Milton é mais conhecido por *O paraíso perdido*, considerado o maior poema épico na língua inglesa. Nascido em Cheapside, Londres, em 1608, começou a escrever ainda na escola. No entanto, com a guerra civil inglesa, em 1642, acabou se dedicando à política revolucionária, produzindo panfletos em defesa das liberdades religiosas e civis. Após a execução de Carlos I, em 1649, e a derrubada da monarquia inglesa, tornou-se secretário do Conselho de Estado. Completamente cego em 1654, conseguiu continuar trabalhando ao ditar sua poesia e prosa para um assistente. Após a Restauração, em 1660, dedicou-se a produzir suas maiores obras literárias. Morreu em 1674, em Londres, aos 65 anos.

Obras importantes

1644 *Areopagítica, discurso pela liberdade de expressão*
1667 *O paraíso perdido* (veja acima)
1671 *O paraíso reconquistado*
1671 *Sansão agonista*

Samuel Richardson

Verdadeiro homem das letras, o romancista Samuel Richardson nasceu em Derbyshire, em 1689, e é mais lembrado por ter desenvolvido o inovador romance epistolar, no qual a história é contada por meio de cartas. Ele se mudou para Londres, onde obteve apenas uma educação escassa – algo que o preocuparia para sempre –, e se tornou um mestre tipógrafo. A vida pessoal de Richardson foi trágica: sua primeira esposa morreu, assim como seus seis filhos, e ele se casou de novo. Aos cinquenta anos, escreveu seu primeiro romance, tornando-se um autor famoso e respeitado. Morreu em 1761, de um derrame, em Londres.

Obras importantes

1740 *Pâmela, ou A virtude recompensada*
1747-1748 *Clarissa* (veja à direita)
1753 *A história de Sir Charles Grandison*

(1639-1699), é um exemplo supremo do neoclassicismo francês. A obra consiste em cinco atos escritos em verso, e aborda a mitologia grega que já havia sido explorada pelos dramaturgos Eurípides e Sêneca. A peça de Racine retrata o amor incestuoso entre Fedra, casada com o rei de Atenas, e seu enteado, Hipólito, que, chocado e apaixonado por outra mulher, rejeita suas investidas.

A PRINCESA DE CLÈVES
(1678), MADAME DE LAFAYETTE

A princesa de Clèves, escrito pela autora francesa Madame de Lafayette (1634-1693), surgiu em um momento em que as mulheres não podiam declarar a autoria publicamente e lançavam seus livros de maneira anônima. Considerado o primeiro romance a explorar a psicologia das personagens, a ação acontece na corte real de Henrique II da França, que Lafayette reproduz com precisão histórica. Sua heroína, a princesa de Clèves, suprime seu amor por um jovem nobre, mas mal-entendidos e intrigas da corte acabam com seu casamento.

AS VIAGENS DE GULLIVER
(1726), JONATHAN SWIFT

Romance satírico influente escrito pelo autor anglo-irlandês Jonathan Swift (1667-1745), *As viagens de Gulliver* é narrado pelo cirurgião do navio, Lemuel Gulliver, que visita várias regiões fantásticas: Lilliput, onde os habitantes não passam de quinze centímetros de altura; Brobdingnag, uma terra de gigantes práticos; Laputa, uma ilha voadora; Glubdubdrib, a Ilha dos Feiticeiros; e a terra dos Houyhanhnms. Cheio de bom humor e fantasia, o romance de Swift ridiculariza os livros de viagens e cutuca a sociedade contemporânea, satirizando partidos políticos, dissidentes religiosos, cientistas e filósofos, assim como atitudes mesquinhas.

CLARISSA
(1747-1748), SAMUEL RICHARDSON

Clarissa, também intitulada *A história de uma jovem dama*, é um romance epistolar de Samuel Richardson, e, com mais de um milhão de palavras, é um dos romances mais longos da língua inglesa. A obra conta a história trágica da virtuosa heroína Clarissa Harlowe, que é rejeitada pela família e abusada pelo inescrupuloso Lovelace. Os acontecimentos são recontados por meio da correspondência entre quatro pessoas, Clarissa e sua amiga, a senhorita Howe, e Lovelace e seu amigo John Belford.

TOM JONES
(1749), HENRY FIELDING

Romance cômico do escritor inglês Henry Fielding (1707-1754), *Tom Jones* (originalmente intitulado *A história de Tom Jones, uma criança abandonada*) é uma das primeiras obras definidas como um romance. Ela narras as aventuras do herói homônimo, uma criança abandonada que é criada pelo rico juiz Allworthy, e sua busca pela virtuosa Sophia Western. Cheio de coincidências e desventuras, o romance tem o compromisso moral de apontar as diferenças entre Tom Jones, consumido pelo desejo, mas basicamente bom, e seu meio-irmão hipócrita, Blifil.

A VIDA E AS OPINIÕES DO CAVALHEIRO TRISTRAM SHANDY
(1759-1767), LAURENCE STERNE

Romance obscenamente bem-humorado, *A vida e as opiniões do cavalheiro Tristram Shandy*, do escritor e clérigo irlandês Laurence Sterne (1713-1768), foi

Queria que meu pai ou minha mãe, ou na verdade ambos, já que ambos estavam igualmente envolvidos, tivessem pensado no que estavam fazendo quando me geraram.
A vida e as opiniões do cavalheiro Tristram Shandy
Laurence Sterne

publicado em nove volumes ao longo de oito anos, e é uma biografia ficcional de seu herói e uma paródia dos romances da época. Narrado em uma série de divagações e especulações de Shandy, o romance começa com sua concepção meio malfeita (apesar de ele não nascer até o volume II) e, então, aborda sua vida, apresentando anedotas não terminadas, saltos no tempo e várias personagens divertidas – os pais de Shandy, seu tio Toby e seu criado, Trim, o vigário Yorick e o criado doméstico, Obadiah. Com essa abordagem experimental – assim como a narrativa irregular, o autor deixou algumas páginas em branco e encheu outras de asteriscos –, Sterne levou certos estudiosos a descrevê-lo como um pioneiro da escrita de fluxo de consciência do século XX.

OS SOFRIMENTOS DO JOVEM WERTHER
(1774), JOHANN WOLFGANG VON GOETHE

Romance significativo do movimento Sturm und Drang, *Os sofrimentos do jovem Werther* estabeleceu o autor alemão de 26 anos Johann Wolfgang von Goethe (1749-1832) como um escritor internacionalmente aclamado. Escrito em apenas seis semanas frenéticas, o romance de estreia de Goethe tem formato epistolar e é levemente autobiográfico. O livro consiste em uma série de cartas escritas pelo herói, Werther, um jovem artista da tradição romântica, para seu amigo William. As cartas descrevem sua paixão atormentada por uma moça, Lotte, que foi prometida para outro rapaz. A popularidade do romance foi tamanha que uma "febre de Werther" se espalhou pela Europa, com rapazes adotando o modo de vestir e os hábitos do herói homônimo e trágico.

É certo que nada na Terra além do amor torna uma pessoa necessária.
Os sofrimentos do jovem Werther
Johann Wolfgang von Goethe

CANÇÕES DE INOCÊNCIA E DE EXPERIÊNCIA
(1794), WILLIAM BLAKE

Canções de inocência e de experiência, de William Blake, são obras-primas da poesia lírica inglesa, ricas em sutileza rítmica. Os livros exploram o que o poeta definiu como "dois estados contrastantes da alma humana". *Canções de inocência*, publicado pela primeira vez em 1789, retrata a inocência da infância pelos olhos de uma criança ou como é observada pelos adultos. A edição de 1794 foi expandida para acrescentar as "Canções de experiência", que fazem um contraponto, incluindo "O tigre" e "A mosca". Esses poemas exploram experiências de medo, agressão, conflito e opressão, que vêm com a perda da inocência e da infância.

William Blake

Nascido no Soho, em Londres, em 1757, William Blake deixou a escola aos dez anos. Sob influência profunda da Bíblia desde menino, ele teve visões sobre temas angélicos e celestiais durante toda a vida – assuntos religiosos e espirituais têm grande peso tanto em sua poesia quanto em suas gravuras. Depois de servir como aprendiz de um famoso gravurista em Londres, Blake desenvolveu seu próprio método de gravura em relevo em 1789, que usou em suas obras finamente ilustradas. Hoje tido como o primeiro e mais original dos poetas românticos, na época de sua morte, em 1827, foi considerado louco e teve sua obra descartada por muitos contemporâneos.

Obras importantes

1794 *Canções de inocência e de experiência* (veja à esquerda)
1804-1820 *Jerusalém*

JACQUES, O FATALISTA, E SEU AMO
(1796), DENIS DIDEROT

Publicado postumamente, *Jacques, o Fatalista, e seu amo*, do filósofo e escritor iluminista francês Denis Diderot (1713-1784), explora assuntos relacionados a responsabilidade moral, livre-arbítrio e determinismo. Boa parte do romance consiste no diálogo entre Jacques e seu amo sem nome, que estão percorrendo a França a cavalo; por iniciativa do amo, eles começam a falar de seus amores. Assim emerge um retrato não somente da França do século XVIII, mas também de um mundo no qual eventos acontecem aleatoriamente e, como é personificado por Jacques, onde a história determina o destino de um indivíduo. O romance de Diderot é complexo e apresenta várias camadas – o progresso acidental da viagem de Jacques é frequentemente interrompido por digressões longas e muitas vezes cômicas, por outras personagens, outras narrativas e acontecimentos fortuitos. Graças a esse estilo de narrativa brincalhão e moderno, essa obra de Diderot é considerada a precursora do romance do século XX. ■

O ROMANT
E A ASCEN
ROMANCE
1800-1855

ISMO
SÃO DO

As máquinas a vapor desenvolvidas por James Watt predominam em engenhos e fábricas, acelerando o processo de **industrialização e urbanização**.

DÉCADA DE 1780

1798

A coletânea de versos *Lyrical ballads*, de William Wordsworth e Samuel Taylor Coleridge, marca o início da **literatura romântica inglesa**.

Fausto, a obra magna de Johann Wolfgang von Goethe, emerge de seu envolvimento no **movimento clássico de Weimar**.

1808-1832

1808

Os Estados Unidos proíbem a importação de escravos, mas **a escravidão permanece legal nos estados do sul**.

Jacob e Wilhelm Grimm publicam sua vasta e influente coletânea de folclore alemão intitulada *Contos maravilhosos infantis e domésticos*.

1812-1822

1813

Orgulho e preconceito, **romance de costumes** de Jane Austen, oferece uma crítica social mordaz sobre a pequena nobreza inglesa local.

Mary Shelley, com apenas dezoito anos de idade, começa a escrever a **fantasia gótica** de *Frankenstein, ou o moderno Prometeu*, publicado dois anos mais tarde.

1816

DÉCADA DE 1830

As primeiras **revistas de massa** aparecem voltadas para uma nova classe trabalhadora letrada, apresentando **romances populares publicados em série**.

O final do século XVIII foi um período de mudanças revolucionárias na Europa. O Iluminismo, ou a Idade da Razão, havia adotado os avanços científicos que propiciaram a Revolução Industrial, assim como as várias ideias filosóficas que levaram às revoluções políticas na América do Norte e na França. Os efeitos da crescente industrialização e urbanização da sociedade causaram fortes impactos no modo como muitas pessoas viviam e trabalhavam.

Durante o Renascimento e o Iluminismo, humanidade e razão tornaram-se focos de igual interesse cultural. Porém, no início do século XIX, o indivíduo tomou o centro das atenções. Em parte como reação à fria racionalidade do Iluminismo, surgiu um movimento artístico voltado para sentimentos subjetivos e qualidades como intuição, imaginação e emoção. Esse movimento ficou conhecido como romantismo.

Literatura romântica

O romantismo tem suas raízes no movimento alemão conhecido como Sturm und Drang [tempestade e ímpeto], do qual surgiram os escritores Johann Wolfgang von Goethe e Friedrich Schiller. Nessa transição do estilo clássico do Iluminismo para o romantismo do século XIX, eles introduziram a ideia de um protagonista não convencional cujas ações são menos importantes que seus pensamentos e sentimentos. Esse "herói romântico" tornou-se, mais tarde, uma figura contrária à ordem estabelecida – uma síntese do espírito rebelde do período –, além de uma personagem recorrente no crescente número de romances surgidos na época. Em meados do século XIX, o romantismo havia se disseminado pela Europa e pela Rússia. Escritores como Alexander Pushkin, Mikhail Lermontov e Ivan Turgenev desenvolveram o ideal do "homem supérfluo", cujas ideias nada ortodoxas o isolavam da sociedade por completo.

Outra característica da literatura romântica foi a afinidade com o mundo natural. Poetas ingleses, como William Wordsworth e Samuel Taylor Coleridge, ofereceram um antídoto contra a era industrial ao retratar a beleza e o poder da natureza, e ao celebrar a inocência e a impulsividade da infância. Uma reação semelhante contra a urbanização ficou evidente nas obras dos transcendentalistas norte-americanos Ralph Waldo Emerson, Henry David Thoreau e Walt Whitman, que evocavam o espírito da liberdade humanitária, culminando num chamado de "volta à natureza".

Eugene Onegin, **"um romance em versos"**, do poeta russo Alexander Pushkin, é publicado em folhetim.

1825-1832

É publicada a autobiográfica *Narrativa da vida de Frederick Douglass*, do **escravo foragido norte-americano** Frederick Douglass.

1845

Harriet Taylor e John Stuart Mill publicam o ensaio radical "**The enfranchisement of women**".

1851

Charles Dickens empreende **leituras públicas** de sua obra, e *A casa soturna*, *Tempos difíceis* e *A pequena Dorrit* são publicados em folhetim.

DÉCADA DE 1850

1844

As **aventuras fanfarronescas** do jovem d'Artagnan são publicadas em série como *Os três mosqueteiros* por Alexandre Dumas.

1847

As irmãs **Charlotte e Emily Brontë** publicam seus primeiros romances famosos: *Jane Eyre*, de Charlotte (sob o pseudônimo de Currer Bell), e *O morro dos ventos uivantes*, de Emily (como Ellis Bell).

1851

Moby Dick, **romance épico sobre pesca de baleias**, de Herman Melville, inspirado em fatos reais, trata da busca pela vingança contra a natureza.

1855

É publicada a coletânea de poemas *Folhas de relva*, do **transcendentalista** Walt Whitman, da Nova Inglaterra, porém ele continua a adicionar contribuições à obra até sua morte, em 1892.

Romances góticos

Muitos escritores românticos, entretanto, reconheciam que a natureza (e a natureza humana) também tinha seu lado obscuro, capaz de despertar sentimentos de terror tanto quanto de prazer. Essa fascinação com o poder destrutivo da natureza, e mesmo do sobrenatural, inspirou o gênero que ficou conhecido como literatura gótica. O tom dessa tendência se fixou na Alemanha com a peça *Fausto*, de Goethe, e com os contos de E. T. A. Hoffmann, mas o gênero foi adotado com mais entusiasmo por romancistas ingleses, como Mary Shelley, autora de *Frankenstein*. Elementos do gótico perpassaram diversos romances vitorianos, frequentemente destacando a natureza indomável de um herói romântico em meio a uma paisagem inóspita, como no caso de *O morro dos ventos uivantes*, de Emily Brontë, ou das personagens grotescas das sombrias ambientações urbanas presentes na obra de Charles Dickens. O gênero também se tornou popular nos Estados Unidos, como mostram os contos macabros de Edgar Allan Poe, e influenciou, ainda, o estilo adotado por Herman Melville em seus contos assombrosos e em *Moby Dick*.

História e identidade

À medida que a sociedade se industrializava, os níveis de alfabetização cresciam, e a literatura não era mais exclusividade de uma elite educada. Em particular, os romances alcançaram um público leitor maciço na Europa e nos Estados Unidos do século XIX, e muitos se encontravam disponíveis no formato serializado do folhetim. Especialmente populares eram os romances históricos ao estilo de Walter Scott, Alexandre Dumas e James Fenimore Cooper, que supriam o desejo do público urbano por romance e aventura, porém incluindo material mais substancioso, como o de *Guerra e paz*, de Leon Tolstói. Também havia certo apetite por histórias folclóricas e contos de fadas, que, como os romances históricos, faziam referência específica a determinada cultura. Esse foco sobre tradições regionais se harmonizava com o crescente nacionalismo daqueles tempos.

Assim como o aumento do público leitor, a alfabetização em alta gerou uma grande variedade de escritores, com destaque para uma geração de escritoras como as irmãs Brontë e George Eliot, na Inglaterra, que, apesar de publicar sob pseudônimos, foram pioneiras de uma perspectiva feminina na literatura, sem falar nos primeiros escravos libertos, como Frederick Douglass, Harriet Jacobs e Solomon Northrop, que deram voz aos oprimidos negros norte-americanos. ■

A POESIA É A EXPRESSÃO E O PRINCÍPIO VITAL DE TODO CONHECIMENTO

LYRICAL BALLADS (1798-1800), WILLIAM WORDSWORTH E SAMUEL TAYLOR COLERIDGE

EM CONTEXTO

FOCO
Os poetas românticos ingleses

ANTES
1794 *Canções de inocência e de experiência*, de William Blake, marca o período inicial do romantismo, antecipando o apreço de Wordsworth pela pureza da infância e dando voz às figuras marginalizadas da sociedade.

DEPOIS
1818 O soneto de Percy Bysshe Shelley sobre a estátua de Ozymandias indica o interesse romântico pela insignificância do homem.

1819 A ligação entre poesia romântica e substâncias inebriantes, morte e imaginação é expressa pelo poema "Ode to a nightingale" [Ode a um rouxinol], de John Keats.

1818-1823 *Don Juan*, de Lord Byron – cínico, subversivo e espirituoso – abala os fundamentos de seu romantismo anterior.

William Wordsworth (1770--1850) e Samuel Taylor Coleridge (1772-1834) eram dois dos *Lake Poets*, os "poetas de Lake". Receberam esse nome por viverem e escreverem na inspiradora região inglesa de Lake District. Os dois amigos se uniram para escrever *Lyrical ballads* [Baladas líricas], uma coletânea de versos românticos com o propósito (afirmado no prefácio da segunda edição do livro, em 1880) de "seguir os fluxos e refluxos da mente quando agitada pelas grandes e simples emoções de nossa natureza". Sendo em parte uma reação ao racionalismo agudo da era industrial, o romantismo inglês (décadas de 1790 a 1830, aproximadamente) tomou como inspiração a experiência humana, a imaginação, a natureza e a liberdade individual.

Poesia democratizante

Lyrical ballads começa com "The rime of the ancient mariner" [A balada do velho marinheiro], uma balada de Coleridge em sete partes entremeada por implicações de outro mundo: havia um acordo de que a poesia sobrenatural com alguma "semelhança com a verdade" seria a contribuição desse escritor. A de Wordsworth seria oferecer "o charme da novidade" à vida cotidiana e despertar o leitor para os encantos daquilo que é familiar. Os dois escritores acreditavam que a poesia deveria ser escrita de maneira transparente, numa linguagem sem adornos, voltada para os grupos menos favorecidos da população, com métrica e rima simples. Além disso, escolhiam assuntos coerentes com os impulsos da democratização: a vida do povo rústico, iletrado, com suas emoções puras e universais. Poemas sobre a realeza ou repletos de alegorias grandiosas deram lugar a temas relacionados à pobreza, ao crime e à loucura.

Pureza e reflexão

Alguns dos poemas de Wordsworth têm como foco as crianças, que, acreditava ele, viviam mais próximas da natureza e com ela faziam uma forte conexão: a infância seria um tempo de inocência, impulsos e brincadeiras. A maior parte dos poemas baseia-se no sentimento, e não na razão. Contudo, dois se mostram mais reflexivos: "The nightingale" [O rouxinol], de Coleridge, e "Lines written a few miles above Tintern Abbey" [Versos escritos algumas milhas acima de Tintern Abbey], de Wordsworth. ■

Veja também: *Canções de inocência e de experiência* 105

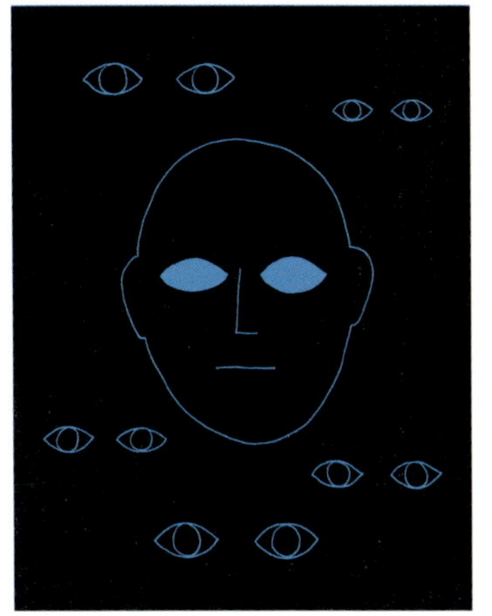

NADA MAIS MARAVILHOSO, NADA MAIS FANTÁSTICO QUE A VIDA REAL

NOTURNOS (1817), E. T. A. HOFFMANN

EM CONTEXTO

FOCO
Romantismo alemão

ANTES
1797-1799 Mais conhecido como poeta, Friedrich Hölderlin escreve *Hyperion*, um romance lírico e trágico em duas partes. O livro reflete o típico fascínio romântico alemão pela cultura grega ancestral.

DEPOIS
1821 *O príncipe de Homburgo*, de Heinrich von Kleist, é encenada pela primeira vez – dez anos após o suicídio do autor. Peça patriótica, em que o príncipe não consegue obedecer a ordens e desmaia numa cena onírica, foi editada para não ofender a elite prussiana.

1827 *O livro das canções*, de Heinrich Heine, é publicado. A coletânea, dividida em cinco partes, reúne a poesia romântica que trouxe fama a Heine. Mais tarde, muitos dos poemas foram adaptados para a música por Franz Schubert e Robert Schumann.

O romantismo alemão ocorreu mais tarde, como reação ao classicismo de Weimar. Seus proponentes rejeitavam o comedimento e davam importância máxima às percepções do artista. A literatura romântica na Alemanha via o passado medieval como um período de simplicidade intelectual com possibilidade de ser recriado. Explorava também o sobrenatural, a excentricidade e o fantástico como domínios da imaginação – os românticos queriam que o mundo se tornasse algo onírico e, como os sonhos eram tão realistas, eles se pareciam com o mundo. O romantismo alemão tendia a ser menos sério que o romantismo inglês, frequentemente lançando mão de tiradas divertidas.

Revelações sombrias

Noturnos, de E. T. A. Hoffmann (1776-1822), de Königsberg, Prússia, é uma coletânea de oito contos que combinam um espírito de despreocupação e alegria com sinistros temas da irracionalidade humana. Os contos são redigidos num tom simples e populista, acessível a todos, afastando-se do intelectualismo autoconsciente. Hoffmann era mais músico que escritor: *Noturnos* (*Nachtstücke*, ou "peças da noite") é um título musical e um dos muitos textos românticos alemães adaptados para canções ou óperas.

O conto mais famoso é "O homem de areia", em que o protagonista tradicionalmente solidário, que abençoa as crianças e seus sonhos, revela-se um monstro capaz de lhes arrancar os olhos. Os contos góticos fantásticos oferecem uma compreensão perturbadora da psique humana e do esforço do indivíduo por se sentir à vontade em sociedade. ■

Ele coloca então os olhos deles num saco e os leva para a meia-lua para alimentar seus filhos...
"O homem de areia"

Veja também: *Os bandoleiros* 98-99 ▪ *Os sofrimentos do jovem Werther* 105 ▪ *Lyrical ballads* 110 ▪ *Fausto* 112-115 ▪ *Frankenstein* 120-121

O HOMEM ERRA ATÉ PARAR DE LUTAR

FAUSTO (1808, 1832), JOHANN WOLFGANG VON GOETHE

EM CONTEXTO

FOCO
Classicismo de Weimar

ANTES
1776 Sob a proteção do jovem Goethe, o filósofo alemão Gottfried Herder vai a Weimar e começa a escrever obras sobre a estética literária que remontam aos valores dos clássicos gregos. Suas ideias fornecem a base filosófica do movimento conhecido como classicismo de Weimar.

1794 Friedrich von Schiller escreve para Goethe. Sua amizade, depois que eles se encontram em Weimar, é a base de sustentação do classicismo de Weimar.

1799 Schiller completa sua trilogia teatral *Wallenstein*, considerada por muitos como o maior drama histórico e uma obra fundamental do classicismo de Weimar.

Foi apenas pouco antes de sua morte, em 1832, que Johann Wolfgang von Goethe finalmente completou a obra pela qual é mais lembrado: *Fausto*, uma peça trágica em duas partes, a primeira das quais foi terminada em 1808. *Fausto* também é a conquista mais notável do movimento conhecido como classicismo de Weimar, um período de atividade cultural e literária prolífera na cidade alemã de Weimar, que começou nos anos 1780 e durou pelo menos trinta anos.

Os dois escritores mais associados ao classicismo de Weimar são Goethe e seu amigo e colaborador, o dramaturgo Friedrich von Schiller (1759-1805).

Quando jovens, Goethe e Schiller tinham se envolvido com o movimento

Veja também: *A história trágica do Doutor Fausto* 75 ▪ *Os bandoleiros* 98-99 ▪ *As relações perigosas* 100-101 ▪ *Os sofrimentos do jovem Werther* 105 ▪ *A montanha mágica* 224-227 ▪ *O apanhador no campo de centeio* 256-257

A velhice não é
uma segunda infância
– a velhice torna tudo plano.
Crianças éramos,
e crianças continuamos.
Fausto

conhecido como Sturm und Drang [tempestade e ímpeto] do final do século XVIII, cujos romances e cujas peças romperam com as tradições literárias do Iluminismo e promoveram a expressão emocional apaixonada. No entanto, nos anos 1780, à medida que o fogo da juventude se acalmou, ambos começaram a retomar os valores do Iluminismo que haviam rejeitado, reconciliando-os com a energia do Sturm und Drang e revisitando os clássicos gregos para tentar criar novos e mais finos padrões estéticos.

Classicismo colaborativo

O classicismo de Weimar muitas vezes é considerado uma conquista conjunta de Goethe e Schiller, apesar de ter incluído outros escritores – entre os mais notáveis, o filósofo Johann Gottfried Herder (1744-1803) e Christoph Martin Wieland (1733-1813), poeta e romancista.

Ao formular suas ideias sobre a boa literatura, Goethe e Schiller concordaram que a perfeição estética era um objetivo impossível. Em vez disso, eles enfatizaram a importância do equilíbrio e da harmonia, argumentando que uma obra literária poderia ser considerada de qualidade se existisse em perfeito equilíbrio com seus próprios elementos imperfeitos. Dessa maneira, uma obra poderia alcançar a unidade e a integridade que os autores dos clássicos gregos buscavam.

Esse equilíbrio, de acordo com Goethe e Schiller, era atingido por meio da combinação de três elementos essenciais para uma obra de arte. O primeiro, *gehalt*, a inspiração ou visão primária do autor, combinada ao segundo, *gestalt*, a forma estética da obra, que poderia ser baseada em um estudo detalhado dos modelos clássicos. O terceiro elemento, o *inhalt*, é a maior parte da invenção do autor – o "conteúdo" ou, na realidade, as palavras em uma obra de literatura. O *inhalt* é, portanto, o elemento que deve ser gerenciado cuidadosamente porque pode criar um desequilíbrio, desviando a atenção do *gehalt* e do *gestalt*.

O mesmo indescritível
Se realiza aqui;
O feminino eterno
Atrai-nos para si.
Fausto

Goethe e Schiller colaboraram com as produções um do outro e se incentivaram: foi Schiller quem insistiu que Goethe voltasse a trabalhar em *Fausto*, uma obra que ele tinha »

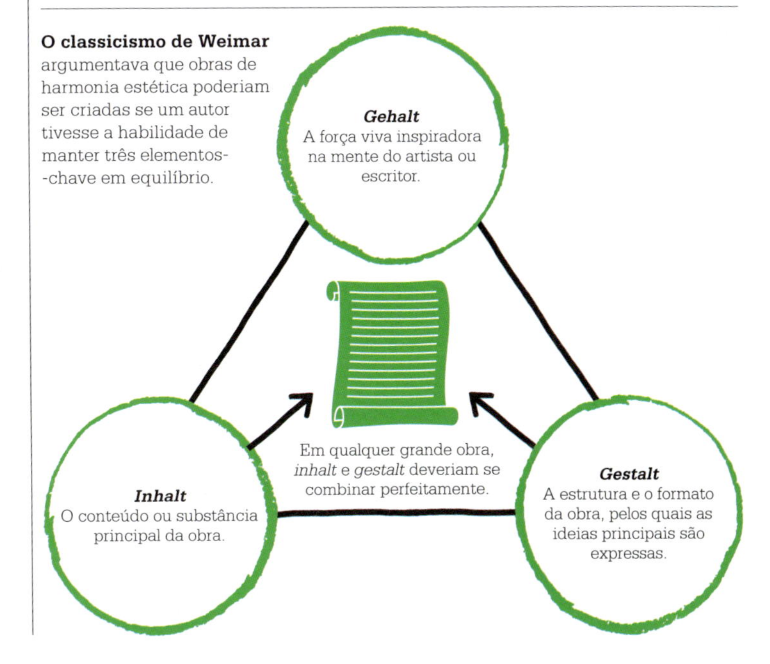

Gehalt
A força viva inspiradora na mente do artista ou escritor.
Inhalt
O conteúdo ou substância principal da obra.
Gestalt
A estrutura e o formato da obra, pelos quais as ideias principais são expressas.
Em qualquer grande obra, inhalt e gestalt deveriam se combinar perfeitamente.

O classicismo de Weimar argumentava que obras de harmonia estética poderiam ser criadas se um autor tivesse a habilidade de manter três elementos-chave em equilíbrio.

Um homem que vende a sua alma por ganhos materiais é uma ideia que vem cativando escritores há muito tempo. A *Parte um* da peça de Goethe inspirou a ópera de Charles Gonoud. Aqui, Bryn Terfel (à direita) interpreta Mefistófeles.

começado ainda aos vinte e poucos anos e deixado de lado. Os dois se corresponderam diariamente até a morte de Schiller em 1805, data que muitos críticos consideram como o final do classicismo de Weimar.

Um universo no palco

A história de Fausto é baseada em várias lendas populares sobre pactos com o diabo que circulavam pela Europa a partir do começo do século XVI, e que inspiraram a peça *A história trágica do Doutor Fausto* de Christopher Marlowe, de 1604, entre outras.

Apesar de versões anteriores apresentarem a lenda de Fausto como uma competição relativamente simples entre o bem e o mal, *Fausto* de Goethe é uma história mais profunda, que vai além da simples moralidade. Goethe argumenta que ao viver, agir e lutar, os humanos podem cometer erros, mas que o aprendizado vindo desses erros os levará ao caminho da honra.

Goethe começa a sua peça (depois de uma dedicatória em verso) com um prólogo. Aqui, um diretor, um poeta e um palhaço discutem as características necessárias para uma boa peça. Cada um tem seus próprios interesses: o diretor quer fazer uma peça que atraia multidões e seja bem recebida pelo público alemão; o poeta é um idealista, tentando retratar valores eternos e fazer um trabalho de integridade e inspiração – uma obra-prima que desafiará o tempo; e o palhaço deseja entreter o público por meio da comédia e da ação. Os três finalmente chegam a um acordo: o poeta pode criar uma peça com significado profundo, desde que inclua ação, comédia e tragédia. A discussão termina com uma promessa ao público: o universo inteiro, do céu, passando pelo mundo, ao inferno, será apresentado no palco.

Fausto: *Parte um* começa no céu, onde Mefistófeles (o diabo) medita sobre a humanidade e aposta com Deus que é capaz de fazer com que um dos súditos favoritos de Deus, Fausto, aventure-se pelo caminho do mal, ganhando, assim, a sua alma. Deus aceita a aposta, mas declara que acredita que Fausto se manterá fiel, e diz ainda que, embora um homem possa cometer erros em sua vida, ainda assim é essencialmente bom.

Quem persiste
em seu esforço eterno
Podemos salvar
do inferno.
Fausto

Um acordo mortal

A ação agora se passa na Terra, em seu cenário alemão contemporâneo. Goethe apresenta Fausto, um sábio professor, doutor e teólogo. Fausto está sentado desesperado em seu escritório, sentindo que atingiu o limite de seu aprendizado e que é meramente "um tolo miserável, e nem um pouco mais sábio do que era antes". Ele até pensa em suicídio. O diabo aparece e um acordo é feito entre os dois: Mefistófeles concorda em atender aos últimos desejos de Fausto na Terra; em troca, Fausto servirá o diabo no inferno. Como parte do acordo, Fausto declara, se o diabo pode dar a ele um momento tão absolutamente recompensador que ele desejaria permanecer nele para sempre, então morrerá naquele momento. O pacto é assinado com sangue.

Fausto conhece e se sente atraído por uma moça chamada Gretchen. Com a ajuda do diabo, ele a seduz, mas o que Fausto esperava que fosse trazer felicidade rapidamente se transforma em morte e tragédia, e, nessa primeira parte, Fausto não consegue atingir seu objetivo.

Fausto: *Parte dois* é o trecho mais complexo da tragédia. Consiste em cinco atos, um diferente do outro, revezando-se em cenários variados: o real, o mágico, o histórico e o mítico. Na verdade, Goethe, depois de ter explorado o pequeno mundo pessoal de Fausto na *Parte um*, agora mostra eventos em um mundo maior. A *Parte dois* apresenta várias linhas de enredo fantásticas, e muitas vezes confusas, como o casamento de Fausto com Helena de Troia (na mitologia grega, a mulher mais linda do mundo).

Marco divisório literário, *Fausto* tipifica o classicismo de Weimar em sua riqueza de alusões clássicas: as personagens da peça incluem deuses, deusas e heróis da mitologia grega e cenários da Antiguidade clássica. A peça é escrita em uma mistura cambaleante de estilos literários, fazendo referência a tragédias gregas assim como a peças de mistério sobre assuntos bíblicos, que eram populares na Idade Média. Ela se inspira nos mascarados da Renascença e na *commedia dell'arte* (uma forma de teatro da Itália do século XVII, na qual os atores improvisavam às voltas com personagens estereotípicas) e usa vários formatos poéticos.

Fausto é, sem dúvida alguma, a maior conquista do classicismo de Weimar, e, mesmo assim, demorou tanto para ser terminada que, quando a *Parte dois* foi publicada, alguns meses antes da morte de Goethe, em 1832, o movimento já tinha chegado ao fim havia muitos anos.

Fausto não exerceu grande influência na geração seguinte de escritores, visto que muitos já tinham várias obras publicadas quando a peça apareceu. Na verdade, o romantismo alemão (que ignorava o "equilíbrio clássico") tomou conta de boa parte da Europa. Apesar de sua falta de influência contemporânea, *Fausto* se tornou umas das obras mais famosas e estudadas da literatura alemã, e hoje é considerada uma das maiores peças já escritas. ■

O *Pátio das musas de Weimar*, de Theobald von Oer, 1860, retrata Goethe (à direita, com a mão na cintura) em frente a Schiller (lendo, à esquerda), com Herder e Wieland sentados atrás.

Johann Wolfgang von Goethe

Nascido em Frankfurt em 28 de agosto de 1749, em uma opulenta família da classe média, Johann Wolfgang von Goethe não foi apenas um grande escritor e figura literária, mas também instruído em vários campos do conhecimento, do direito à filosofia, passando pela botânica, zoologia, ciência e medicina.

Goethe teve aulas em casa com um tutor até 1765, quando foi mandado para Leipzig para estudar direito. Lá ele começou a escrever poesia lírica e suas primeiras peças completas. Depois de se formar, continuou escrevendo, estabelecendo sua reputação como um autor inovador e ilustre.

Em 1775, Goethe foi convidado para assumir uma posição na corte de Weimar, onde trabalhou em cargos públicos por dez anos. Em 1786, começou uma colaboração com Friedrich von Schiller que resultou em algumas obras culturais e literárias sublimes e influentes. Morreu no dia 22 de março de 1832.

Outras obras importantes

1773 *O cavaleiro da mão de ferro*
1774 *Os sofrimentos do jovem Werther*
1795-1796 *Os anos de aprendizado de Wilhelm Meister*

ERA UMA VEZ...

CONTOS MARAVILHOSOS INFANTIS E DOMÉSTICOS (1812-1822), IRMÃOS GRIMM

EM CONTEXTO

FOCO
Coletâneas de folclore

ANTES
c. 1350-1410 Contos galeses baseados em histórias orais são reunidos em *O mabinogion*, a mais antiga prosa literária britânica.

1697 O autor francês Charles Perrault escreve *Contos de Mamãe Gansa*, uma coletânea que reúne contos reescritos e inéditos.

1782-1787 O autor alemão Johann Karl August Musäus publica uma coletânea de sátiras folclóricas.

DEPOIS
1835-1849 O folclore finlandês é celebrado no poema épico *Kalevala*, de Elias Lönnrot.

1841 São publicados os *Contos populares noruegueses*, de Peter Christen Asbjørnsen e Jørgen Moe.

1979 *O quarto do Barba-Azul*, da romancista inglesa Angela Carter, desafia as representações femininas encontradas no conto folclórico tradicional.

As coletâneas de folclore que sintetizam tradições culturais num único texto, como contos de fadas, tradições orais e crenças populares (como as contadas em casa e em reuniões sociais) têm sido compiladas desde a Idade Média. A expressão "conto de fadas" foi cunhada por Madame d'Aulnoy, escritora francesa, no final do século XVII. Todavia, os contos de fadas mais conhecidos são os recontados por Charles Perrault, seu contemporâneo. O inglês William Thoms, estudioso de antiguidades, foi quem primeiro definiu "folclore" numa carta publicada na revista *The Athenaeum*, em 1846.

Alguns contos, como os galeses do século XIV incluídos em *O mabinogion*, possuem função religiosa ou espiritual – apesar de, normalmente, histórias populares não fazerem referência a religiões. Lugares, pessoas ou acontecimentos reais não aparecem. Em vez disso, esses contos são indiferentes à história, existindo no contexto do "era uma vez...", e os leitores e públicos contam com personagens tipificadas, mágicas, recompensas, vinganças e um final do tipo "e viveram felizes para sempre". Referências poéticas, literárias ou realistas raras vezes são usadas. Os contos de fadas são escritos em estilo simples, empregando sobretudo imagens prontamente reconhecíveis, em que a trama é o segredo: são histórias que se sustentam com notável vivacidade.

Há muito tempo, quando os desejos funcionavam...
Contos maravilhosos infantis e domésticos

Enriquecimento da cultura ocidental

Os Irmãos Grimm, como tantos folcloristas, embarcaram num projeto erudito para identificar e preservar o espírito popular por meio do registro de contos de fadas disseminados em sua cultura.

Era um empreendimento épico e romântico: o interesse pelo folclore inspirava-se no crescimento do nacionalismo e do orgulho cultural. A proposta da coletânea dos Irmãos Grimm não foi diferente. Também não foram eles os únicos estudiosos europeus a iniciar essa empreitada: seus parceiros de universidade compartilhavam com eles o entusiasmo pelas tradições folclóricas. Mas a obra dos

Veja também: *As mil e uma noites* 44-45 ▪ *Contos de fadas* 151 ▪ *Kalevala* 151 ▪ *O quarto do Barba-Azul* 333

Grimm, conforme mostrado nos *Contos maravilhosos infantis e domésticos*, representa o maior compêndio de contos coletados na Europa e também de traduções e leituras. W. H. Auden declarou que os contos dos Grimm estão "entre os poucos livros de domínio público sobre os quais a cultura ocidental pode se fundamentar".

A metodologia para a coleta dos contos não incluiu investidas pelas florestas, como pitorescamente se costuma pensar. As fontes consultadas pelos Grimm geralmente vieram até eles, e algumas histórias já haviam sido escritas, como é o caso de "O junípero", que lhes foi enviada pelo pintor Philipp Otto Runge.

Em sua primeira edição, os Irmãos Grimm se dedicaram principalmente ao público adulto. Foi somente após o sucesso entre as crianças da tradução de sua obra para o inglês, realizada por Edgar Taylor, em 1823, que se fizeram revisões para amenizar o conteúdo dos contos alemães. Por exemplo, sua primeira versão de "Rapunzel" fazia referência aberta à gravidez da moça (fora do casamento). Na versão revisada, ela simplesmente engorda. Contudo, a violência não foi necessariamente minimizada. A Cinderela francesa, *Cendrillon*, no conto de Charles Perrault, perdoa as irmãs e encontra bons maridos para elas. Na versão punitiva dos Irmãos Grimm, no entanto, os passarinhos que ajudam Cinderela cegam as irmãs com bicadas em seus olhos.

Não obstante a violência, a popularidade dos contos compilados pelos Grimm perdurou, e deles houve múltiplas interpretações e reescritas em diversas mídias ao longo dos anos. A descrição romântica do "era uma vez..." continua a manifestar verdades inextinguíveis que, somadas ao encantamento de um final feliz e harmonioso, têm demonstrado forte apelo durante gerações. ■

Personagens arquetípicas do folclore

O ajudante mágico 	Na versão dos Irmãos Grimm, Cinderela chora sobre o túmulo da mãe, sob uma aveleira, que providencia um traje para possibilitar sua ida ao baile (Perrault usa uma fada madrinha em lugar da árvore).
A madrasta má 	Essas personagens eram mães nas primeiras versões dos Grimm: a pureza da maternidade foi preservada na troca pela madrasta.
A bruxa ou feiticeira 	Esse arquétipo cria oportunidades para reviravoltas no enredo e para ocasionar acontecimentos mágicos e frequentemente malignos.
O ardiloso 	Esse arquétipo propicia ameaças e obstáculos na história para desafiar a ordem natural.
O animal transformado 	Os contos dos Grimm são recheados com personagens que foram transformadas em pássaros e outros bichos, podendo tornar à forma humana sob determinadas circunstâncias.

Jacob Grimm e Wilhelm Grimm

Conhecidos como Irmãos Grimm, Jacob (1785-1863) e Wilhelm (1786-1859) foram célebres acadêmicos, pesquisadores de cultura, linguistas e lexicógrafos alemães.

Filhos mais velhos sobreviventes de uma família de seis crianças, cresceram em Hanau, Hesse. Apesar de enfrentarem a pobreza após a morte do pai, um advogado, foram educados na Universidade de Marburg, graças à ajuda de uma tia bem relacionada.

Credita-se a eles uma metodologia pioneira na coleta de histórias folclóricas, a qual serve atualmente como base para estudos de folclore. Também foram notáveis filólogos. Os dois trabalharam ainda num monumental dicionário da língua alemã, obra deixada incompleta após a morte de ambos.

Outras obras

1813-1816 *Altdeutsche Wälder* [Antigas florestas alemãs]
1815 *Der arme Heinrich von Hartmann von der Aue* [Pobre Heinrich por Hartmann von der Aue]
1815 *Die Lieder der alten Edda* [Canções da velha Edda]
1816-1818 *Deutsche Sagen* [Lendas alemãs]
1852-1960 *Deutsches Wörterbuch* [Dicionário definitivo da língua alemã]

PARA QUE VIVEMOS, SENÃO PARA FAZER GRAÇA PARA OS NOSSOS VIZINHOS, E PARA RIRMOS DELES QUANDO FOR A NOSSA VEZ?

ORGULHO E PRECONCEITO (1813), JANE AUSTEN

EM CONTEXTO

FOCO
O romance de costumes

ANTES
1740 *Pamela*, do autor inglês Samuel Richardson, é uma história sobre uma serviçal que ascende socialmente. É considerado um precursor do romance de costumes.

DEPOIS
1847 *Jane Eyre*, de Charlotte Brontë, critica as divisões e os preconceitos de classe na era vitoriana, assim como a restrição de expectativas vivenciada pelas mulheres.

1847-1848 A hipocrisia e a desonestidade da vida em sociedade são satirizadas pelas proezas de Becky Sharp em *A feira das vaidades*, do romancista inglês William Makepeace Thackeray.

1905 Romance norte-americano de costumes, *A casa da felicidade*, de Edith Wharton, reflete as restrições sociais, econômicas e morais impostas às mulheres.

O início do século XVIII assistiu ao surgimento do romance como gênero literário e um pouco mais tarde ao desenvolvimento do romantismo na literatura. No final desse século, no entanto, um novo gênero surgiu na Inglaterra: o romance de costumes, que se afastava dos excessos de emoções e laivos de fantasia comuns ao romantismo. Em lugar disso, enfatizavam-se as crenças, os modos e as estruturas sociais de grupos particulares de pessoas. Esses romances eram frequentemente dominados por mulheres – tanto autoras como protagonistas –, e, por essa razão, às vezes eram equivocadamente considerados triviais.

Os romances de Jane Austen são exemplos perfeitos desse tipo de literatura ao fazerem sátira moderada dos costumes das gentes de boa família do interior britânico e ao zombarem dos dramas excessivamente indulgentes do romantismo gótico. Austen enfatiza as vulgaridades e frivolidades dos estratos superiores ingleses: a importância de classe, o estigma da inferioridade social e o sistema patronal são encenados por meio de bailes, visitas e fofocas.

A imaginação de uma senhora é muito rápida; pula da admiração para o amor, e do amor para o matrimônio em um segundo.
Orgulho e preconceito

Altos e baixos sociais

Em *Orgulho e preconceito*, o leitor segue as irmãs Bennet em sua busca por um "bom partido". Para as mulheres, um bom casamento era fundamental para manter ou melhorar o *status* social. O romance é contado principalmente sob o ponto de vista da personagem principal, Elizabeth Bennet (a favorita da própria Austen, entre suas heroínas), uma jovem boa e bem-intencionada. Ela é uma das cinco filhas do inteligente, porém explorado, sr. Bennet, um cavalheiro do interior, e por sua

Veja também: *Jane Eyre* 128-131 ▪ *A feira das vaidades* 153 ▪ *Norte e sul* 153 ▪ *Middlemarch: um estudo da vida provinciana* 182-183

Fanny Price (*Mansfield Park*) é subvalorizada pelos membros de sua família com quem vive.

Emma Woodhouse (*Emma*) é uma "casamenteira" cega aos sentimentos das pessoas.

Elinor Dashwood (*Razão e sensibilidade*) é incapaz de demonstrar suas emoções.

A vida das heroínas de Austen é influenciada e frequentemente circunscrita por sua classe social e pelos costumes de seu tempo. Austen constrói com sutileza o perfil de cada personagem.

Catherine Morland (*A abadia de Northanger*) acredita ser uma heroína gótica.

Marianne Dashwood (*Razão e sensibilidade*) demonstra suas emoções com extrema facilidade.

Anne Elliot (*Persuasão*) se mete em confusão quando seu antigo amor reaparece.

mulher, oferecida e vulgar – o casamento deles servindo de exemplo perfeito de como não se deve constituir tal união.

Elizabeth conhece o aristocrata Fitzwilliam Darcy, que aos poucos começa a se interessar por ela. Entretanto, ela o considera arrogante e orgulhoso, e seu comportamento, desprezível e ofensivo. É o oposto de seu amigo Bingley, igualmente rico, porém sem afetações, e que se encanta por Jane, irmã mais velha de Elizabeth. Enquanto isso, a volúvel irmã mais nova, Lydia, causa escândalo ao fugir para se casar com o ousado oficial George Wickham, ameaçando desgraçar a família inteira. De forma inesperada, é Darcy quem se oferece para ajudar. O orgulho, o preconceito e a inexperiência de Elizabeth levam-na a cometer erros de julgamento (relacionados tanto a Wickham como a Darcy) pelos quais tem de pagar. Porém, durante esses julgamentos, ela amadurece. De modo similar, Darcy precisa se despir de seu próprio orgulho para provar que é um bom partido para ela, a despeito de sua classe social mais alta. ■

Jane Austen

Filha de um pároco do interior relativamente próspero, Jane Austen nasceu no presbitério de Steventon, Hampshire, Inglaterra, em 1775, sendo a sétima entre oito filhos. Na infância, lia vorazmente, pois tinha acesso à biblioteca do pai – algo incomum para garotas naquela época. Começou a escrever ainda na adolescência, produzindo uma versão embrionária de *Orgulho e preconceito*, intitulada *Primeiras impressões*, entre 1796 e 1797. Em 1800, seu pai decidiu aposentar-se e a família mudou-se para Bath, onde Jane se sentia infeliz. Em 1809, ela se mudou para Chawton, Hampshire, com sua mãe e sua irmã, onde escrevia diariamente. Foi observando a vida em sociedade em Hampshire que ela compôs seus romances. Embora tenha escrito muito sobre casamento, ela própria nunca se casou, apesar de ter recebido uma proposta. Morreu em 1817, aos 41 anos.

Outras obras

1811 *Razão e sensibilidade*
1814 *Mansfield Park*
1815 *Emma*
1818 *A abadia de Northanger*
1818 *Persuasão*

QUEM PODERÁ IMAGINAR OS HORRORES DO MEU ESFORÇO SECRETO

FRANKENSTEIN (1818), MARY SHELLEY

EM CONTEXTO

FOCO
Gótico primitivo

ANTES
1764 É publicado *O castelo de Otranto*, do escritor inglês Horace Walpole. Mais tarde, é aclamado como origem da ficção gótica.

1794 A autora inglesa Ann Radcliffe publica seu romance *Os mistérios de Udolpho*, apresentando aos leitores o "herói" gótico sombrio, romantizado e mórbido.

1796 Inspirado pelos romances de Radcliffe e pelas histórias de terror alemãs, o inglês Matthew Lewis escreve *O monge*, um dos romances góticos mais sensacionalistas do período.

1817 E. T. A. Hoffmann, da Prússia, escreve uma coletânea de contos, *Noturnos*, incluindo seu hoje famoso "O homem de areia", que mistura filosofia romântica a temas góticos do horror e da irracionalidade.

A ficção gótica estabeleceu seus principais temas no final do século XVIII, anos antes da publicação de *Frankenstein* por Mary Shelley. Obras como *O castelo de Otranto*, de Horace Walpole, *Os mistérios de Udolpho*, de Ann Radcliffe, e *Noturnos*, de E. T. A. Hoffmann, fixam os elementos-chave do gênero. Nesses livros, desterrados perambulam por sublimes paisagens estrangeiras ou são encurralados em castelos destruídos por meio de histórias horrendas envolvendo abusos, tirania e assassinatos.

No núcleo da ficção gótica primitiva havia uma combinação de preocupações românticas com os poderes da mente, os limites da imaginação e questões sociais contemporâneas, em consonância com tropos góticos e vilões aristocráticos malvados, mortes sangrentas e sombrias ambientações medievais. Com frequência essa mistura era representada por criaturas como vampiros, fantasmas, monstros e figuras femininas aterradoras e misteriosas.

Um raio iluminou o objeto... era o demônio miserável e imundo a quem eu tinha dado vida.
Frankenstein

Em *Frankenstein*, Mary Shelley expandiu esses elementos, atrelando-os a debates filosóficos mais amplos, o que alterou para sempre o gênero gótico. A inspiração para o romance surgiu de conversas que teve com os poetas românticos ingleses Percy Bysshe Shelley e Lord Byron, entre outros. Certa noite, o grupo contava histórias ao redor de uma lareira enquanto caía uma tempestade do lado de fora. Byron sugeriu que criassem histórias de fantasmas, o que instigou a imaginação de Mary Shelley.

Uma era inquietante

Embora as tempestuosas origens de *Frankenstein* talvez lhe sejam convenientes, o romance é muito mais que uma simples história de terror. Uma das mais significativas contribuições de Shelley para o gênero gótico é sua habilidade em elevar os temas de perseguição, ameaça e

Veja também: *A história trágica do Doutor Fausto* 75 ▪ *Noturnos* 111 ▪ *Fausto* 112-115 ▪ *O morro dos ventos uivantes* 132-137 ▪ *O retrato de Dorian Gray* 194 ▪ *Drácula* 195

Elementos do gótico

Ambientes lúgubres 	Castelos em ruínas, florestas sombrias, torres misteriosas, locais remotos e selvagens, cemitérios e tumbas.
Personagens estereotipadas 	O tirano vilão, a virgem aflita, mulheres loucas, maníacos, a *femme fatale*, o monge vil ou a freira malvada.
Maus agouros 	Acontecimentos extraordinários, profecias, presságios, visões, sonhos, tempestades e luas cheias.
O sobrenatural 	Fantasmas, monstros, acontecimentos inexplicáveis, vampiros e lobisomens.
Emoções extenuantes 	Terror, loucura, angústia mental, fúria, paixão, curiosidade ou gritaria.

assombrações monstruosas a um nível mais sofisticado de exploração de uma das principais preocupações românticas do período: o indivíduo alienado do mundo moderno.

Uma fábula dos tempos

O nome *Frankenstein* não se refere ao monstro infame, mas a Victor Frankenstein, protagonista do romance – cientista, artista e criador da figura sem nome que ele descreve como "cadáver demoníaco ao qual tão miseravelmente dei a vida".

Frankenstein é um gênio criativo solitário cujo horror "secreto" vem de dentro, à medida que extrapola as leis éticas da humanidade ao típico modo romântico. Por meio dele, Shelley retrabalha o tema gótico da monstruosidade na forma da *persona* idealizada do *outsider* exilado ou nômade. Como sugere o estudioso David Punter, o livro focaliza a "rejeição do estranho tanto no nível social como no psicológico". O monstro de *Frankenstein* é produto do momento de sua criação na nova e inquietante era da industrialização e da negociação da autora com as mudanças drásticas do meio político e social daqueles tempos.

O horror de *Frankenstein* não está em seu monstro, mas antes – com a mistura dos principais tropos góticos de assombro, exílio e isolamento – nas ansiedades que tanto preocupavam os românticos na época, como as questões sobre religião *versus* ciência, as filosofias da justiça, os debates sobre as origens da vida e o papel da educação, da cultura e da criação na formação da identidade.

A derrocada de Frankenstein em virtude de sua própria criação monstruosa constitui a derradeira fábula moderna ao inscrever, de maneira engenhosa, questões morais e sociais no terror gótico. ■

Mary Shelley

Ao nascimento da romancista Mary Wollstonecraft Shelley, em 30 de agosto de 1797, em Londres, Inglaterra, seguiu-se a morte de sua mãe, a autora feminista Mary Wollstonecraft, onze dias depois. Seu pai era o filósofo radical William Godwin.

Aos catorze anos, Shelley foi enviada à Escócia. Em 1814, retornou para a casa de seu pai, em Londres, onde conheceu o jovem poeta Percy Bysshe Shelley. Ele já era casado, mas os dois fugiram para a Europa para se unir em matrimônio em 1816. Foi uma união amorosa, porém trágica: apenas um de seus quatro filhos sobreviveu, e, em 1822, Percy afogou-se. Mary escreveu até sua morte, em 1851. É lembrada sobretudo por seu romance *Frankenstein*, que começou a esboçar em 1816, em tempos mais felizes, na presença de seu marido e de seu círculo de amigos íntimos.

Outras obras

1817 *History of a six weeks' tour* [História de uma viagem de seis semanas]
1819 *Mathilda*
1826 *O último homem*
1830 *The fortunes of Perkin Warbeck* [As fortunas de Perkin Warbeck]
1835 *Lodore*

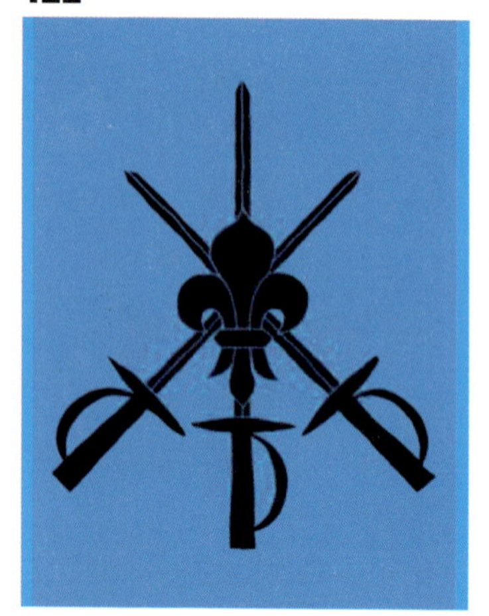

UM POR TODOS E TODOS POR UM

OS TRÊS MOSQUETEIROS (1844), ALEXANDRE DUMAS

EM CONTEXTO

FOCO
Romance histórico

ANTES
1800 *Castle Rackrent*, da escritora anglo-irlandesa Maria Edgeworth, está na vanguarda da ficção histórica.

1814 *Waverley*, do escritor escocês Walter Scott, é o primeiro de uma série de romances históricos que inclui *Rob Roy* (1817) e *Ivanhoé* (1820).

1823-1841 O autor norte--americano James Fenimore Cooper escreve suas "Leatherstocking tales", ficções históricas que incluem *Os pioneiros* (1823) e *O último dos moicanos* (1826).

DEPOIS
1829 *A Bretanha*, de Honoré de Balzac, trata da ascensão monarquista na França, em 1799.

1989 *O general em seu labirinto*, de Gabriel García Márquez, é um romance histórico pós--moderno sobre Simón Bolívar, o "Libertador da América do Sul".

Embora a ideia de ambientar um romance em um período anterior na história não fosse nova – narrativas fictícias do passado são tão antigas quanto a própria literatura –, o romance histórico como gênero distinto alcançou uma popularidade sem precedentes no século XIX. A demanda teve início na Grã-Bretanha e foi estimulada pelos romances do escritor escocês Sir Walter Scott, publicados entre 1814 e 1832. Tendo alcançado um enorme público na Inglaterra e em outros países, seu sucesso inspirou uma gama de romances com temas parecidos.

Por volta dos anos 1820, a influência dos romances de Scott, em especial, havia se espalhado até os Estados Unidos, onde James Fenimore Cooper publicou as populares "Leatherstocking tales". Traduções da ficção histórica britânica também estavam criando um mercado para o gênero em toda a Europa – particularmente na França, onde foi adotada por escritores como Victor Hugo e Honoré de Balzac. No entanto, o mais popular dos autores históricos franceses foi Alexandre Dumas.

Não se furte às oportunidades e procure as aventuras.
Os três mosqueteiros

Sede de aventuras

O primeiro dos romances de Dumas, *Os três mosqueteiros*, foi publicado como folhetim em 1844, popularizando seu nome quase que de imediato. A obra continha todos os ingredientes da ficção popular da época: heróis ousados e românticos, vilões astutos, tramas envolvendo bravura e camaradagem, além de um cenário bem conhecido, entre seus leitores, pelas intrigas políticas.

Na época da publicação do livro, a França havia enfrentado um turbulento período pós-revolucionário: as tensões entre monarquistas e republicanos permaneciam insolúveis e a descrição romântica do passado ganhou a aprovação daqueles que ansiavam por tempos mais pacíficos.

No coração da história de Dumas está d'Artagnan, um jovem nobre que deixa seu lar na Gasconha para se unir

Veja também: *Ivanhoé* 150 ▪ *O último dos moicanos* 150 ▪ *Os miseráveis* 166-167 ▪ *Guerra e paz* 178-181 ▪ *Um conto de duas cidades* 198

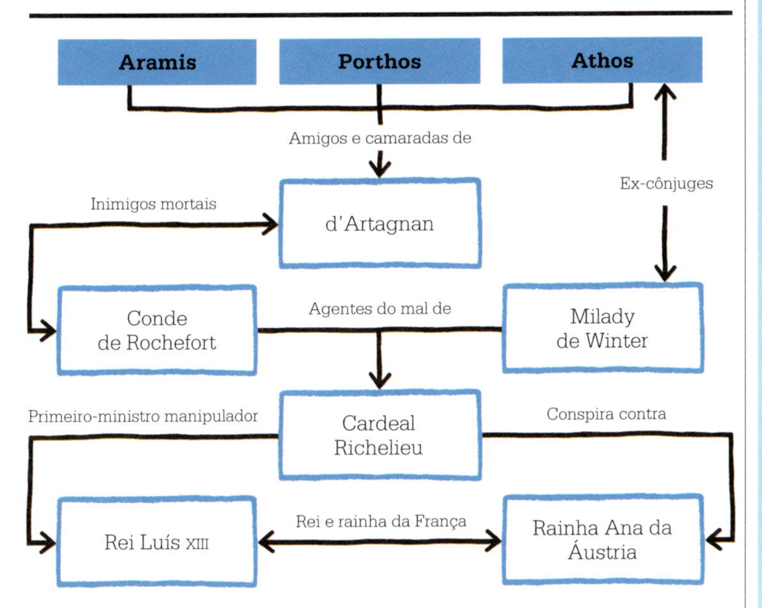

Os mosqueteiros, uma irmandade da guarda real, são o centro de uma história que combina política internacional, intrigas palacianas, amizade e inimizade, além de envolvimentos românticos: uma trama histórica recheada de temas imemoriais que garantem sua duradoura popularidade.

aos Mosqueteiros da Guarda na Paris de 1623. Numa sequência de desventuras, sua ambição é frustrada, mas ele acaba duelando e, em seguida, fazendo amizade com os três mosqueteiros do título: Athos, Porthos e Aramis. Juntos, eles embarcam numa série de missões para salvaguardar a honra da rainha e assegurar que o rei não seja ludibriado pelas maquinações do primeiro-ministro, o cardeal Richelieu, numa guerra contra os ingleses. No caminho, há muita farra e bebedeira, além de inevitáveis ligações românticas.

Por trás da fanfarrice, entretanto, Dumas faz sérias considerações e exerce papel crítico em sua descrição de época. Seus heróis mosqueteiros são valentes e atraentes, mas demonstram uma lealdade cega à monarquia, nem sempre se comportando como cavalheiros no tratamento com os outros. O objeto de sua lealdade, o rei Luís XIII, é descrito como fraco e ingênuo: é manipulado sem piedade pelo cardeal e por seus agentes – o conde de Rochefort e Milady de Winter.

Os capítulos da história eram esperados com ansiedade pelo público francês no verão de 1844, e foram amplamente traduzidos em seguida. Fiando-se nesse êxito, Dumas publicou dois outros folhetins – os "romances de d'Artagnan": *Vinte anos depois* e o igualmente estiloso *O conde de Monte Cristo*. Todos permanecem populares tanto no formato original do romance como em adaptações para a televisão e o cinema. ■

Alexandre Dumas

Alexandre Dumas nasceu como Alexandre Davy de la Pailleterie em 1802, na Picardia, França. Seu pai era filho do governador de São Domingos (atual Haiti) e de uma escrava afro-caribenha, Marie-Cessette Dumas.

Como seu pai, Alexandre veio a adotar o nome de sua avó, mas foi sua ancestralidade aristocrática que o ajudou a lançar sua carreira como escritor. Encontrou trabalho com o duque de Orléans (o qual mais tarde se tornaria o "Rei Cidadão" Luís Filipe). Depois do sucesso inicial com o drama histórico, começou a escrever romances, incluindo as aventuras de d'Artagnan, que lhe trouxeram fama. Quando Luís Filipe foi deposto, Dumas fugiu da França em 1851 e somente retornou em 1864.

Dumas teve diversos casos amorosos. Diz-se que é pai de ao menos quatro filhos, incluindo um de nome Alexandre, que também se tornou escritor e frequentemente é mencionado como *fils* (filho).

Outras obras

1845 *Vinte anos depois*
1847-1850 *O Visconde de Bragelonne*

NUNCA BUSQUEI A FELICIDADE, ESSA FORASTEIRA EM MINHA ALMA

EUGENE ONEGIN (1833), ALEXANDER PUSHKIN

EM CONTEXTO

FOCO
O homem supérfluo

ANTES
1812-1824 As personagens Childe Harold e Don Juan, do poeta inglês Lord Byron, são precursoras do homem supérfluo na literatura russa.

DEPOIS
1840 O único romance de Mikhail Liérmontov, *O herói de nosso tempo*, aprofunda o tema do homem supérfluo com seu herói Grigory Pechorin, uma figura ao estilo de Byron, desesperada por se engajar em atividades que possam suplantar seu enfado pelo mundo.

1850 Na figura de Tchulkaturin, parecido com Hamlet, a novela *The diary of a superfluous man* [O diário de um homem supérfluo], de Ivan Turgenev, aprofunda a ideia de um homem idealista e inativo.

1859 O sonhador desocupado Oblamov, do romance homônimo de Ivan Goncharov, resume a preguiça e a inércia na personagem do homem supérfluo.

Como o protagonista de *Eugene Onegin*, Alexander Pushkin (1799-1837) foi morto num duelo. Apesar do encerramento precoce de sua carreira, é considerado o maior poeta russo. Seus textos exerceram grande influência, particularmente por *Eugene Onegin*, sua obra-prima, em que o herói epônimo estabelece o conceito e o caráter do "homem supérfluo".

Como um indivíduo desiludido, frequentemente bem-nascido, o homem supérfluo observa a sociedade em torno de si com tédio, cinismo e falta de interesse, ao mesmo tempo sentindo-se ele próprio moral e intelectualmente superior.

Uma vida incompleta

Ambientado na Rússia imperial durante os anos 1820, *Eugene Onegin* é escrito na forma de um "romance em versos", como Pushkin costumava chamar o livro. Trata da vida e do destino de Eugene Onegin, um proprietário de terras entediado na cidade; de seu amigo Vladimir Lensky, um jovem romântico e sonhador; da bela e inteligente Tatyana Larina e de sua irmã Olga, vaidosa e dada a flertes. Tatyana se apaixona por Onegin, mas é rejeitada porque ele não almeja "uma vida restrita aos prazeres domésticos". Incapaz ou sem vontade de evitar a tragédia, acaba num duelo contra Lensky, deixa sua propriedade por alguns anos e, ao retornar, descobre que Tatyana casou-se com outro.

Destino solitário

Escrevendo num tom vivaz e frequentemente irônico, Pushkin não apenas relata a vida de suas personagens principais, mas também apresenta uma série de outras. Com realismo, descreve cenas do cotidiano russo fazendo numerosas e abrangentes referências literárias e observações filosóficas, algumas satirizando a sociedade da época.

No final, Eugene Onegin, que passou a maior parte de sua vida distanciando-se daqueles que o cercavam, acaba lamentando seu destino solitário. O homem supérfluo de Pushkin foi adotado por outros escritores e utilizado como motivo recorrente em vários momentos da literatura russa das décadas de 1840 e 1850. ■

Veja também: *A vida e as opiniões do cavalheiro Tristram Shandy* 104-105 ▪ *O herói do nosso tempo* 151-152

E QUE TODO HOMEM E MULHER SE MANTENHAM CALMOS E SERENOS DIANTE DE UM MILHÃO DE UNIVERSOS

FOLHAS DE RELVA (1855), WALT WHITMAN

EM CONTEXTO

FOCO
Transcendentalismo

ANTES
1840 A autora e crítica literária Margaret Fuller e o ensaísta e poeta Ralph Waldo Emerson tornam-se editores fundadores do jornal transcendentalista *The Dial*, que publicava literatura, filosofia e religião.

1850 Emerson, porta-voz do transcendentalismo, propõe uma "memória geral" que seja expressa por meio da vida de gênios como Platão e Shakespeare.

1854 As recompensas de uma vida simples ligada à natureza são descritas em *Walden; ou a vida nos bosques*, de Henry David Thoureau.

DEPOIS
1861-1865 A grande poeta americana Emily Dickinson desfruta de seu período mais prolífico. Seus poemas apresentam tons transcendentalistas misturados ao medo das imensidões cósmicas.

O movimento transcendentalista prosperou nos Estados Unidos em meados do século XIX, inspirado na ideia do filósofo alemão Immanuel Kant de que o conhecimento está relacionado "não a objetos, mas ao nosso modo de reconhecê-los". Essa fusão do intelectual com o metafísico – combinada à celebração do aspecto físico, da sexualidade e da natureza – caracterizou a obra do poeta americano Walt Whitman (1819-1892) e de outros escritores transcendentalistas.

Louvor ao corpo e ao espírito

A coletânea de Whitman *Folhas de relva* contém poemas como "Eu canto o corpo elétrico". São versos que reverenciam a alma ao mesmo tempo que demonstram um desejo de libertar os norte-americanos da vergonha do corpo, a fim de adotar inspirações igualitárias e promover a união entre os seres humanos. "Canção de mim mesmo" é um elogio solene a toda a humanidade, no qual o poeta se imagina de volta aos ciclos da natureza. Seguindo o ritmo hipnótico de seus versos, Whitman faz viagens sensoriais: "vou até a margem junto à mata sem disfarces e pelado,/ Louco para que ela faça contato comigo."

Whitman deleita-se com a natureza e seus ciclos, onde, para ele, Deus está evidentemente presente. Compartilhava com Emerson a convicção de que a humanidade é inerentemente boa, e isso se tornou uma marca registrada do transcendentalismo. Os últimos poemas do livro, como "Uma aranha paciente e silenciosa", demonstram também uma fascinação mística com "os oceanos incomensuráveis do espaço". ■

Esta é a relva que grassa onde quer que haja terra e água,/ Este é o ar comum que banha o globo.
"Canção de mim mesmo"

Veja também: *Lyrical ballads* 110

VOCÊS VIRAM COMO UM HOMEM SE TORNOU ESCRAVO; VOCÊS VERÃO AGORA COMO UM ESCRAVO SE TORNOU UM HOMEM

NARRATIVA DA VIDA DE FREDERICK DOUGLASS (1845), FREDERICK DOUGLASS

EM CONTEXTO

FOCO
Narrativas de escravos

ANTES
1789 Na Inglaterra, é publicado *The interesting narrative of the life of Olaudah Equiano, or Gustavus Vassa, the African*, narrado por um rapaz escravizado do Benim (atual Nigéria).

DEPOIS
1853 *Doze anos de escravidão*, texto autobiográfico de Solomon Northup, contrasta a vida dos negros livres do norte com a dos escravos no sul dos Estados Unidos.

1861 Em *Incidentes na vida de uma escrava*, a ex-escrava Harriet Jacobs trata das experiências das mulheres escravizadas.

1979 No romance *Kindred*, de Octavia E. Butler, numa narrativa neoescravista, a personagem principal faz uma viagem no tempo entre a Califórnia do presente e a Maryland anterior à Guerra Civil nos Estados Unidos.

Nas décadas que antecederam a Guerra Civil Norte-Americana (1861-1865), cerca de 4 milhões de escravos eram mantidos nos estados do sul dos Estados Unidos, enquanto os abolicionistas do norte faziam campanhas para dar um fim à prática desumana da escravidão. Em 1841, Frederick Douglass – um escravo mestiço que fugiu para o norte – foi convidado a liderar um encontro da Sociedade Antiescravocrata em Massachusetts e considerado um poderoso porta-voz da causa. Ele contou sua vida em um livro que vendeu 5 mil cópias quatro meses após sua publicação, em 1845, criando um modelo para o gênero de narrativa sobre a escravidão na literatura norte-americana.

No livro, Douglass pergunta: "Como um homem se torna escravo?" e conta como foi separado à força de sua mãe escrava após um ano de seu nascimento. Sempre faminto e com frio, presenciou capatazes açoitando trabalhadores sob qualquer pretexto e testemunhou escravos sendo assassinados por desobediência. Assim, o jovem Frederick tomou consciência de que "matar um escravo ou uma pessoa de cor (...) não é considerado crime nem pelos tribunais nem pela comunidade".

Era um trabalho novo, sujo e árduo para mim; mas eu o encarei com o coração alegre e as mãos dispostas. Eu era então meu próprio mestre.
Narrativa da vida de Frederick Douglass

Literatura como libertação

Publicado pelo Anti-Slavery Office e prefaciado por dois líderes abolicionistas, a força de *Narrativa da vida de Frederick Douglass* está parcialmente respaldada por sua correspondência às necessidades da causa abolicionista. Em seu texto eloquente e incisivo, entremeado por passagens bíblicas, o escravo fugitivo desbanca mitos disseminados pelo sul, como o caráter ineducável dos negros e a natureza benigna da manutenção da escravatura. A cristandade no sul, ele conclui, foi "mero disfarce para o mais horrendo dos crimes, uma justificativa para a mais assustadora das barbaridades...".

À medida que sua história evoluiu, Douglass responde à questão "Como um

Veja também: *A cabana do Pai Tomás* 153 ▪ *As aventuras de Huckleberry Finn* 188-189 ▪ *Homem invisível* 259 ▪ *Amada* 306-309

escravo se torna um homem?" inserindo a si próprio num texto de formação picaresco. Quando menino, Frederick aprendeu a ler e a escrever com uma ama e rapidamente adquiriu o poder da alfabetização tanto para expor as injustiças como para abrir portas para o futuro. Embora tenham negado a ele o prosseguimento nos estudos, ele convocou meninos brancos pobres e colegas como seus professores. Um momento decisivo ocorreu quando, aos dezesseis anos, ele venceu uma briga contra um rude capataz – no resto da história, há um forte senso de autodescoberta em sua formação como homem.

Influência duradoura

Terminada a Guerra Civil Norte-Americana, o interesse por narrativas sobre a escravidão decaiu. Entretanto, a linguagem e o sentimento desse gênero ressurgiram na retórica de ativistas como Martin Luther King durante as campanhas pelos direitos civis em meados do século XX. Histórias contadas por escravos tornaram-se centrais para os estudos sobre a negritude e entraram para o cânone da literatura norte-americana. ■

As narrativas escritas pelos escravos surtiam um efeito duplo: ao mesmo tempo que aprofundavam a causa dos abolicionistas, os textos marcavam o início de uma literatura notadamente afro-norte-americana.

Contar a verdade
Escravos fugitivos vindos do norte têm histórias pungentes para contar. Elas revelam a injustiça e a brutalidade em sua vida.

Propaganda
As narrativas lidas por um grande público tornam-se uma propaganda poderosa nas sociedades abolicionistas e antiescravocratas.

Legitimação de uma voz
Os relatos proporcionam uma voz empoderadora e uma história às pessoas silenciadas pela escravidão.

Frederick Douglass

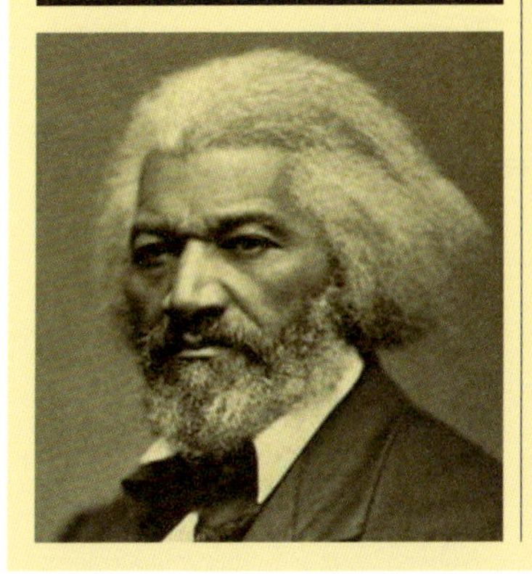

Filho de Harriet Bailey e de um homem branco não identificado, Frederick Augustus Washington Bailey nasceu em meio à escravidão em Maryland, em fevereiro de 1818. Aos vinte anos, fugiu para Nova York e casou-se com Anna Murray, uma negra livre, com quem teve cinco filhos.

Ao mudar-se para Massachusetts, Frederick adotou o nome Douglass para evitar ser capturado. Professou suas ideias com regularidade em reuniões abolicionistas. Fez palestras na Grã-Bretanha, onde amigos levantaram fundos para libertá-lo da escravidão em Baltimore em 1846. Douglass fixou-se em Nova York, onde publicou jornais, apoiou escravos fugitivos e recrutou tropas negras para a causa da União. Após a morte de sua mulher, casou-se com Helen Pitts, editora e feminista branca. Douglass tornou-se meirinho federal dos Estados Unidos no Distrito de Colúmbia e cônsul-geral no Haiti. Morreu em Washington, D.C., em 1895.

Outras obras

1855 *My bondage and my freedom*
1881 *Life and times of Frederick Douglass* (edição revista de 1892)

NÃO SOU UM PÁSSARO E NENHUMA REDE ME PRENDE

JANE EYRE (1847), CHARLOTTE BRONTË

EM CONTEXTO

FOCO
Feminismo vitoriano

DEPOIS
1847 Emily Brontë publica *O morro dos ventos uivantes*, explorando questões feministas de gênero, vida doméstica e o *status* das mulheres na sociedade vitoriana.

1853 É publicado *Villette*, de Charlotte Brontë, considerado uma retomada mais amadurecida de seus temas anteriores sobre a autodeterminação, a identidade e a independência das mulheres.

1860 *O moinho do rio Floss*, de George Eliot, contrasta temas do crescimento intelectual feminino com noções de obrigações familiares.

1892 Charlotte Perkins Gilman publica seu conto "O papel de parede amarelo", um exemplo pioneiro da literatura feminista norte-americana, que mostra a saúde mental das mulheres diante da opressão patriarcal.

Quando *Jane Eyre* foi publicado pela primeira vez, em 1847, sua autoria foi creditada a Currer Bell, um pseudônimo usado por Charlotte Brontë para ocultar seu gênero (os textos de mulheres eram frequentemente considerados pelos críticos obras de segunda categoria). O livro também recebeu o subtítulo *Uma autobiografia*, assinalando sua influência do romance de formação alemão do século XIX (*Bildungsroman*). Nessas histórias sobre amadurecimento, os leitores normalmente acompanhavam o desenrolar da vida dos protagonistas, da infância à maturidade, à medida que venciam obstáculos para atingir a idade adulta. O desenvolvimento da individualidade e

Veja também: *O morro dos ventos uivantes* 132-137 ▪ *Middlemarch: um estudo da vida provinciana* 182-183 ▪ *A montanha mágica* 224-227 ▪ *Vasto mar de sargaços* 290

Haddon Hall, um pitoresco solar medieval em Derbyshire, Inglaterra, foi usado como cenário fictício de Thornfield Hall em duas adaptações cinematográficas de *Jane Eyre*.

da identidade era expressivamente explorado por meio de personagens masculinas porque, naquela época, não se acreditava que as mulheres possuíssem a mesma profundidade. *Jane Eyre* torna-se uma obra radical para seu tempo ao assumir que as mulheres possuem uma interioridade tão complexa como a dos homens, e não apenas uma exterioridade superficial definida pela beleza.

Desenvolvimento da personagem

A heroína de Brontë – sincera, impetuosa e inteligente – convida os leitores a seguir seu desenvolvimento e seus relacionamentos e, assim, estabelecer empatia e compreensão com mulheres de sua classe social e com as desigualdades enfrentadas por garotas e adultas. Diferentemente de muitos autores contemporâneos do sexo masculino, que apresentaram personagens femininas como figuras genéricas em sua beleza estética ou moralidade, não há uma contemplação distanciada de Jane como um "tipo" no romance.

O livro conta a história de Jane Eyre, desde sua infância como órfã, sob os cuidados da tia, e sua educação em um internato de caridade, a Lowood Institution, até ser empregada como preceptora em Thornfield Hall, uma propriedade no campo. Brontë apresenta Jane como um ser humano complexo, tridimensional, e seus leitores ficam emocionalmente envolvidos com ela, desde os abusos sofridos na infância até as injustiças vividas mais tarde por sua falta de liberdade e independência. Isso se expressa em numerosas e memoráveis passagens que conectam o desejo de Jane por liberdade à sua inquietação em relação à linguagem da revolta e da rebelião.

Em Thornfield Hall, Jane conhece o proprietário (e se apaixona por ele): o misterioso sr. Rochester. Ela se envolve com seus complexos assuntos particulares – em especial, com sua insana primeira mulher, Bertha Mason, que vive encarcerada no sótão da casa. »

Charlotte Brontë

Nascida em 21 de abril de 1816 em Yorkshire, Inglaterra, Charlotte Brontë é a terceira filha do reverendo Patrick Brontë e de sua esposa, Maria Branwell. Em 1824, ela e suas irmãs mais velhas, Maria e Elizabeth, foram mandadas para um internato, onde más condições resultaram num surto de febre tifoide. Charlotte atribuiu a morte precoce de Maria e Elizabeth a isso e usou sua experiência no internato como base para criar Lowood em *Jane Eyre*.

Charlotte trabalhou como preceptora e professora. Seu primeiro romance, *O professor*, foi rejeitado, sendo publicado apenas postumamente. O sucesso imediato de *Jane Eyre*, em 1847, foi logo acossado pela tragédia, quando morreram seu irmão Patrick e, em seguida, suas irmãs que restavam, Emily e Anne. Charlotte foi a única sobrevivente entre os seis irmãos Brontë. Casou-se com o reverendo A. B. Nichols em 1854 e faleceu ao dar à luz em março do ano seguinte.

Outras obras

1849 *Shirley*
1853 *Villette*
1857 *O professor*

Algumas feministas enxergam Bertha Mason – a esposa perturbada e encarcerada de Edward Rochester, patrão de Jane Eyre – como um reflexo metafórico de Jane e de seu próprio lugar na sociedade. Bertha Mason é a antagonista de Jane, mas pode ser considerada seu par gótico psicológico, uma versão feminista de *O médico e o monstro*, de Robert Louis Stevenson.

Jane ouve vozes.

Jane aprendeu a reprimir emoções na infância e no início da juventude.

Quando criança, Jane reage "como um gato louco" ao ser trancada num quarto por sua tia.

Jane é aprisionada dentro de casa.

Jane Eyre **Bertha Mason**

Bertha é considerada louca.

Bertha manifesta raiva, paixões e emoções turbulentas.

Bertha rosna "como um estranho animal selvagem".

Bertha é literalmente encarcerada.

Impossibilitada de se casar com Rochester, Jane deixa Thornfield. A princípio, ela se vê sem um tostão, porém o destino traz de volta seus haveres, levando-a novamente a Rochester.

Escravidão doméstica

A história instigante de Jane Eyre é muito mais que um *Bildungsroman* inglês. Brontë permeou a obra com a retórica revolucionária e antiescravocrata que ela e suas irmãs haviam retirado de diversos textos políticos do século XIX. Em *Jane Eyre*, essa linguagem política não é utilizada em referência à humanidade em geral, mas com menção específica às mulheres da classe média da sociedade vitoriana e às limitações domésticas impostas a seu cotidiano. Em uma das passagens mais veementes do romance, Jane conta a seus leitores que as mulheres "sofrem de limitações, abnegações, da mesma forma que os homens sofreriam. É uma limitação, por parte de suas companheiras mais privilegiadas, achar que devem confinar sua vida a fazer pudins, coser, tocar piano e bordar". Essa reivindicação por igualdade entre os sexos persiste em todo o romance à medida que Jane Eyre constrói uma atmosfera em torno do desejo das mulheres pela liberdade, pela independência e pela ação.

Tais aspectos feministas do romance não passaram despercebidos pelos contemporâneos de Brontë. Enquanto algumas das primeiras resenhas elogiavam a obra, outras criticavam seu conteúdo radical e sua visão "não feminina" da condição da mulher. Jane Eyre, contudo, logo se transformou em uma das heroínas literárias mais influentes de seu tempo. Depois da publicação do romance, um novo tipo de protagonista feminina tornou-se aparente na literatura vitoriana – sincera, rebelde e inteligente, oferecendo uma contrapartida às heroínas passivas, meigas, bonitas e domésticas comumente apresentadas por autores homens, como Charles Dickens e William Makepeace Thackeray.

Espaços femininos

Jane Eyre abriu as portas para que outras escritoras feministas do período explorassem as limitações da vida da mulher e seu desejo por igualdade. Tornou-se um tema aparente em muitas das grandes histórias vitorianas. *Middlemarch: um estudo da vida provinciana*, de George Eliot, por exemplo, critica o patriarcado e sua fraqueza moral, além de colocar a frustração das ambições femininas em foco. A responsabilidade doméstica como centro do cotidiano das mulheres que Brontë introduziu no romance vitoriano por meio dos espaços domésticos evocados em *Jane Eyre* reapareceu nas obras de várias escritoras ao longo de todo o século XIX.

Muitas leituras feministas de *Jane Eyre* se debruçam sobre espaços centrais, como cômodos e janelas específicos, além do infame sótão de Thornfield Hall, onde o alvo do interesse de Jane, Edward Rochester, trancafia sua primeira esposa "louca". A esfera do lar é intimamente conectada ao corpo e ao ego feminino, e, por essa razão, muito da ficção feminina da época é repleta de detalhes sobre a vida doméstica. Críticos feministas argumentam que isso se refere a manifestações ficcionais naturais de mulheres reagindo às estritas limitações e ideologias de gênero da época.

Loucura e selvageria

Jane deseja mais do que a vida predefinida de uma mulher vitoriana e reage contra o confinamento doméstico como se fosse uma prisão da qual ela precisa fugir. Em um ponto turbulento de seu relacionamento, Rochester chama Jane de "coisa resoluta, livre e selvagem", ressaltando: "Não importa o que eu faça com sua jaula, não consigo chegar até ela – a selvagem e linda criatura!". Sua descrição de Jane como criatura "selvagem" e enjaulada também poderia ser a descrição de sua primeira esposa, Bertha, que ele literalmente encarcerou no sótão da casa. A loucura de Bertha é a manifestação das limitações impostas à vida das mulheres e reflete a sensação de Jane sobre o aprisionamento que a acompanha durante toda a vida. Bertha é o retrato mais extremo e literal do que ocorre com as mulheres do século XIX quando se casam e perdem sua identidade. Ela não é apenas uma metáfora ou um reflexo do constrangimento e da fúria de Jane, mas também representa a "loucura" de levar uma vida de restrições.

Supõe-se que as mulheres são muito calmas em geral, mas elas sentem da mesma forma que os homens; precisam tanto de exercício para suas faculdades, e de um campo para seus esforços, quanto seus irmãos.

Jane Eyre

Mais tarde, outros autores produziram interpretações mais explicitamente feministas sobre a difícil situação de Bertha. Quando a escritora norte-americana Charlotte Perkins Gilman publicou seu conto feminista "O papel de parede amarelo", em 1892, ela desenvolveu a representação que Brontë fez sobre a loucura de Bertha ao questionar a opressão médica e cultural imposta às mulheres numa sociedade patriarcal. Em seu aclamado romance de 1966, *Vasto mar de sargaços*, a autora britânica Jean Rhys, nascida na Dominica, daria sequência à história de Bertha sob nova perspectiva: Bertha (cujo nome original é Antoinette), uma mulher de origem crioula, da Jamaica colonial, casa-se com um inglês e é levada à Inglaterra, onde se vê envolvida numa opressiva sociedade patriarcal, perdendo sua identidade e tornando-se louca.

Louca, não: intimidada

Sob uma perspectiva feminista, a contraparte de Jane não é "louca", mas privada de sua liberdade – como todas as outras mulheres. Nesse contexto, o comentário apaixonado de Jane para Rochester, de que "Não sou um pássaro e nenhuma rede me prende: sou um ser humano livre com vontade independente", torna-se um lembrete pungente das tramas sociais que serviram de armadilha para as mulheres no século XIX e que as levaram a um tipo de loucura psicológica. Quando Brontë escreveu *Jane Eyre*, ela talvez tenha criado, inadvertidamente, não apenas um, mas dois ícones feministas: a própria Jane e a "Louca no sótão". ■

A louca no sótão

A interpretação feminista mais famosa de *Jane Eyre* é *A louca no sótão*, pelas autoras norte-americanas Sandra M. Gilbert e Susan Gubar. Publicado em 1979, esse influente livro toma seu título de empréstimo a *Jane Eyre* e examina o romance de Brontë ao lado de obras de outras escritoras da época, incluindo Jane Austen, Mary Shelley, Emily Brontë, George Eliot, Elizabeth Barrett Browning, Christina Rossetti e Emily Dickinson.

Um tema central de sua análise é o conceito de "loucura" em relação ao confinamento emocional, psicológico e físico das mulheres no século XIX.

As autoras argumentam que as mulheres do século XIX foram representadas por escritores homens como anjos ou monstros; as escritoras mulheres expressaram suas ansiedades sobre esses estereótipos descrevendo suas próprias personagens femininas como submissas ou completamente loucas.

NÃO POSSO VIVER SEM MINHA VIDA! NÃO POSSO VIVER SEM MINHA ALMA!

***O MORRO DOS VENTOS UIVANTES* (1847),**
EMILY BRONTË

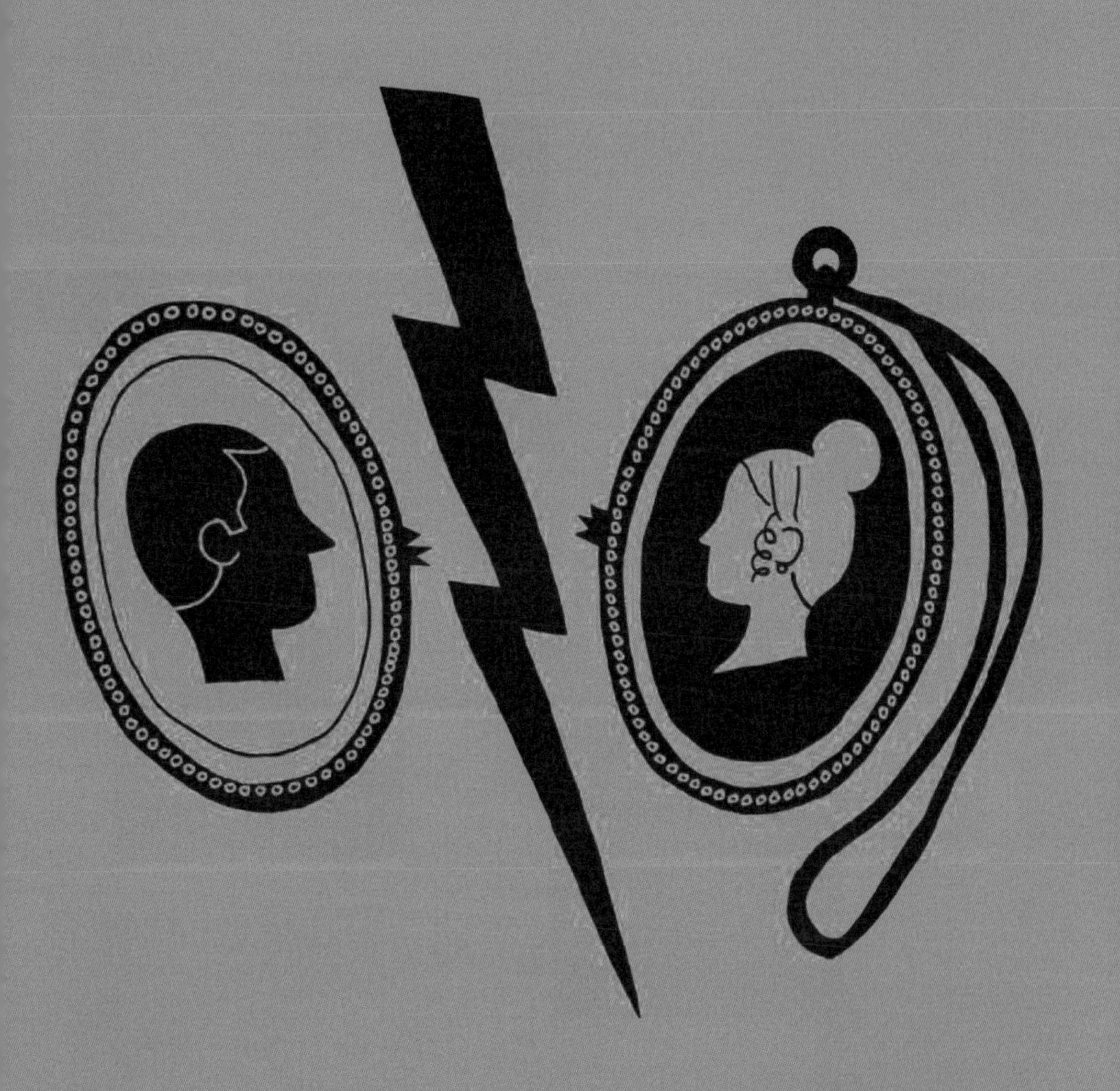

EM CONTEXTO

FOCO
Gótico vitoriano

ANTES
1837-1839 *Oliver Twist*, de Charles Dickens, transfere a atmosfera nebulosa dos primórdios da ficção gótica para as ruas de Londres.

1840 Edgar Allan Poe escreve histórias de relacionamentos intensos misturados a temas góticos envolvendo casas que desmoronam, fantasmas e cadáveres que ressuscitam.

1847 É publicado *Jane Eyre*, de Charlotte Brontë: seus temas góticos de abuso doméstico e confinamento se refletem em *O morro dos ventos uivantes*.

DEPOIS
1852-1853 Charles Dickens escreve *A casa soturna*, em que retoma o antigo tema do castelo gótico arruinado – agora nos cortiços de Londres, no desenvolvimento do gótico urbano vitoriano.

O morro dos ventos uivantes, de Emily Brontë, é considerado uma das mais famosas histórias de amor da cultura ocidental. Isso se deve, no entanto, a uma avaliação questionável: embora seja cativante o intenso – porém predestinado – caso de amor entre suas duas personagens principais, Catherine e Heathcliff, os leitores logo descobrem que, além do amor, a obra apresenta uma história de violência, assombro e abuso. No livro, Emily Brontë aprofunda e retoma temas góticos de uma maneira que expõe as questões vitorianas de gênero, classe, pobreza e vida familiar.

Mito nos charcos

A história envolve vingança, dependência e paixão nostálgica, cujo centro é uma mansão chamada Wuthering Heights, erguida na paisagem rústica dos charcos de Yorkshire. Trata da vida do anti-herói, Heathcliff, um órfão tirado das ruas de Liverpool pela família Earnshaw. Heathcliff é educado junto de Catherine e Hindley, filhos dos Earnshaw. O livro descreve as complexas relações e disputas de poder estabelecidas ao longo dos anos, da perda de Heathcliff de sua cara-metade, Catherine, para Edgar Linton, e de sua vingança.

Oh, estou queimando! Quem me dera estar ao ar livre... Quem me dera ser de novo aquela criança, meio selvagem, audaciosa e livre.
O morro dos ventos uivantes

Em sua composição, o romance se utiliza de uma estrutura especial: uma história à parte dentro da qual a narrativa principal é apresentada. Essa estrutura consiste na história da visita de um cavalheiro chamado Lockwood a Wuthering Heights. Um encontro inesperado com o que ele acredita ser o fantasma de Catherine o traumatiza profundamente, e ele sabatina Nelly Dean, antiga serviçal de Catherine, sobre o passado da casa. A história recontada por Nelly traz revelações a Lockwood e ao leitor.

O morro dos ventos uivantes não desfrutou de sucesso imediato ao ser publicado em 1847, talvez porque as

Emily Brontë

Nascida em 30 de julho de 1818, Emily Brontë era a quinta filha do reverendo Patrick Brontë. A família vivia no vilarejo de Haworth, próximo aos charcos de Yorkshire, local de profunda influência sobre os escritos de Emily e de suas irmãs, Charlotte e Anne. Sua mãe morreu em 1821 e, em 1824, Emily foi enviada com suas irmãs para um internato em Lancashire. Depois da morte por tifo das duas irmãs mais velhas, Elizabeth e Maria, as três remanescentes voltaram para casa. Mais tarde, em Haworth, decidiram iniciar a publicação de seus escritos sob pseudônimos masculinos. O de Emily era "Ellis Bell". Seu único romance publicado foi *O morro dos ventos uivantes* (1847), embora houvesse lançado um volume de poemas no ano anterior com as irmãs. Infelizmente, Emily não viveu para testemunhar o sucesso de seu romance, pois morreu de tuberculose apenas um ano após sua publicação.

Outras obras

1846 *Poemas por Currer, Ellis e Acton Bell*

Veja também: *Jane Eyre* 128-131 ▪ *A casa soturna* 146-149 ▪ *Oliver Twist* 151 ▪ *Contos do grotesco e do arabesco* 152 ▪ *Grandes esperanças* 198

suscetibilidades vitorianas não soubessem lidar com paixão e crueldade desenfreadas. Todavia, a maré da opinião pública mudou, mais tarde, quando a crítica manifestou-se em favor da obra. Um ensaio sobre o romance escrito pela inglesa Virginia Woolf em 1916 marcou a mudança sobre a forma de interpretação do texto. Woolf descreve o livro como um conto de fadas ou um mito atemporal por natureza. Essa perspectiva tornou-se popular e permanece atual hoje em dia. Entretanto, tende a ignorar ou subestimar o significado do uso que Brontë faz das convenções da literatura gótica em sua narrativa, bem como da própria relação de sua obra com a literatura e com os assuntos de seu tempo.

Temas góticos

O que particularmente chama a atenção em *O morro dos ventos uivantes* é a maneira como os temas góticos são adaptados. Outros escritores contemporâneos, como Charles Dickens, empregaram elementos góticos em romances realistas, de modo a aprofundar temas, estilo e significados associados com a literatura gótica primitiva. No lugar do castelo medieval decadente, por exemplo, Dickens retratou paisagens urbanas oscilantes, plenas de miséria e exploração. Em vez de um solar medieval aterrorizante, com seus habitantes atormentados, Dickens apresentou os horríveis abusos ocorridos nas lúgubres ruas de Londres fora do ambiente doméstico.

Brontë aprofundou algumas coisas em comparação a Dickens, expandindo as tradições literárias do gótico por meio da personagem de Heathcliff, que é trazido à casa de Wuthering Heights ainda menino. Ao chegar a esse ambiente, e, sobretudo, no desenrolar da história, referem-se a ele como "o cigano". Para os vitorianos, a palavra "cigano" carregava diferentes conotações: indicava alguém de uma raça diferente ou era ainda utilizada como insulto a quem não tinha um lar – um andarilho, e, portanto, alguém a temer.

A abordagem mais complexa de Brontë sobre o gótico também se faz evidente em sua descrição dos conflitos interiores de suas personagens. Catherine, por exemplo, quando forçada a escolher entre Heathcliff e Linton, não dorme por três dias e se torna incapaz de distinguir entre a imaginação e a realidade.

O terror tornou-me cruel; e, vendo que era inútil livrar-me da criatura, puxei-lhe o pulso através da vidraça partida, para a frente e para trás, até que o sangue escorreu e encharcou a roupa de cama.

O morro dos ventos uivantes

Respeitabilidade vitoriana

A diferença racial e a miséria da classe trabalhadora eram questões importantes para os vitorianos. Eles construíam suas ideias sobre respeitabilidade e a identidade nacional inglesa por meio de um espaço doméstico idealizado para o lar da classe média. Por exemplo, o próprio Dickens frequentemente descrevia cenas domésticas clichês em que a respeitabilidade do espaço burguês era contrastada com a miséria literal »

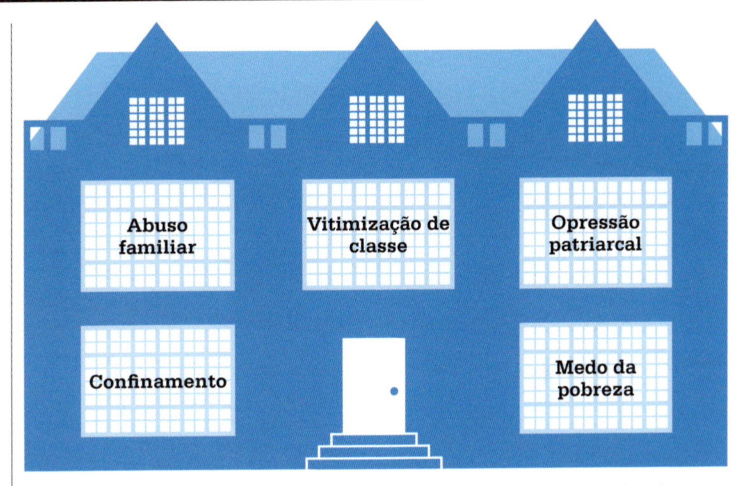

A casa em *O morro dos ventos uivantes* é um símbolo do tumulto da história e da confusão emocional dos protagonistas. Mais que funcionar como local de refúgio do mundo exterior, a casa é transformada em um terreno gótico para o abuso, o medo, a claustrofobia, a exploração e a opressão.

Os charcos selvagens simbolizam a ameaça bárbara da natureza. A paisagem desoladora, onde é fácil se perder, torna-se uma das personagens da obra.

e moral das ruas. Brontë, no entanto, trouxe as realidades cruas do ambiente externo para o lar, invocando as narrativas do gótico primitivo, nas quais os lares não eram locais de refúgio ou conforto, mas espaços de abuso familiar. Ao fazer isso, ela revela a seu leitor contemporâneo que a "escravidão" e a "falta de um lar" associadas a Heathcliff também são evidentes na esfera doméstica: com efeito, o lar não é mais seguro que as ruas góticas dominadas pelo crime.

Como criança abandonada encontrada em Liverpool, Heathcliff foi associado não apenas aos ciganos, mas também ao comércio de escravos do período. Como personagem, pode ser visto como manifestação gótica do que é externo, trazendo o terror do que não é familiar para dentro do ambiente doméstico. Por meio de sua forte ligação com Catherine, que, como ele, experimenta apenas abusos e negligências na mansão de Wuthering Heights, sua presença revela que crime e exploração não pertenciam apenas ao domínio da classe trabalhadora urbana.

Amantes ou vampiros?

A relação entre Catherine e Heathcliff é mais vampiresca que romântica. Eles extraem a força vital um do outro em busca de suas necessidades e de vingança, frequentemente refletindo um no outro seus desejos e frustrações em relação à sociedade. O apelo de Heathcliff a Catherine – "Não posso viver sem minha vida! Não posso viver sem minha alma!" – indica mais um encontro existencial de almas que uma poética união amorosa.

Catherine diz algo parecido: "Seja do que forem feitas nossas almas, a dele e a minha são uma só". Para ela, Heathcliff não é fonte de paixão passageira, própria de uma mocinha.

Meus grandes desgostos neste mundo foram os desgostos de Heathcliff. Eu os acompanhei e senti desde o início.

O morro dos ventos uivantes

Ela mesma adverte sua cunhada para que não o idealize como o herói de um romance. Em vez disso, ela o vê pelo que ele é: egoísta e predatório. Ela também tem um caráter demasiadamente obstinado e egoísta, e suas ações refletem a vontade inflexível de Heathcliff.

Criado na pobreza e abusado em Wuthering Heights por sua classe inferior, Heathcliff deseja conquistar poder via ascensão social, dinheiro e posse de propriedade – representada por Catherine. Como outras mulheres da classe média daquele período, a própria Catherine é considerada uma propriedade, parte do ambiente doméstico onde é confinada. Para ela, Heathcliff representa uma arma contra o respeitável mundo da classe média, ao qual ela deverá se conformar à medida que alcançar a maioridade.

Gênero e ambiente doméstico

A relação entre gótico vitoriano e gênero é um aspecto importante de *O morro dos ventos uivantes*, que se torna muito evidente em uma das mais famosas e violentas passagens do romance. Quando o infeliz Lockwood vem pela primeira vez a Wuthering Heights, espera encontrar uma tradicional casa de campo vitoriana: o típico lar que trouxe fama aos escritos de Dickens, com suas cenas de alegria e harmonia familiares diante de uma lareira aconchegante. Em vez disso, ele parece tropeçar nas páginas de um romance gótico, onde estranhos cães o atacam, um proprietário carrancudo o expulsa e uma misteriosa governanta o leva para dormir num quarto assombrado.

O encontro de Lockwood com o fantasma de Catherine criança em seu antigo quarto de dormir culmina na estarrecedora e sangrenta imagem dele deliberadamente esfregando o pulso do fantasma sobre as pontas estilhaçadas de uma vidraça quebrada. Essa cena violenta e perturbadora poderia ser interpretada como mero melodrama gótico, não fosse pela complexidade da relação de Catherine com a casa. Por toda a vida, ela vivencia casas como locais de confinamento. Procura fugir delas e, ironicamente, ainda assombra o entorno de Wuthering Heights, procurando entrar na casa após a morte. Como Heathcliff, é uma personagem "sem lar" que não pertence a lugar nenhum. Para ela, o real terror gótico é a impossibilidade de a casa abrigá-la e a seus desejos. Em vez disso, como Lockwood rompendo a pele da personagem na morte, sua identidade é rompida em vida. Por meio dela, Brontë revela os limites da ideologia doméstica vitoriana frequentemente usada para definir as mulheres da época.

Aprisionada pelo lar

Durante o século XIX, as mulheres foram intimamente relacionadas ao lar, a ponto de eminentes críticos vitorianos, como John Ruskin, descreverem o próprio corpo das mulheres como espaços privados do ambiente doméstico. Essa limitação claustrofóbica da vida feminina é uma questão que ecoa em *Jane Eyre*, de Charlotte Brontë, a partir do encarceramento literal de uma mulher dentro de casa. Em *O morro dos ventos uivantes*, esse tema gótico do aprisionamento feminino é expresso por Catherine, e sugere que a única saída para as mulheres está numa violenta autodestruição que resulta no abandono permanente do lar.

Para Catherine, a ideologia doméstica vitoriana não é apenas uma prisão, mas também um dilema existencial que a leva a questionar seu lugar no mundo e a expulsa de sua vida e de sua vitalidade, deixando para trás apenas uma "sombra" espectral de seu eu anterior – primeiramente, de forma literal, e, mais tarde, metafórica. Essa é a força de *O morro dos ventos uivantes* em seu emprego dos elementos góticos vitorianos: ele revela que a tragédia fundamental da história não se encontra no relacionamento predestinado entre Catherine e Heathcliff, mas na falta de um verdadeiro espaço de pertencimento para ambos. ■

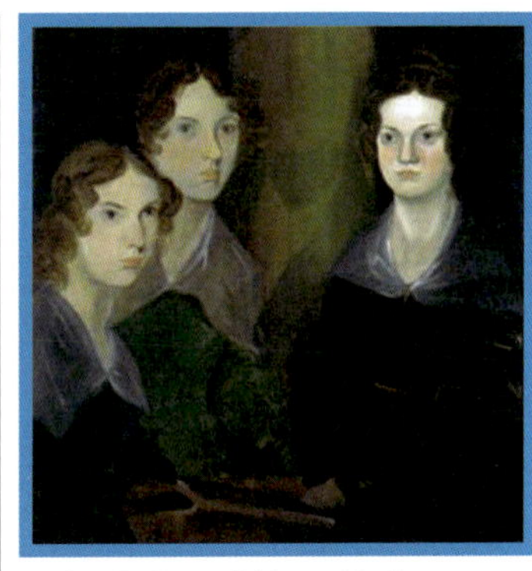

As irmãs Brontë (Anne, Emily e Charlotte), numa pintura feita por seu irmão Branwell, colaboraram entre si em suas obras literárias, explorando temas similares em seus escritos.

Os destinos de duas famílias entrelaçados em *O morro dos ventos uivantes*. Brontë tende a repetir nomes, frequentemente confundindo os leitores.

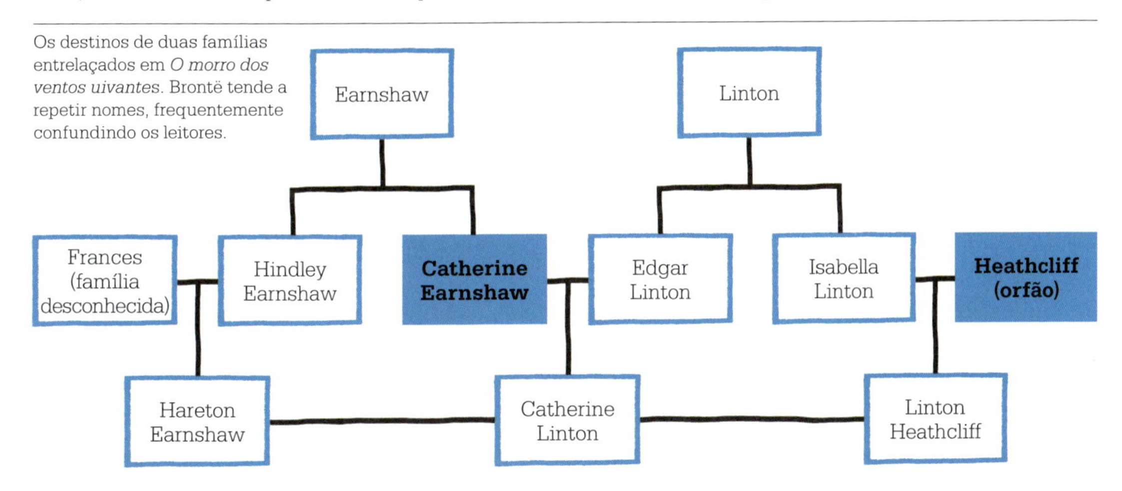

NÃO EXISTE INSENSATEZ DE

ANIMAL

ALGUM NA TERRA QUE NÃO SEJA INFINITAMENTE SUPERADA PELA

LOUCURA DOS HOMENS

MOBY DICK (1851), HERMAN MELVILLE

EM CONTEXTO

FOCO
Romantismo sombrio

ANTES
1845 Em "O corvo", poema de Edgar Allan Poe, o pássaro repete a expressão "nunca mais" para acelerar o processo de loucura de um amante abatido pela tristeza.

1850 Em *A letra escarlate*, de Nathaniel Hawthorne, Hester Prynne dá à luz uma filha ilegítima. A letra escarlate é o "a" de "adúltera", que ela precisa exibir bordada no vestido.

1851 *A casa das sete torres*, também de Hawthorne, explora a culpa, a retribuição e a reparação, com pitadas de sobrenatural e feitiçaria.

DEPOIS
1853 Num prenúncio da literatura existencialista, um copista oficial do livro *Bartleby, o escrivão*, de Herman Melville, recusa-se educadamente a aceitar tarefas, recolhendo-se aos poucos à mera existência.

Os Estados Unidos do princípio até meados do século XIX testemunharam o desenvolvimento de duas vertentes do romantismo. Uma delas, notadamente praticada por Ralph Waldo Emerson e Henry David Thoreau, foi o transcendentalismo, um movimento idealista centrado na crença da alma ou "luz interior" e na bondade inerente dos seres humanos e do mundo natural. A outra foi o romantismo sombrio, que sustentava uma visão menos otimista da natureza humana. Escritores como Edgar Allan Poe, Nathaniel Hawthorne e Herman Melville exploraram a suscetibilidade individual para o pecado e a autodestruição, numa reação contra o idealismo transcendentalista.

O lado sombrio

Ambas as escolas reconheciam uma energia espiritual na natureza. Porém, enquanto os transcendentalistas viam a natureza como canal mediador entre Deus e a humanidade, os românticos sombrios eram menos confiantes na perfectibilidade humana. Viam a natureza como detentora de verdades obscuras e misteriosas que os humanos confrontam a seu próprio risco. Num espírito pessimista, consideravam as tentativas de modificações sociais como dubiamente utópicas. Na poesia e na prosa, entre 1836 e os anos 1840, expoentes do romantismo sombrio frequentemente descreviam indivíduos falhando em suas tentativas de gerar mudanças positivas. Engolidos pelo horror, pelo sobrenatural e pelo macabro, assim como pelo sofrimento e pela tragédia, ficavam fascinados pela propensão humana para a maldade e pelas consequências psicológicas do pecado, da culpa, da vingança e da insanidade.

... tudo o que destrói o rigor e endurece o cérebro, tudo o que há de sutilmente demoníaco na vida e no pensamento; em suma, toda a maldade, para Ahab, se tornava visível, personificada e passível de ser enfrentada em Moby Dick.

Moby Dick

Herman Melville

Filho de um comerciante importador, Herman Melville nasceu em 1819, em Nova York. Iniciou sua vida profissional no ramo do pai, depois foi professor em escolas locais, trabalhou na fazenda do tio e também como bancário. Aos vinte anos, embarcou como marujo num navio mercante com destino a Liverpool. Em 1841, conseguiu emprego a bordo do *Acushnet*, um navio-baleeiro. Um interlúdio nas ilhas Marquesas, no Pacífico Sul, serviu-lhe de inspiração para escrever *Typee*, seu primeiro romance. Posteriormente, trabalhou em outros baleeiros e numa fragata da Marinha norte-americana. A navegação forneceu a Melville material para *Moby Dick*, e ele esperava tirar proveito do interesse popular pelas aventuras no mar. Porém, na época em que o livro foi publicado, o interesse dos leitores se voltava para o Oeste norte-americano, e *Moby Dick* não foi considerado uma obra-prima enquanto seu autor ainda vivia. Ele morreu de ataque cardíaco em 1891.

Outras obras

1846 *Typee*
1853 *Bartleby, o escrivão*
1857 *O homem de confiança*
1888-1891 *Billy Budd* (publicado postumamente em 1924)

Veja também: *Primeiro fólio* 82-89 ▪ *Frankenstein* 120-121 ▪ *Folhas de relva* 125 ▪ *O morro dos ventos uivantes* 132-137 ▪ *A letra escarlate* 153 ▪ *Drácula* 195 ▪ *O arco-íris da gravidade* 296-297

Transcendentalismo e romantismo sombrio são lados opostos do renascimento norte-americano de meados do século XIX. O primeiro via uma bondade inerente à natureza e às pessoas, enquanto o segundo compreendia uma natureza potencialmente sombria e humanos infinitamente falíveis.

A natureza é uma força espiritual divina que faz a mediação entre o homem e Deus.
A humanidade possui uma chama divina que torna a bondade humana imanente.
Os indivíduos alcançam o melhor de si quando têm autoconfiança e independência.
Transcendentalismo
Romantismo sombrio
A natureza é uma força espiritual sinistra que revela verdades terríveis.
A humanidade é imperfeita e inclinada ao pecado e à autodestruição.
Os indivíduos falham quando tentam melhorar as coisas.

Esses elementos também foram encontrados na literatura gótica e abriram caminho para a narrativa moderna de horror. Como as verdades que os românticos sombrios buscavam revelar eram primitivas e irracionais, favoreceram o uso do simbolismo – um modo de comunicação que não dá apreço à razão. Edgar Allan Poe escreveu contos e poemas explorando detalhes oníricos sombrios, com pessoas enterradas vivas, lares em decadência, além de um corvo capaz de infligir tormentos psicológicos. Nathaniel Hawthorne, que explora seus próprios pesadelos na hipocrisia do puritanismo do mundo real, escreveu sobre vergonha e pecados secretos.

Em 5 de agosto de 1850, dois dos grandes escritores do romantismo sombrio, Hawthorne, aos 46 anos, e Herman Melville, aos 31, conheceram-se numa expedição a uma montanha em Massachusetts. Melville, prestes a escrever seu grande romance sobre baleias, *Moby Dick*, inspirou-se em grande parte na intensa introspecção do colega mais velho e em sua rejeição à conformidade. Mais tarde, mudou-se com a mulher e a família para viver próximo a Hawthorne, vindo a incluir uma dedicatória a ele nas páginas de abertura de *Moby Dick*, em que se lê: "Em nome de minha admiração por sua genialidade".

A busca pela vingança

Rico em linguagem, circunstâncias, personagens e simbolismo, além de apresentar uma extraordinária profundidade e amplitude de conhecimento sobre o mundo marítimo, *Moby Dick; ou A baleia*, é o primeiro grande épico ficcional norte-americano. Trata-se de um livro guiado por uma intensa ambição literária. A partir de sua famosa abertura – "Chamem-me Ismael" –, o leitor é levado pela busca do narrador em encontrar sentido "no novembro úmido e chuvoso de sua alma". »

Todos os grandes homens trágicos são criados com uma certa morbidez (...) toda grandeza mortal é apenas doença.
Moby Dick

A *persona* de Ahab como um capitão do mar obsessivo e cheio de ódio é formada, a princípio, por boatos e informações secundárias. Ahab somente aparece em pessoa depois de decorridas mais de cem páginas do livro.

De fato, a própria busca de Ismael é igualada por uma aventura obsessiva e definitivamente trágica conduzida por Ahab, o capitão do navio-baleeiro *Pequod*, à medida que vasculha os mares à procura do gigante cachalote albino conhecido como Moby Dick, que lhe arrancou parte de uma das pernas. Ahab, "um homenzarrão impiedoso como um deus", percorre o convés socando o chão com sua prótese feita de osso de baleia, emanando um carisma satânico. Em um nível psicológico profundo, ele está engajado numa batalha contra Deus, a inefável presença por trás da ilógica máscara de Moby Dick – a visão que Ahab tem do mundo, segundo a qual todos os objetos representam algo desconhecido, inescrutável e maligno. Atingindo a baleia, Ahab atingirá Deus ou um agente desconhecido. A história de sua obsessão, tal como mostra o romance, é também uma busca pelo significado da vida e da morte, com *insights* sobre assuntos como religião e loucura.

A violenta sede de Ahab por vingança é amainada somente por seus sentimentos mais ternos, evidenciados no final por Pip, um jovem marujo negro, e por um breve interlúdio de nostalgia, quando ele derrama uma única lágrima sobre o mar. Falando a Starbuck, seu colega no *Pequod*, sobre seus quarenta anos de solidão no oceano, ele reflete sobre sua mulher ("sim, enviuvei a pobre moça quando a desposei, Starbuck.") e sobre seu filho pequeno. Esses lamentos são subjugados por sua luxúria desenfreada pela vingança, entremeada pela ira (dois pecados capitais num só).

Uma nação a bordo

A viagem do *Pequod*, e mesmo o próprio nome do navio, possui tons alegóricos: Pequod (ou Pequot) era uma tribo indígena norte-americana quase totalmente exterminada pelos pioneiros puritanos britânicos durante o século XVII. Por isso, a história sugere o destino de uma civilização formada pela sede insaciável pelo progresso material, pela expansão imperial, pela supremacia branca e pela exploração da natureza. A embarcação pode ser vista como um microcosmo do mundo e dos Estados Unidos em particular. E, como a obsessão de Ahab contamina todo o navio, toda uma sociedade se torna implicada.

A tripulação é uma mistura de raças e credos, refletindo a universalidade da visão de Melville. Trabalhando juntos, os marinheiros dependem uns dos outros. A liberdade

E de todas essas coisas a baleia albina é o símbolo.
Moby Dick

A baleia branca gigante que dá nome ao romance de Melville é um símbolo nítido da busca de Ahab por vingança. Entretanto, o animal é interpretado por outras personagens de várias maneiras, dependendo de sua educação, classe e crença – ou de sua falta desses atributos.

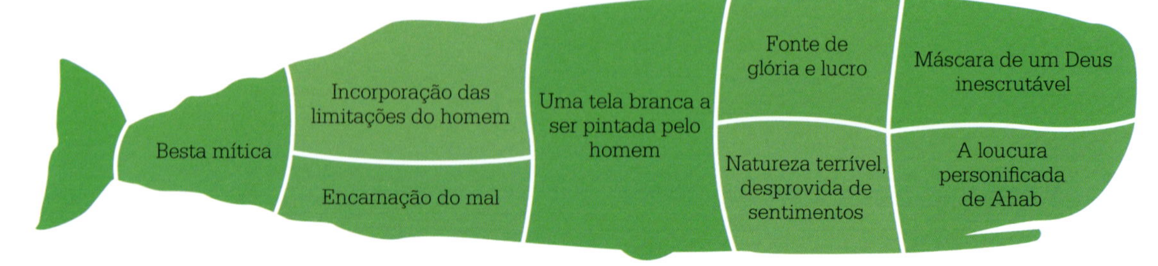

Moby Dick não te procura.
És tu, na tua loucura,
és tu, que o procuras!
Moby Dick

de movimento e de comunicação tem lugar nas fronteiras hierárquicas de *status* e de comando. Entretanto, essa sociedade flutuante e diversa está longe de ser democrática: distinções sociais e raciais levam à desigualdade, e todos a bordo se curvam ante a mão de ferro de Ahab. A diversidade de pensamentos e sentimentos experimentada pela tripulação do baleeiro forma um contraponto dramático à monomania do capitão e à energia monolítica da baleia que ele está determinado a perseguir e matar.

O navio é uma fábrica flutuante e um instrumento de perseguição, e Melville estava totalmente consciente dos paralelos que os leitores fariam entre a embarcação e o capitalismo norte-americano, a era das máquinas e a economia de mercado.

Bíblia e profecia

Moby Dick é um épico de aspiração blasfema ("Não me fale de blasfêmias, homem", diz Ahab. "Eu lutaria contra o sol se ele me insultasse") e faz uso de referências bíblicas para atribuir significado à sua estrutura. Suas duas personagens principais, Ismael e Ahab, recebem seus nomes de figuras da Bíblia. No Gênesis (16-25), Ismael, o filho ilegítimo do patriarca Abraão, foi preterido em favor de Isac, filho legítimo. Ao atribuir ao narrador esse nome, Melville destaca o fato de Ismael ser um aventureiro fora dos padrões: sua inexperiência na caça a baleias impede sua aceitação por parte da tripulação. Ahab, em Reis (1.21), é um tirano que cobiça um vinhedo e o obtém por meio de trapaça, mas está destinado a um fim inglório. Seu homônimo segue um padrão mais ou menos análogo em *Moby Dick*, obtendo êxito de uma maneira que sela seu próprio destino.

Melville, preocupado com as maquinações do destino, faz uso da profecia para criar um sentido de presságio ominoso. Antes de Ismael alistar-se no *Pequod*, uma personagem chamada Elijah (outra equivalência bíblica) prevê um fim obscuro para a embarcação. Mais tarde, uma profecia de Fedallah, um arpoador, antevê as etapas finais da trajetória da narrativa. Ele diz que o capitão morrerá somente depois de ver dois féretros: um que não é feito por mãos mortais e outro feito de madeira cultivada nos Estados Unidos – o que Ahab interpreta como um sinal de sua sobrevivência à viagem.

Fogo infernal e retribuição

Depois de conhecer o arpoador Queequeg, Ismael comenta asperamente: "É melhor dormir com um canibal sóbrio do que com um cristão bêbado". Essa depreciação da ortodoxia cristã, bem »

Navios-baleeiros eram comumente vistos em New Bedford, Massachusetts, local em que Melville trabalhou e onde se passam as primeiras cenas de *Moby Dick*. O último baleeiro deixou o porto em 1925.

O baleeiro *Essex*, de Nantucket, choca-se contra um enorme cachalote no oceano Pacífico em 1820, vindo a naufragar. Foi um dos vários eventos que inspiraram Melville a escrever *Moby Dick*.

como de outras religiões, aparece ao longo do romance. Reunindo a tripulação no convés, Ahab obriga os três arpoadores "pagãos" a beber na cabeça de seus arpões, numa cena que faz lembrar uma missa sacrílega. Ele os chama de cardeais, e seus receptáculos com bebida, de cálices, forçando-os a jurar Moby Dick de morte. Mais tarde, para a ponta de um arpão suja de sangue, que ele pretende usar para espetar a baleia, ele declara: "Eu o batizo, não em nome do Pai, mas em nome do Demônio" – uma frase que Melville descreveu para Hawthorne como o "lema secreto" do livro. Ele escreveu ao colega escritor afirmando que havia criado um "livro maldito", e, numa carta anterior, que seu romance era "inflamado pelo fogo infernal".

O próprio navio, pintado de preto e decorado com enormes dentes e ossos de cachalotes, lembra uma embarcação funerária de alguma religião tribal funesta – Melville o descreve como "uma nave canibal, ornada com os ossos de seus inimigos".

À noite, as fogueiras utilizadas para derreter a gordura das baleias transformam o navio num "inferno vermelho". Dessa forma, até mesmo a ambientação do romance ganha os tons de uma fé subvertida que tão frequentemente se faz refletir nas ações e nos diálogos.

Teatro e poesia

O livro lança mão de dispositivos mais frequentemente associados ao teatro do que aos romances, incluindo solilóquios (discursos que compartilham os pensamentos das personagens diretamente com o público), marcações para o palco e, no capítulo 40 ("*Meia-noite, Castelo de Proa*"), uma breve peça dramática.

Ao descrever a ambição autodestrutiva, Melville foi inspirado pelo herói trágico elisabetano: Ahab apresenta traços do trágico herói-vilão Macbeth, de Shakespeare, assim como do rei Lear em sua insensatez impiedosa, e de Hamlet, em sua pulsão pela vingança. Em um ensaio de 1850, Melville escreveu sobre sua admiração pelas "coisas profundas e distantes" de Shakespeare, e pelas verdades vitais proferidas por suas "personagens sombrias". Melville usou meios explicitamente shakespearianos para expressar seus pontos de vista a partir dos solilóquios já mencionados (utilizados com grande força por Shakespeare) à linguagem intensa e elevada numa prosa que realmente expressa a cadência do verso branco (poesia rítmica sem rima).

Melville também se inspirou na linguagem de *O paraíso perdido*, poema épico em verso branco de John Milton. Há paralelos também com o poema *A balada do velho marinheiro*, de Samuel Taylor Coleridge – o albatroz abatido pelo marinheiro equivale à baleia de Melville.

Elementos enciclopédicos

O uso de vários elementos do teatro e da poesia, com a originalidade arrojada que ajuda a fazer de *Moby Dick* um marco da ficção, é equiparado a empréstimos de outro gênero

Eu a vejo em sua força descomunal, fortalecida por uma malícia inescrutável.
Moby Dick

Queequeg, o arpoador polinésio tatuado, faz parte da tripulação internacional do *Pequod*. Embora digam que seja pagão e canibal, é calmo, generoso, honesto e leal.

literário: a enciclopédia. Enquanto o suspense da história é entremeado por uma série de dramáticas caças às baleias, esse ímpeto central é deliberadamente congelado em intervalos estratégicos, em capítulos que apresentam uma riqueza de informações antropológicas, zoológicas e relacionadas a outros dados factuais sobre baleias e sobre a atividade baleeira – exemplos disso são o relato sobre a extração de óleo de baleia e a discussão acerca da representação das baleias nas artes. O volume prodigioso e a densidade de conhecimento à disposição parecem apropriados à experiência de Melville como autodidata: "Atravessei livrarias a nado", declara Ismael, e Melville fez o mesmo, absorvendo quantidades enormes de conhecimento por meio de suas próprias leituras, muitas vezes em alto-mar. O conteúdo e o tom dos capítulos enciclopédicos preenchem o romance com um vasto recheio detalhado de realismo factual. Isso ajuda a relacionar a visão de mundo romântica e sombria de Melville à civilização habitada por leitores de livros, instruindo-os por meio de ciência e história.

Uma mistura instigante

Os traços do teatro shakespeariano e o conteúdo factual constituem dois estilos de prosa característicos do romance. Equiparado a ambos encontra-se um terceiro: a casualidade conversacional. Essa feição narrativa se anuncia na segunda afirmação de Ismael ("Alguns anos atrás – não importa exatamente quanto tempo – tendo pouco ou nenhum dinheiro...") e ressurge com frequência no meio do texto com elaborada expressividade

Como consegue enfrentar tudo sem a loucura? Será que os céus ainda o odeiam tanto a ponto de não lhe permitir enlouquecer?

Moby Dick

teatral. Assim, gêneros e estilos se misturam, produzindo um efeito poderoso.

Moby Dick possui uma profundidade enciclopédica e estilos literários múltiplos: como os oceanos ocupam dois terços da superfície da Terra, o livro talvez possa ser descrito como um drama psicológico concebido sobre a maior escala imaginável. Com sua consideração sobre o bem e o mal em um cosmo indiferente, e sua realização de um mundo social detalhado, esse épico monumental de fanatismo misturado a uma visão trágica estabelece um novo marco para as aspirações ficcionais. ■

O grande romance norte-americano

Escrever o "*great American novel*" como expressão de orgulho nacionalista e desafio ao cânone ficcional europeu tornou-se uma ambição explícita no século XIX.

A expressão "grande romance norte-americano" foi criada pelo romancista John De Forest em 1868. Uma qualidade essencial era que o livro deveria captar um *éthos* genuinamente norte-americano. Uma saga familiar envolvendo a questão racial e outras tensões sociais, como *A cabana do Pai Tomás* (Harriet Beecher Stowe, 1852), e, mais tarde, *Amada* (Toni Morrison, 1987), seria considerada apropriada. Alguns candidatos ao título focalizavam a autocriação, que, no século XX, tornou-se a base do sonho norte-americano; esses temas foram tratados em *O grande Gatsby* (F. Scott Fitzgerald, 1925) e *Homem invisível* (Ralph Ellison, 1952). Outro tipo adequado foi o "megarromance", com suas múltiplas personagens e tramas apresentando um microcosmo de ideias filosóficas e contrastes sociais. *Moby Dick*, o primeiro grande romance norte-americano, pertence tanto à segunda quanto à terceira categoria; a outra obra de importância, *As aventuras de Huckleberry Finn* (Mark Twain, 1884), sem dúvida ocupa o segundo lugar.

No século XXI, o grande romance norte-americano permanece um ideal para escritores e leitores, embora o conceito tenha perdido um pouco do requinte, e a ideia de unificar uma "voz norte-americana" seja rejeitada por muitos críticos.

TODAS AS DESPEDIDAS SÃO UM PRENÚNCIO DA PARTIDA FINAL

A CASA SOTURNA (1852-1853), CHARLES DICKENS

EM CONTEXTO

FOCO
Ficção em série

ANTES
1836-1837 *As aventuras do sr. Pickwick*, de Charles Dickens, é publicado como folhetim em vinte capítulos mensais. A obra estabelece a popularidade e a viabilidade financeira de publicar ficção de narrativas em série.

1844-1845 *O conde de Monte Cristo*, uma aventura escrita por Alexandre Dumas sobre o falso encarceramento de um homem e sua subsequente vingança, é publicado como folhetim.

DEPOIS
1856 O romance de estreia de Gustave Flaubert, *Madame Bovary*, aparece como folhetim na revista literária *Revue de Paris*.

1868 *A pedra da lua*, de Wilkie Collins, mostra-se tão popular que passa de 26 para 32 capítulos em série.

Os leitores dos dois lados do oceano Atlântico mal podiam conter a impaciência pelo aguardado capítulo final de *A loja de antiguidades*, folhetim de Charles Dickens. Tanto que, quando o navio que trazia o capítulo finalmente atracou no porto de Nova York, nos Estados Unidos, em 1841, leitores extasiados que esperavam sua chegada invadiram o cais para descobrir, desesperados, se a pequena Nell, protagonista do romance, havia morrido.

Tamanho entusiasmo simplesmente mostrava quão popular a obra de Charles Dickens havia se tornado. Mas também destacava a popularidade da serialização folhetinesca – um processo pelo qual um romance é publicado em episódios antes

Veja também: *Oliver Twist* 151 ▪ *O conde de Monte Cristo* 152-153 ▪ *A feira das vaidades* 153 ▪ *David Copperfield* 153 ▪ *Madame Bovary* 158-163 ▪ *A pedra da lua* 198-199

O único grande princípio da lei inglesa é beneficiar-se a si própria.
A casa soturna

de ganhar o formato de livro. A evolução da tecnologia de impressão, o papel mais barato, o crescimento das ferrovias e o aumento dos índices de alfabetização contribuíram para o aparecimento do folhetim. Também o preço desempenhou seu papel: os leitores preferiam pagar por episódio a investir num livro pronto e caro. Dessa maneira, a ficção em série possibilitou o crescimento de um público leitor em massa.

Pioneiro em série

Ao iniciar sua carreira como romancista, Charles Dickens pretendia produzir uma obra em três volumes, seguindo a tradição da época. Entretanto, seus editores sugeriram que escrevesse uma série de artigos que acompanhariam certa seção esportiva. De acordo com Dickens, "meus amigos me disseram que seria uma forma de publicação inferior e barata, com a qual eu arruinaria todas as minhas esperanças". Contudo, aceitou a proposta e começou a trabalhar no primeiro episódio de *As aventuras do sr. Pickwick*. Foi um grande sucesso, e, a partir daí, Dickens publicou todos os seus romances no formato do folhetim.

Apesar da tensão envolvida no cumprimento de prazos semanais ou mensais para a entrega dos textos, o formato em série era perfeitamente adequado para o estilo narrativo enérgico e dramático de Dickens. Também ajudou a criar uma intimidade entre ele e seus leitores – às vezes chegava a alterar a trama de alguns episódios em resposta às reações de seu público.

Complexidade madura

A casa soturna foi publicado em episódios mensais entre março de 1852 e setembro de 1853. Foi o nono romance de Dickens, tido por muitos como uma de suas obras mais maduras. O escritor e crítico inglês G. K. Chesterton considerou-o seu melhor romance, uma opinião compartilhada por inúmeros leitores naquela época e na atualidade.

Obra imensa e complexa, *A casa soturna* é ambientada especialmente em Londres, mas também em Lincolnshire, leste da Inglaterra. Seu tema principal trata das iniquidades do sistema judiciário britânico naqueles tempos, o qual, por causa da morosidade, da obscuridade e da falta de humanidade, destruiu vidas inocentes. Central para a história, e »

Cada capítulo de *A casa soturna* era acompanhado por duas ilustrações de Hablot Knight Browne, o que intensificava o clima do texto – esta ilustração mostra a imponente casa de Chesney Wold.

Charles Dickens

Nascido em Portsmouth, Inglaterra, em 7 de fevereiro de 1812, Charles Dickens foi o segundo de oito filhos. Aos doze anos, seu pai foi preso por endividamento. Charles abandonou a escola e começou a trabalhar em uma fábrica de graxa de sapato, uma experiência degradante descrita em *David Copperfield*. Mais tarde, trabalhou como escriturário e começou a atuar como jornalista.

Em 1836, Dickens casou-se com Catherine Hogarth e começou a escrever *As aventuras do sr. Pickwick*, firmando-se como romancista. Nos trinta anos seguintes, publicou doze obras importantes. Também editou periódicos e assinou diversos artigos, contos e peças de teatro. Separou-se de Catherine em 1858 e morreu em 1870, sendo sepultado no Canto dos Poetas da abadia de Westminster.

Outras obras

1836-1837 *As aventuras do sr. Pickwick*
1837-1839 *Oliver Twist*
1843 *Um conto de Natal*
1849-1850 *David Copperfield*
1855-1857 *A pequena Dorrit*
1859 *Um conto de duas cidades*
1860-1861 *Grandes esperanças*
1864-1865 *Our mutual friend* [Nosso amigo comum]

Densos nevoeiros, os *pea-soupers*, contendo fuligem e outros poluentes, eram característicos da Londres do século XIX. Em *A casa soturna*, são símbolo de confusão e opressão.

nela intricado, está o caso fictício de Jarndyce *versus* Jarndyce, uma disputa legal sobre uma herança que já se arrasta por várias décadas no momento em que o romance começa, tendo se tornado "tão complicada que nenhum homem vivo sabe o que é".

Múltiplas camadas

Entretanto, *A casa soturna* não é apenas um ataque ao sistema judiciário inglês: é também um caso de mistério por assassinato, uma história de detetive e uma marcante exploração da pobreza, da doença e da negligência que faziam parte da Inglaterra do século XIX. O romance inclui tramas principais e secundárias que tocam em temas envolvendo segredos, culpa, ambição, egoísmo, amor e generosidade. Como todos os romances de Dickens, apresenta uma imensa e memorável lista de personagens, que se interligam entre si de maneiras tanto óbvias quanto extremamente sutis (introduzindo o elemento surpresa no formato do folhetim). A maioria dessas personagens se conecta por meio da complexa rede que envolve o caso de Jarndyce e Jarndyce. Essas características vieram com a natureza serial da obra, por sua criação episódica capaz de permitir muitas tramas secundárias abarcando numerosas personagens.

Dickens começa a lançar as bases de sua história já no primeiro episódio, apresentando o leitor a locais, acontecimentos e várias personagens. Ele também dá pistas para os mistérios que serão revelados mais tarde. A memorável cena de abertura descreve Londres em novembro, com o nevoeiro sobre o rio enregelando as personagens até os ossos, o que simboliza a confusão e a corrupção que emanam do ponto mais denso do nevoeiro – o Tribunal de Chancery. Passando para Lincolnshire, reaparece como neblina em torno de Chesney Wold, a propriedade dos aristocráticos lorde e Lady Dedlock.

São apresentadas três personagens principais: Esther Summerson, Ada Clare e Richard Carstone, três órfãos cujas vidas já se encontram afetadas pelo arrastado caso de Jarndyce e Jarndyce. Eles viverão na casa soturna

Névoa por toda parte. Névoa rio acima, entre ilhotas e verdes prados; névoa rio abaixo...
A casa soturna

de Bleak House com seu tutor, John Jarndyce, um homem gentil e benfazejo que se distanciou resoluto do infame processo judicial e agora adverte seus tutelados a fazer o mesmo. Contudo, cada um é atingido pelo caso, e Carstone se vê perigosamente envolvido nele.

Criada por uma tia austera e carregando um mistério vergonhoso em torno de seu nascimento, Esther representa um papel central no romance. É uma jovem modesta, tímida e retraída, que diz sobre si mesma: "Sei que não sou muito inteligente".

Esther é também um dos narradores utilizados por Dickens. Seu relato em primeira pessoa surge de quando em vez na história, descrevendo pessoas e eventos sob um ponto de vista pessoal e retrospectivo. Ela emite impressões e faz críticas sobre as demais personagens. O outro narrador é uma terceira pessoa anônima, que descreve os acontecimentos no tempo presente, criando uma tensão dramática e enfatizando a injustiça social – a voz da consciência.

Personagens marcantes

Cada personagem em *A casa soturna* recebe um nome cuidadosamente escolhido e é apresentada para desempenhar papéis sociais definidos: normalmente, são personagens grandiosas, porém nunca estereotipadas. A complexidade das personagens de Dickens as torna instigantes para os leitores, que acompanhavam seus destinos em episódios da mesma maneira como, atualmente, espectadores de televisão se ligam em seriados semanais.

Lorde e Lady Dedlock encarnam com perfeição a indiferença, a apatia e o entorpecimento da aristocracia, apesar de a frieza arrogante de Lady Dedlock esconder um segredo sinistro. Miss Flite, que faz amizade com os jovens tutelados, é uma mulher idosa meio louca, cuja insanidade advém do caso Jarndyce e Jarndyce. Carregando uma pasta com documentos, assombra Chancery, à espera do dia do julgamento, quando libertará os passarinhos que mantém em gaiolas, cujos nomes deprimentes incluem Cinzas, Refugo, Ruína e Desespero. Krook, um comerciante de sucatas afeito ao rum e obcecado pelo caso judicial, desempenha um papel crucial até que um dia, num final estarrecedor para o décimo episódio, seu corpo espontaneamente entra em combustão. E Tulkinghorn, advogado de Dedlock, assombra as páginas à espreita do mistério que envolve os Dedlocks e Esther Summerson.

Negligência *versus* delicadeza

Egoísmo, ambição, hipocrisia e negligência são temas comuns ao livro: a sra. Jellyby descuida-se de seus próprios filhos por interesses filantrópicos; como um "modelo de conduta" autocentrado, o sr. Turveydrop demonstra pouco interesse por seu filho empobrecido e trabalhador; a grotesca família Smallwood é obcecada por um "interesse comum"; e toda a sociedade repudia Jo, um pobre menino que varre o chão diante de pessoas mais abastadas para que possam caminhar pelas ruas, e a quem dizem durante todo o tempo: "Saia da frente". A hipocrisia é caricaturada nas figuras de Chadband, um religioso evangélico ensebado, e Harold Skimpole, que se apresenta como pessoa imune às realidades monetárias que o cercam, mas, mesmo assim, mendiga dinheiro de todos os seus amigos. Em contraste, a delicadeza é apresentada a todos por Esther, Ada e seu benfeitor John Jarndyce.

Sucesso em série

Pode-se também argumentar que *A casa soturna* é uma das primeiras histórias de detetive da literatura inglesa. O investigador é o sr. Bucket, um homem genial, parecido com um cão *terrier*, que, após um horrível assassinato, sai no encalço do culpado. Dickens cria pistas falsas nessa trama secundária, apresentadas de modo a deixar os leitores aflitos e atormentados ao final de dois episódios, mantendo-os em suspense e ávidos por ler mais.

Algumas das primeiras críticas foram desfavoráveis a *A casa soturna*, alegando que era lúbugre ao extremo e sem humor. O amigo e biógrafo de Dickens, John Forster, descreveu-a como "real demais", mas o desacordo dos leitores se tornou evidente: as vendas eram de 34 mil a 43 mil cópias mensais. Seguindo o êxito de Dickens, outros escritores também ganharam público via folhetim. A história de detetive de Wilkie Collins, *A pedra da lua*, apareceu primeiro em capítulos serializados, e histórias de *Sherlock Holmes de sir Arthur Conan Doyle* foram publicadas na *The Strand Magazine*. Fora da Inglaterra, *Anna Kariênina*, de Liev Tolstói, apareceu como folhetim, tal como *Os irmãos Karamázov*, de Dostoiévski. Mais tarde, tanto o rádio como a televisão substituíram os episódios seriais das revistas, porém, em 1984, o escritor norte--americano Tom Wolfe retomou o folhetim com *A fogueira das vaidades*, publicado pela primeira vez na revista *Rolling Stone*. ■

Dickens trata os lugares em *A casa soturna* quase como personagens plenamente constituídas. Descritas com vivacidade, servem como representação de classes e compõem verdadeiros panos de fundo para o encontro e a interação entre pessoas dessas diferentes classes sociais.

Lincoln's Inn
Grande parte da ação – especialmente as maquinações jurídicas envolvendo Jarndyce e Jarndyce – acontece dentro ou nas imediações de Lincoln's Inn, em Londres. Esta era a casa de Tulkinghorn e também do advogado de Dickens na vida real.

Tom-All-Alone's
A pobreza e as más condições de vida e de trabalho descritas na Londres de Dickens são reveladas na confusão dos cortiços conhecidos como Tom-All-Alone's. Embora seja uma área fictícia, bem pode ter sido baseada numa região chamada Devil's Acre, em Westminster, Londres.

St. Albans
Dickens situa Bleak House [casa soturna], a casa de classe média de John Jarndyce, em St. Albans, Hertfordshire, porém acredita-se que tenha sido inspirada na casa de Broadstairs, Kent, onde ele passou os verões com a família durante muitos anos.

Lincolnshire Wolds
Dickens situou Chesney Wold – a mansão de Sir Leicester e Lady Honoria Dedlock – em Lincolnshire. Sua descrição é baseada no castelo de Rockingham, em Leicestershire, cujos donos eram seus amigos Richard e Lavinia Watson.

LEITURA ADICIONAL

RENÉ
(1802), FRANÇOIS-RENÉ CHATEAUBRIAND

A figura melancólica de René, vagueando pelas terras da França para as Américas e encontrando apenas *ennui* (tédio) tanto na cidade como no campo, ofereceu um protagonista perfeito para o começo do romantismo. *René*, do escritor, diplomata e político francês François-René Chateaubriand (1768-1848), chocou os leitores com a revelação de seu enredo, em que a irmã de René, Amélie, entra para um convento para dominar seus sentimentos de um amor incestuoso. A novela foi um sucesso imediato.

THE SKETCH BOOK OF GEOFFREY CRAYON, GENT.
(1819-1820), WASHINGTON IRVING

Escrito pelo autor norte-americano Washington Irving (1783-1859), *The sketch book* of *Geoffrey Crayon, Gent.* é uma coleção de contos e ensaios. Inclui histórias como "Rip van Winkle", na qual a personagem principal dorme durante a Guerra da Independência, e "A lenda do cavaleiro sem cabeça", que conta como Ichabod Crane perseguiu a figura assustadora. O livro de Irving foi uma das primeiras obras literárias norte-americanas recebidas com sucesso na Grã-Bretanha e na Europa, e contribuiu para a reputação da literatura norte-americana no começo do século XIX.

IVANHOÉ
(1820), SIR WALTER SCOTT

Ambientado na Inglaterra do século XII, *Ivanhoé* foi baseado nas tensões entre os brutais governantes normandos e a população saxã desprovida de qualquer coisa. O romance de Sir Walter Scott conta a história de amor entre dois saxões de classe alta, Rowena e Ivanhoé. Eles vivem lado a lado com muitos nobres e cavaleiros desprezíveis que se prestam a duelos e torneios. A figura lendária de Robin Hood aparece como um fora da lei com habilidades excepcionais no arco e flecha e um atraente senso de justiça. A caracterização de Scott em *Ivanhoé* ajudou a rejuvenescer a reputação de Robin Hood para o público leitor vitoriano.

Sir Walter Scott

Walter Scott (1771-1832) nasceu em Edimburgo, e a Escócia é uma parte central de sua obra. É considerado por alguns o inventor e o maior expoente do romance histórico, e seu amor pela natureza ainda na infância, pela paisagem escocesa e pelos contos folclóricos tradicionais ajudaram a nutrir seu forte senso de identidade nacional. Na poesia e na prosa, a mistura de romance e ficção histórica com uma descrição apaixonada de sua terra natal como pano de fundo – principalmente nos romances *Waverley* (1814-1832), que Scott escreveu anonimamente – agradou um público imenso e mudou a maneira como a Escócia era vista culturalmente. Scott sofreu com uma má saúde durante a maior parte de sua vida e por fim velejou para a Itália para repousar antes de morrer, em 1832, emAbbotsford, a propriedade que construiu ao longo de vários anos na Escócia.

Obras principais

1810 *A dama do lago*
1814 *Waverley*
1820 *Ivanhoé* (veja acima)

O ÚLTIMO DOS MOICANOS
(1826), JAMES FENIMORE COOPER

Ambientado nos anos 1750, no auge da Guerra dos Sete Anos (1754-1763) – conhecida nos Estados Unidos como a Guerra Franco-Indígena –, *O último dos moicanos* conta a história de Chingachgook e seu filho Uncas, o eponômio do último membro puro-sangue da tribo dos moicanos. O escritor norte-americano James Fenimore Cooper (1789-1851) detalha seus esforços corajosos com seu amigo, o caçador branco Natty Bumppo, para salvar vidas inocentes. Sem dúvida, o livro mais popular de uma série em cinco partes chamada "Leatherstocking tales", o romance de Cooper ajudou a criar vários estereótipos do gênero do Velho Oeste, como a noção romântica dos guardas das fronteiras, corajosos e valentes, e os nativos indígenas sábios e estoicos.

O VERMELHO E O NEGRO
(1830), STENDHAL

Publicado em mais de dois volumes, *O vermelho e o negro* descreve os anos de formação de Julien Sorel, um rapaz provinciano que planeja galgar a ordem social na França do século XIX. Por meio de uma detalhada narrativa pessoal, histórica e psicológica da juventude de Julien, desde o início, como o filho

Honoré de Balzac

Um dos principais escritores franceses do século XIX, Honoré de Balzac é conhecido por ter desenvolvido o realismo no formato de romance, especialmente em *O pai Goriot*. Nascido em Tours, em 1799, ele se mudou para Paris ainda criança, foi aluno da Sorbonne a partir de 1816 e tudo indicava que seguiria o direito como profissão quando se voltou para a escrita. Por volta de 1832, Balzac tinha planos para *A comédia humana* – uma coleção de 150 de suas primeiras obras, incluindo ensaios, romances e uma série de artigos analíticos e filosóficos. Balzac queria que esse vasto compêndio capturasse a natureza da condição humana, mas ele morreu em 1850, com a obra ainda por terminar.

Obras importantes

1829 *A Bretanha em 1799*
1834-1835 *O pai Goriot* (veja abaixo)
1841-1842 *Um aconchego de solteirão* (veja p. 152)

sensível de um carpinteiro, à sua ascensão ao alto-escalão da sociedade por meio de *affairs* com mulheres aristocráticas, o leitor por fim testemunha a derrocada de Sorel. A história do escritor francês Stendhal (1783-1842) se passa na França do começo do século XIX, e tanto parodia quanto satiriza os excessos da Restauração Francesa, antes da Revolução de Julho de 1830.

O PAI GORIOT
(1834-1835), HONORÉ DE BALZAC

Ambientado na Paris de 1819, *O pai Goriot*, de Honoré de Balzac, fala sobre a vida durante a Restauração Francesa. A revolução de 1789 parece longínqua, apesar de a divisão de classes ter se tornado tensa novamente. Balzac usou uma representação realista ao recontar sua visão brutal da sociedade parisiense do começo do século XIX – especialmente os alpinistas sociais, dispostos a pisar sobre os outros para atingir seus objetivos. Considerada por muitos o melhor romance de Balzac, sua história foi a primeira a apresentar personagens de outros livros do autor – prática que se tornou marca registrada em sua ficção.

CONTOS DE FADAS
(1835-1837), HANS CHRISTIAN ANDERSEN

O escritor dinamarquês Hans Christian Andersen (1805-1875) criou alguns de seus contos de fadas ao recontar histórias que ouviu quando era criança e ao inventar outras totalmente originais. Publicado em três volumes, *Contos de fadas* consiste em nove histórias, incluindo clássicos como "A princesa e a ervilha", "A pequena sereia" e "A roupa nova do imperador". As obras de Andersen prefiguraram a explosão da literatura infantil no século XIX e ainda possuem enorme expressão cultural na atualidade.

KALEVALA
(1835-1849), ELIAS LÖNNROT

Baseado nos contos folclóricos dos povos nativos careliano e finlandês, *Kalevala* – que significa "a terra do Kaleval" – é uma coleção de poemas épicos, considerada uma das obras mais significativas da literatura finlandesa. Composto a partir da pesquisa etnográfica do doutor e filologista finlandês Elias Lönnrot (1802-1884), que viajou pela vastidão da Finlândia e da Carélia registrando canções folclóricas orais, o *Kalevala* é escrito em uma métrica distinta, com cada verso apresentando quatro pares de sílabas tônicas e átonas. A obra recontou histórias mitológicas, criando uma herança literária e cultural que despertou o nacionalismo finlandês no século XIX.

OLIVER TWIST
(1837-1839), CHARLES DICKENS

Em seu segundo romance, o escritor inglês Charles Dickens (veja p. 147) apresenta um retrato ousado da subclasse social da Grã-Bretanha vitoriana e dos pobres lutando cada um por si em um mundo hostil. Visto como um dos primeiros exemplos de romance de protesto social, *Oliver Twist* conta a história de Oliver quando ele foge de uma casa de correção em Londres e se junta a uma gangue de crianças criminosas. Como muitos dos romances de Dickens, a obra foi publicada em série, com finais misteriosos que deixavam os leitores ávidos pelo volume seguinte.

O HERÓI DO NOSSO TEMPO
(1840), MIKHAIL LERMONTOV

Em *O herói do nosso tempo*, o escritor, poeta e pintor russo Mikhail Lermontov

Eu estava pronto para amar o mundo todo – mas ninguém me entendia: aprendi a odiar.
O herói do nosso tempo
Mikhail Lermontov

(1814-1841) apresenta o protagonista Grigory Pechorin, um homem desocupado, niilista e "supérfluo". Pechorin age como um anti-herói em uma série de aventuras e casos de amor passados na região do Cáucaso, na Rússia. O autor organizou seu romance em cinco partes, retratando a natureza complexa de um anti-herói sensível e emotivo, mas, mesmo assim, brutalmente cínico, que se desespera com a falta de sentido da vida.

CONTOS DO GROTESCO E ARABESCO
(1840), EDGAR ALLAN POE

Originalmente publicado em dois volumes, *Contos do grotesco e arabesco* consiste em 52 contos. Muitos deles são escritos com elementos do estilo gótico, enquanto outros investigam os aspectos psicológicos mais sombrios da mente dos protagonistas. O autor norte-americano Edgar Allan Poe (1809-1849) é considerado o criador do "romantismo sombrio", uma forma especificamente norte-americana de romantismo. "A queda da casa de Usher", seu conto mais famoso, mostra a casa de Roderick Usher rachando e se quebrando e finalmente caindo em um paralelo cheio de compaixão com seu próprio declínio psicológico. Boa parte da análise da coleção de Poe se concentra no significado dos termos "grotesco" e "arabesco": qualquer que fosse a intenção de Poe, os contos são importantes por seu tratamento do terror e do horror.

Eu tinha no coração uma invencível tristeza onde nenhum estímulo da imaginação podia descobrir qualquer coisa de sublime.

"A queda da casa de Usher"

Edgar Allan Poe

UM ACONCHEGO DE SOLTEIRÃO
(1841-1842), HONORÉ DE BALZAC

Por muito tempo negligenciada, mas agora considerada uma das obras-primas do romancista e dramaturgo francês Honoré de Balzac (veja p. 151), *Um aconchego de solteirão* conta a história de disputas, manipulações e esquemas dos membros de uma família burguesa para assegurar uma herança considerável. Intitulado em francês *La Rebouilleuse* – ou alguém que remexe a água para atrair os peixes –, uma referência à dona de casa controladora da história, o romance é uma pesquisa interessante da natureza da enganação. Dinheiro, *status*, legitimidade e as distâncias que os seres humanos estão dispostos a percorrer para garantir uma recompensa financeira estão entre os temas explorados por Balzac.

ALMAS MORTAS
(1842), NIKOLAI GOGOL

Almas mortas é frequentemente considerado um grande romance da Era de Ouro russa. Inspirado por seu amigo, o poeta Pushkin, o escritor ucraniano Nikolai Gogol queria escrever um poema épico em três partes, mas produziu apenas as duas primeiras e queimou o manuscrito do segundo volume quando estava prestes a morrer. O romance remanescente satiriza as práticas da servidão na Rússia. Como os impostos tinham de ser pagos pelos proprietários das terras sobre todos os seus servos – mesmo aqueles que tinham morrido desde o último censo –, a personagem principal, Chichikov, conspira ilegalmente com os donos da propriedade onde vive para comprar seus servos mortos. Ele planeja pegar dinheiro emprestado com o valor de suas "almas mortas" como garantia para ter sua propriedade também. As viagens de Chichikov pela Rússia são uma história cômica que lembra *Dom Quixote*, de Cervantes.

Nikolai Gogol

Nascido em 1809, em Sorochintsy, no Império Russo (agora parte da Ucrânia), Nikolai Gogol foi o progenitor da grande tradição do realismo russo no século XIX. Tendo sido criado no coração das terras cossacas e influenciado pelo folclore de seu povo nativo, suas primeiras obras traziam um estilo animado e muitas vezes coloquial, sendo aclamadas instantaneamente pelo público literário russo. Seus contos, romances e peças se estenderam ao romantismo, ao surrealismo, à comédia e à sátira, mas sua capacidade criativa entrou em declínio nos anos anteriores à sua morte, em 1852.

Obras importantes

1831-1832 *Noites na granja ao pé de Dikanka*
1836 *O inspetor geral*
1842 *Almas mortas* (veja à esquerda)

O CONDE DE MONTE CRISTO
(1844-1845), ALEXANDRE DUMAS

Livro muito popular por toda a Europa na época em que foi publicado em série, *O conde de Monte Cristo*, do dramaturgo e romancista francês Dumas (veja p. 123), passa-se durante a Restauração Francesa. O romance conta a história da vingança de Edmond Dantès contra seus inimigos, depois de ter sido preso por acusações falsas de traição. Na prisão, ele conhece Abbé Faria, que lhe conta sobre um tesouro escondido na ilha de Monte Cristo. Após fugir e encontrar o tesouro, Dantès aparece de novo como o conde de Monte Cristo.

A FEIRA DAS VAIDADES
(1847-1848), WILLIAM MAKEPEACE THACKERAY

A feira das vaidades segue a fortuna de duas mulheres – Amelia Smedley, de uma família decente, e a órfã Becky Sharp – quando elas se aventuram no turbilhão do mundo social em busca de riqueza e *status*. Elas são completos opostos: Amelia é inocente e gentil, enquanto Becky tem uma ambição feroz de chegar ao topo do estrato social. O autor inglês William Makepeace Thackeray (1811-1863) pinta uma paródia vívida da sociedade e cria uma heroína essencialmente amoral com a endiabrada Becky.

DAVID COPPERFIELD
(1849-1850), CHARLES DICKENS

Ao descrever o amadurecimento da personagem-título, *David Copperfield* foi publicado inicialmente em série, e, de todos os romances de Charles Dickens (veja p. 147), é o mais próximo de uma obra autobiográfica. Os detalhes sobre a vida de Copperfield mostram paralelos com a própria vida do autor, apesar de locais e cenários terem sido alterados. Personagens como a tia-avó Betsy Trottwood, o obsequioso Uriah Heep e o sr. Macawber, que não tem um tostão furado, estão entre as criações mais famosas e amadas de Dickens.

A feira das vaidades é um lugar vazio, perverso e tolo...
A feira das vaidades
William Makepeace Thackeray

A LETRA ESCARLATE
(1850), NATHANIEL HAWTHORNE

Ambientado no mundo puritano da Massachusetts de meados do século XVII, o romance histórico de Nathaniel Hawthorne (1804-1864) conta a história de Hester Prynne, uma moça acusada de adultério e forçada a usar uma letra escarlate "A" para exibir o crime que cometeu. Seu marido desapareceu há muito tempo e é considerado morto. Ela se recusa desafiadoramente a dar o nome do pai de sua filha, Pearl – contra as exigências de seu julgamento público e do pastor de sua igreja –, e é mandada para a prisão. A alienação de Hester em relação às rigorosas crenças religiosas da sociedade puritana permite ao norte-americano Hawthorne explorar questões espirituais e morais mais amplas, como as atitudes diante da noção de pecado. *A letra escarlate* foi um sucesso imediato, tornando-se um dos primeiros livros produzidos em massa na história dos Estados Unidos.

A CABANA DO PAI TOMÁS
(1852), HARRIET BEECHER STOWE

O conto de grande sucesso da escritora norte-americana Harriet Beecher Stowe (1811-1896) contra a escravidão ajudou a convencer os leitores de que crenças cristãs e escravidão eram incompatíveis. *A cabana do Pai Tomás* conta a história de Tomás, um nobre escravo que é vendido e forçado a deixar sua esposa e seus filhos, mas, mesmo assim, nunca perde seus valores morais. Em seu primeiro ano de publicação, Stowe vendeu cerca de 300 mil cópias nos Estados Unidos. Alguns até consideram o livro como um dos motivos que levaram à Guerra Civil Norte-Americana (1861-1865).

NORTE E SUL
(1854-1855), ELIZABETH GASKELL

A inglesa Elizabeth Gaskell desprezava a desigualdade social e a pobreza. Sua história sobre a jornada da heroína Margaret Hale do sul próspero da Inglaterra para o norte permitiu aos leitores que vissem o estado lastimável das classes mais baixas na Grã-Bretanha industrial. A obra retrata graficamente a divisão entre o norte e o sul da Inglaterra e a vida daqueles que forneceram seu trabalho para a Revolução Industrial. O livro foi publicado logo depois de *Tempos difíceis*, de Dickens, e Gaskell escreveu seu romance a pedido deste.

Elizabeth Gaskell

Nascida em Londres em 1810, Elizabeth Gaskell era filha de um pastor da Igreja Unitária. Casada também com um pastor da Manchester industrial, ela começou a escrever aos trinta e poucos anos, depois de iniciar um diário para registrar o dia a dia de sua família. Seus primeiros livros abordavam o começo de sua vida no Cheshire rural, mas seus romances posteriores, com a pobreza e a luta da classe trabalhadora como pano de fundo, acabaram estabelecendo o seu nome. Morreu em 1865, deixando sua maior obra, *Esposas e filhas*, por terminar.

Obras importantes

1848 *Mary Barton*
1853 *Cranford*
1854-1855 *Norte e Sul* (veja acima)

A REPRES
DA VIDA R
1855-1900

ENTAÇÃO
AL

1845

Em *A situação da classe trabalhadora na Inglaterra em 1844*, o teórico político alemão Friedrich Engels expõe a **miséria da vida das pessoas comuns**, causada pela industrialização.

1856

Madame Bovary, de Gustave Flaubert, faz o contraste entre a **vida comum na França** provinciana e a visão do mundo romântica da heroína.

1859

A origem das espécies e a seleção natural, de Charles Darwin, provoca debate e estimula o **apetite público pelo conhecimento científico**.

1862

Em *Os miseráveis*, Victor Hugo **destaca a injustiça social** ao recontar os eventos que levaram ao levante contra a monarquia em Paris em 1832.

1865

O primeiro **romance fantástico para crianças** de Lewis Carroll, *Alice no País das Maravilhas*, é publicado.

1866

O romance *Crime e castigo*, de Fiódor Dostoiévski, descreve **pensamentos e motivações de um assassino**, Raskólnikov.

1869

Leon Tolstói termina seu épico histórico *Guerra e paz*, que se passa durante a era napoleônica e a **invasão francesa da Rússia** em 1812.

1871-1872

Sob o pseudônimo George Eliot, Mary Ann Evans retrata a **complexidade da vida comum** em *Middlemarch: um estudo da vida provinciana*.

Na metade do século XIX, o romance estava firmemente estabelecido como o formato predominante da literatura, com um número sem precedentes de leitores criando uma demanda por ficção nova no mundo todo. A leitura não estava mais restrita a uma elite cultural e se tornou um passatempo popular, com leitores cada vez mais buscando livros que fossem relevantes às suas próprias experiências e ao mundo em que viviam.

O realismo ganha força

O território das personagens e histórias críveis já tinha sido desbravado pelos primeiros romancistas, como Daniel Defoe e Henry Fielding, e, no século XIX, a tendência em direção a uma autenticidade ainda maior continuou, resultando em ficção contemporânea sobre pessoas comuns e o seu dia a dia. Essa abordagem literária, conhecida como realismo, começou a sério na França, onde uma geração de escritores – desconfortáveis com a tendência romântica da idealização e da dramatização – buscava retratar cenas e personagens familiares da maneira mais precisa possível. Um dos primeiros a adotar o estilo foi Honoré de Balzac, cuja série monumental de histórias *A comédia humana* tinha como objetivo fornecer um retrato enciclopédico da sociedade, revelando os princípios que governavam a vida individual e seus efeitos. Essa visão grandiosa inspirou não apenas os romancistas realistas franceses, como Gustave Flaubert, mas também um gênero literário que se espalhou pelo mundo ocidental. Ao final da segunda metade do século XIX, os elementos do realismo – e, principalmente, a descrição das preocupações e falibilidades humanas – podiam ser encontrados em romances vindos de países tão distantes quanto a Rússia, a Grã-Bretanha e os Estados Unidos.

Os autores aprimoraram o realismo de seus romances de várias maneiras. Alguns usaram o *roman à clef*, apresentando eventos históricos como ficção; outros escreveram do ponto de vista do narrador onisciente, o que lhes permitia relatar os pensamentos e os sentimentos, assim como as ações, das personagens. Essa ênfase na caracterização interna se desenvolveu no realismo psicológico, um subgênero adotado principalmente por autores russos, como Leon Tolstói e Fiódor Dostoiévski.

Protesto social

Em sua busca pela autenticidade, muitos escritores voltaram sua atenção para a vida dos trabalhadores, em vez de para a vida da classe média. Em

ANOS 1880

Na "Divisão da África", **poderes europeus competem para estabelecer colônias** e ampliar seu controle em um continente ainda extensamente não explorado.

1881

Retrato de uma senhora, de Henry James, faz um **contraste entre as culturas do Velho e do Novo Mundo** na Europa e na América do Norte.

1884

As aventuras de Huckleberry Finn, de Mark Twain, escrito em vernáculo regional, **subverte as atitudes racistas** do sul dos Estados Unidos.

1885

A esperança de um futuro melhor para a humanidade é o ponto central de *Germinal*, de Émile Zola, que se passa em uma comunidade de mineiros no norte da França ao final dos anos 1800.

1888

Um assassino apelidado de Jack, o Estripador, mata brutalmente várias mulheres na esquálida zona leste de Londres, fornecendo **material sombrio e perturbador** para a ficção urbana gótica.

1891

O retrato de Dorian Gray, de Oscar Wilde, é publicado – um romance que explora o prazer sensual e a **natureza superficial da beleza**.

1891

Em seu romance *Tess of the d'Urbervilles*, Thomas Hardy explora **os efeitos destrutivos da vida moderna** nos valores ingleses tradicionais.

1899

A obra-prima de Joseph Conrad, *Coração das trevas*, faz uma justaposição dos **ideais colonialistas com o desespero** humano em um cenário primitivo.

contraste com a descrição da existência monótona de uma personagem como Madame Bovary, Victor Hugo e Charles Dickens mostraram em detalhes as condições impiedosas de vida do campesinato e da classe trabalhadora industrial, não apenas para efeito literário, mas também como uma forma de protesto social e político. Outros, incluindo Émile Zola, enfatizaram o papel que as condições sociais tinham na formação do caráter.

Do gótico ao fantástico

O enfoque nas realidades difíceis e esquálidas da vida da classe trabalhadora contribuiu para uma mudança gradual ao lado sombrio da vida na cidade. Um resultado foi o desenvolvimento da tradição gótica que se tornou conhecida como gótico urbano, imortalizado por *Drácula*, de Bram Stoker, e *O médico e o monstro*, de Robert Louis Stevenson. A esperança de que essa era perturbadora de sujeira, doença e morte pudesse mudar para melhor com os avanços da ciência encantava o público, e inspirou autores como Júlio Verne e Arthur Conan Doyle a escrever "romances científicos". Esses precursores da ficção científica tinham enredos que apresentavam descobertas e tecnologias como se fossem reais.

O gosto pelo fantástico era também uma característica proeminente no número crescente de livros infantis que apareceram na época, notavelmente na fantasia *nonsense* dos romances surreais de *Alice*, de Lewis Carroll. Esse material estranho e aventureiro deu início a uma Era de Ouro da literatura infantil, que incluiu favoritos perenes como a coleção de fábulas *O livro da selva*, de Rudyard Kipling, e a história mais "pé no chão" de *As aventuras de Huckleberry Finn*, de Mark Twain.

Expressão simbolista

Alguns escritores argumentavam que a arte deveria representar a beleza e retratar o prazer sensual em vez do sofrimento. Os autores desse movimento estético usavam um estilo indireto, influenciado por poetas franceses como Charles Baudelaire e Stéphane Mallarmé. Os simbolistas reagiram contra o que viam como uma descrição prosaica dos romances realistas, em vez de enfatizar a importância da metáfora, da imagem e da sugestão. Os poetas simbolistas também exploraram novos meios de expressão, fazendo experimentos com técnicas poéticas que mais tarde inspirariam a geração dos escritores modernistas, que estava a caminho. ■

O TÉDIO, ARANHA SILENCIOSA, TECIA SUA TEIA NA SOMBRA EM TODOS OS RECANTOS DE SEU CORAÇÃO

MADAME BOVARY **(1856),**
GUSTAVE FLAUBERT

EM CONTEXTO

FOCO
Realismo francês

ANTES
1830 Com profundidade psicológica e sua análise detalhada da sociedade francesa, *O vermelho e o negro*, de Stendhal, marca a passagem definitiva do romantismo para o realismo.

1830-1856 Os romances e contos que se entrelaçam na monumental *A comédia humana*, de Honoré de Balzac, oferecem uma visão panorâmica da sociedade francesa entre 1815 e 1848.

DEPOIS
1869 *A educação sentimental*, de Flaubert, constitui uma contribuição ao realismo francês por sua abrangente apresentação da França de Louis-Philippe.

1885 Guy de Maupassant retrata a ascensão ao poder de um impiedoso arrivista social em *Bel-ami*, um romance realista ambientado na Paris do *fin-de-siècle*.

O romantismo, com seu foco na emoção, na natureza e no heroísmo, dominou a literatura francesa do final do século XVIII. Contudo, por volta dos anos 1830, um novo gênero literário ganhou força: o realismo. Embora tenha se disseminado pela Europa e por outros lugares, seu início e seu desenvolvimento são particularmente associados à França.

Em parte originado de uma reação ao romantismo, e refletindo a evolução científica e das ciências sociais, esse novo gênero buscava descrever a vida e a sociedade contemporânea em detalhe e precisão, de um modo desprovido de adornos e sentimentalismos. Os escritores realistas punham as situações e os acontecimentos familiares sob certo microscópio literário, representando tais coisas de forma realista, e não idealista, mesmo que algum assunto pudesse ser considerado banal em comparação aos românticos.

O realismo ganha força

Um dos primeiros romancistas franceses do período a abraçar essa abordagem foi Stendhal, que incorporou tanto o romantismo como o realismo nas obras *O vermelho e o negro* e *A cartuxa de Parma* (1839). Honoré de Balzac foi um pioneiro-chave no realismo francês ao criar um retrato apurado e realista da vida cotidiana em sua obra-prima *A comédia humana*, que incorporou um vasto conjunto de mais de cem romances e contos. Entretanto, *Madame Bovary*, de Gustave Flaubert, enveredou muito mais longe pelos caminhos do realismo, sendo considerado o mais sofisticado e influente exemplo dessa corrente na França.

Seu coração era exatamente assim: o contato com os ricos o tingira com algo que nunca desapareceria.
Madame Bovary

À primeira vista, *Madame Bovary* possui um enredo bastante simples.

Gustave Flaubert

Gustave Flaubert nasceu em Rouen, França, em 12 de dezembro de 1821. Seu pai era cirurgião-chefe do principal hospital da cidade. Flaubert começou a escrever ainda na escola, mas, em 1841, foi estudar direito em Paris. Aos 22 anos de idade, desenvolveu uma doença nervosa e abandonou as leis para se dedicar à escrita. Em 1846, morreram seu pai e sua irmã Caroline. Com sua mãe e sua sobrinha, Flaubert mudou-se para Croisset, próximo a Rouen, onde viveu até a morte. Nunca se casou, porém teve um relacionamento com a poeta Louise Colet entre 1846 e 1855. Flaubert começou a trabalhar em seu romance *Madame Bovary* em 1851, finalizando-o cinco anos mais tarde. Em 1857, viajou para a Tunísia, coletando material para sua próxima obra, *Salambô* (1862), ambientada na antiga Cartago. Outros trabalhos se seguiram, mas nenhum jamais alcançou a aclamação de seu primeiro romance. Flaubert morreu em 8 de maio de 1880 e foi enterrado no cemitério de Rouen.

Outras obras

1869 *A educação sentimental*
1877 *Três contos*

Veja também: *O vermelho e o negro* 150-151 ▪ *O pai Goriot* 151 ▪ *Germinal* 190-191 ▪ *A educação sentimental* 199 ▪ *Lolita* 260-261

Uma jovem mulher, Emma Bovary, tem um casamento infeliz com um médico um tanto enfadonho na provinciana Normandia, no norte do país. Influenciada por leituras românticas na juventude, sonha com uma vida mais plena e excitante, porém suas tentativas de forçar a realidade a satisfazer suas fantasias produzem resultados devastadores.

A vida provinciana

O romance é mais complexo do que seu enredo pode sugerir. Desde o início, quando o leitor é apresentado ao jovem Charles Bovary, até o final trágico, que supostamente levou o próprio Flaubert às lágrimas, *Madame Bovary* é profundamente enraizado na França provinciana de meados do século XIX. As coisas mudavam com rapidez num mundo mais amplo e, para as classes médias emergentes, Paris era o centro da sofisticação. Contudo, Flaubert escolheu como foco a pequena burguesia das províncias, cuja vida descreveu com uma apurada – e nem sempre amistosa – percepção psicológica.

A lareira estava apagada, o relógio continuava a bater e Emma sentia-se vagamente espantada com aquela calma das coisas enquanto nela mesma havia perturbação.
Madame Bovary

Rouen, a capital da Normandia, é o cenário em que é ambientado o texto de Flaubert – um perfeito pano de fundo para sua habilidosa descrição da vida e das preocupações da classe média.

Flaubert havia iniciado sua carreira literária como um romântico, trabalhando numa obra exótica e mística, *As tentações de Santo Antão*. Entretanto, alguns de seus amigos mais próximos, particularmente seu mentor, o autor Louis Bouilhet, reagiram criticamente a uma versão inicial de seu texto e o persuadiram a tentar algo mais realista. Voltando-se para um fato real (a morte de um médico cuja mulher havia causado um escândalo), Flaubert começou a trabalhar num novo livro. Seu objetivo era escrever sobre a vida das pessoas comuns.

Criatividade em detalhe

O projeto durou cinco anos e envolveu pesquisas meticulosas. Flaubert ambientou o romance na região de Rouen, que ele conhecia em profundidade e onde passou a maior parte de sua vida. Moldou lugares no romance – as vilas de Tostes e Yonville – sobre cidadezinhas reais. Percorreu a região e até fez mapas para oferecer a máxima exatidão. Formulou biografias de suas personagens fictícias e pôs-se a criar um estilo de prosa totalmente desprovido de qualquer aspecto romântico, elaborando cada frase. Sentado em seu quarto, próximo ao rio Sena, em Croisset, perto de Rouen, constantemente corrigia e reescrevia cada página do manuscrito – um processo que consumia tempo. Sua meta era escrever num estilo inteiramente novo e objetivo, “sem uma única reação subjetiva, nem uma única reflexão do autor”. O resultado, como esperava Flaubert, foi um *tour de force*.

Dividido em três partes, *Madame Bovary* contrasta a falta de esperança do romantismo sentimental com a »

Fantasia, realidade e realismo

Emma anseia por: aventuras emocionantes em lugares longínquos; amor, paixão e "intoxicação"; riqueza e uma "vida voluptuosa".

A vida de Emma se caracteriza: pelo tédio e pela mediocridade de uma cidade provinciana; pelo fastio e pela insatisfação com o casamento; por dívidas incalculáveis.

Flaubert alcança um realismo penetrante por meio de: sua insistência em encontrar *"le mot juste"* – exatamente a palavra correta; atenção incansável ao detalhe; rigorosa objetividade.

Flaubert disseca Madame Bovary nesta caricatura de 1869. O romance faz um exame minucioso da mente de Emma, explorando seus pensamentos íntimos com intenso realismo psicológico.

monótona realidade da vida cotidiana. Em particular, Flaubert critica a tolice e a estupidez da classe média, que ele desprezava, mesmo que ele próprio pertencesse a essa classe. Emma Bovary, em torno de quem gira o enredo, simboliza o romantismo não realista. Ela é a filha de fazendeiro rico, educada em convento, nutrida com os romances de Walter Scott e os "meandros de Lamartine", um poeta romântico merecedor do escárnio de Flaubert. Ela sonha em morar "em algum velho palacete, (...) vigiando os vastos campos à espera do cavaleiro com uma pluma branca no chapéu galopar em direção a ela montado em seu corcel negro".

Paixão e realidade

Buscando uma "paixão maravilhosa", Emma se casa com Charles Bovary, um médico gentil, porém insosso, na pequena vila rural de Tostes. Ela se sente decepcionada quase que imediatamente, não apenas pela insipidez de Charles e sua falta de ambição, mas também em termos sexuais. A disparidade entre seus sonhos e a realidade sem estímulos de seu casamento, tão perceptivelmente descrita por Flaubert, constitui o centro do romance.

Emma e Charles se mudam para Yonville, uma cidade provinciana que Flaubert descreve com apuro – e frequentemente com ironia – como uma "região bastarda onde a linguagem não tem um sotaque particular, assim como a paisagem não tem caráter". A habilidade de Flaubert em capturar os aspectos mundanos e os lugares-comuns contribuiu para estabelecer o livro como obra central do realismo francês. Nenhum detalhe é pequeno demais para ser descartado: ele descreve telhados de palha como toucas de pelo, pereiras doentes, casas e celeiros de fazendas ancestrais, bem como pequenos cemitérios típicos da região. Sua descrição da feira rural, onde dignitários locais fazem discursos pomposos imitando os da classe média urbana, é magistral. De maneira dramática, ele contrapõe os tediosos discursos com as ações e conversas apaixonadas de Emma Bovary por trás de uma janela que abre para o local da feira.

Ambicionava, ao mesmo tempo, morrer e residir em Paris.
Madame Bovary

Sonhos inatingíveis

Flaubert apresenta outras personagens que habitam Yonville. Entre elas, o farmacêutico local, Monsieur Homais, um indivíduo convencido e ateu, que pratica a medicina sem permissão, aproveitando-se de cada oportunidade para externar seu aparente conhecimento com toda a pompa; e Monsieur Lhereaux, um comerciante que encoraja Emma, de modo insensato, a acumular dívidas, no momento em que ela busca escapar do tédio conjugal – algo que hoje seria descrito como "terapia do consumo". Flaubert conhecia tais personagens muito bem e as descreve com detalhes íntimos e realistas. Ao longo do livro, ele capta com brilhantismo a estupidez e as atitudes tacanhas dessas personagens, sem permitir que sua escrita se torne enfadonha. Do mesmo modo que Flaubert sutilmente faz troça dos sonhos inalcançáveis e do romantismo de Emma (e descreve as trágicas consequências que ocasionam), ele também zomba das aspirações insensatas e pretensiosas dos comerciantes.

Não é bom tocar nos ídolos; o dourado pode sair nas nossas mãos.
Madame Bovary

Ambientadas entre os detalhes realistas da rotina cotidiana, as descrições que Flaubert faz das aspirações românticas de Emma e de suas frustrações dentro de um casamento provinciano tornam-se ainda mais vigorosas e parecem permanecer surpreendentemente atuais. De forma quase inevitável, surge a busca de Emma por romance e forte paixão fora do casamento. Ela embarca em dois casos destinados ao fracasso: primeiro com Rodolphe Boulanger, um rico proprietário de terras e conquistador de mulheres, e depois com Léon Dupois, um jovem estudante de direito, que compartilha com ela anseios por paisagens gloriosas, música e literatura romântica. Embora excitada e aparentemente satisfeita no início, Emma acaba se desiludindo. Como escreve Flaubert, "O adultério, Emma estava descobrindo, podia ser tão banal quanto o casamento". Abandonada por um amante e rejeitada por outro, ela cai numa espiral autodestrutiva de alienação e dívidas.

O realismo no tribunal

Madame Bovary apareceu primeiro como folhetim na *Revue de Paris*. Quase imediatamente, Flaubert, o editor e o administrador da revista foram indiciados por obscenidade, além da instauração de uma tentativa de proibir o romance sob a alegação de "ultraje contra a moralidade pública e religiosa". Não apenas o conteúdo foi considerado vulgar e ofensivo, mas também o próprio realismo estilístico. Todavia, Flaubert e seus colegas foram absolvidos, e, embora o romance tenha recebido críticas contrastantes no início, acabou se tornando um *best-seller*.

Madame Bovary e o romance seguinte de Flaubert, *A educação sentimental*, com seu retrato objetivo, detalhado e contundente da vida cotidiana, marcaram o amadurecimento do realismo francês e, ao mesmo tempo, seu auge. Na França, a obra de Flaubert influenciou outros escritores importantes, incluindo Guy de Maupassant, cuja abordagem e cujo estilo econômico refletiam o realismo de seu mentor, e Émile Zola, que, em romances como *Germinal* (1885), focalizou as duras realidades do cotidiano e, como Flaubert, passava meses pesquisando o objeto de sua escrita. ■

Rodolphe Boulanger, primeiro amante de Emma, percebe seu tédio, sua paixão frustrada e seu desejo por ser seduzida. Assim, manipula-a magistralmente para com ela viver um romance.

TAMBÉM SOU FILHA DESTA TERRA; TAMBÉM ME CRIEI NO SEIO DESTA NATUREZA

O GUARANI (1857), JOSÉ DE ALENCAR

EM CONTEXTO

FOCO
Indianismo

ANTES
1851 O poeta brasileiro Gonçalves Dias publica um dos mais famosos poemas do movimento indianista, I-Juca-Pirama, sobre um guerreiro indígena. O título está em tupi e significa "o que há de ser morto e que é digno de ser morto".

1856 É publicada *A Confederação dos Tamoios*, um poema épico sobre o povo Tupi. De autoria do poeta e dramaturgo brasileiro Gonçalves de Magalhães, a incumbência de escrevê-la lhe foi conferida pelo imperador Dom Pedro II.

DEPOIS
1928 Mário de Andrade publica o romance modernista *Macunaíma, o herói sem nenhum caráter* sobre as peripécias de um índio anti-herói que representa o povo brasileiro. A narrativa fantástica e picaresca ironiza o indianismo.

O indianismo foi um movimento artístico e literário ocorrido no Brasil em meados do século XIX, em que escritores e artistas louvavam os indígenas sob uma perspectiva de heroísmo.

Dois fatores principais contribuíram para o indianismo. Em primeiro lugar, o Brasil havia conquistado sua independência de Portugal num processo recente (entre 1821 e 1824), de modo que os autores expressavam a ideia de que havia uma nova nação onde as tribos indígenas e os europeus viviam unidos e em igualdade. O segundo fator foi a chegada do romantismo da Europa ao Brasil, que admirava os povos indígenas por sua notória inocência e sua pureza de espírito (percepções provenientes da visão sentimental do "bom selvagem", do século XVIII).

Idealismo romântico

José de Alencar (1829-1877) é considerado o pai do romance brasileiro. *O guarani* foi seu primeiro livro a conquistar a atenção do público. Passado em 1604, conta a história de um colonizador cuja filha, Cecília, ainda que destinada a um pretendente, apaixona-se por Peri, o índio guarani que dá título à obra. Peri é uma criação idealizada: exótico, porém nobre, deixa sua tribo e aprova a doutrina cristã.

Alencar incluiu vocabulário nativo, como termos relativos à flora e à fauna, o que foi considerado um escândalo para os padrões literários portugueses. Entretanto, isso permitiu que a literatura brasileira seguisse seus próprios caminhos. Com alto teor romântico e lírico, *O guarani* é ensinado nas escolas brasileiras até hoje. ■

Eram homens ousados, destemidos, reunindo ao mesmo tempo aos recursos do homem civilizado a astúcia e agilidade do índio.
O guarani

Veja também: *O último dos moicanos* 150 ▪ *El gaucho Martín Fierro* 199

O POETA É SEMELHANTE AO PRÍNCIPE DAS NUVENS

AS FLORES DO MAL (1857), CHARLES BAUDELAIRE

EM CONTEXTO

FOCO
Os simbolistas franceses

ANTES
1852 Théophile Gautier publica a coletânea de poemas *Émaux et camées* [Esmaltes e Camafeus] que se distancia do romantismo, focalizando mais a forma que a emoção.

DEPOIS
1865-1866 Stéphane Mallarmé, em "A tarde de um fauno", apresenta o relato onírico de um fauno conversando com duas ninfas – uma representando a matéria, e a outra, o intelecto.

1873 Arthur Rimbaud, em *Uma temporada no inferno*, apresenta dois lados de si mesmo: o poeta embriagado pela luz e pela infância, e o homem rústico realista.

1874 Paul Verlaine lança *Romances sans paroles* [Romances sem palavras], inspirado em seu relacionamento com Arthur Rimbaud.

As obras dos poetas simbolistas franceses do século XIX focalizam a sensação e a sugestão mais que a simples descrição e os efeitos retóricos, fazendo uso de símbolos, metáforas e imagens para evocar inspirações subjetivas. Entre os principais simbolistas estão Paul Verlaine, Arthur Rimbaud e Stéphane Mallarmé, mas o pioneiro foi Charles Baudelaire (1821-1867).

Arte a partir da decadência

Em *As flores do mal* – o título sugere o florescimento da decadência moral na arte –, Baudelaire rejeita a efusão romântica em favor de um simbolismo sugestivo e de uma franca expressividade. Usando a tradicional métrica alexandrina (em que os versos de doze sílabas são divididos em duas partes por uma pausa ou cesura), ele faz menção a assuntos novos nada tradicionais, chocantes para a época, como a prostituição, o sexo inter-racial, álcool e drogas. Baudelaire pinta um quadro pessimista do homem moderno, voltado para seus interesses pessoais – incluindo suas ambições como poeta. No centro do livro está *ennui*, ou o desaparecimento da alma, assim como um pavor existencial e um temor pela morte.

Em busca de um significado

Na abertura, uma série de poemas explora o papel do artista como visionário, mártir, *performer*, proscrito e tolo. O poeta tenta encontrar significado no sexo, mas a excitação inicial é seguida de desencantamento – contra o que a arte oferece algum consolo. Na segunda parte, *Cenas parisienses*, acrescentada na nova edição de 1861, o poeta percorre a cidade como um *flâneur* (um observador desocupado), onde encontra apenas recordações de sua própria miséria. A velha Paris desapareceu e a nova cena das ruas é alienante.

As partes seguintes do livro descrevem as experiências do poeta com a bebida, com o sexo e até com o satanismo. O último poema, "Le voyage" [A viagem], é uma miniodisseia que descreve as viagens da alma até sua derradeira aventura, em que finalmente poderá haver algo novo para experimentar. ■

Veja também: *O retrato de Dorian Gray* 194 ▪ *Uma temporada no inferno* 199-200 ▪ *A terra desolada* 213 ▪ *O estrangeiro* 245

NÃO SER OUVIDO NÃO É RAZÃO PARA SILENCIAR-SE

OS MISERÁVEIS (1862), VICTOR HUGO

EM CONTEXTO

FOCO
Romance de protesto social

ANTES
1794 O escritor inglês radical William Godwin lamenta um sistema social injusto em *As coisas como elas são*.

1845 O político inglês Benjamin Disraeli escreve *Sybil, ou As duas nações*, que mostra que a Inglaterra tem dois mundos: um rico e um pobre.

1852-1865 O romancista inglês Charles Dickens critica a pobreza e a ganância da sociedade vitoriana em *A casa soturna, A pequena Dorrit* e *Nosso amigo em comum*.

DEPOIS
Anos 1870-1880 O escritor francês Émile Zola ataca a pobreza urbana e o sistema social em romances como *A taberna* (1877) e *Germinal* (1885).

1906 *A selva*, um romance do jornalista norte-americano Upton Sinclair sobre a indústria da carne em Chicago, choca os leitores.

Romance imenso, *Os miseráveis* é composto de cinco volumes, cada um subdividido em livros de vários capítulos. A motivação de Victor Hugo também era vasta: escrever um romance que protestasse contra as condições sociais existentes na França da época. Para ele, enquanto houvesse "condenação social, que (...) cria o inferno na Terra, (...) livros como este não podem ser inúteis". Hugo não foi o único escritor a destacar a injustiça em uma tentativa de trazer mudanças sociais. Na Inglaterra, seu contemporâneo Charles Dickens estava fazendo a mesma coisa, enquanto o retrato dos pobres no norte industrializado do país em *Mary Barton* (1848), de Elizabeth Gaskell, contribuiu para o clima de reforma social na Inglaterra. Na mesma época, nos Estados Unidos, *A cabana do Pai Tomás* (1852), de Harriet Beecher Stowe, ajudou a mobilizar a opinião pública contra a escravidão.

O livro de Hugo apresenta um grande elenco de personagens e um período histórico abrangente, cobrindo a era de 1815 até os levantes de junho de 1832 em Paris. É um romance panorâmico que inclui temas como o sofrimento, a pobreza, a ganância, a amargura, a política, a compaixão, o amor e a redenção.

Prosperidade social quer dizer homem feliz, cidadão livre, nação grande.
Os miseráveis

Inferno precisando de humanidade

A história principal de *Os miseráveis* enfoca Jean Valjean, libertado depois de passar dezenove anos na prisão por ter roubado um pedaço de pão. Agora um pária social, ele rouba um bispo, que encobre o crime e cuja gentileza o coloca no caminho para a redenção. Usando um nome falso, Valjean começa um negócio, torna-se rico e adota uma menina, Cosette, cuja mãe, Fantine – forçada pela pobreza a entrar para a prostituição –, morreu. Apesar de seus esforços, Valjean é assombrado por seu passado criminoso e é perseguido implacavelmente por um inspetor de polícia, Javert.

Veja também: *A casa soturna* 146-149 ▪ *Oliver Twist* 151 ▪ *A cabana do Pai Tomás* 153 ▪ *Guerra e paz* 178-181 ▪ *Germinal* 190-191

Os miseráveis conta com um grande elenco de personagens entrelaçadas. Apesar de retratar uma mistura de classes sociais, aquelas personagens cujas vidas desgraçadas foram engolidas pelo labirinto do submundo de Paris são o foco da história. No centro do livro está o destino de Cosette, a filha órfã de uma prostituta.

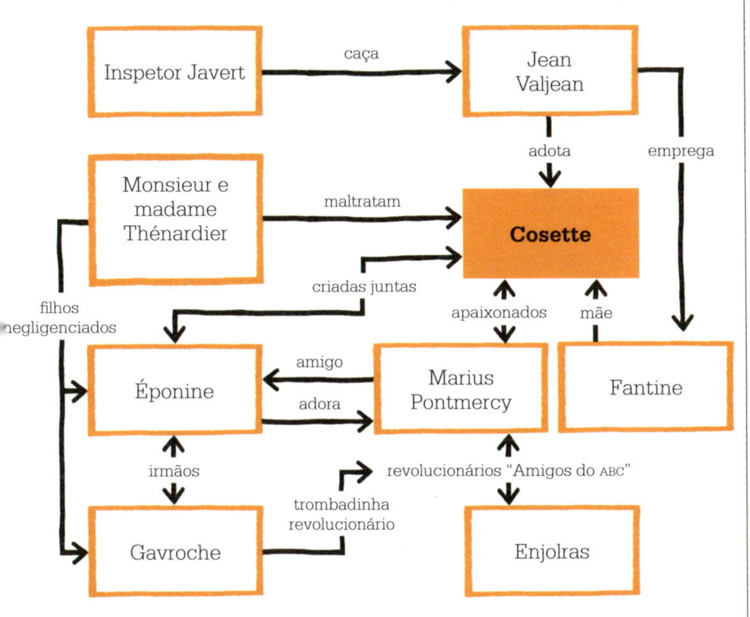

Muitas outras personagens entram e saem da história: Marius, um estudante de direito idealista, que se apaixona por Cosette; os Thénardier, donos de uma estalagem sem escrúpulos, que maltratam Cosette; seus filhos negligenciados, Gavroche e Éponine, que vivem nas ruas; e muitos estudantes revolucionários. Todos eles estão presos em uma sociedade infernal que Hugo descreve vividamente.

De vez em quando, o autor muda de assunto para abordar tópicos relacionados e apresentar suas opiniões. Ele escreve em detalhes sobre assuntos como a Batalha de Waterloo (1815), trombadinhas, arquitetura parisiense, a construção dos esgotos de Paris e ordens religiosas. Ao final do romance, deixa a ação nas barricadas de lado para refletir sobre o papel da revolução na criação de uma sociedade melhor, antes de retornar à história e à sua conclusão.

Os miseráveis foi amplamente anunciado antes de sua publicação e causou uma comoção considerável: várias resenhas foram críticas, acusando Hugo de ser perigosamente revolucionário ou extremamente sentimental. No entanto, o livro foi um sucesso instantâneo, não apenas na França como também na Grã-Bretanha e além. Apesar de não ter trazido mudanças diretamente, seu alcance histórico e a descrição poderosa da injustiça social, como em todos os grandes romances de protesto, fizeram o livro provocar o pensamento e ajudar a elevar a consciência social. ■

Victor Hugo

Victor Hugo, um dos maiores escritores franceses, nasceu em 1802 em Besançon, no leste da França, filho de um oficial do exército de Napoleão. Criado em Paris e bem-educado, aos vinte anos já tinha publicado seu primeiro volume de versos.

Hugo era um escritor prodigioso e produziu cerca de vinte volumes de poesia, dez peças e nove romances, assim como muitos ensaios. Republicano liberal e defensor do voto universal, também foi ativo politicamente. Depois das revoluções de 1848 que chacoalharam a Europa, foi eleito para a Assembleia Nacional. No entanto, foi extremamente crítico do Segundo Império de Luís Napoleão e exilado em 1851, com sua esposa, Adèle, e sua amante de muitos anos, Juliette Drouet. Voltando à Paris como herói nacional em 1870, Hugo se tornou um senador na Terceira República. Morreu em 1885 e foi enterrado no Panteão.

Outras obras

1827 *Cromwell*
1831 *O corcunda de Notre-Dame*
1859-1883 *A lenda dos séculos*

CURIOSA E CURIOSA!

AVENTURAS DE ALICE NO PAÍS DAS MARAVILHAS (1865), LEWIS CARROLL

EM CONTEXTO

FOCO
A invenção da infância

ANTES
1812 Em *O Robinson suíço*, o pastor suíço Johann David Wyss escreve sobre quatro crianças que, com seus pais, descobrem a autossuficiência numa ilha deserta.

1863 O herói de *Os meninos aquáticos*, do autor inglês Charles Kingsley, é um jovem limpador de chaminés que aprende lições morais num fantástico mundo subaquático.

DEPOIS
1883 *As aventuras de Pinóquio*, do italiano Carlo Collodi, cujo protagonista é uma marionete, é uma história com fundo moral para crianças.

1894 Entre as personagens de *O livro da selva*, de Rudyard Kipling, estão Mogli, um garoto criado por lobos, e Rikki-Tikki-Tavi, um mangusto.

O conceito de "infância" só foi inventado no século XVIII, quando a classe média começou a enxergar o valor da inocência e das brincadeiras infantis. Na maior parte da história da literatura, as crianças quase nunca eram mencionadas, aparecendo ocasionalmente em obras como *Emílio ou Da educação*, de Jean-Jacques Rousseau, e *O prelúdio*, de William Wordsworth. No século XIX, Charles Dickens às vezes incluía crianças em suas histórias, porém somente em obras destinadas ao público adulto.

A maioria dos contos "para crianças", em oposição a "sobre crianças", ou eram adaptações de histórias de adultos ou continham alguma lição de moral. No

Veja também: *Robinson Crusoé* 94-95 ▪ *Viagens de Gulliver* 104 ▪ *Contos maravilhosos infantis e domésticos* 116-117 ▪ *Contos de fadas* 151 ▪ *Mulherzinhas* 199 ▪ *A ilha do tesouro* 201

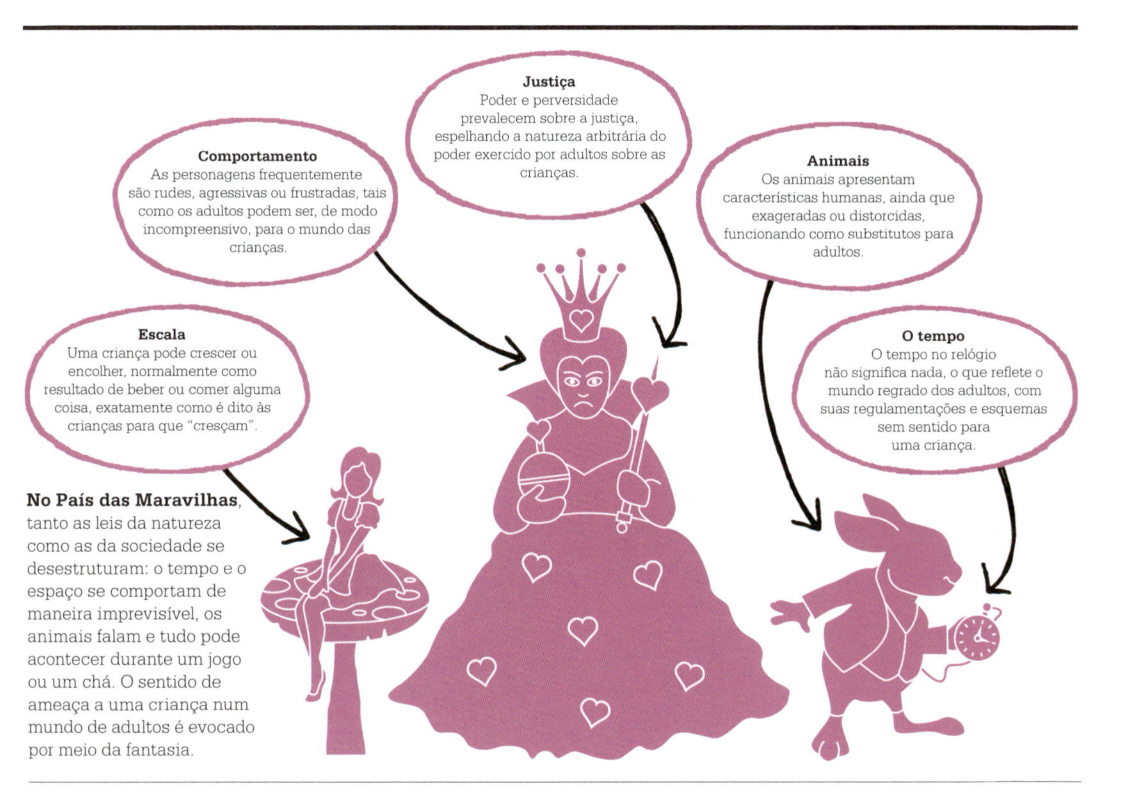

Justiça
Poder e perversidade prevalecem sobre a justiça, espelhando a natureza arbitrária do poder exercido por adultos sobre as crianças.
Comportamento
As personagens frequentemente são rudes, agressivas ou frustradas, tais como os adultos podem ser, de modo incompreensivo, para o mundo das crianças.
Animais
Os animais apresentam características humanas, ainda que exageradas ou distorcidas, funcionando como substitutos para adultos.
Escala
Uma criança pode crescer ou encolher, normalmente como resultado de beber ou comer alguma coisa, exatamente como é dito às crianças para que "cresçam".
O tempo
O tempo no relógio não significa nada, o que reflete o mundo regrado dos adultos, com suas regulamentações e esquemas sem sentido para uma criança.

No País das Maravilhas, tanto as leis da natureza como as da sociedade se desestruturam: o tempo e o espaço se comportam de maneira imprevisível, os animais falam e tudo pode acontecer durante um jogo ou um chá. O sentido de ameaça a uma criança num mundo de adultos é evocado por meio da fantasia.

início do século XIX, os contos folclóricos dos irmãos Grimm, originalmente destinados a adultos, foram criticados como impróprios para o público jovem, por neles haver conteúdo de sexo e violência, e as edições posteriores sofreram adaptações para parecerem mais adequadas. Hans Christian Andersen, que escreveu seus *Contos de fadas* (1835-1837) especificamente para crianças, causou clamor por não ter incluído uma moral da história em seus contos.

Uma era de ouro

O final do século XIX e o início do século XX foram uma era de ouro para a literatura infantil, tendo como base o aumento da alfabetização, o crescimento comercial das editoras e o reconhecimento do potencial de imaginação do mundo das crianças. *Tom Brown's school days* [Dias de escola de Tom Brown] (1857), do inglês Thomas Hughes, iniciou a tradição da narrativa escolar. Gênero emergente foi também o das histórias de formação, como *Mulherzinhas* (1868-1869), de Louisa May Alcott, nos Estados Unidos. Outros clássicos incluem *Heidi* (1880-1881), de Johanna Spyri, da Suíça, e *Peter Pan* (1911), do escocês J. M. Barrie.

Aventuras de Alice no País das Maravilhas é um dos livros mais influentes dessa geração. Considerada a primeira obra-prima infantil em inglês, sua história fantástica é um ponto de partida para a prevalência do realismo na literatura da época. Num dia de julho de 1862, Charles Dodgson, um jovem mestre da matemática, foi remar com um amigo e três jovens irmãzinhas no Tâmisa, próximo a Oxford, e contou uma história sobre uma menina chamada Alice – também o nome de uma das três irmãs: Alice Liddell, de dez anos. Assim, *Aventuras de Alice no País das Maravilhas* ganhou forma, surgindo como manuscrito, sendo depois publicado sob o pseudônimo de Lewis Carroll.

Mundo surreal

Na história, Alice, com sete anos de idade, cai numa toca de coelho e vai parar num universo surreal. Sozinha, tem de lidar com um mundo de criaturas estranhas, atitudes esquisitas,

A Lagarta, rude e fumando um narguilé, intensifica a insegurança de Alice: ela fica tão confusa no País das Maravilhas que não consegue nem mesmo responder à pergunta "Quem é você?".

acontecimentos estrambóticos e uma » inusitada lógica de linguagem. Esse é o foco do livro e seu principal tema.

Parte da coerência do livro vem do fato de que a própria Alice traz consigo uma lógica não ortodoxa. Ao cair no buraco do coelho, ela se pergunta se estará indo para a terra das "Antipatias" (Antípodas) e se imagina parecendo ignorante quando tem de perguntar se está na Austrália ou na Nova Zelândia. Sua próxima observação mostra como Carroll habita a ingenuidade infantil de forma brilhante: "Não, não vou perguntar nunca. Talvez eu possa ver o nome escrito em algum lugar".

Alice com frequência se pergunta quem ela é, quais são as regras desse mundo peculiar e o que deve fazer para recuperar a normalidade – questionamentos comuns da infância. No início, seu espanto está em ficar do tamanho errado – grande ou pequena demais. Depois de encontrar a Lagarta, surge uma nova ansiedade: o desafio de ser contestada repetidamente e, com frequência, de modo rude. Ao se aproximar do final da história, sob os constantes comandos da Rainha por decapitação, a perspectiva da violência faz aumentar a tensão.

Fugindo das normas

As personagens que Alice encontra, em sua maioria, são animais. Exceto Alice e sua irmã, que aparece antes e depois da aventura, as únicas personagens humanas são o Chapeleiro Maluco e a Duquesa – mesmo porque o Rei e a Rainha de Copas são cartas de baralho. Os pais não aparecem e a eles não se faz nem mesmo referência.

Ao mesmo tempo, as inversões da vida cotidiana que aprisionam Alice também podem ser vistas como libertadoras pelos adultos vitorianos acostumados às convenções. Um dos atrativos do *nonsense* é que ele oferece um parque de diversões para a imaginação e, com certeza, para a satisfação de necessidades subliminares, incluindo o escape ocasional às normas sociais.

No final, Alice não faz nenhuma referência a ter aprendido alguma lição em suas aventuras. Ao longo do livro, entretanto, ela de fato se torna mais sincera, e, na cena final do julgamento, já é capaz de dizer à Rainha que seu perverso

'Bem! Já vi muitos gatos sem sorriso', pensou Alice. 'Mas um sorriso sem um gato! É a coisa mais curiosa que já vi em toda a minha vida!'

Aventuras de Alice no País das Maravilhas

Para Harry Potter, a mortalidade está à espreita nas sombras: ele é um herói que luta contra forças da escuridão e aprende lições de vida durante o processo.

O fenômeno Harry Potter

Os romances de Harry Potter (1997-2007), de J. K. Rowling, apresentando as aventuras de um jovem bruxo, mostram quão poderosas podem ser as publicações para crianças. Rowling atribui o sucesso fenomenal de seus livros parcialmente à sua habilidosa mistura de gêneros, que combina fantasia, amadurecimento e histórias de escola com elementos de suspense e romance. Rowling afirma que a morte é um tema importante nos livros, mas isso não impede que contenham uma forte propensão ao humor. O esquema de publicação da série permitiu que Harry crescesse em tempo real, de modo que a primeira geração de jovens leitores de Harry Potter cresceu literalmente com ele, tornando sua experiência de leitura ainda mais significativa.

Imensamente popular entre as crianças, sem falar no crescente número de leitores adultos, a obra trouxe grande fortuna à autora. Mais de 450 milhões dos sete livros haviam sido vendidos até 2013.

senso de justiça é "um absurdo!".

Em sua cena final, quando já recuperou seu tamanho de criança normal, ela insiste que as cartas do baralho não passam disso – coisas inanimadas –, após o que elas voam pelos ares. Pela força de seu caráter, ela pôs fim à ilusão.

O epílogo, em que aparece a irmã mais velha de Alice, tem um belo desfecho. Começa com um sonho "depois de certa agitação", desde que um sonho realizado por completo seria menos sutil que esse estado de espírito indefinível. Primeiro, ela imagina, com ternura, a própria Alice. Em seguida, as personagens esquisitas que Alice descreve desfilam diante dela. E, por fim, ela imagina Alice tornando-se uma "mulher adulta", porém mantendo seu "simples e terno coração" infantil, passando adiante a história do País das Maravilhas para uma nova geração.

O significado do absurdo

Transmitida com máxima vivacidade, humor e sensibilidade, como no caso de Carroll, a fantasia causa impacto imediato, porém suscita perguntas sobre significados ocultos. No livro, a comida frequentemente acarreta desconforto: será que Carroll sofria de algum distúrbio alimentar? Como a área da matemática ensinada por ele em Oxford era conservadora, numa época em que ideias mais abstratas ainda estavam criando raízes, algo dessa lógica estranha pode ser uma visão paralela satírica sobre a nova matemática. E, como o livro foi um presente para a Alice real, pode ser que contenha referências particulares a ela.

As fontes de inspiração de Carroll nunca serão recuperadas, mas nenhuma piada cifrada diminui, de modo algum, a universalidade das aventuras de Alice – fundamentada como está na vulnerabilidade das crianças, um tema tão relevante atualmente como o foi na época de Carroll.

Carroll publicou outro livro sobre Alice, similar ao primeiro, em 1871: *Alice através do espelho e o que ela encontrou por lá*. Nele também estão personagens memoráveis (como a Morsa e o Carpinteiro, como Tweedledum e Tweedledee), canções sem sentido e aforismos espirituosos que flertam com a lógica alternativa, "significa o que eu quiser que ela signifique". Contudo, a sequência é mais ameaçadora que a primeira história de Alice, talvez como reflexo do pesar de Carroll pela perda do pai.

A sedução da fantasia

Uma linha de influência se estende a partir das transformações mágicas do País das Maravilhas em *O hobbit*, de J. R. R. Tolkien; nas *Crônicas de Nárnia*, de C. S. Lewis; no mundo das rimas extravagantes do Dr. Seuss; em *A fantástica fábrica de chocolate*, de Roald Dahl; e na escola de bruxaria de Hogwarts. Embora o século XXI tenha trazido um novo realismo para a literatura infantil, com histórias sobre abandono, privação de um lar e alienação, a fantasia permanece sempre instigante para as mentes jovens. ■

Humpty Dumpty, como as personagens do País das Maravilhas, tem conversas com Alice caracterizadas por enigmas, charadas e lógica perversa – apresentados como formas de racionalidade.

Lewis Carroll

Nascido em Cheshire, Inglaterra, em 1832, Charles Dodgson (mais conhecido pelo pseudônimo de Lewis Carroll) era filho de um clérigo. Formou-se em matemática pela Christ Church, em Oxford, e, a partir de 1855, ocupou cargo de professor nessa instituição até sua morte. Também foi ordenado diácono. Sua primeira obra publicada, em 1856, foi um poema sobre a solidão. Dodgson era bem relacionado: entre seus amigos, estavam o crítico e escritor John Ruskin e o pintor e poeta Dante Gabriel Rossetti. Foi um fotógrafo notável: fez retratos do poeta Alfred Tennyson e da atriz Ellen Terry, sem contar os retratos de várias crianças. Morreu de pneumonia, resultante de uma forte gripe, em 1898, aos 65 anos. Nessa época, *Aventuras de Alice no País das Maravilhas* era o livro infantil mais popular da Grã-Bretanha. A rainha Vitória estava entre seus admiradores.

Outras obras

1871 *Alice através do espelho e o que ela encontrou por lá*
1876 *A caçada ao Snark*

DOR E SOFRIMENTO SÃO SEMPRE INEVITÁVEIS

PARA UMA GRANDE INTELIGÊNCIA E UM CORAÇÃO PROFUNDO

CRIME E CASTIGO (1866),
FIÓDOR DOSTOIÉVSKI

EM CONTEXTO

FOCO
Realismo psicológico

ANTES
c. 1000-1012 *O conto de Genji*, de Murasaki Shikibu, expõe *insights* psicológicos de suas personagens.

1740 *Pamela*, romance sentimental do escritor inglês Samuel Richardson, explora a natureza interior da heroína.

1830 *O vermelho e o negro*, do autor francês Stendhal, é publicado, sendo considerado por muitos o primeiro romance psicológico realista.

DEPOIS
1871-1872 *Middlemarch*, de George Eliot, traça o panorama psicológico de uma pequena cidade provinciana na Inglaterra.

1881 *Retrato de uma senhora*, do autor norte-americano Henry James, esmiúça a consciência da personagem Isabel Archer.

O realismo psicológico é a descrição, na literatura, dos traços de personalidade e dos sentimentos mais íntimos de uma personagem, destacando seus pensamentos conscientes pela via das motivações inconscientes. A trama propriamente dita muitas vezes desempenha um papel secundário em obras voltadas para o realismo psicológico, servindo para situar as relações, os conflitos e os ambientes físicos em que esses dramas mentais se desenvolvem.

Mergulhar na psique de uma personagem dessa maneira marcou um afastamento radical da ficção romântica, em que os enredos normalmente tratavam de punir os malfeitos e recompensar as virtudes. No entanto, as obras literárias já exploravam os meandros da mente humana fazia tempo, embora sem o respaldo da emergente ciência da psicologia. Por exemplo, as maquinações mentais são temas centrais em *O conto de Genji*, obra japonesa do século XI; em *Hamlet* (1603), de William Shakespeare, os conflitos internos do herói conduzem a trama; e o século XVIII testemunhou o auge do gênero conhecido como romance epistolar, no qual cartas pessoais e anotações de diários eram usadas para proporcionar ao leitor uma visão dos sentimentos e pensamentos íntimos das personagens.

Tudo está nas mãos de um homem e ele o deixa escapar por covardia.
Crime e castigo

Exposição de mentes

Em sua obra-prima *Crime e castigo*, Fiódor Dostoiévski apresenta ao leitor seu anti-herói, o estudante Rodion Románovich Raskólnikov, também chamado de Rodya ou Rodka pelas poucas pessoas que o amam. O autor disseca – por meio de uma narrativa em terceira pessoa – as motivações psicológicas de Raskólnikov de uma forma que prenuncia a obra de Sigmund Freud e as de outros psicanalistas.

Fiódor Dostoiévski

Filho de descendentes lituanos, Fiódor Dostoiévski nasceu em Moscou, na Rússia, em 1821. Capacitou-se e trabalhou como engenheiro antes de escrever seu primeiro romance, *Gente pobre* (1846), que descreve a condição mental e material da pobreza.

Em 1849, Dostoiévski foi preso por ser membro do Círculo Petrashévski, um grupo intelectual socialista. Depois de passar pelo tormento de uma falsa execução diante de um pelotão de fuzilamento, amargou muitos anos de trabalhos forçados na Sibéria, onde passou a sofrer de epilepsia. Ao ser libertado, problemas com credores o levaram a se autoexilar no Leste Europeu. Após a morte de sua primeira esposa, casou-se, em 1867, com Anna Grigórievna Snítkina, que lhe deu seus quatro filhos, atuou como sua secretária e regularizou as finanças da família. Assolado por enfermidades, Dostoiévski morreu em 1881.

Outras obras

1864 *Memórias do subsolo*
1866 *Um jogador*
1869 *O idiota*
1880 *Os irmãos Karamázov*

Veja também: *O conto de Genji* 47 ▪ *A princesa de Clèves* 104 ▪ *Madame Bovary* 158-163 ▪ *Middlemarch* 182-183 ▪ *Retrato de uma senhora* 186-187

O verão em São Petersburgo é o cenário de *Crime e castigo*. O ambiente sufocante e agitado da cidade espelha o fervilhante drama sofrido pelo atormentado estudante Raskólnikov.

É precisamente essa abertura da mente do protagonista para o leitor que assegurou ao livro o *status* de uma das mais importantes e influentes obras literárias escritas no século XIX.

Crime e castigo começa numa noite quente do início de julho em São Petersburgo, na Rússia. Raskólnikov, um jovem malvestido, sai de seu minúsculo quarto de sótão, despista sua senhoria e escapa para o calor e o mau cheiro da cidade. Ele está adoentado e também sofre de algum tipo de desarticulação mental, murmurando coisas para si mesmo. Está faminto. Anda pelas ruas perturbado pela presença de outras pessoas. O leitor é levado ainda mais perto de seus pensamentos mais íntimos, seus medos e ansiedades.

Raskólnikov é pobre e sua pobreza permeia todo o texto. O leitor caminha com ele, vendo com seus olhos a cidade – um lugar onde muitos lutam contra a fome e os tormentos da mente – em busca de sobrevivência.

Conflitos internos

Dostoiévski insere uma variedade de ricas personagens brilhantemente observadas ao longo da narrativa, tal como Raskólnikov as vê. Ele vai parar na casa de Alíona Ivanovna, uma penhorista local, "uma diminuta e velha senhora encarquilhada, de sessenta anos, de olhar mordaz e maligno, com um pequeno nariz afilado". Raskólnikov aparece para penhorar o relógio de seu pai e, abatido pela pobreza, é forçado a aceitar uma soma irrisória pelo objeto. Ao deixar o edifício, um pensamento lhe ocorre. Ele se detém nos degraus da escada, chocado consigo mesmo, e, de volta à multidão, nas ruas, caminha como se estivesse num sonho, "sem se importar com os pedestres, aos encontrões contra eles", até se ver num lance de escadas que o conduz a uma taberna. Embora nunca tenha entrado num ambiente assim antes, pede uma cerveja e imediatamente "sentiu-se melhor; e seus pensamentos se tornaram claros". Porém, Dostoiévski informa ao leitor que Raskólnikov está longe de se sentir bem porque "até mesmo aquele momento lhe pareceu um mau presságio desde que uma situação mental mais feliz também não era algo normal".

Conversa com um bêbado, Marmeladov, que conta uma história triste sobre a pobreza e a prostituição da filha, resultantes de seu alcoolismo. Marmeladov assume o vício e admite estar confessando tudo a Raskólnikov – um desconhecido, em vez de falar a outros frequentadores regulares – porque vê em seu semblante "certa aflição".

Raskólnikov finalmente retorna a seu próprio sótão, onde passa todo o dia seguinte mergulhado em »

Viver, seja como for,
mas viver!
Crime e castigo

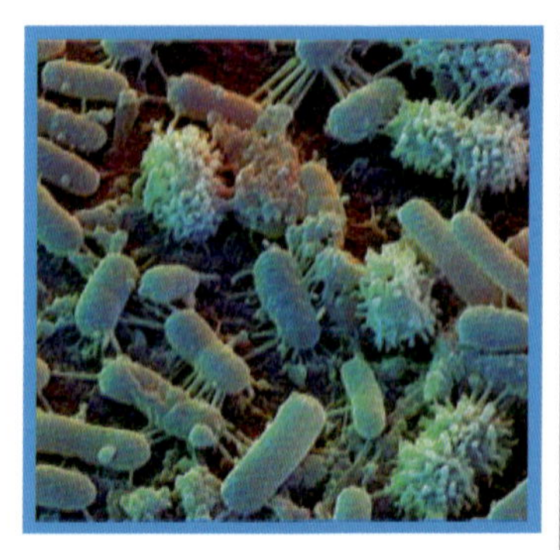

Raskólnikov se recorda de sonhos que teve enquanto delirava no hospital. Em um deles, microrganismos havia minfectado as pessoas e as levado à loucura, acreditando ser as únicas detentoras da verdade.

pensamentos. Dostoiévski pinta um desesperado quadro de destituição e do isolamento de Raskólnikov em relação à sociedade.

O domínio do autor sobre o realismo psicológico expõe por completo as deliberações íntimas de Raskólnikov e suas maquinações sobre como agir para cometer um crime (matando a penhorista Alíona Ivanovna). Dostoiévski conduz o leitor de forma tangível e empática diante da mente de Raskólnikov – a mente de um assassino. Sentimos seu terror e vivenciamos de perto as ruas sujas e os cidadãos depravados de São Petersburgo através de seus olhos. Tornamo-nos testemunhas das cenas descritas por sua mente e nos deitamos a seu lado em seu esquálido lar. Também experimentamos o terror da inevitabilidade do ato, desde sua concepção até a realidade sombria e sangrenta.

Os homens verdadeiramente grandes, a meu ver, devem experimentar grande tristeza no mundo.

Crime e castigo

Assim como Freud argumentaria, mais tarde, que os sonhos permitem a compreensão de uma experiência, Dostoiévski oferece *insights* da mente de seu anti-herói pela via dos sonhos. Em um deles, Raskólnikov presencia camponeses bêbados espancando um cavalo até a morte. Pleno de simbolismos, o sonho prenuncia o crime que ele está prestes a cometer, mas também serve como referência à sua dessensibilização diante da atrocidade e à perda do livre-arbítrio. Bem depois, ele sonha que insetos microscópicos causam insanidade, dissensão e uma propensão à violência nos seres humanos – uma alusão ao estado de espírito de Raskólnikov.

O choque da violência

O assassinato de Alíona Ivanovna é descrito com uma realidade visceral impressionante. Raskólnikov golpeia a mulher com um machado até seu crânio se romper e esfacelar-se de um lado. Sobre o chão se forma uma "perfeita poça de sangue". Os minutos se passam sob uma tensão real aterradora enquanto Raskólnikov arromba uma arca de madeira debaixo da cama até tomar posse de ricos braceletes, cordões, brincos e pingentes. Mas a cena não está completa. Há passos vindos do cômodo onde se encontra Alíona Ivanovna. De um salto, ele toma o machado e corre para fora do quarto. E assim termina a primeira parte do romance.

Dostoiévski apresenta vários motivos potenciais para o crime. O mais relevante é a percepção que Raskólnikov tem de si mesmo como "super-homem" – um ser superior, acima da lei, que tem nojo da sociedade e do comportamento insensato das hordas de pessoas "comuns". Em certo momento, Raskólnikov assinala que todos os grandes homens são criminosos, transgressores de leis antiquadas e estão dispostos a derramar sangue se isso "servir à sua causa".

Considera-se que a exposição que Dostoiévski faz desse motivo reflete sua angústia em relação às mudanças que ele próprio observou na sociedade russa: a ascensão do materialismo, o declínio da velha ordem e a popularidade das filosofias individualistas e niilistas. O crime de Raskólnikov, bem como sua revelação, serve como advertência aos compatriotas de Dostoiévski com inclinações para a mudança revolucionária.

Culpa e redenção

Após o assassinato, acompanhamos Raskólnikov pelas ruas de São Petersburgo em seu desespero e delírio fervoroso. Ele encontra Marmeladov, bêbado e moribundo, atropelado por uma carruagem, e vem a se aproximar de sua filha, Sonya, que se torna a única responsável pelo

O czar Alexander II aboliu a servidão na Rússia em 1861. As prostitutas da área decadente do mercado de São Petersburgo, local frequentado por Raskólnikov, eram quase sempre camponesas em desespero.

Os motivos para Raskólnikov matar Alíona Ivanovna formam o tema central de *Crime e castigo*. Dostoiévski mostra que as ações de seu anti-herói são disparadas por um complexo emaranhado de razões, diálogos internos e pulsões inconscientes que combinam princípios sociais, individuais, filosóficos e religiosos.

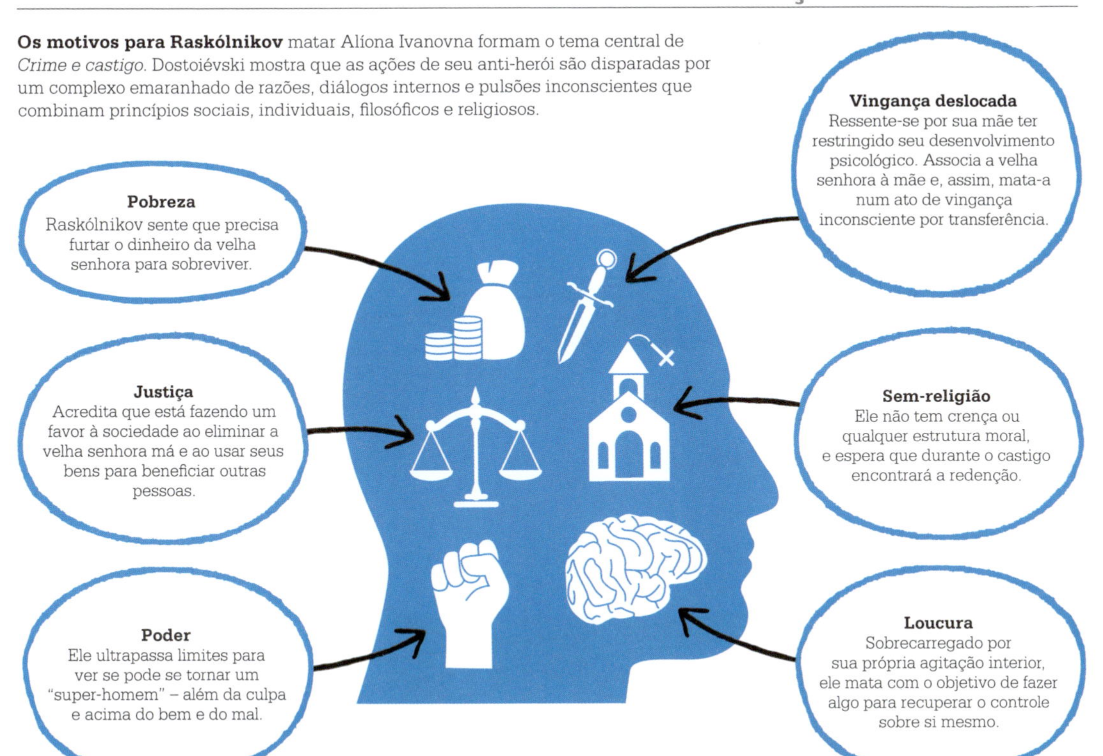

sustento da família. Também encontra Porfiry Petrovitch, um detetive que, pouco a pouco, convence-se de que Raskólnikov é o autor do crime, mas não encontra meios de prová-lo. Raskólnikov está com os nervos em frangalhos. Seriam a confissão e a força da lei preferíveis à tortura de sua consciência? Será que seu remorso sugere que ele é medíocre, e não extraordinário?

Pobreza
Raskólnikov sente que precisa furtar o dinheiro da velha senhora para sobreviver.
Vingança deslocada
Ressente-se por sua mãe ter restringido seu desenvolvimento psicológico. Associa a velha senhora à mãe e, assim, mata-a num ato de vingança inconsciente por transferência.
Justiça
Acredita que está fazendo um favor à sociedade ao eliminar a velha senhora má e ao usar seus bens para beneficiar outras pessoas.
Sem-religião
Ele não tem crença ou qualquer estrutura moral, e espera que durante o castigo encontrará a redenção.
Poder
Ele ultrapassa limites para ver se pode se tornar um "super-homem" – além da culpa e acima do bem e do mal.
Loucura
Sobrecarregado por sua própria agitação interior, ele mata com o objetivo de fazer algo para recuperar o controle sobre si mesmo.

A representação da realidade

Em *Crime e castigo*, Dostoiévski explora e disseca magistralmente a complexa natureza da mente de seu protagonista. A poderosa exploração que o romance faz do significado da vida e da existência num mundo de horror, maldade, sofrimento e brutalidade é igualada por seu exame da culpa, da consciência, do amor, da compaixão, das relações com os companheiros, e das possibilidades de redenção.

O interesse de Dostoiévski em representar a realidade dos processos psicológicos por meio da mente de Raskólnikov garantiu que *Crime e castigo* se tornasse um marco significativo para futuros romancistas. Essa abordagem narrativa coincidiu com a ascensão da ciência e da prática da psicologia, e foi certamente influenciada por ela. Henry James, um dos autores mais afinados com a psicologia no final do século XIX, era irmão de William James, um dos pioneiros dessa área de conhecimento. Os escritores existencialistas de meados do século XX, incluindo Jean-Paul Sartre e Albert Camus, também devem muito à estonteante forma narrativa criada por Dostoiévski. ■

De cem suspeitas, nunca se faz uma prova.
Crime e castigo

DESCREVER DIRETAMENTE A VIDA DA HUMANIDADE OU MESMO DE UMA ÚNICA NAÇÃO PARECE IMPOSSÍVEL

GUERRA E PAZ (1869), LEON TOLSTÓI

EM CONTEXTO

FOCO
Era de Ouro da Rússia

ANTES
1831-1832 A publicação de *Noites na granja ao pé de Dikanka*, de Nikolai Gogol, e *Contos de Belkin*, de Alexander Pushkin, sinaliza avanços na literatura russa para além das formas folclóricas do passado.

1866 *Crime e castigo*, de Fiódor Dostoiévski, traz a ciência da psicologia para o realismo literário com o objetivo de explorar as motivações humanas.

DEPOIS
1880 É publicado o romance *Os irmãos Karamázov*, de Fiódor Dostoiévski, o último da Era de Ouro da literatura russa.

1898 O Teatro de Arte de Moscou estreia *A gaivota*, consagrando Anton Tchekov como o principal dramaturgo da Era de Ouro da Rússia.

A Rússia do século XIX foi berço de enorme criatividade em prosa, poesia e dramaturgia. Os críticos intitularam o período de Era de Ouro do país, não por nenhuma tentativa de unidade entre os autores, mas pelo vasto número de trabalhos literários de relevância internacional que emergiu em um curto período de tempo.

A literatura da Era de Ouro foi fortemente influenciada pela modernização da Rússia no século XVIII. O país, que estivera isolado cultural e geograficamente do Renascimento, movimento que influenciou o restante da Europa dos séculos XIV ao XVII, foi rapidamente ocidentalizado sob o comando de Pedro, o Grande, czar que

Veja também: *Eugene Onegin* 124 ▪ *O herói do nosso tempo* 151 ▪ *Almas mortas* 152 ▪ *Crime e castigo* 172-177 ▪ *O idiota* 199 ▪ *Anna Kariênina* 200 ▪ *Os irmãos Karamázov* 200-201 ▪ *Tio Vânia* 202-203

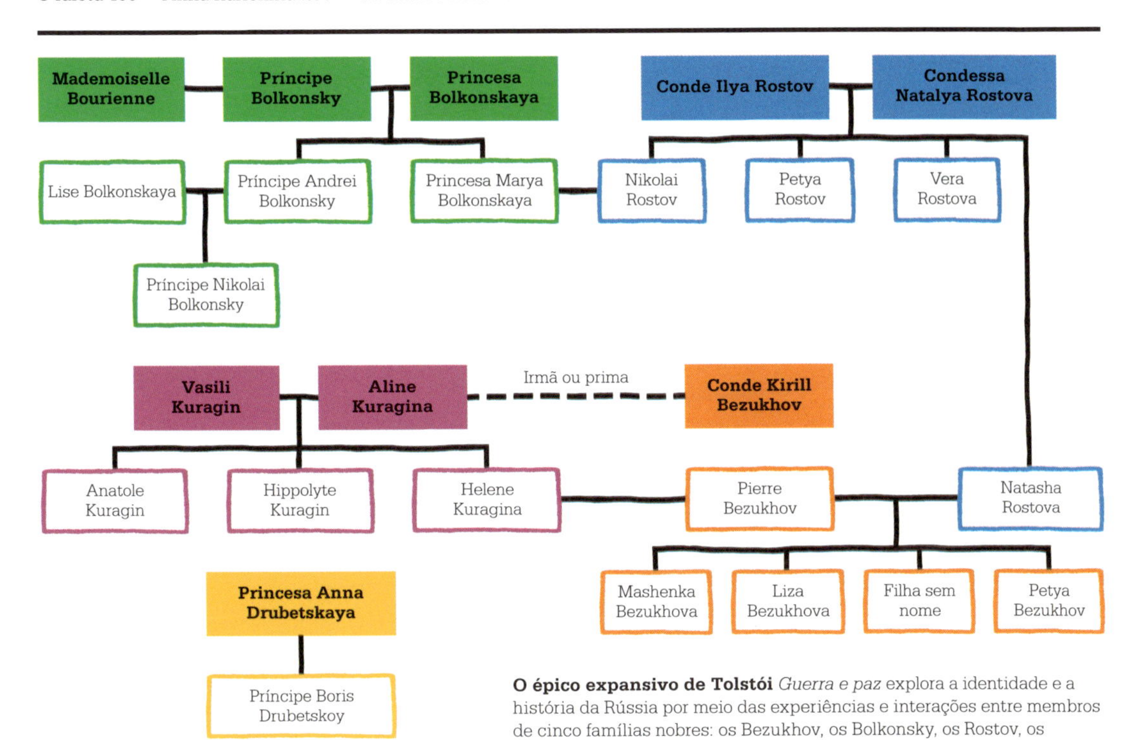

O épico expansivo de Tolstói *Guerra e paz* explora a identidade e a história da Rússia por meio das experiências e interações entre membros de cinco famílias nobres: os Bezukhov, os Bolkonsky, os Rostov, os Kuragin e os Drubetskoy.

reinou de 1682 a 1725. Pedro supervisionou a adoção dos costumes, do sistema de ensino e até dos idiomas ocidentais, até o ponto em que, no início do século XIX, a língua primária utilizada pela aristocracia russa era o francês.

A literatura tradicional da "Rússia antiga", notadamente a poesia folclórica épica, foi substituída por uma escrita focada em temas mais modernos, e o próprio idioma russo desenvolveu novas formas literárias que perduraram até o século XIX. No entanto, os escritores russos fizeram muito mais do que copiar as convenções da literatura ocidental. Eles reagiram a elas e desafiaram seus paradigmas, estabelecendo suas próprias formas de expressão singularmente russas, as quais, muitas vezes, recorriam a temas dos antigos poemas folclóricos, e, ocasionalmente, desafiavam o próprio conceito da escrita como arte. No Ocidente, os escritores da Era de Ouro russa eram vistos com olhares curiosos – eram certamente brilhantes, mas também considerados rústicos e iletrados.

O primeiro florescer da Era de Ouro, no início do século XIX, incluiu obras de autores como Alexander Pushkin, Nikolai Gogol e Ivan Turgenev. Um segundo despertar, nos anos 1860 e 1870, deu origem às melhores obras do período, incluindo *Crime e castigo* (1866), de Fiódor Dostoiévski – um exercício visceral de realismo psicológico –, *Guerra e paz* (1869) e *Anna Kariênina* (1877), de Tolstói. »

Se ninguém lutasse, exceto por suas convicções próprias, não haveria guerra.
Guerra e paz

Os bailes da alta sociedade no início do século XIX, nos quais os convidados vestiam fardas militares e luxuosos vestidos, caracterizam o retrato de Tolstói do raso liberalismo de São Petersburgo.

Em um único respiro, a literatura russa produziu uma série de saltos incríveis da tradição folclórica para estilos literários muito mais complexos e abrangentes.

Retrato histórico

Uma ambivalência tipicamente russa sobre as metáforas da literatura ocidental levou Tolstói a escrever que "Não há uma única obra de prosa artística russa (...) que se encaixe na forma de romance, poema ou história". Ele relutou em categorizar sua obra-prima, *Guerra e paz*: "Não é um romance, muito menos um poema, e menos ainda uma crônica histórica", afirmou em 1868. A preocupação de Tolstói era que todos os registros históricos tinham seus percalços e que a "verdade" da história era difícil de capturar sem uma visão onisciente. Ele tentou alcançar essa perspectiva ampla em *Guerra e paz*, explorando as experiências de uma vasta gama de personagens de toda a sociedade – mais de quinhentas ao todo. Algumas das personagens foram inspiradas em pessoas que Tolstói conhecia na vida real: Natasha Rostova, por exemplo, foi baseada na irmã da esposa de Tolstói. Muitas das personagens aristocráticas receberam nomes autênticos, mas sutilmente adulterados: o nome do imprudente e voluntarioso Bezukhov, por exemplo, significa "sem orelha".

Guerra e paz abrange um período de oito anos desde julho de 1805, narrando a invasão napoleônica na Rússia, até o incêndio de Moscou em setembro de 1812. A narrativa principal segue a ascensão e a queda de cinco famílias aristocratas fictícias no contexto das guerras napoleônicas do século XIX, conectando suas vidas pessoais à história da Rússia. Ao lado dessas personagens fictícias, Tolstói elenca uma série de figuras históricas verdadeiras, como o czar Alexandre e Napoleão, que desempenham papéis decisivos nesse épico.

Introdução

O livro começa na cidade mais ocidentalizada da Rússia, São Petersburgo, em um evento da alta sociedade. Enquanto Napoleão marcha pela Itália em direção ao leste, os aristocratas da cidade se encontram para fofocar (em francês), apostar, beber e flertar. Significativamente, as primeiras palavras do livro, ditas pela anfitriã da festa, Anna Pavlovna Scherer, estabelecem o foco do livro na história, na guerra e nas relações europeias: "Pois bem, meu príncipe. Génova e Luca são apenas apanágios, apenas propriedades da família Bonaparte".

Não há nada mais forte que estes dois velhos soldados – o Tempo e a Paciência.
Guerra e paz

Tolstói usa esse encontro para apresentar aos leitores alguns de seus protagonistas, incluindo o príncipe Andrei Nikolaevich Bolkonsky, um homem bonito, inteligente e abastado que emergirá como um dos heróis do livro, e seu amigo Pierre Bezukhov, o desajeitado e corpulento filho de um conde russo, pelo qual Tolstói transmite seus próprios pensamentos e preocupações sobre a melhor maneira de viver uma vida moral em um mundo imoral.

A narrativa de Tolstói é levada a Moscou, onde tanto a cidade como seu povo tem qualidades mais tradicionalmente russas. Aqui o leitor é apresentado a mais personagens, a exemplo da condessa Rostova e seus quatro filhos, uma dos quais é Natalia Ilyinichna (Natasha) – "de olhos negros, boca grande" e "cheia de vigor" –, cuja energia vibrante resplandece pelas páginas do livro.

Rússia em guerra

Logo a Rússia está em guerra. As tropas de Napoleão marcham rumo a Moscou e são interceptadas pelos russos a aproximadamente cem quilômetros a oeste da cidade na Batalha de Borodino, no dia 7 de setembro de 1812. Tolstói pinta um retrato vívido da carnificina em que mais de 25 mil homens foram mortos em um único dia. Ele apresenta os pensamentos e as ações de personagens reais, como Napoleão e seu oponente russo, Kutusov, ao lado de personagens fictícias, como Andrei e Pierre, permitindo aos leitores enxergar o caos e a realidade brutal da guerra sob cada perspectiva. A batalha, que foi uma vitória inconclusiva dos franceses, marca o ponto de virada da guerra.

Enquanto a vida dos aristocratas de São Petersburgo continua quase inalterada, Moscou é saqueada e incendiada pelo Grande Exército de Napoleão antes da retirada das tropas. Mas as forças francesas sofrem enormes dificuldades em sua retirada: acometidos por condições congelantes e pela fome, os soldados são exterminados aos milhares pelos russos.

No epílogo em duas partes, Tolstói descreve a vida em 1813 e depois disso, quando o Exército de Napoleão é derrotado e a guerra acaba, com a paz finalmente restabelecida para a Rússia e seu povo.

Os pequenos atos de muitos

Após terminar as histórias de suas personagens fictícias, Tolstói reavalia os papéis históricos exercidos por Napoleão e pelo czar Alexandre. Ele conclui que a história não é definida pelos atos de grandes líderes, mas por diversos acontecimentos pequenos e corriqueiros: "A história é a vida das nações e da humanidade". Em *Guerra e paz,* essa perspectiva ampla é minuciosamente observada, e a visão penetrante de Tolstói das verdades do cotidiano torna o livro uma obra profunda e grandiosa.

Guerra e paz capturou a essência de uma era. Em 1875, foi descrito pelo romancista russo Ivan Turgenev como "o vasto retrato da vida de toda uma nação". Um século após sua publicação, Ernest Hemingway declarou que aprendera com Tolstói a escrever sobre guerra, pois ninguém escrevia "sobre guerra melhor que Tolstói". E poucos escreveram como ele sobre a paz. ■

A Batalha de Borodino é um momento decisivo em *Guerra e paz* de Tolstói. Em sua análise, é o caos da batalha, em vez das ordens dos líderes, que define o resultado do conflito.

Leon Tolstói

Leon Tolstói nasceu perto de Moscou em 1828, em uma família nobre da Rússia. Após deixar a Universidade Kazan precocemente, levou uma vida desregrada em Moscou e em São Petersburgo, contraindo grandes dívidas de jogo. Viajou pela Europa de 1860 a 1861, onde conheceu o romancista Victor Hugo e o pensador político Pierre-Joseph Proudhon. Ambos inspiraram Tolstói a retornar à Rússia para escrever e educar os mais pobres. Em 1862, Tolstói casou-se com Sophia Andreevna Behrs, com quem teve 13 filhos. Sophia administrava os assuntos financeiros da família, embora o casamento fosse cada vez mais infeliz. Após completar *Guerra e paz* e *Anna Kariênina,* Tolstói buscou a verdade espiritual e moral por meio de seu cristianismo e aderiu ao pacifismo, influenciando líderes como Gandhi e Martin Luther King. Morreu de pneumonia em 1910, aos 82 anos.

Outras obras

1877 *Anna Kariênina*
1879 *Confissão*
1886 *A morte de Ivan Ilitch*
1893 *O reino de Deus está em vós*

É A MENTE LIMITADA QUE NÃO PODE OBSERVAR UM TEMA SOB DIVERSOS PONTOS DE VISTA

MIDDLEMARCH (1871-1872), GEORGE ELIOT

EM CONTEXTO

FOCO
O narrador onisciente

ANTES
1749 O narrador onisciente de Henry Fielding em *Tom Jones* expõe o processo de construção da narrativa.

1862 A voz onisciente em *Os miseráveis*, de Victor Hugo, comenta sobre política, sociedade e as personagens do texto.

1869 *Guerra e paz*, de Leon Tolstói, inclui uma voz onisciente para permitir a "discussão filosófica".

DEPOIS
1925 O narrador onisciente em *Mrs. Dalloway* permite que Virginia Woolf construa personagens com grande "espaço interior" e profundidade.

2001 A narração onisciente em terceira pessoa de Jonathan Franzen em *As correções* sugere que o comentário cultural e a autoridade sejam uma função revivida da ficção literária.

O narrador onisciente (que tudo sabe) escreve de uma perspectiva de fora da história, mas sabe tudo sobre as personagens e os acontecimentos. Essa voz autoral foi amplamente usada pelos romancistas do século XIX no contexto do realismo social. Muitos dos escritores mais conhecidos do período – Charles Dickens, Victor Hugo e Leon Tolstói, por exemplo – escreviam em terceira pessoa onisciente. Essa técnica narrativa foi ideal para George Eliot em *Middlemarch*, pois ajudou a mergulhar seus leitores na "observação sutil da convergência furtiva das sinas humanas".

Por meio do entrelaçamento de

O ponto de vista do narrador

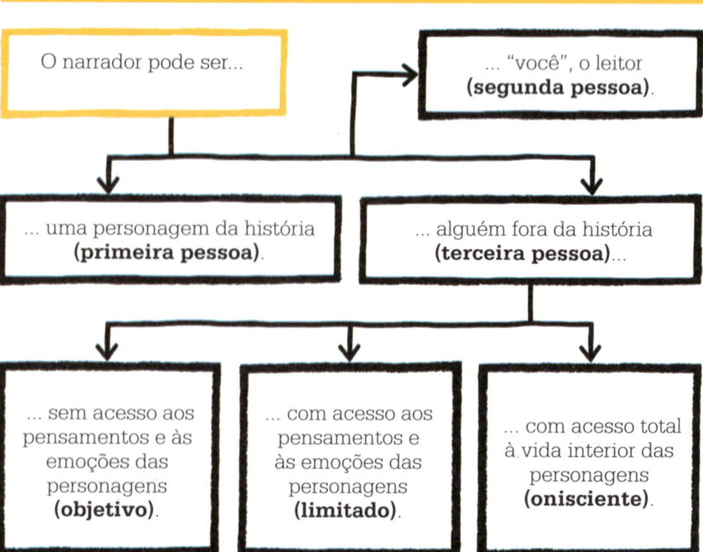
O narrador pode ser...
... "você", o leitor (segunda pessoa).
... uma personagem da história (primeira pessoa).
... alguém fora da história (terceira pessoa)...
... sem acesso aos pensamentos e às emoções das personagens (objetivo).
... com acesso aos pensamentos e às emoções das personagens (limitado).
... com acesso total à vida interior das personagens (onisciente).

Veja também: *Orgulho e preconceito* 118-119 ▪ *Os três mosqueteiros* 122-123 ▪ *A feira das vaidades* 153 ▪ *Os miseráveis* 166-167 ▪ *Crime e castigo* 172-177 ▪ *Guerra e paz* 178-181 ▪ *Tess of the d'Urbervilles* 192-193

histórias de um grande número de personagens – que vivem na cidade provinciana inglesa do título –, *Middlemarch* explora tensões entre casamento e vocação. O foco é principalmente nos sonhos de dois indivíduos idealistas: a inteligente e filantrópica herdeira Doroteia Brooke e o talentoso e ingênuo médico Tertius Lydgate.

Um mundo de escolhas difíceis

Eliot foge dos finais felizes conformistas – uma fantasia que considerava território de romancistas que escrevem para mulheres "tolas". Sua ambição era criar um retrato da complexidade da vida humana cotidiana: defeitos e derrotas sutis, pequenas tragédias, triunfos silenciosos e momentos de dignidade. É a voz onisciente que traz nossa atenção de volta para essa ambição.

Eliot admirava o escritor alemão Johann Wolfgang von Goethe e também compartilhava de sua filosofia de que os esforços de cada indivíduo são essenciais para o progresso geral da humanidade. Em *Middlemarch*, ela refina e transforma esse dogma em ficção, propondo que as mulheres desempenhem um papel único e significativo na trajetória do progresso e da mudança. Em particular, Eliot (como narradora onisciente) coloca a pergunta sobre como fazer isso no papel de mulher no mundo real e em constante mudança.

Um convite para pensar

Há muitas discussões sobre o papel das mulheres, tanto entre as personagens do romance como nos comentários autorais. Personagens masculinas descrevem uma gama de qualidades que se esperam das mulheres, do ideal de "afeto com autossacrifício" do marido de Doroteia, o sr. Casauboun, ao desejo de Lydgate de uma linda companheira, "reclinando em um paraíso com risadas doces como o canto dos pássaros". Porém, há uma relutância em promover uma opinião única e conclusiva sobre o lugar da mulher na sociedade. Em vez disso, a voz autoral nos convida a tirarmos nossas próprias conclusões colocando perguntas como: "O ponto de vista de Doroteia era o único possível com relação a esse casamento?".

Para que vivemos, senão para tornar a vida menos difícil uns para os outros?
Middlemarch

Embora tenha sido acusada pelos críticos de assédio moral autoral – Henry James interpretou o romance como arrogante –, Eliot consegue sustentar um tom discursivo, principalmente nas interjeições do narrador onisciente.

George Eliot permanece fiel à sua convicção de que precisamos nos preocupar com questões reais, convidando os leitores a perceber sua própria rede interconectada de tendências complexas e geralmente opostas em todas as pessoas, sejam elas fictícias ou reais. ■

George Eliot

George Eliot nasceu Mary Ann Evans em 1819, em Warwickshire, Inglaterra. Estudou em escolas particulares até os dezesseis anos, o que era incomum para uma garota. Após a morte de sua mãe, em 1836, passou a cuidar da casa para o seu pai. Depois que ele faleceu, em 1849, Eliot viajou para Genebra e depois para Londres, onde se estabeleceu, e, em 1851, tornou-se editora da publicação de John Bray, *The Westminster Review*.

Teve alguns amores não correspondidos, inclusive pelo filósofo Herbert Spencer, mas encontrou o verdadeiro amor com o colega intelectual George Henry Lewes, que era separado, mas não podia se divorciar. Em 1854, decidiram viver juntos abertamente, e Evans começou a escrever seus romances, usando um pseudônimo masculino para dar credibilidade ao seu trabalho. Parou de escrever quando Lewes faleceu, em 1878. Em 1880, casou-se com John Walter Cross, mas faleceu sete meses depois.

Outras obras

1859 *Adam Bede*
1860 *O moinho à beira do Floss*
1861 *Silas Marner*
1876 *Daniel Deronda*

É POSSÍVEL DESAFIAR AS LEIS HUMANAS, MAS NÃO SE PODE RESISTIR ÀS LEIS NATURAIS

VINTE MIL LÉGUAS SUBMARINAS (1870), JÚLIO VERNE

EM CONTEXTO

FOCO
Romance científico

ANTES
1818 É publicado *Frankenstein*, da autora inglesa Mary Shelley, frequentemente considerada a primeira obra ficcional com foco científico.

1845 O termo "romance científico" é empregado pela primeira vez numa resenha de *Vestígios da história natural da criação*, obra anônima de 1844, para expor ideias heterodoxas sobre ficção literária.

DEPOIS
1895 *A máquina do tempo*, primeiro romance de ficção científica de H. G. Wells, populariza o conceito de viagem no tempo e oferece uma visão distópica do futuro.

1912 *O mundo perdido*, de Sir Arthur Conan Doyle, expande o gênero de romance científico ao vislumbrar dinossauros na América do Sul contemporânea.

O termo "romance científico" surgiu no século XIX para descrever escritos especulativos a respeito de história natural ou tachar ideias científicas de fantasiosas. Com o passar do tempo, à medida que o conhecimento científico apontava para ideias mais plausíveis sobre o futuro, o rótulo acabou sendo aplicado a obras ficcionais que incorporassem prodígios científicos no enredo.

Ciência e exploração

Era uma época em que os europeus – obcecados por tecnologia, progresso social, viagens e aventuras – dominavam o mundo e esperavam que a ciência pudesse ajudar a transformar uma época de sordidez e miséria em conforto e riqueza.

O francês Júlio Verne (1828-1905) é o mais lembrado entre os escritores de romances científicos do século XIX. Seus trabalhos demonstram um gosto previdente e imaginativo pelas viagens futuristas. Sua narrativa sobre viagem *Cinco semanas em um balão* (1863) estabeleceu seu estilo de aventura com muita ação, jogando com a possibilidade de exploração. Da investida pelos ares, Verne voltou-se para as rotas terrestres com *Viagem ao centro da Terra* (1864), mas foi nos oceanos onde alcançou seu maior sucesso no gênero.

Na década de 1850, Verne começou a desenvolver a ideia de um submarino, que se transformou no *Náutilus*, embarcação do Capitão Nemo em *Vinte mil léguas submarinas*. A narrativa de Verne relata a fabulosa história de Nemo e sua tripulação, de suas espetaculares aventuras submarinas, quando encontram florestas de algas e uma lula gigante nas profundezas oceânicas. A maravilhosa criatividade de Verne proporcionou aos viajantes roupas de mergulho e "armas de ar" para serem usadas debaixo d'água – uma surpreendente previsão da força em potencial do desenvolvimento científico para possibilitar a exploração dos recônditos mais distantes do planeta.

No início do século XX, o "romance científico" foi rapidamente substituído pela expressão "ficção científica" e o foco se alterou para o espaço sideral e para um futuro diferente da *terra incognita*. ■

Veja também: *Frankenstein* 120-121

AO VERME QUE PRIMEIRO ROEU AS FRIAS CARNES DO MEU CADÁVER DEDICO COMO SAUDOSA LEMBRANÇA ESTAS MEMÓRIAS PÓSTUMAS

MEMÓRIAS PÓSTUMAS DE BRÁS CUBAS (1881), MACHADO DE ASSIS

EM CONTEXTO

FOCO
Realismo no Brasil

ANTES
1852-53 O romance *Memórias de um sargento de milícias*, de Manuel Antônio de Almeida, é publicado em folhetim. Retrato da vida no Rio de Janeiro, a obra desenvolve pela primeira vez na literatura brasileira a figura do malandro.

1862 José de Alencar publica *Lucíola*, ficção urbana inspirada em *A dama das camélias*, de Alexandre Dumas. Uma cortesã, representa uma crítica à sociedade do período e uma transgressão à visão romântica da mulher amada.

DEPOIS
1881 A publicação de *O mulato*, de Aluísio de Azevedo, uma crítica aberta à escravidão, indica o início do naturalismo na literatura brasileira.

1900 Machado de Assis lança um de seus romances mais famosos, *Dom Casmurro*, o terceiro da trilogia realista.

O realismo Europeu, iniciado com Madame Bovary, de Gustave Flaubert, volta a atenção para a personagem comum, que diferente do herói romântico está imersa nas tensões sociais e na hipocrisia da vida burguesa. No Brasil, onde o realismo tem de se haver com as questões suscitadas pelo colonialismo e pela escravidão, além dessas características, surgem também renovações no estilo. Na obra de Machado de Assis, o principal representante desse período, a narrativa linear é questionada e a metalinguagem e o diálogo com o leitor passam a ser empregados.

O bruxo do Cosme Velho

Joaquim Maria Machado de Assis (1839-1908) é considerado o melhor escritor realista brasileiro. Escreveu contos, poemas, crônicas e peças de teatro, mas consagrou-se sobretudo pelos romances. A primeira fase da sua produção ainda é influenciada pelo romantismo. Os principais livros desse período são: *Ressurreição*, *Helena* e *A mão e a luva*. *Memórias póstumas de Brás Cubas* (1881) é o primeiro romance realista brasileiro. Integra, junto com *Quincas Borba* (1891) e *Dom Casmurro* (1900) a chamada trilogia realista, destaque da segunda fase do autor, cujas obras são marcadas por ironia e pessimismo.

O narrador-personagem Brás Cubas, como o próprio nome do livro já diz, está morto. A partir dessa condição, são possíveis duas renovações estilísticas: o romance rompe com a narrativa linear ao criar digressões analíticas, e o narrador conversa diretamente com o leitor, que também é alvo da ironia. ■

Não tive filhos, não transmiti a nenhuma criatura o legado da nossa miséria.
Memórias póstumas de Brás Cubas

Veja também: *O guarani* 164 ▪ *Madame Bovary* 158-163 ▪ *O vermelho e o negro* 150-151 ▪ *Primeiro fólio* 82-89

ELA É REDIGIDA NUMA LÍNGUA ESTRANGEIRA

RETRATO DE UMA SENHORA (1881), HENRY JAMES

EM CONTEXTO

FOCO
Ficção transatlântica

ANTES
1844 Em *Martin Chuzzlewit*, Charles Dickens oferece um exemplo pioneiro de ficção transatlântica, ambientada na Inglaterra e nos Estados Unidos.

1875 *The way we live now* [Como vivemos agora], romance satírico de Anthony Trollope, acompanha o financista corrupto europeu Augustus Melmotte e seus investimentos nos Estados Unidos.

DEPOIS
1907 *Madame de Treymes*, da autora norte-americana Edith Wharton, gira em torno de norte-americanos que moram na França.

1926 Em *O sol também se levanta*, o autor norte-americano Ernest Hemingway apresenta um grupo de jovens expatriados norte-americanos e britânicos em Paris e na Espanha.

1955 Em *Lolita*, de Vladimir Nabokov, o europeu Humbert Humbert persegue a jovem Lolita pelos Estados Unidos.

Muito se tem especulado sobre as supostas diferenças psicológicas e culturais entre europeus (em especial, os britânicos) e norte-americanos – em relação à língua, ao humor ou à etiqueta social. Na Europa, o debate é frequentemente focalizado nos norte-americanismos que parecem aos poucos invadir as culturas europeias.

Preocupações similares são refletidas na literatura. Por diversas vezes, a ficção transatlântica primitiva explorou diferenças culturais, porém com um foco particular sobre o impacto do Velho Mundo (a Europa) sobre as suscetibilidades norte-americanas. Embora o século XVIII tenha vivenciado um rompimento político e econômico nas relações anglo--americanas, que levou à independência dos Estados Unidos em 1776, um forte laço permaneceu firme entre as duas culturas, ainda que às vezes de forma antagônica. Como nação, os Estados Unidos ganharam em confiança e presenciaram um crescimento das classes emergentes, além de um aumento no turismo e nas viagens entre os dois lados do Atlântico.

Se não somos norte--americanos legítimos, somos certamente europeus insignificantes; não temos nenhum lugar natural aqui.
Retrato de uma senhora

Inocentes no exterior

O expatriado Henry James é um exemplo notável de norte-americano com gosto pelas viagens e um olhar sobre as diferenças culturais. Ele enxergava seus compatriotas com imparcialidade e seus romances examinavam em profundidade o significado do que é ser um norte--americano.

Como em tantos de seus trabalhos, *Retrato de uma senhora* descreve um grupo de personagens norte-americanas num cenário europeu. Caspar Goodwood, um norte-americano que venceu por conta própria, é um símbolo da nação: objetivo e empreendedor. Ele contrasta com Gilbert Osmond, que adotou os modos e os valores europeus, sendo moralmente corrupto e posando de esteta – um homem de bom gosto.

É por meio da personagem central do romance, Isabel Archer, que as tensões entre os valores do Novo e do Velho Mundo se expõem com mais evidência. Isabel é

Veja também: *A volta do parafuso* 203 ▪ *Lolita* 260-261

Estados Unidos

Uma perspectiva jovem, independente, baseada na crença de "vida, liberdade e busca da felicidade".

País culturalmente pobre, vulgar, rústico e sem refinamento.

Valores meritocráticos com raízes no otimismo, no dinamismo e na ambição individual.

A literatura transatlântica típica contrasta a vulgaridade e o entusiasmo dos norte-americanos com a sofisticação e o cinismo dos europeus. A Europa permanece extremamente instigante e atraente aos norte-americanos, tanto na vida real como na ficção.

Europa

Sociedades mais sólidas e complexas, rígidas, com tradição, maculadas pelo despotismo e pela decadência.

Culturalmente rica, refinada, elegante e sofisticada.

Valores restritivos, cinismo e enfado com o mundo, temor pela perda de privilégios.

uma mulher inteligente e imaginativa, que reflete o otimismo e o individualismo próprios dos Estados Unidos. Ao viajar para a Inglaterra e, em seguida, para outros países da Europa, Isabel, a despeito de seu espírito independente, também deseja agir de acordo com as propriedades sociais que encontra no exterior. Seu charme e sinceridade a tornam atraente aos olhos de seus pretendentes, mas ela acredita que o casamento restringirá sua liberdade. Para assegurar sua independência, seu primo Ralph Touchett convence o próprio pai a deixar uma boa herança para Isabel, de modo que ela jamais venha a precisar se casar por dinheiro. Ironicamente, sua fortuna a torna vulnerável às seduções do sinistro Gilbert Osmond, à medida que a astúcia do Velho Mundo monta armadilhas para a inocência do Novo.

James continuou a tratar desses temas em seus trabalhos posteriores, incluindo *Os embaixadores* e *As asas da pomba*, tendo inspirado diversos autores, como Edith Wharton, a focalizar seus escritos em tais questões. ■

Henry James

Nascido em Nova York, Henry James (1843-1916), filho do rico intelectual Henry James Sr., passou a infância viajando pela Europa. Após retornar aos Estados Unidos para estudar em Harvard, decidiu tornar-se escritor, publicando seus primeiros contos e resenhas em periódicos.

A partir de 1875, James foi para a Europa e acabou se fixando em Londres. Sua infância e sua vida adulta nômade no exterior lhe permitiram criticar tanto a sociedade norte-americana como a europeia. Foi um escritor prolífico, produzindo contos, peças de teatro, ensaios, roteiros de viagem e resenhas, além de romances, vindo a receber o apelido de "O mestre", que lhe foi dado pela amiga Edith Wharton. Em seus escritos, o lado norte-americano ficou mais evidente, com personagens mais expressivas provenientes de sua terra natal. Em 1915, tornou-se cidadão britânico.

Outras obras

1879 *Daisy Miller*
1886 *The Bostonians* [Os bostonianos]
1902 *As asas da pomba*
1903 *Os embaixadores*
1904 *A taça de ouro*

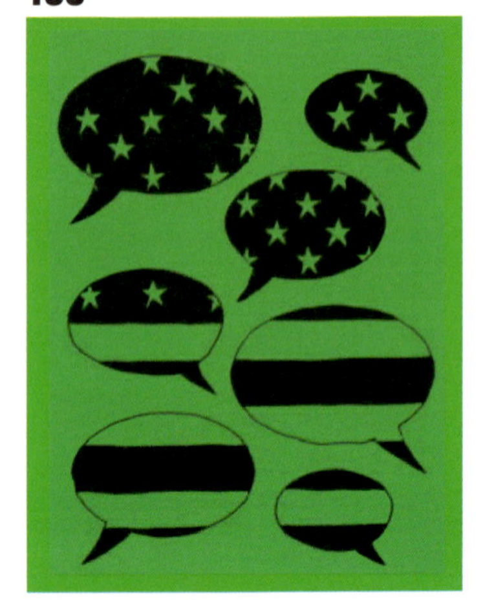

SERES HUMANOS PODEM SER TERRIVELMENTE CRUÉIS UNS COM OS OUTROS

AS AVENTURAS DE HUCKLEBERRY FINN (1884), MARK TWAIN

EM CONTEXTO

FOCO
Vozes norte-americanas

ANTES
1823 *Os pioneiros*, obra inicial da saga "Leatherstocking tales", de James Fenimore Cooper, autor de *O último dos moicanos*, oferece visões conflitantes da vida dos colonos num dos primeiros romances genuinamente norte-americanos.

1852 Harriet Beecher Stowe cria múltiplas vozes vernáculas em *A cabana do Pai Tomás*, uma história sentimental que inflama o debate antiescravista.

DEPOIS
1896 *The country of the pointed firs* [A terra dos pinheiros pontiagudos], de Sarah Orne Jewett, pinta uma imagem vivaz da vida em uma isolada vila de pesca na costa do Maine.

1939 *As vinhas da ira*, romance vencedor do Prêmio Pulitzer, de John Steinbeck, mistura as cores locais com a injustiça social em um épico sobre a jornada de uma família para o oeste em meio à Grande Depressão.

Com uma história ainda recente e pouca tradição literária para lhes servir de amparo, os escritores norte-americanos do século XIX estavam empenhados em oferecer um espelho das variadas e complexas populações de sua nação, que se desenvolvia com rapidez. Um autor foi pioneiro nesse sentido ao ambientar suas histórias no meio-oeste – mais precisamente, no Vale do Mississippi –, tendo um pobre garotinho branco como um narrador muito especial. O Huck Finn de Mark Twain relata suas aventuras por meio de um dialeto regional temperado com reflexões e sabedoria doméstica, tornando-se, ao longo do caminho, uma das primeiras vozes autênticas da literatura estadunidense.

O que existe em *As aventuras de Huckleberry Finn* para fazer com que Ernest Hemingway o declarasse o ponto

The country of the pointed firs **(Jewett, 1896, Maine)**
"Tain't worthwhile to wear a day all out before it comes."

As vinhas da ira **(Steinbeck, 1939, Oklahoma)**
"Não há pecado nem virtude. Há apenas o que a gente quer fazer."

A cabana do Pai Tomás **(Stowe, 1852, Kentucky)**
"I don't look well, now, for a feller to be praisin' himself."

O som e a fúria **(Faulkner, 1929, Mississippi)**
"Cala-te, vamos já sair. Chhhhhh."

As aventuras de Huckleberry Finn **(Twain, 1884, Mississippi Valley)**
"Fala, quem é você? Droga, se num ouvi uma coisa."

O uso de dialetos regionais em notáveis exemplos da literatura do século XIX e do início do século XX deu voz – e, portanto, uma forma de representação – a raças, regiões, culturas e classes antes desprezadas.

Veja também: *A cabana do Pai Tomás* 153 ▪ *O som e a fúria* 242-243 ▪ *Ratos e homens* 244 ▪ *As vinhas da ira* 244 ▪ *O sol é para todos* 272-273

de partida de toda a literatura norte-americana? Para começar, a obra encorajou gerações de escritores do país a descentralizar a literatura das colônias da Nova Inglaterra, atribuindo-lhe cores locais e fazendo valer a fala vernácula. Porém, o que também é notável é a alma radical dessa genuína "história de menino" expressa por meio de sua livre fluência narrativa. O romance de Twain foi publicado depois da Guerra Civil Norte-Americana (1861-1865), mas é ambientado entre quarenta e cinquenta anos antes, enquanto persistia a escravidão no sul e os colonos corriam atrás de terras no oeste. Os pensamentos ingênuos de Huck refletem as numerosas contradições do âmago da sociedade norte-americana.

Aventuras rio abaixo

Logo no início da narrativa, Huck se apresenta ao leitor como uma personagem já estabelecida num romance anterior de Twain, *As aventuras de Tom Sawyer*, que fornece seu relato de credibilidade sobre a história social. Ele finge estar morto para escapar das pessoas civilizadas do Missouri e da brutalidade de seu pai, dando início à sua jornada numa jangada, descendo o Mississippi, na companhia de Jim, um escravo fugitivo. À medida que deslizam em direção ao sul, a bárbara realidade de uma sociedade interiorana se impõe sempre que fazem contato com alguém em terra. Nesses vilarejos, gangues e turbas linchadoras fazem a justiça; malandros se aproveitam das fraquezas alheias; bêbados coléricos são sumariamente abatidos; e um jovem cavalheiro que faz amizade com Huck é assassinado numa rixa entre famílias.

Num texto salpicado com a palavra ofensiva "*nigger*" (depreciativa para "negro"), a subversão aparece nos diálogos entre Huck e Jim. Tendo escapado de ser vendido por sua dona, Jim conclui: "Sim... e tô rico agora, se penso nisso. Sô dono de mim, e o meu valô é oitocentos dólar. Queria era tê todo esse dinheiro, num queria nada mais."

Vivendo na jangada numa idílica autossuficiência, Huck e Jim saem da órbita de sua ordem social e, assim, tornam-se amigos. Mais tarde, quando Huck enfrenta certa ideologia sulista que exige que ele fique contra Jim, ele se refere ao homem exatamente como amigo: "a gente flutuando, conversando, cantando e rindo. (...) não sei como, não conseguia pensar em coisas para endurecer meu coração contra ele". Quando surge Tom Sawyer, o herói epônimo do romance anterior de Twain, o desenvolvimento emocional de Huck já está praticamente completo.

Apesar de ter sido condenado como "inferior" quando foi lançado, em 1884, *As aventuras de Huckleberry Finn* renovou a literatura norte-americana com sua energia, seu estilo e sua cor. Seu foco na fala real dos norte-americanos ecoou nas vozes dos fazendeiros espoliados de *As vinhas da Ira* (1939), de John Steinbeck, e em recentes narrativas em primeira pessoa, como *Afogado* (1996) – contos de Junot Díaz sobre norte-americanos dominicanos em Nova Jersey. ■

A gente se sente muito livre, à vontade e confortável, numa balsa.
As aventuras de Huckleberry Finn

Mark Twain

Nascido em 30 de novembro de 1835, Samuel Langhorne Clemens foi criado em Hannibal, Missouri, que serviu como modelo para a "São Petersburgo" de *As Aventuras de Huckeberry Finn*. Após a morte de seu pai, Clemens deixou a escola, aos doze anos. Trabalhou como compositor em gráfica e, ocasionalmente, como escritor. Em 1857, tornou-se condutor de barco a vapor no Mississippi. Durante a guerra civil, foi para o garimpo de prata em Nevada, quando começou a escrever para jornais sob o pseudônimo de Mark Twain.

Em 1870, Clemens casou-se com Olivia Langdon. Eles fixaram residência em Connecticut e tiveram quatro filhos. Apesar do sucesso de seus romances, uma sequência de maus investimentos o levou à falência. Contudo, a partir de 1891, fez diversas palestras, desfrutou de fama internacional e recompôs suas finanças. Como Mark Twain, escreveu 28 livros e diversos contos, cartas e *sketches*. Morreu em 1910.

Outras obras

1876 *As aventuras de Tom Sawyer*
1881 *O príncipe e o mendigo*
1883 *Life on the Mississippi* [A vida no Mississippi]

ELE SIMPLESMENTE QUERIA DESCER A MINA DE NOVO, PARA SOFRER E PARA LUTAR

GERMINAL (1885), ÉMILE ZOLA

EM CONTEXTO

FOCO
Naturalismo

ANTES
1859 *A origem das espécies*, do naturalista britânico Charles Darwin, tem um profundo impacto em diversas obras literárias, encorajando a crença no determinismo fisiológico.

1874 *Longe da multidão estulta*, de Thomas Hardy, que faz um retrato fatalista da injusta condição da humanidade, prenuncia o naturalismo francês.

DEPOIS
1891 O romancista britânico George Gissing, em *New Grub Street*, aponta para o efeito prejudicial da pobreza na criatividade.

1895 Ambientado durante a Guerra Civil Norte-Americana, *A glória de um covarde*, de Stephen Crane, apresenta com o naturalismo psicológico as reações de um inexperiente soldado ao derramamento de sangue.

O naturalismo foi um movimento literário que evoluiu em meados do século XIX na França, reagindo à imaginação sentimental do romantismo. Em vez de retratar um mundo idealizado, o naturalismo se concentrava nas condições precárias das camadas sociais mais baixas. Tinha muito em comum com o realismo, que buscava apresentar uma visão precisa da vida cotidiana, como exemplificado em *Madame Bovary*, de Gustave Flaubert. O naturalismo teve ambições literárias parecidas e empregava o realismo detalhista, mas foi enraizado na teoria de que os humanos são incapazes de transcender o impacto de seu ambiente. Portanto, os autores naturalistas aplicavam princípios quase científicos de objetividade e observação para analisar como as personagens reagiam quando colocadas em condições adversas. Com efeito, toda ficção naturalista é também realista, mas o inverso nem sempre é verdade.

Apague a vela. Não preciso ver de que cor são meus pensamentos.
Germinal

Realismo documental

A figura principal do movimento naturalista foi o escritor francês Émile Zola. *Germinal* é o 13º romance de Zola na série de vinte volumes *Rougon-Macquart*, que traz o subtítulo *A história natural e social de uma família sob o Segundo Império*, e na qual ele estuda os efeitos deterministas da hereditariedade e do ambiente sobre diferentes personagens em uma única família. No novo calendário revolucionário francês, "Germinal" era o nome do mês da primavera, quando as plantas começam a brotar; o título se refere, otimistamente, à possibilidade de um futuro melhor.

Zola retrata a vida de uma comunidade de mineradores ao norte da França, mostrando a luta entre capital e trabalho, além da influência inexorável do ambiente e da hereditariedade sobre suas personagens, quase sempre doentes. Ele pesquisou o contexto de sua história minuciosamente, inspirado em parte pelas greves dos mineradores em 1869 e 1884.

Veja também: *Tess of the d'Urbervilles* 192-193 ▪ *Longe da multidão* 200 ▪ *Casa de bonecas* 200 ▪ *Sou o pecado* 203

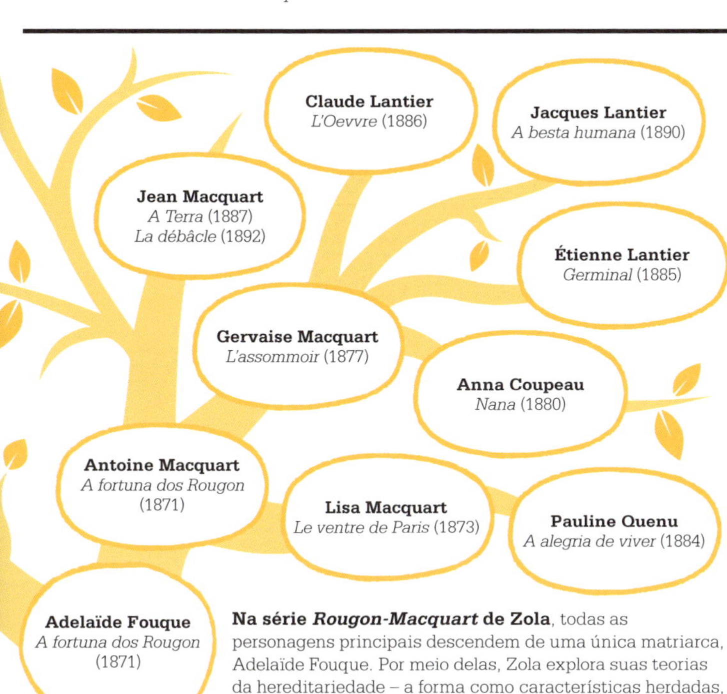

Na série *Rougon-Macquart* de Zola, todas as personagens principais descendem de uma única matriarca, Adelaïde Fouque. Por meio delas, Zola explora suas teorias da hereditariedade – a forma como características herdadas, como alcoolismo e loucura, desenvolvem-se de maneira diferente, porém inexorável, geração após geração.

Zola emprega um realismo minucioso para evocar a mina, que se torna praticamente uma personagem. O uso de imagens e metáforas confere a ela uma realidade ampliada – torna-se um ogro, um monstro voraz, sugando e devorando os trabalhadores como se fossem insetos.

Esperança pelo futuro

O protagonista do romance é o educado – apesar de volátil – Étienne Lantier, filho de um alcoólatra, que perde seu emprego por atacar o chefe. Étienne chega a Montsou, onde encontra trabalho na mina. Ciente de sua propensão hereditária à violência, ele tenta evitar o álcool. Sua posição como forasteiro lhe permite avaliar o sofrimento e a injustiça que vê e se sensibilizar pela condição das pessoas. À medida que o romance avança, a pobreza e as condições de trabalho pioram, até o ponto em que os trabalhadores entram em greve, com o idealista Étienne como seu líder; quando o tumulto e a repressão violenta começam, os mineradores o culpam. Apesar da brutalidade e da desolação, Étienne mantém sua crença na possibilidade de uma sociedade melhor.

Dominado por Zola, o naturalismo literário foi um movimento de vida relativamente curta na Europa, mas floresceu nos Estados Unidos, onde autores como Stephen Crane, Jack London, Theodore Dreiser e Upton Sinclair exploraram de diversas formas os efeitos do ambiente sobre suas personagens. ■

Émile Zola

Émile Zola nasceu em Paris em 1840. Seu pai faleceu em 1847, deixando a família em dificuldades financeiras. Em 1862, Zola conseguiu emprego na editora Hachette e complementou sua renda escrevendo artigos críticos para periódicos. Três anos depois, com sua reputação estabelecida, tomou a decisão de viver do trabalho literário, e, em 1865, publicou seu primeiro romance, *A confissão de Claude*.

Em 1898, Zola interveio publicamente no caso Dreyfus, no qual um soldado judeu foi erroneamente acusado de traição: Zola escreveu uma carta aberta criticando a equipe que ficou conhecida como "J'Accuse". Acusado de difamação, fugiu para a Inglaterra e foi aceito de volta na França em 1899. Zola faleceu em 1902, envenenado por monóxido de carbono por causa de um cano entupido. Alguns acreditam que sua morte pode não ter sido acidental, mas sim causada por ativistas anti-dreyfusianos.

Outras obras

1867 *Thérèse Raquin*
1877 *L'assommoir*
1890 *A besta humana*

O SOL DA TARDE AGORA ERA FEIO PARA ELA, COMO UMA GRANDE FERIDA INFLAMADA NO CÉU

TESS OF THE D'URBERVILLES (1891), THOMAS HARDY

EM CONTEXTO

FOCO
Falácia patética

ANTES
1807 William Wordsworth emprega falácia patética em seu poema "Vagava solitário como uma nuvem/ Que flutua alto sobre vales e colinas".

1818 "Foi numa medonha noite de novembro..." abre o quinto capítulo de *Frankenstein*, de Mary Shelley, com forças elementares de maus agouros.

1847 *O morro dos ventos uivantes*, de Emily Brontë, utiliza o clima dos pântanos para representar emoções humanas.

DEPOIS
1913 Em *Filhos e amantes*, do romancista inglês D. H. Lawrence, o humor das personagens é refletido pela evocação do ambiente que os cerca.

1922 A abertura de *A terra desolada*, de T. S. Eliot, diz que "abril é o mais cruel dos meses" e faz referência à "neve desmemoriada".

Uma forte conexão com a paisagem e a natureza perpassa as obras do escritor inglês Thomas Hardy. Essa relação reflete o tremendo amor que o autor sustentava por Dorset, a região onde nasceu, e onde ambientou seus principais romances. Em *Tess of the d'Urbervilles* [Tess dos d'Urbervilles], a natureza representa a autenticidade e a espontaneidade da vida rural tradicional: se a natureza sofre, isso significa que Hardy aponta para poderosas forças "modernas", descritas não apenas como destrutivas, mas também, de forma mais abrangente, como indicadoras do sofrimento humano.

A partir do uso que Hardy faz da falácia patética, Tess Durbeyfield é apresentada como personagem em harmonia com a natureza, que reflete seu caráter e seus estados de espírito. A expressão "falácia patética" foi cunhada pelo crítico de arte John Ruskin, em 1856, em referência à atribuição do comportamento humano e de suas emoções à natureza. Esse recurso foi

A falácia patética é utilizada por Hardy e outros escritores para fazer a conexão entre emoções humanas e aspectos da natureza – por exemplo, usando referências ao clima para especificar um estado de espírito: o brilho do sol sugere felicidade, a chuva se refere a desamparo e uma tempestade indica agitação interna.

Veja também: *Frankenstein* 120-121 ▪ *O morro dos ventos uivantes* 132-137 ▪ *A casa soturna* 146-149 ▪ *A terra desolada* 213 ▪ *Longe da multidão* 200

usado com frequência nos romances do século XIX.

De início, Tess é apresentada como uma inocente. Aparece dançando – uma "donzela" vestida de branco – numa celebração do Dia do Trabalho e chama a atenção de Angel Clare, a quem também observa. Embora o autor afirme no subtítulo da obra (*A pure woman*, uma mulher pura) que Tess seja "pura", evocando um sentimento cristão, ela surge primeiramente como a personificação e a celebração do pagão, do feminino e do natural.

A série de infortúnios que permeia a história de Tess é precipitada pela sugestão de que descende de uma família aristocrata normanda: os d'Urberville. Essa revelação distancia Tess de seu eu natural – a "mais nova filha da natureza" de Angel – e gera consequências.

À medida que os acontecimentos evoluem e a vida de Tess se entrelaça à de Alec d'Urberville, ela é descrita em ambientes mais perturbadores, sob um sol "inflamado" ou em florestas estarrecedoras e nebulosas. Num exemplo perfeito de falácia patética, ela desperta num bosque e se vê cercada por faisões moribundos, caçados e abandonados, sendo forçada a demonstrar piedade ao pôr fim à agonia dos animais. Como reflexo de sua própria desdita, ela se sente humilhada pelo sofrimento dos pássaros.

Vítima virtuosa

Todavia, o amor de Tess por Angel é puro, e Hardy mostra que os dois podem superar circunstâncias adversas. Eles se casam, porém sua felicidade é interrompida: o canto de um galo à tarde, após sua cerimônia de casamento, significa um mau agouro.

Em virtude de sua experiência passada e de sua formação, Angel se sente forçado a romper com Tess depois de ela lhe revelar detalhes de seu passado turbulento, mesmo concordando com o fato de ela ter sido mais vítima de pecados do que propriamente a pecadora. Hardy então não a representa mais na natureza, trabalhando nos campos ou com os animais; agora ele a situa no ambiente novo e solitário de uma cidade, Sandbourne, onde vive como cortesã.

A inevitabilidade do destino

Quando Angel acaba por aceitar seu desejo de ficar com Tess, os amantes se unem outra vez e experimentam um breve momento de felicidade pastoril antes de a escuridão se restabelecer. Eles se escondem em New Forest, onde, como divindades idílicas, "passearam sobre o leito seco dos abetos, lançados na vaga e inebriante atmosfera da consciência de estarem finalmente juntos...". Aqui Hardy sugere, uma vez mais, a unidade formada entre Tess e a natureza. A atmosfera da floresta evoca um amor puro e alegre, que triunfa mesmo ante a perspectiva da morte. O círculo de pedra que aparece no final do romance representa tanto o paganismo como a natureza, e o sono de Tess no altar de pedra simboliza sua rendição voluntária e definitiva ao seu destino. ■

A atmosfera se tornou pálida, os passarinhos se chacoalharam nas cercas vivas, ergueram-se e piaram; a alameda exibiu toda a sua brancura e Tess exibiu a sua, ainda mais alva.

Tess of the d'Urbervilles

Thomas Hardy

Thomas Hardy nasceu em Dorset em 1840. Filho de um construtor civil, aos 16 anos tornou-se aprendiz de arquitetura.

Ao completar 22 anos, mudou-se para Londres. Depois de cinco anos, porém, preocupado com sua saúde e sentindo vontade de escrever, retornou a Dorset. Hardy ambientou todos os seus romances no sudoeste da Inglaterra e deu o nome de "Wessex" a toda a sua paisagem fictícia, inspirado no antigo reino medieval anglo-saxão. Embora muitas das localidades de seus romances sejam reais, ele sempre atribuiu nomes fictícios a elas.

Hardy estava disposto a criar sobre sofrimento e tragédia. A morte de sua distante primeira esposa, Emma, em 1912, levou-o a escrever sua mais refinada poesia de amor. Após a morte de Hardy, em 1928, suas cinzas foram depositadas no Canto dos Poetas, na abadia de Westminster, mas seu coração foi enterrado junto a Emma.

Outras obras

1874 *Longe da multidão*
1878 *A volta do nativo*
1886 *O prefeito de Casterbridge*
1887 *The Woodlanders* [Os habitantes da floresta]
1895 *Judas, o obscuro*

A ÚNICA MANEIRA DE LIBERTAR-SE DE UMA TENTAÇÃO É ENTREGAR-SE A ELA

O RETRATO DE DORIAN GRAY (1891), OSCAR WILDE

EM CONTEXTO

FOCO
Esteticismo

ANTES
1884 Em *Às avessas*, do escritor francês Joris-Karl Huysmans, o excêntrico esteta e anti-herói Jean des Esseintes repudia a moral da classe média.

DEPOIS
1901 *Os Buddenbrooks*, do romancista alemão Thomas Mann, detalha o declínio da cultura burguesa no século XIX.

1912 A novela *Morte em Veneza*, de Thomas Mann, trata da entrega à tentação de Gustav von Aschenbach, um artista que trilha o caminho da autodestruição por meio da obsessão e do excesso.

1926 É publicado *Breve romance de sonho*, do escritor austríaco Arthur Schnitzler, considerado obra essencial do movimento decadentista vienense da virada do século associado ao esteticismo.

Quando o *dândi* lorde Henry atrai o protagonista de *O retrato de Dorian Gray*, de Oscar Wilde, para uma vida de devassidão, seu conselho para entregar-se à tentação resume os princípios básicos do esteticismo.

Esse movimento floresceu no final do século XIX na Europa continental e na Inglaterra, enfatizando a primazia da "arte pela arte" mais que seu "valor" social, político ou moral.

Em busca do prazer

No romance de Wilde, o belo Dorian leva a vida do esteta ideal, abraçado a todas as formas de hedonismo, em busca de novas sensações. À medida que se aprofunda em uma vida de libertinagem e perversão, uma pintura mágica de seu retrato esconde, entre quatro paredes, os horrores de seus pecados: sua imagem na tela envelhece e fica mais feia enquanto ele próprio permanece jovem, com a aparência imaculada.

Enquanto a história é considerada um exemplo perfeito da pura apreciação da arte e da vida em prol dos prazeres sensuais, o caminho de excessos trilhado por Dorian é destrutivo e ele deixa muitas vítimas na sua esteira.

A história não é uma obra definitiva sobre o prazer esteta, mas, como o esteticismo, questiona a moralidade burguesa do século XIX, que exigia da arte a serventia a um propósito superior. A descrição que Wilde oferece do movimento esteta ataca esse princípio ao sugerir que a arte deve ser separada da moralidade. Wilde enxergava sua celebração da sensualidade amoral e da destruição como uma crítica à ideologia da classe média que, ele sentia, sufocava a arte com seu didatismo.

Beleza e decadência

Exatamente enquanto Dorian viceja e a imagem de seu retrato decai, a fachada do esteticismo mascarava a perda da ordem social da classe média durante o declínio do Império Britânico. A bela decadência que tanto "fascina" lorde Henry representa a sociedade da qual ela deriva – em que a tentação é abertamente favorecida como símbolo de um mundo em ruína. A beleza pode reinar, mas a um terrível custo: para Dorian, o preço definitivo é sua própria alma. ■

Veja também: *Morte em Veneza* 240 ▪ *Drácula* 195

EXISTEM COISAS VELHAS E NOVAS QUE NÃO DEVEM SER CONTEMPLADAS PELOS OLHOS DOS HOMENS

DRÁCULA (1897), BRAM STOKER

EM CONTEXTO

FOCO
Gótico urbano

ANTES
1852-1853 Em *A casa soturna*, de Charles Dickens, a neblina urbana significa claustrofobia e confusão: torna-se um símbolo essencial do mistério e do terror na ficção do gótico urbano.

1886 *O médico e o monstro*, do escritor escocês Robert Louis Stevenson, dá uma interpretação aterrorizante à tediosa decência da classe média.

1890 Com sua fixação na degeneração social e na condição da mortalidade, *O retrato de Dorian Gray*, do escritor irlandês Oscar Wilde, é um clássico do gótico urbano.

DEPOIS
1909 *O fantasma da ópera*, do escritor francês Gaston Leroux, ambienta o romance gótico no coração de Paris. Adaptações posteriores para o teatro e o cinema levam a história para o grande público.

Histórias do macabro e do sobrenatural ambientadas em ruínas e paisagens ermas caracterizaram o romance gótico do final do século XVIII e início do século XIX. As obras do chamado gótico urbano tardio transformaram ambientes urbanos em cenários de terror, tirando vantagem dos ansiedades da época, como a degeneração moral.

Drácula, do romancista irlandês Abraham (Bram) Stoker (1847-1912), leva o leitor ao coração da Londres vitoriana, onde um conde estrangeiro e vampiro ameaça a sociedade de classe média. Vivendo anonimamente durante a maior parte do tempo, ele está livre para escolher suas vítimas – o romance revela o horror que advém do anonimato urbano.

O horror que vem do leste

Drácula trata do leste contra o oeste: o conde vem do leste (Transilvânia), chega pela costa leste da Inglaterra e vai morar em Purfleet, no leste de Londres. Isso, para o leitor vitoriano, o associaria a estrangeiros, à violência e ao crime (os horrores de Whitechapel, no leste de Londres, onde Jack, o Estripador, assassinou diversas mulheres em 1888 ainda estariam frescos na memória dos leitores).

Tudo o que é moderno – iluminação a gás, ciência, tecnologia, a polícia – não tem serventia perante esse invasor ancestral proveniente de terras folclóricas e mitológicas. O conde Drácula é descrito como uma força estrangeira, obscura e animalesca. Propagação maléfica, sexualidade e degeneração, associadas à sordidez da vida urbana, também estão presentes quando o conde ameaça disseminar a maldição dos mortos-vivos. ■

Que forma humana é esta ou que criatura é esta à semelhança de um homem?
Drácula

Veja também: *A casa soturna* 146-149 ▪ *O retrato de Dorian Gray* 194 ▪ *O médico e o monstro* 201-202 ▪ *A volta do parafuso* 203

UM DOS LUGARES TENEBROSOS DA TERRA

CORAÇÃO DAS TREVAS (1899), JOSEPH CONRAD

CONTEXTO

FOCO
Literatura colonial

ANTES
1610-1611 Próspero escraviza Calibã em *A tempestade*, de Shakespeare, uma das primeiras obras de ficção a descrever atitudes coloniais.

1719 Em *Robinson Crusoé*, o herói de Daniel Defoe ensina ao nativo Sexta-Feira os modos "superiores" do mundo ocidental.

DEPOIS
1924 *Uma passagem para a Índia*, de E. M. Forster, questiona se pode mesmo haver um verdadeiro entendimento entre colonizador e colonizado.

Década de 1930 O movimento literário A Negritude, liderado por Aimé Césaire e L-S Senghor, rejeita o racismo colonial francês em nome de uma identidade negra comum.

Década de 1990 O estudo da representação colonial na literatura – o pós-colonialismo – torna-se popular na teoria literária.

Durante o século XIX, o imperialismo reinou supremo e muitos países europeus exerceram imenso poder sobre suas distantes colônias. Escritores ocidentais frequentemente defenderam atitudes colonizadoras com veemência, e o sentido de superioridade por parte das nações colonizadoras pode ser evidenciado em romances do período.

Porém, já no início do século XX, o colonialismo e seus efeitos brutais sobre os povos subjugados começaram a ser questionados. Os autores se afastaram das perspectivas imperialistas para explorar as complexidades do colonialismo, incluindo os erros e acertos do império.

Subir aquele rio era como viajar de volta aos primórdios da existência do mundo.
Coração das trevas

Por exemplo, a obra de Rudyard Kipling desafia sutilmente a imagem de benevolência do Império Britânico. Todavia, em nenhum lugar os temas da exploração colonial e da intolerância podem ser vistos mais claramente na literatura da época do que nos escritos de Joseph Conrad – em particular, em sua novela *Coração das trevas*.

A obscuridade interior

A África, onde se situa o romance, era considerada "o continente obscuro" pelos britânicos vitorianos. Conrad utiliza essa imagem de escuridão em todo o livro – refere-se, por exemplo, ao rio Tâmisa como caminho condutor "ao coração de uma imensa escuridão". Também Londres se torna "um dos lugares sombrios da Terra". O romance sugere que essa obscuridade pode existir tanto dentro como fora: um homem branco em ação além dos confins do sistema social europeu – tal como a personagem Kurtz, um enigmático comerciante de marfim – pode começar a vislumbrar a escuridão dentro de sua própria alma.

No início do romance, um grupo de amigos se encontra reunido num barco atracado no Tâmisa. Um deles, Marlow, conta sua história vivida no Congo belga, prefaciando-a com pensamentos sobre o que ele considera "a conquista da terra", o que "nunca é uma coisa

Veja também: *Robinson Crusoé* 94-95 ▪ *A história de uma fazenda africana* 201 ▪ *Nostromo* 240 ▪ *O mundo se despedaça* 266-269

bonita quando a examina bem de perto". A conquista se baseia na expropriação, na privação "daqueles que têm uma compleição diferente ou narizes ligeiramente mais achatados que os nossos".

A viagem de Marlow subindo o Congo pode ser lida como uma viagem ao inferno: negros africanos morrendo por exaustão e desnutrição; brancos europeus enlouquecendo aos poucos; seu barco sendo atacado pelos que vivem na selva. Ele é obcecado pelas histórias sobre Kurtz, que acumulou imensas quantidades de marfim, porém incorporou toda a escuridão ao redor – e dentro – de si próprio. O relato que Kurtz escreveu sobre como eliminar os "costumes selvagens" termina, como descobre Marlow, com uma frase rabiscada: "Exterminem todos os brutos!". Aqui, Conrad sugere que, sob a superfície da suposta missão de "civilizar" a África, resta um forte desejo de exterminar aqueles que têm uma compleição física diferente.

Contudo, à medida que Marlow percebe suas afinidades com sua tripulação canibal ("bons companheiros", como ele os chama), ele também se dá conta de suas semelhanças com Kurtz. Conrad, contemporâneo do psicanalista Sigmund Freud, sugere que o "coração das trevas" pode descansar do lado de dentro, e que a viagem de Marlow no cerne do continente africano pode ser entendida como uma jornada pela psique humana. ■

A viagem de Marlow pelo Congo

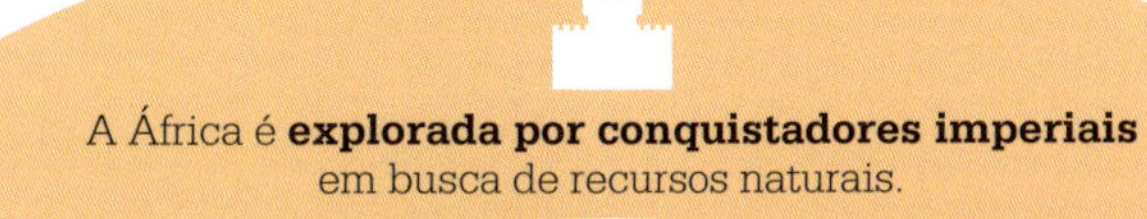

A África é **explorada por conquistadores imperiais** em busca de recursos naturais.

Os maus-tratos aos africanos expõem **o racismo inerente ao imperialismo**.

Os canibais companheiros de bordo de Marlow são **menos selvagens que os europeus**.

A viagem pelo rio é uma jornada pela **obscuridade da psique humana**.

Joseph Conrad

Joseph Conrad, ou Jozef Teodor Konrad Korzeniowski, nasceu na Ucrânia polonesa em 3 de dezembro de 1857. Após a morte precoce de sua mãe e do exílio político de seu pai na Sibéria, Conrad foi criado pelo irmão de sua mãe em Cracóvia. Aos dezessete anos, mudou-se para a França e fez vários amigos boêmios. Trabalhou no mar como timoneiro, e suas observações desse período serviram como base para vários aspectos de sua obra. Mais tarde, fixou-se na Inglaterra, com a intenção de se tornar um oficial da Marinha. Viveu vinte anos como marinheiro, aprendendo inglês e, aos poucos, começando a escrever. Tornou-se cidadão britânico em 1886 e deu início a seu primeiro romance, *Almayer's Folly* [A loucura de Almayer], em 1889. O tempo dispensado no comando de um navio a vapor chamado *Le roi des Belges*, no Congo belga, em 1890, serviu como inspiração para *Coração das trevas*. Conrad morreu em 1924, aos 67 anos.

Outras obras

1900 *Lorde Jim*
1904 *Nostromo*
1907 *O agente secreto*
1911 *Sob os olhos do Ocidente*

LEITURA ADICIONAL

UM CONTO DE DUAS CIDADES
(1859), CHARLES DICKENS

Um dos únicos dois romances históricos de autoria do prolífico escritor inglês Charles Dickens (veja p. 147), *Um conto de duas cidades* se passa em Londres e em Paris antes e durante a Revolução Francesa de 1789. Notável por sua falta de humor, ele conta a história do dr. Manette; de sua neta, Lucie; do marido dela, o *émigré* Charles Darnay; e do sósia de Darnay, Sydney Carton. Descrevendo o infortúnio dos camponeses, a tomada da Bastilha e os horrores da guilhotina, Dickens cria suspense com a revelação de um antigo segredo, que coloca a vida de Darnay em risco.

GRANDES ESPERANÇAS
(1860-1861), CHARLES DICKENS

Um dos maiores sucessos de crítica e público de Dickens, *Grandes esperanças* começa nos nebulosos pântanos de Kent, onde Pip, um órfão criado por uma irmã autoritária e seu marido gentil, o ferreiro Joe Gargery, encontra um fugitivo da prisão. O tempo passa e a vida de Pip muda drasticamente com notícias de "grandes esperanças" de um benfeitor anônimo, que possibilita que ele se torne um cavalheiro. Escrita talvez com os melhores exemplos do admirável humor de Dickens, a trama apresenta diversas personagens inesquecíveis: a triste e amargurada Miss Havisham; a fria e arrogante Estella, sua filha adotiva; e o fugitivo Abel Magwitch. No final, a descoberta da identidade de seu benfeitor gera uma reviravolta na vida de Pip.

Deus sabe que nunca precisamos ter vergonha de nossas lágrimas, pois elas são a chuva sobre a poeira ofuscante da terra (...).
Grandes esperanças
Charles Dickens

THÉRÈSE RAQUIN
(1867), ÉMILE ZOLA

Inicialmente em forma de série, *Thérèse Raquin*, do escritor francês Zola (veja p. 191), conta a trágica história da heroína Thérèse. Em um casamento infeliz com o doentio primo Camille, ela embarca em um romance tórrido com Laurent, amigo de seu marido. Os dois amantes assassinam Camille, ato que os assombra pelo resto da vida, transformando sua paixão em ódio. Notável pelo estudo científico de Zola sobre temperamento, o romance, criticado por alguns como sendo "pútrido", ajudou a consagrá-lo como um grande escritor.

A PEDRA DA LUA
(1868), WILKIE COLLINS

Descrito por T. S. Eliot como "o primeiro, o maior e o melhor romance moderno inglês de investigação", *A pedra da lua*, de Wilkie Collins, trata do misterioso furto de um inestimável diamante indiano de uma casa de campo inglesa. O autor utiliza o mesmo método de múltiplos narradores que empregara com maestria em seu trabalho anterior, *A mulher de branco*. Publicado primeiramente em forma de série, o livro estabeleceu o que viriam a ser elementos clássicos do romance policial: suspense, pistas e acontecimentos enganadores, um

Wilkie Collins

Nascido em Londres em 1824, filho do pintor de paisagens William Collins, Wilkie Collins descobriu o talento para os contos ainda adolescente enquanto estava no colégio interno, graças a um valentão que toda noite o ameaçava e exigia que ele inventasse uma história antes de deixá-lo dormir. Ele foi apresentado a Dickens em 1851 e se tornou seu pupilo, colaborando com ele e firmando uma estreita amizade que cresceu ao longo das duas décadas seguintes. Na década de 1860, Collins escreveu seu mais célebre e duradouro trabalho, tornando-se o pioneiro da ficção de mistério e suspense, um gênero que mais tarde deu origem ao romance policial. Ele morreu em 1889 vítima de um acidente vascular cerebral.

Outras obras

1859-1860 *A mulher de branco*
1868 *A pedra da lua* (veja abaixo)

policial local incompetente, um detetive brilhante, porém excêntrico (sargento Cuff), falsos suspeitos, um quarto trancado e um desfecho dramático.

MULHERZINHAS
(1868-1869), LOUISA MAY ALCOTT

Publicado originalmente em dois volumes, *Mulherzinhas*, da autora norte-americana Louisa May Alcott (1832-1888), passa-se na Nova Inglaterra durante a Guerra Civil Norte-Americana, de 1861 a 1865. A obra acompanha as várias atividades e aspirações de quatro irmãs – Meg, Jo, Beth e Amy – que se tornam jovens mulheres. O livro foi um grande sucesso nos dois lados do Atlântico, estabelecendo um gênero que abordava a juventude feminina de forma nova e moderna, rejeitando os antigos papéis femininos. As personagens de Alcott, embora às vezes vistas como sentimentais, são mulheres fortes – principalmente Jo, uma garota com trejeitos masculinos que desafia o conformismo.

Ambos haviam falhado em seus objetivos – o que sonhava apenas com o amor e, o outro, apenas com o poder.
A educação sentimental
Gustave Flaubert

O IDIOTA
(1868-1869), FIÓDOR DOSTOIÉVSKI

Ao escrever *O idiota* – considerado uma das obras mais brilhantes da Era de Ouro russa –, Fiódor Dostoiévski pretendia "retratar um ser humano perfeitamente lindo". O resultado foi o príncipe Myshkin, protagonista e "idiota" do romance: um homem nobre de compaixão comparável à de Cristo, porém absolutamente ingênuo. Ao voltar de um sanatório na Suíça, Myshkin se encontra dividido entre seu amor romântico por Aglaya Yapanchin e compassivo por Nastassya Filippovna, uma mulher enclausurada e oprimida. Sua bondade é testada, mas, por fim, não há lugar para a compaixão e a integridade de Myshkin em uma sociedade cada vez mais corrupta.

A EDUCAÇÃO SENTIMENTAL
(1869), GUSTAVE FLAUBERT

Ambientado no período da Revolução de 1848 e do Segundo Império Francês de Napoleão III, *A educação sentimental*, do romancista e dramaturgo francês Gustave Flaubert (veja p. 160), narra os feitos de um jovem advogado sem raízes, Frédérick Moreau, e sua paixão por uma mulher mais velha e casada, Madame Arnoux. Remontando a eventos de sua própria vida, Flaubert escreve em estilo esparso, objetivo e ocasionalmente irônico para criar um retrato realista da sociedade burguesa que existia na França àquela época, criticada por ele por sua postura e falta de refinamento.

SETE IRMÃOS
(1870), ALEKSIS KIVI

O escritor finlandês Aleksis Kivi (1834-1872) levou dez anos para concluir *Sete irmãos*. A obra descreve as tempestuosas e quase sempre desastrosas aventuras de sete irmãos que, rejeitando as convenções sociais, escapam para a floresta para viver como caçadores. Combinando romantismo, realismo e um grande toque de humor, o romance foi mal recebido pela crítica, o que deve ter contribuído para o falecimento precoce de Kivi. Hoje o romance é considerado uma obra-prima – a primeira significativa no idioma finlandês, quebrando a dominância da literatura sueca na Finlândia.

EL GAUCHO MARTÍN FIERRO
(1872), JOSÉ HERNÁNDEZ

Grande protesto social, *El gaucho Martín Fierro*, do poeta argentino José Hernández (1834-1886), é um poema épico que descreve o estilo de vida dos *gauchos*, criadores de gado cuja vida tradicional nas planícies dos pampas é ameaçada pela industrialização e pela manipulação política. Ao longo do poema, Martín Fierro, um *payador* (menestrel *gaucho*), canta sobre sua vida oprimida e sobre a dura realidade dos pampas. Hernández defendeu a causa dos *gauchos*, e seu poema, com sua visão nostálgica de uma vida esquecida, foi um sucesso literário e popular.

UMA TEMPORADA NO INFERNO
(1873), ARTHUR RIMBAUD

Escrito pelo prodígio francês Arthur Rimbaud (1854-1891) aos dezenove anos, *Uma temporada no inferno* é uma complexa obra de prosa e verso que reflete a vida tumultuosa do poeta. Organizado em nove partes, o poema consiste em cenas nas quais o narrador examina os infernos pelos quais viajou,

Henrik Ibsen

Considerado o pai do realismo e visto como um dos desbravadores do modernismo no teatro, Henrik Ibsen nasceu em Skien, sul da Noruega, em 1828. Começou a escrever peças aos quinze anos e estava determinado a construir sua carreira. Sua peça *Brand* (1865) deu a ele reconhecimento, enquanto a peça que se seguiu, com seu realismo social afiado, consagrou-o internacionalmente. A maioria de seus dramas é ambientada na Noruega, embora Ibsen tenha passado a maior parte de seu tempo produtivo, de 1868 em diante, trabalhando na Itália e na Alemanha, retornando à Noruega em 1891 como herói nacional. Após uma série de infartos, faleceu em 1906.

Outras obras

1879 *Casa de bonecas* (veja à direita)
1881 *Espectros*
1884 *O pato selvagem*
1890 *Hedda Gabler*
1892 *Solness, o construtor*

refletindo a crise moral e o estado reflexivo de Rimbaud após o término do relacionamento com seu amante, o artista Paul Verlaine. O livro se tornou uma inspiração para o movimento simbolista e para gerações futuras de poetas e escritores.

LONGE DA MULTIDÃO
(1874), THOMAS HARDY

Primeiro sucesso popular do autor inglês, e o primeiro ambientado em Wessex, *Longe da multidão*, de Thomas Hardy (veja p. 193), tem como protagonista Bathsheba Everdene, uma mulher independente e ousada que atrai três pretendentes contrastantes: o devoto pastor Gabriel Oak, o vizinho fazendeiro Boldwood e o arrojado sargento Troy. Criando descrições evocativas da vida rural, Hardy explora os temas rejeição, pobreza, amor fiel e paixão sem escrúpulos.

ANNA KARIÊNINA
(1875-1877), LEON TOLSTÓI

Romance descrito por Fiódor Dostoiévski como "impecável", *Anna Kariênina*, do autor russo Leon Tolstói (veja p. 181), mostra a relação adúltera entre Anna, a linda e inteligente esposa de Aleksy Karenin, e o conde Vronsky, um jovem solteiro. Karenin descobre o caso de sua mulher, mas, para manter sua posição social, recusa-se a se divorciar. Os amantes se mudam para a Itália, têm um filho e levam uma vida atribulada. Por ter quebrado o código social da época, Anna é rejeitada pela sociedade. Paralelamente à história de Anna, acompanhamos a do proprietário de terras Levin – personagem que Tolstói baseou em si próprio – e a de Kitty, irmã da cunhada de Anna, que também era apaixonada por Vronsky. Após uma difícil conquista, Levin e Kitty finalmente têm um casamento feliz e gratificante, refletindo a crença de Tolstói em uma vida simples e pastoral.

DANIEL DERONDA
(1876), GEORGE ELIOT

Daniel Deronda foi a última obra que a romancista inglês George Eliot (veja p. 183) completou. Admirável por expor o antissemitismo na Inglaterra vitoriana e por sua compreensão dos ideais judaicos, o romance incorpora dois opostos. O primeiro é Gwendolen Harleth, sufocada e frustrada em um casamento infeliz; o segundo descreve Daniel Deronda, um homem rico e bondoso que, ao resgatar uma jovem judia – Mirah Lapidoth –, descobre suas próprias raízes judaicas. Quando Deronda e Gwendolen se conhecem por acaso, a vida dos dois começa a se cruzar. A decisão de Deronda de apoiar a causa judaica permite que Gwendolen busque sua própria liberdade.

CASA DE BONECAS
(1879), HENRIK IBSEN

Uma peça em três atos do dramaturgo, poeta e diretor teatral norueguês Henrik Ibsen, *Casa de bonecas* causou fúria e controvérsia quando foi encenada pela primeira vez. A peça retrata uma família comum: Torwald Helmer, um advogado bancário, sua esposa, Nora, e seus três filhos. No entanto, a peça também expressa a opinião crítica de Ibsen sobre o casamento tradicional quando, após um sério desentendimento com Helmer, Nora deixa marido e crianças para buscar independência e autorrealização.

OS IRMÃOS KARAMÁZOV
(1880), FIÓDOR DOSTOIÉVSKI

O escritor russo Fiódor Dostoiévski (veja p. 174) levou dois anos para escrever *Os irmãos Karamázov*, seu último romance, frequentemente considerado sua obra-prima. Narrado em primeira pessoa por um narrador anônimo, o romance conta a história do irresponsável devasso Fiódor Karamázov e seus filhos de dois casamentos – Dimitri, um hedonista; Ivan, um racionalista e ateu; e Aloysha, um homem de profunda fé – e um filho bastardo, Smerdyakov, taciturno e epiléptico. Descrevendo as brigas de uma família em torno de uma herança, uma rivalidade amorosa entre Dimitri e Fiódor, e introduzindo o tema do patricídio,

Dostoiévski cria um romance complexo no qual explora questões profundas de fé e dúvida, o problema do livre-arbítrio e a questão da responsabilidade moral. Dostoiévski faleceu quatro meses após o término do romance.

A ILHA DO TESOURO
(1881-1882), ROBERT LOUIS STEVENSON

Lançado em forma de série em uma revista infantil, *A ilha do tesouro*, de Robert Louis Stevenson, é uma obra-prima da literatura infantil, introduzindo piratas, tesouros enterrados e uma ilha tropical cheia de pântanos. Criando uma leitura cativante que entreteve crianças de todo o mundo, Stevenson também traz jovialidade para a trama à medida que o adolescente Jim Hawkins ganha mais sensibilidade e maturidade. O autor também explora questões morais com suas descrições do caráter instável do pirata perneta Long John Silver.

A HISTÓRIA DE UMA FAZENDA AFRICANA
(1883), OLIVE SCHREINER

A escritora sul-africana feminista Olive Schreiner (1855-1920) ambientou *A história de uma fazenda africana* no *veld* da África do Sul – as savanas nas quais os holandeses da região criavam gado –, onde cresceu. Refletindo suas convicções, o romance apresenta uma jovem, Lyndall, que desafia as restrições bíblicas da sociedade Boer, e seu pretendente, Waldo, que também se rebela contra as convenções sociais. O retrato da personagem Lyndall rendeu a Schreiner fama e a admiração do movimento feminista, enquanto o uso de uma paisagem sul-africana fictícia foi considerado pioneiro.

Nada é desprezível – tudo é significativo; nada é pequeno – tudo é parte de um todo.
A história de uma fazenda africana
Olive Schreiner

LA REGENTA
(1884-1885), LEOPOLDO ALAS

Publicado originalmente em dois volumes, *La regenta*, do romancista espanhol Leopoldo Alas (1852-1901), conta a história da esposa de um magistrado (a *regenta* do título – trocadilho em espanhol que significa "a mulher no comando"), que, vivendo em uma cidade provinciana, busca realização pela religião e pelo adultério. Rico em personagens, como o padre da paróquia e o conquistador da cidade, Álvaro Mesia, o romance apresenta um retrato fantástico da vida provinciana, além de explorar a psicologia das personagens ao permitir que elas narrem os acontecimentos.

O MÉDICO E O MONSTRO
(1886), ROBERT LOUIS STEVENSON

Romance decisivo que consolidou a reputação do autor e garantiu sua fama, *O médico e o monstro*, de Robert Louis Stevenson, é conhecido por seu notável retrato do que se costuma descrever como uma dupla personalidade. O livro começa relatando o mistério de dois homens – o respeitável e sociável dr. Henry Jekyll e o imoral e brutal assassino Edward Hyde – que parecem estar conectados de alguma forma. À medida que a história avança, o leitor descobre que Jekyll criou uma poção para suprimir aspectos hedonistas de sua personalidade, criando Hyde, uma manifestação malévola dos piores traços de seu caráter.

OS MAIAS
(1888), EÇA DE QUEIRÓS

Tido como a obra-prima de um dos maiores romancistas europeus, Eça de

Robert Louis Stevenson

Quando viveu em Samoa, Robert Louis Stevenson ganhou o apelido de *Tusitala*, ou "contador de histórias", uma perfeita descrição para o homem que escreveu algumas das maiores histórias de aventura do mundo. Nascido em Edimburgo, em 1850, Stevenson decidiu-se logo cedo pela carreira literária, embora tenha concordado em estudar direito para agradar a seu pai. Apesar da saúde fraca, foi um aventureiro e viajante obstinado, tendo visitado os Estados Unidos e passado um tempo na França, onde, embora acamado, escreveu algumas de suas obras mais conhecidas – a maioria, para crianças. Após deixar a Europa e seguir para os Estados Unidos, em 1887, em busca de climas mais favoráveis para sua saúde, Stevenson partiu com sua família em 1888 para uma viagem pelos mares do sul. Aportou em Samoa em 1890, onde faleceu quatro anos depois.

Outras obras

1881-1882 *A ilha do tesouro* (veja à esquerda)
1886 *Raptado*
1886 *O médico e o monstro* (veja acima)

Queirós, *Os Maias* se passa em Lisboa no final do século XIX. Notável por sua sátira e realismo, sua personagem principal, Carlos Maia, é um rico e talentoso médico que se presta a fazer o bem, mas leva uma vida desregrada. Maia embarca em um romance com uma mulher linda e misteriosa, porém uma descoberta chocante dá fim ao relacionamento.

FOME
(1890), KNUT HAMSUN

O escritor norueguês Knut Hamsun (1859-1952) tinha trinta anos quando seu primeiro romance bem-sucedido, *Fome*, foi publicado. Ele havia passado muitos anos na pobreza, viajando e trabalhando em diversos lugares, e seu romance reflete essas experiências. Ambientada em Kristiania (Oslo), a obra descreve a pobreza e o desespero psicológico de um jovem tão inclinado ao sucesso como escritor que beira a demência. Seu fiel retrato da obsessão e da alienação fazem do romance um marco literário.

Eça de Queirós

Considerado o maior romancista português, Eça de Queirós foi também um ativista político. Nascido no norte de Portugal em 1845, estudou direito, mas seu maior interesse era a literatura, e seus contos e ensaios logo começaram a aparecer na mídia. Em 1871, fez parte da "Geração de 70", um grupo de intelectuais rebeldes comprometido com a reforma artística e social; ele criticava a literatura portuguesa por falta de originalidade. Foi cônsul em Cuba, na Inglaterra – onde escreveu os romances satíricos pelos quais é mais conhecido – e em Paris, onde faleceu em 1900.

Outras obras

1876 *O crime do padre Amaro*
1878 *O primo Basílio*
1888 *Os Maias* (veja acima)

O LIVRO DA SELVA
(1894-1895), RUDYARD KIPLING

Uma coletânea de histórias ligadas por poemas, *O livro da selva*, do escritor inglês Rudyard Kipling (1865-1936), é famoso pelos contos de Mogli, um menino indiano criado por lobos e apresentado às leis da selva pelo urso Balu, a pantera Baguera e os lobos do bando. Kipling, que viveu na Índia por muitos anos, usou os animais dos contos – que funcionam como fábulas – para apresentar lições de moral sobre bom comportamento ao contrastar humanos irresponsáveis com animais que seguem um rígido código da selva.

EFFI BRIEST
(1894-1895), THEODOR FONTANE

Considerado um marco do realismo prussiano, *Effi Briest*, do escritor alemão Theodor Fontane (1819-1898), conta a história de sua protagonista de dezessete anos, casada com Geert von Innstetten, um nobre ambicioso com o dobro da idade da jovem. Effi tem um caso secreto com um mulherengo local. Seis anos depois, o romance – já terminado – é descoberto e, com as personagens submetidas ao rígido código social prussiano, tão bem descrito por Fontane, a história se desenrola rumo a um final trágico.

JUDAS, O OBSCURO
(1895), THOMAS HARDY

Em seu fantástico *Judas, o obscuro*, o escritor inglês Thomas Hardy (veja p. 193) conta a história de Judas Fawley, um aldeão com ambições acadêmicas nunca alcançadas. Casado relutantemente e sob falsa pretensão, Judas se apaixona por sua prima, Sue Bridehead, que então se casa com um professor primário. Repelida pelo sexo em seu casamento, Sue se volta para Judas. Eles vivem juntos, mas a pobreza e a desaprovação da sociedade têm um custo terrível. Críticos e leitores ficaram tão chocados pela franqueza sexual e pelo pessimismo da obra que Hardy não escreveu mais nenhum romance, partindo da ficção para a poesia.

A GLÓRIA DE UM COVARDE
(1895), STEPHEN CRANE

Um dos maiores romances de guerra, reconhecido por seu realismo, estilo conciso e abordagem moderna, *A glória de um covarde*, do autor norte-americano Stephen Crane (1871-1900), passa-se na Guerra Civil Norte-Americana (1861-1865). O protagonista é Henry Fleming, um jovem soldado do Exército da União. Ele sonha com a glória, mas, ao se deparar com a dura e terrível realidade do campo de batalha, foge das tropas do Exército Confederado. Transtornado por sua vergonha, ele busca redenção e significado em um ato heroico.

TIO VÂNIA
(1897), ANTON TCHEKOV

Um estudo minucioso da falta de objetivo e da desilusão, *Tio Vânia* é tido por muitos como a obra-prima de Tchekov. Ambientada em uma propriedade rural da Rússia no final do século XIX, a peça trata do administrador Voynitsky (tio Vânia), do proprietário, professor Serebvryakov, sua segunda esposa Yelena e a filha Sonya, e do amor platônico de Sonya pelo médico local, Astrov. Vânia, frustrado por desperdiçar sua vida e não conseguir seduzir a linda Yelena, tenta matar Serebvryakov, mas falha. A peça termina sem que nada tenha mudado.

A VOLTA DO PARAFUSO
(1898), HENRY JAMES

Romance novelesco do escritor norte-americano Henry James (veja p. 187), *A volta do parafuso* é uma das histórias de fantasmas mais famosas já escritas. Narrada principalmente pelo diário de uma governanta, descreve a luta desta para salvar os jovens sob seus cuidados, Flora e Miles, das investidas demoníacas de dois funcionários falecidos da casa. Com abordagem ambígua – os críticos sugeriram que as assombrações eram fruto da imaginação da governanta –, a história influenciou muitas outras, abrindo caminho para contos de crianças inocentes possuídas por espíritos malignos.

O que quer que eu tenha visto, Miles e Flora viram *mais* – coisas terríveis e impensáveis...

A volta do parafuso
Henry James

O DESPERTAR
(1899), KATE CHOPIN

Ambientado em New Orleans, *O despertar*, da autora norte-americana Kate Chopin (1851-1904), conta a história de Edna Pontellier e sua luta para se libertar das restrições impostas pelo casamento e pela maternidade. Pontellier busca seu "despertar" por meio de dois envolvimentos sexuais, mas, principalmente, por meio do pensamento independente, da arte, da música e da natação. Com seu retrato explícito da infidelidade conjugal e da independência feminina, o romance chocou leitores e críticos, e foi censurado em sua primeira publicação. Hoje é considerado um romance feminista decisivo e um dos primeiros exemplos de literatura sulista norte-americana.

LORD JIM
(1900), JOSEPH CONRAD

Lord Jim, do romancista inglês nascido na Polônia Joseph Conrad (veja p. 197), descreve os esforços de Jim, um jovem marinheiro britânico, para superar um ato de covardia involuntário que deixa seu nome marcado. Ajudado por um capitão do mar, Marlow, que narra grande parte da história, Jim se torna *tuan* (lorde) de Patusan – um país fictício dos mares do sul – e acaba superando sua culpa por meio do autossacrifício. O romance é reconhecido não só por explorar o idealismo e o heroísmo, mas também pelo uso sofisticado da moldura narrativa.

Anton Tchekov

Celebrado como um dos maiores dramaturgos da Rússia, Anton Tchekov nasceu em 1860. Formou-se em medicina, e, apesar de escrever prolificamente, continuou exercendo a profissão, descrita por ele como "sua legítima esposa" e a literatura, como sua "amante". Inicialmente, foram pequenos contos que trouxeram sua fama – em 1888, Tchekov venceu o Prêmio Pushkin pelo conto *A estepe*. A partir dos anos 1890, produziu as peças pelas quais é lembrado, encenadas no Teatro de Arte de Moscou. Casou-se com a atriz Olga Knipper em 1901, mas faleceu de tuberculose em 1904.

Outras obras

1897 *A gaivota*
1897 *Tio Vânia* (veja à esquerda)
1904 *O jardim das cerejeiras*

SOU O PECADO
(1900), THEODORE DREISER

Primeiro romance do autor, jornalista e socialista norte-americano Theodore Dreiser (1871-1945), *Sou o pecado* é sobre uma jovem, Carrie, que deixa sua casa em Wisconsin e parte para Chicago. Ela começa a trabalhar em uma fábrica de sapatos, mas, após dois romances – um deles com um homem casado –, finalmente alcança o sucesso e a riqueza com sua carreira no teatro. Sua editora, Doubleday, aceitou o livro, porém considerou o assunto tão chocante no clima moralista dos Estados Unidos do final do século XIX que adiou a publicação, alterando o texto e produzindo um número limitado de cópias. A versão sem cortes foi lançada somente em 1981.

O ROMPIM
COM AS T
1900-1945

ENTO
RADIÇÕES

DÉCADA DE 1890

O neurologista austríaco Sigmund Freud desenvolve suas **teorias do inconsciente** e inventa o tratamento clínico conhecido como psicanálise.

1901

O cão dos Baskerville, de Arthur Conan Doyle, é publicado em série na *The Strand Magazine*.

1912

A dinastia chinesa Qing (Manchu) é destituída e uma **república constitucionalista** é declarada, encerrando mais de 4 mil anos de poder dinástico na China.

1914-1918

A Grande Guerra, mais tarde conhecida como a Primeira Guerra Mundial, assola a Europa, com uma **perda de vidas sem precedentes** de toda uma geração de homens jovens.

1915

A novela existencial *A metamorfose*, de Franz Kafka, uma **apavorante história de alienação**, é publicada na Alemanha.

1917

Em março, a Revolução Russa depõe o czar e, em novembro, um **governo radical bolchevique** toma o poder sob Lênin.

1920

"Dulce et Decorum Est" e outros **poemas de guerra** do soldado britânico Wilfred Owen são publicados postumamente.

1922

Ulisses, de James Joyce, utiliza a técnica do **fluxo de consciência** para descrever um dia na vida de Leopold Bloom.

O início do século XX foi tomado por um sentimento de otimismo que envolveu quase o mundo inteiro e caracterizou uma reviravolta cultural – um progresso grandioso em comparação ao pessimismo do final do século XIX, resultando numa era mais moderna e vibrante. A industrialização e a formação de impérios havia trazido prosperidade – ao menos para o mundo ocidental –, e, com ela, a esperança de que fosse criada uma sociedade melhor e mais justa. Ao mesmo tempo, novas ideias científicas, como o conceito do inconsciente, de Sigmund Freud, e a teoria da relatividade, de Albert Einstein, influenciaram a maneira como as pessoas pensavam o mundo e si mesmas.

Entretanto, o novo século acabou se transformando numa era turbulenta à medida que as esperanças para o futuro se esfacelaram diante da carnificina da Primeira Guerra Mundial. Depois disso, após um breve período de confiança hedonista, o novo século foi assolado por uma depressão econômica global e pela emergência do nazismo e do fascismo, que ocasionaram a Segunda Guerra Mundial.

O modernismo

No mundo da literatura, o novo século foi caracterizado pelo abandono de um realismo já estabelecido diante do surgimento de formatos e gêneros visivelmente modernos. Inspirados pelos simbolistas franceses, poetas como Ezra Pound desenvolveram um novo estilo que expandiu as convenções do verso. Em 1922, *A terra desolada*, do poeta anglo-norte-americano T. S. Eliot, captou as desilusões do período.

Os romancistas também descobriram uma variedade de novos meios de expressão. Influenciados pela filosofia existencialista e pelas novas teorias emergentes do campo da filosofia, Franz Kafka criou um mundo fantástico e frequentemente assombroso de indivíduos alienados na sociedade moderna, enquanto no Japão Natsume Sōseki foi pioneiro em um gênero similar em primeira pessoa conhecido como o "eu-romance".

Outra forma adotada por escritores modernistas foi o fluxo de consciência. Embora essa abordagem não fosse um conceito novo, ganhou impulso adicional gerado pelas teorias psicológicas, o que proporcionou ao irlandês James Joyce um arcabouço sobre o qual ele construiu seu estilo modernista, primeiramente com *Ulisses* e, mais tarde, de maneira mais experimentalista, com *Finnegans Wake*.

O modernismo também abrigou narrativas em prosa mais convencionais. O autor alemão Thomas Mann, por exemplo, lançou mão do *Bildungsroman*

1922

Lu Xun, escritor nacionalista de esquerda, produz uma coletânea de histórias em **chinês vernáculo** conhecida como *O chamado*.

1924

Thomas Mann conclui *A montanha mágica*, seu complexo **romance de formação** épico.

1925

É publicado *O grande Gatsby*, crítica social de F. Scott Fitzgerald sobre **a vida nos Estados Unidos durante a Era do Jazz**.

1929

A crise econômica de 1929 marca o início da **Grande Depressão**, encerrando os anos de glória da Era do Jazz e dos Loucos Anos 20.

1929

Alfred Döblin utiliza uma variedade de **técnicas experimentais** em *Berlin Alexanderplatz*, seu romance da Era de Weimar.

1937

Seus olhos viam Deus, de Zora Neale Hurston, apresenta um quadro realista da vida de uma **jovem negra norte-americana** nos Estados Unidos do século xx.

1939

À beira do abismo, primeiro romance de Raymond Chandler, introduz Philip Marlowe, **detetive particular do tipo *hard-boiled***, envolvido numa trama complexa e sombria.

1939-1945

As forças aliadas lutam contra o **nazismo** na Europa e o **militarismo** imperial japonês na região do Pacífico durante a Segunda Guerra Mundial.

1943

Exilado nos Estados Unidos durante a Segunda Guerra Mundial, Antoine de Saint-Exupéry escreve a novela ***O pequeno príncipe***.

(romance de formação ou rito de passagem), e deu a ele um novo formato moderno – primeiro com a novela *Morte em Veneza* e, mais tarde, com sua obra-prima *A montanha mágica*.

Um mundo em guerra

Não foram apenas ideias que moldaram a literatura do século xx, mas também acontecimentos. A Grande Guerra de 1914 a 1918 inevitavelmente exerceu forte influência, o que se nota com muita clareza no trabalho de poetas como Wilfred Owen, que serviu nas forças de batalha. Contudo, houve ainda a "geração perdida" de escritores norte-americanos que amadureceu durante a guerra, incluindo T. S. Eliot, Ernest Hemingway e F. Scott Fitzgerald. Embora escrevendo ostensivamente sobre os Loucos Anos 20, Fitzgerald retrata o mundo sob a efemeridade e a superficialidade dessa época em *O grande Gatsby*, evocando um espírito que precede a Grande Depressão da década vindoura. Os anos 1920 também viram o surgimento de uma geração de escritores afro-norte-americanos, cuja descrição autêntica de sua vida contrastava com o retrato popular dos artistas negros da Era do Jazz.

Também na Alemanha e na Áustria houve um breve período de otimismo pós-guerra vividamente captado por romancistas como Alfred Döblin, mas esse tempo durou pouco tanto na Europa como nos Estados Unidos: a ascensão de Hitler ao poder obrigou muitos escritores e artistas a buscar o exílio até que a Segunda Guerra terminasse. O repressivo regime nazista era hostil à "degenerada" arte moderna, e o mesmo acontecia na recém-formada União Soviética, sob o jugo de Stálin, reprimindo quase um século de relevante escrita russa. Na China, o término de quatro milênios de dominação dinástica inspirou toda uma geração de escritores nacionalistas.

Os detetives

A ficção popular floresceu na primeira metade do século xx, e, em particular, o gênero de histórias de detetive foi de grande apelo para as massas leitoras. Tendo como pioneiros o britânico Wilkie Collins e o norte-americano Edgar Allan Poe, a ficção detetivesca realmente se fixou com a obra do escocês Arthur Conan Doyle, criador de Sherlock Holmes. Esse foi o início de uma longa e diversa lista de investigadores ficcionais, incluindo a gentil Miss Marple e Hercule Poirot, de Agatha Christie, e o *hard-boiled* Philip Marlowe, herói do autor norte-americano Raymond Chandler nas intricadas tramas de seus romances *noir* da década de 1940. ■

O MUNDO ESTÁ REPLETO DE OBVIEDADES QUE NINGUÉM JAMAIS OBSERVA

O CÃO DOS BASKERVILLE (1901), ARTHUR CONAN DOYLE

EM CONTEXTO

FOCO
O amadurecimento da ficção de detetive

ANTES
1841 O herói detetive criado pelo escritor norte-americano Edgar Allan Poe para *Os assassinatos da rua Morgue* aplica observação, dedução e intuição para solucionar um assassinato.

1852-1853 O inspetor Bucket investiga um homicídio em *A casa soturna*, do escritor inglês Charles Dickens, examinando atentamente diversos suspeitos.

1868 É publicado *A pedra da lua*, do autor inglês Wilkie Collins, vista como a primeira história de detetive completa escrita em língua inglesa.

DEPOIS
1920 A escritora inglesa Agatha Christie publica *O misterioso caso de Styles*, sua primeira história de detetive, marcando o início daquela que é muitas vezes denominada a Era de Ouro da ficção de detetive.

A figura do detetive, com astutos poderes de observação e dedução para solucionar quebra-cabeças quase impossíveis e capturar malfeitores, aparece em textos anteriores de diversas culturas. Entretanto, a ficção de detetive como gênero autônomo somente emerge no século XIX, com os contos do autor norte-americano Edgar Allan Poe apresentando C. Auguste Dupin, e atinge seu zênite na Inglaterra do entreguerras. No centro de tudo está o detetive: cerebral, muitas vezes em detrimento de suas habilidades sociais, em geral acompanhado de um assistente (o qual, com frequência, também é o narrador) e dotado de habilidade para identificar e decifrar pistas que deixam a polícia aturdida. Sherlock Holmes – criado pelo escritor escocês Arthur Conan Doyle (1859-1930) – é o exemplo perfeito desse detetive moderno.

Conan Doyle formou-se médico na Escócia e procurou seguir sua carreira mesmo depois de ser aclamado como escritor. Seu verdadeiro interesse era escrever ficção histórica, mas encontrou sucesso bem maior com suas histórias de detetive, muitas das quais foram publicadas em fascículos na revista *Strand*. *O cão dos Baskerville* foi o terceiro romance protagonizado por Holmes.

Jogo de traição

A história gira em torno de um estranho crime em Dartmoor: aparentemente, Sir Charles Baskerville foi aterrorizado até a morte por um cão fantasma dentro de sua propriedade. Suspeita-se de traição, e Holmes põe-se a investigar. O enredo principal, bem como um secundário, que envolve um criminoso fugitivo pelos pântanos, é narrado pelo doutor Watson, amigo de Holmes, seu aliado e também personagem da história.

Como a maior parte das histórias pioneiras de detetive, *O cão dos Baskerville* apresenta um crime hediondo (um assassinato), um grupo restrito de suspeitos, um detetive inspirado que surge para conduzir a investigação, e uma solução à qual os leitores poderiam chegar por si mesmos por meio de dedução lógica. O apelo do romance reside tanto no enredo – o triunfo da razão sobre a maldade e a superstição – como em sua atmosfera gótica e misteriosa. ■

Veja também: *A casa soturna* 146-149 ▪ *A pedra da lua* 198-199 ▪ *À beira do abismo* 236-237

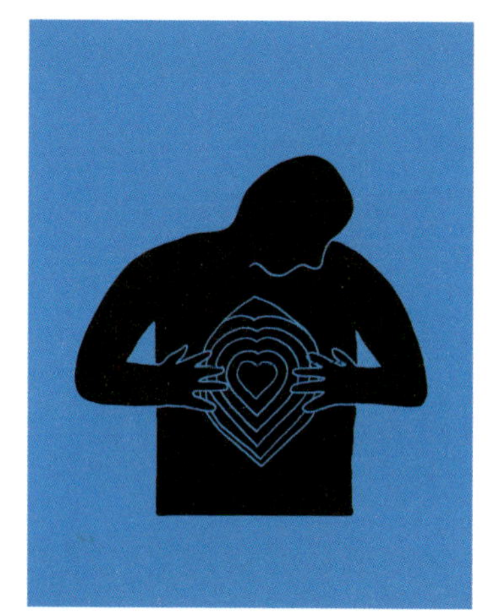

TUDO ME CANSA, MESMO O QUE NÃO ME CANSA. A MINHA ALEGRIA É TÃO DOLOROSA COMO A MINHA DOR

LIVRO DO DESASSOSSEGO (ESCRITO C. 1913-35; PUBLICADO 1982), FERNANDO PESSOA

EM CONTEXTO

FOCO
Modernismo português

ANTES
1915 A criação da revista *Orpheu* marca o início do modernismo em Portugal e seu nome se estende à primeira vertente conhecida como orfismo. Os principais autores desse período são: Mário de Sá-Carneiro, Almada Negreiros e Fernando Pessoa.

DEPOIS
1927 O presencismo, segunda vertente do modernismo português, tem início com a fundação da revista *Presença*, em Coimbra, ao redor da qual estavam os escritores Branquinho da Fonseca, João Gaspar Simões e José Régio.

Década de 1940 O modernismo português entra na vertente neorrealista, influenciada por escritores brasileiros como Graciliano Ramos e Jorge Amado. Destacam-se nesse período as obras de Alves Redol, Manuel da Fonseca e José Gomes Pereira.

O modernismo português na literatura tem início com a criação da revista *Orpheu*, em 1915. Fortemente marcada pela Primeira Guerra Mundial, a primeira vertente modernista conhecida como orfismo procurava criar novas formas de expressão literária e inserir Portugal nas discussões das vanguardas europeias do período, em especial nas do futurismo e do cubismo.

Fernando Pessoa (1888-1935) é um dos mais importantes autores da língua portuguesa e o mais destacado poeta do modernismo português. Famoso por criar heterônimos – ou seja, personagens aos quais atribuiu suas obras e que, diferente do pseudônimo, possuem características e opiniões diferentes das do criador –, compôs obras de temática e estilo diversas. Alberto Caeiro, Álvaro de Campos e Ricardo Reis são os heterônimos mais conhecidos.

O *Livro do desassossego* revela um pouco desse fascinante processo criativo que certamente influenciou a noção de indivíduo contemporâneo. Descrito pelo próprio autor como uma "autobiografia sem acontecimentos", o livro tem como principal narrador o semi-heterônimo Bernardo Soares, mas não possui uma narrativa linear. As centenas de fragmentos que o compõem podem ser lidas de maneira mais ou menos aberta. Trata-se de uma obra-prima modernista, fluída, caleidoscópica, um mosaico que combina vislumbres de autorrevelação com devaneios e considerações sobre literatura e filosofia, um estudo extremamente cativante e original sobre a solidão e o desespero. ■

Sou, em grande parte, a mesma prosa que escrevo. Desenrolo-me em períodos e parágrafos, faço-me pontuações, e, na distribuição desencadeada das imagens, visto-me, como as crianças de rei com papel de jornal [...].
Livro do desassossego

Veja também: *Ulisses* 214-221 ▪ *A paixão segundo G. H.* 289

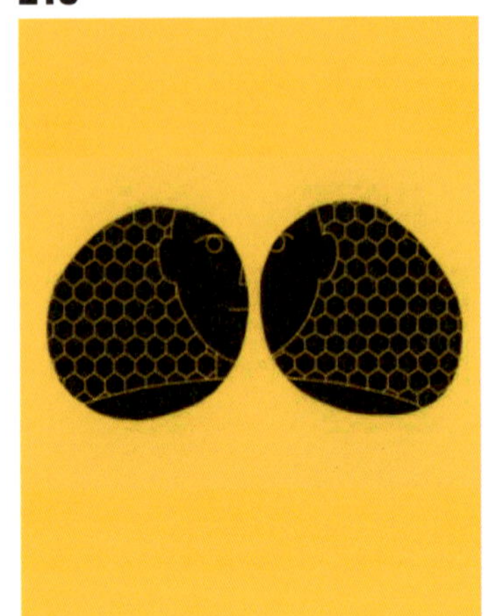

GREGOR SAMSA ENCONTROU-SE EM SUA CAMA METAMORFOSEADO NUM INSETO MONSTRUOSO

A METAMORFOSE (1915), FRANZ KAFKA

EM CONTEXTO

FOCO
Existencialismo

ANTES
1864 É publicado *Memórias do subsolo*, de Fiódor Dostoiévski. Mais tarde, é celebrado como narrativa existencialista pioneira.

1880 *Os irmãos Karamázov*, de Dostoiévski, tem como foco o relacionamento entre pai e filho.

1883-1885 O desprezo por piedade e compaixão humanas, um tema existencialista típico, é o foco principal de *Assim falou Zaratustra*, de Friedrich Nietzsche.

DEPOIS
1938 Jean-Paul Sartre publica *A náusea*, considerado um grande romance existencialista.

1942 *O estrangeiro*, de Albert Camus, explora a inútil procura das pessoas por significados em eventos desordenados da vida.

1953 A peça *Esperando Godot*, de Samuel Beckett, descreve as vidas absurdas de dois vagabundos.

A principal proposta do existencialismo é a de que a angústia forma as bases do sentimento humano e do pensamento. Essa condição tem início quando reconhecemos o absurdo e a falta de sentido de nossa existência. As raízes do existencialismo estão na filosofia da Europa setentrional do século XIX – com termos essenciais como "*angst*", ou angústia, cunhado por Søren Kierkegaard, pensador dinamarquês cujo trabalho influenciou Franz Kafka.

Confusão e ansiedade são representadas por uma metáfora extrema na perturbadora história *A metamorfose* e encenadas por suas personagens, desprovidas de compaixão. Embora haja um desconforto claramente literal associado ao fato de Gregor Samsa ter acordado certa manhã como um inseto pernicioso e repugnante, no centro da trágica novela de Kafka está a reação de sua família e de conhecidos em relação à sua absurda provação, em contraste com as imposições do aspecto físico alterado.

Especialmente nos primeiros tempos não havia conversa que de algum modo não tratasse dele, mesmo em segredo.
A metamorfose

O inferno são os outros

Gregor é declarado irremediavelmente inválido e não pode mais trabalhar como vendedor e sustentar sua vulnerável família. Em vez de lhe oferecer compaixão, esta fica imensamente desconcertada e enojada. Assim, como inseto, Gregor é tratado como abjeto e grotesco. Kafka expõe de forma primorosa as reações cruéis e desumanas do chamado mundo civilizado e racional que representam. Nas palavras do filósofo e escritor existencialista Jean-Paul Sartre na peça *Entre quatro paredes*, "o inferno são os outros". Sua máxima reproduz perfeitamente a descrição absurda de Kafka sobre uma família em crise.

A Gregor resta somente correr pelo teto e pelas paredes de seu quarto no apartamento da família – ou esconder-se debaixo do sofá – para passar o tempo. Apesar de desistir definitivamente de qualquer tentativa

Veja também: *A terra desolada* 213 ▪ *O processo* 242 ▪ *Livro do desassossego* 209 ▪ *O estrangeiro* 209 ▪ *Esperando Godot* 262

para conquistar a dignidade e de se recusar a pedir ajuda à família ou a afirmar sua humanidade interior, ele se emociona brevemente ao escutar a irmã tocando violino e se sente seduzido a deixar o quarto para ouvi-la. Nessa passagem, Gregor refuta por instantes sua "bestialidade" exterior e tenta afirmar seu autêntico eu, porém essa se torna mais uma oportunidade para a família (e seus hóspedes) maltratá-lo e ofendê-lo – a plateia hostil contribuindo para exacerbar seu sentimento de vergonha e alienação.

Rendição ao absurdo

Os heróis de Kafka normalmente não superam a angústia. Em vez disso, buscam continuamente soluções empíricas para quebra-cabeças bizarros, com frequência, em condições extraordinárias. Suas obras mais longas, como *O processo* e *O castelo*, descrevem buscas não resolvidas definidas pelo paradoxo e pela instabilidade do significado e da interpretação. *A metamorfose*, apesar de ilógica e aterradora, desvia-se desse padrão (sob um viés "existencial"), porque até mesmo a pulsão para solucionar o quebra--cabeça e cessar a busca é abandonada. Gregor experimenta um tipo de revelação por meio da rendição no desfecho da novela.

É interessante notar que Kafka não se declarou ele próprio um existencialista, embora reconhecesse em si as influências de Kierkegaard e Dostoiévski – duas figuras-chave do existencialismo. Foram Sartre e Camus que incluíram Kafka no movimento após sua morte. ■

A metamorfose no romance

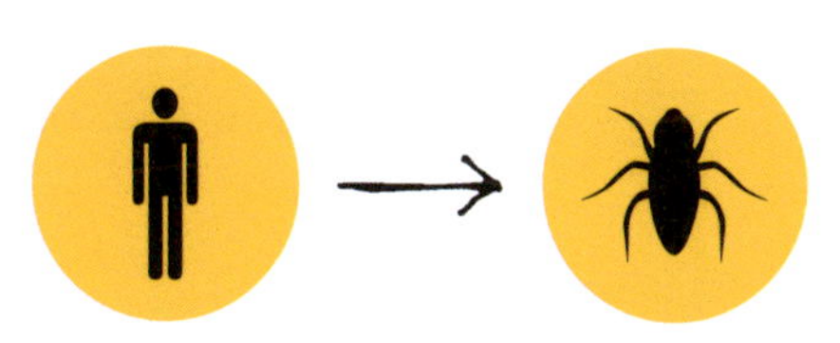

Gregor
A mais óbvia metamorfose no livro de Kafka é a transformação física de Gregor em inseto, embora ela se dê em paralelo com mudanças psicológicas à medida que ele aprende a lidar com sua nova situação.

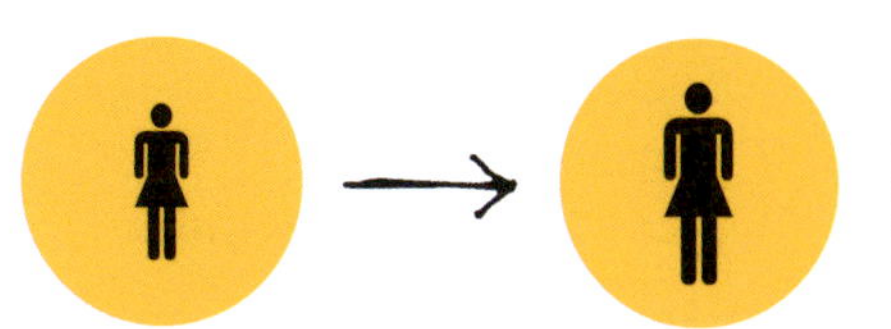

Grete
O livro também ilustra a metamorfose da irmã de Gregor de menina em mulher, bem como a alteração de atitude ao cuidar dele – passando do amor e da delicadeza para a obrigação.

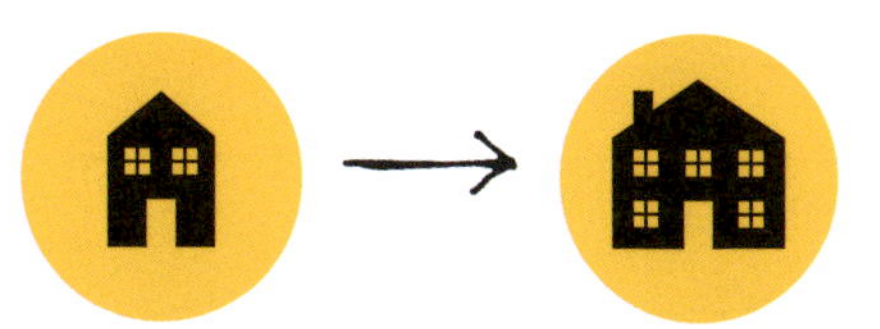

A família Samsa
No decorrer da história, as perspectivas da família de Gregor passam de desesperadoras para promissoras.

Franz Kafka

Franz Kafka é o mais velho entre seis filhos de pais judeus asquenazes de Praga. Nascido em 1883, foi educado numa escola fundamental alemã e, mais tarde, cursou o *gymnasium* estadual (ensino médio). Estudou direito na Universidade de Praga, onde conheceu Max Brod, que postumamente editou e publicou a maior parte de sua obra.

Em 1908, Kafka trabalhava numa firma de seguros, mas j á se dedicava a escrever. Teve seu trabalho interrompido pela saúde frágil e veio a ser diagnosticado com tuberculose em 1917.

Sua vida pessoal era atribulada: sua *Carta ao pai* trata de um pai autoritário que se indispõe com o filho. Além disso, teve uma série de relacionamentos infrutíferos com as mulheres. Em 1923, mudou-se de Praga para Berlim para viver com uma amante, porém a piora de seu estado de saúde o forçou a retornar para a família em Praga, onde morreu em 1924.

Outras obras

1913 *O processo*
1922 *Um artista da fome*
1925 *O processo*
1926 *O castelo*
1966 *Carta ao pai*

DULCE ET DECORUM EST PRO PATRIA MORI

POEMAS (1920), WILFRED OWEN

EM CONTEXTO

FOCO
Poetas da Primeira Guerra Mundial

ANTES
1915 Rupert Brooke, poeta dos nobres sacrifícios de guerra, em seu soneto "The dead" [Os mortos], escreve que "morrer nos transformou em presentes mais raros que o ouro" – um sentimento encontrado também no soneto "The soldier" [O soldado].

1916 Enquanto servia à Legião Estrangeira, Alan Seeger, o "Rupert Brooke americano", escreveu "Tenho um encontro marcado com a morte" – um poema pomposo, solene e profético que, mais tarde, ganhou a admiração do presidente Kennedy.

1916 Um "rato sardônico" se esgueira entre os cadáveres e os feridos no vívido e incomparável poema de Isaac Rosemberg "Break of day in the trenches" [Romper do dia nas trincheiras].

1917 O arquétipo do líder afável, porém incompetente, é satirizado por Sigfried Sassoon em "The General" [O general].

Poetas de várias nações relataram suas experiências de combate na Primeira Guerra Mundial. Eles testemunharam incidentes angustiantes e muitos morreram jovens. Os mais admirados entre todos são Siegfried Sassoon, Rupert Brooke e Wilfred Owen.

A dor da guerra

Owen (1893-1918) trabalhou como professor particular na França antes de entrar para o exército. No início, sua obra era patriótica: "Anthem for doomed youth" [Hino à juventude condenada] fala de homens que "morrem feito gado", mas termina com "clarins chamando seus nomes nos tristes condados" – um melancólico tributo. A carnificina no rio Somme e a influência de Sassoon endureceram seus versos. Em "Dulce et decorum est", observando o sangue que "salta de pulmões espumando, dilacerados", Owen sabia que uma testemunha do horror não repetiria para as "crianças ardentes pela glória desesperada,/ a velha Mentira: Dulce decorum est/ Pro Patria mori" [É doce e conveniente morrer pela pátria]. "A poesia", declarou ele num rascunho de prefácio, "está na dor".

Alguns poemas focalizam um pesadelo surreal. Em "The show" [A revelação], sua alma anseia pelo fim da batalha quando homens moribundos se arrastam como lagartas pelo chão. Em "Strange meeting" [Estranho encontro], o poeta se depara, no inferno, com um estranho loquaz que afirma ser o inimigo que ele "esfaqueou e matou". Ao ser morto, aos 25 anos de idade, Owen ainda estava aprendendo seu ofício. É valorizado por sua moral e sua integridade artística em poemas marcantes sobre a falta de humanidade de um homem em relação a outro. ■

Que dobres fúnebres servem para aqueles que morrem feito gado?
– Somente a fúria monstruosa das armas.
"Anthem for doomed youth" [Hino à juventude condenada]

Veja também: *A terra desolada* 213 ▪ *Ardil-22* 276

ABRIL É O MAIS CRUEL DOS MESES, GERMINAM LILASES DA TERRA MORTA

A TERRA DESOLADA (1922), T. S. ELIOT

EM CONTEXTO

FOCO
Poesia modernista

ANTES
1861-1865 Em Massachusetts, Emily Dickinson escreve, solitária, suas várias obras-primas: poemas curtos, não convencionais, sobre dúvidas religiosas, antecipando a originalidade visionária de Ezra Pound e T. S. Eliot.

1915-1962 *Os cantos*, de Ezra Pound, um épico poético, se assemelha a *A terra desolada* por sua complexidade múltipla e erudita, bem como por sua linguagem direta e não sentimental.

1915 "A canção de amor de J. Alfred Prufrock", monólogo de T. S. Eliot sobre um homem desiludido, é um marco condutor ao pleno modernismo poético.

DEPOIS
1923 *Harmonium*, coletânea do poeta americano Wallace Stevens, oferece uma imagem vívida, ainda que filosófica, do modernismo, com sua profusão de poemas de beleza elusiva.

A poesia modernista do início do século XX na Europa e nos Estados Unidos incorporou um sentimento de que o *éthos* poético prevalente, com sua firme ligação à subjetividade romântica e às formas tradicionais, não se adequava a uma cultura moderna cosmopolita envolvida com ciência, tecnologia e valores sociais em revolução. Os poetas modernistas se esquivavam de fazer declarações pessoais em relação a certa objetividade mais intelectual e desistiram de qualquer tentativa de imaginar um idílio pastoral ou de se afastar das complexidades da vida urbana.

Resmungos rítmicos

T. S. Eliot (1888-1965) classificou sua obra-prima modernista *A terra desolada* como "apenas um conjunto de resmungos rítmicos". Norte-americano que se transformou, em Londres, num homem de letras inglês, escreveu a maior parte do livro enquanto se recuperava de um colapso. Porém, contemporâneos, como o poeta americano Ezra Pound – uma figura-chave para o início do movimento modernista, que ajudou Eliot a lapidar o poema – perceberam seu pessimismo, suas formas fragmentadas, suas citações não identificadas em diversas línguas e as vozes alternantes como um brilhante reflexo dos desajustes do mundo no pós-guerra, incluindo sexo vazio, vulgaridade e a aridez metafórica de uma sociedade degradada.

O título do poema se refere à lenda arturiana do rei pescador: um rei incumbido de encontrar o Santo Graal, cuja impotência afeta não apenas sua possibilidade de gerar filhos, mas a fertilidade de todo o reino, que acaba por se tornar uma terra árida e desolada. Água e sede e a morte implícita no crescimento são temas centrais do poema de Eliot. Daí seu verso de abertura: "abril é o mais cruel dos meses" – nem a primavera dispõe de promessas.

O poema cria o efeito de se observar através de um caleidoscópio de ansiedade espiritual (e psicológica e social) num rápido movimento. Tanto o lirismo como a magnificência marcam as citações e os pastiches – porém apenas como contrapontos irônicos à desolação. ■

Veja também: *As flores do mal* 165 ▪ *Ulisses* 214-221 ▪ *Retrato do artista quando jovem* 241

A ÁRVORE DO CÉU DAS ESTRELAS PENDIA COM ÚMIDA FRUTA AZUL NOTURNA

ULISSES (1922), JAMES JOYCE

EM CONTEXTO

FOCO
Fluxo de consciência

ANTES
1913-1927 Marcel Proust, em sua obra de sete volumes *Em busca do tempo perdido*, mergulha fundo na memória e nas associações aleatórias que ajudam a moldar a consciência.

1913-1935 Fernando Pessoa trabalha em *Livro do desassossego*, que narra as inquietudes de um ajudante de guarda-livros português, por meio de fragmentos de pensamento e arte.

DEPOIS
1927 Em *Ao farol*, Virginia Woolf alterna entre a narrativa onisciente e o fluxo de consciência.

1929 William Faulkner usa o fluxo de consciência em *O som e a fúria*, adentrando a mente de três irmãos muito divergentes.

O crítico literário e poeta Ezra Pound declarou 1922 como sendo o começo de uma nova era, afirmando que a antiga terminara quando James Joyce escreveu as últimas palavras de seu romance *Ulisses*. O "ano que mudou tudo" foi iniciado pela publicação de *Ulisses* e do poema *A terra desolada*, de T. S. Eliot, duas conquistas marcantes da literatura modernista.

Extrapolando os gêneros de ficção realista e poesia, ambas as obras desenterraram, das profundezas da impressionante originalidade e do propósito moral e artístico de seus autores, um novo tipo de preciosidade literária. Nos sombrios anos após a Primeira Guerra Mundial, Joyce, Eliot e outros escritores formaram uma nova cultura a partir dos resquícios da antiga. A literatura jamais seria a mesma.

Não gosto desse emprego. Casa do luto. Ande. Pat! Não ouve. Cabeça-dura é o que ele é.
Ulisses

Fluxo de consciência

Uma abordagem que os escritores modernistas adotaram para romper a narrativa realista foi o fluxo de consciência. Na ficção, o fluxo de consciência é uma representação do fluxo de pensamentos, percepções e sentimentos de uma personagem. Embora longos trechos de introspecção possam ser encontrados em obras muito mais antigas, como o romance epistolar *Pamela* (1740), de Samuel Richardson, a ficção na virada do século xx foi além. Henry James e Marcel Proust tenderam à maior subjetividade de pontos de vista, tanto nos temas como em seu tratamento formal.

Acredita-se que o primeiro uso integral de monólogo interior em ficção tenha sido em um romance curto, *A canção dos loureiros*, de Édouard Dujardin, publicado em 1887. Sabe-se que Joyce pegou uma cópia desse livro em um quiosque numa estação de trem em Paris em 1903.

O estilo foi relacionado à ascensão da psicologia como ciência, e, de fato, a expressão "fluxo de consciência" foi

James Joyce

Nascido nos arredores de Dublin, Irlanda, em 1882, James Joyce foi criado na pobreza após seu pai perder o emprego de fiscal. Joyce leu em inglês, francês e italiano na University College Dublin. Depois se mudou para Paris, onde pretendia estudar medicina. Retornou a Dublin após a morte de sua mãe, revisando e ensinando para obter seu sustento. Joyce casou-se com Nora Barnacle em 1904 e o casal se mudou para Zurique. Mais tarde, ele conseguiu um trabalho de professor em Trieste. Seu livro de contos, *Dublinenses*, foi publicado em 1914, um ano antes de ele começar a escrever *Ulisses*. Quando partes de seu romance apareceram na publicação norte-americana *The Little Review*, a revista sofreu um processo por obscenidade. Em 1920, Joyce mudou-se para Paris, onde viveu por vinte anos. Lá escreveu sua última obra-prima, *Finnegans Wake*. Em 1940, Joyce fugiu da invasão nazista para Zurique, onde faleceu em 1941.

Outras obras

1914 *Dublinenses*
1916 *Retrato do artista quando jovem*
1939 *Finnegans Wake*

Veja também: *Odisseia* 54 ▪ *A terra desolada* 213 ▪ *Em busca do tempo perdido* 240-241 ▪ *Retrato do artista quando jovem* 241 ▪ *Mrs. Dalloway* 242 ▪ *O som e a fúria* 242-243 ▪ *Livro do desassossego* 209

***Ulisses* se passa em um único dia**, 16 de junho de 1904, em Dublin, no decorrer do qual seus três protagonistas cruzam o caminho uns dos outros e o de outras personagens da cidade.

criada pelo filósofo e psicólogo William James (irmão de Henry) em *Princípios de psicologia* (1890).

O termo foi aplicado pela primeira vez em contexto literário em um dos primeiros romances com fluxo de consciência em inglês, *Pointed Roofs* [Telhados pontudos] (1915), que usou a técnica para explorar a ideia de prosa feminina.

Com *Ulisses* – o mais famoso e influente exemplo de escrita com fluxo de consciência –, Joyce consolidou o salto literário das técnicas narrativas tradicionais para a transmissão direta da mente da personagem sem a mediação do autor. Virginia Woolf começou a experimentar o fluxo de consciência logo depois, principalmente em *Mrs. Dalloway* (1925).

Para registrar a complexidade e a sutileza do processo mental interno, do pensamento consciente para o quase inconsciente, esses escritores seguiram associações de palavras e frases soltas, quase metafóricas, além de inserirem construções gramaticais e omitirem artigos definidos e indefinidos.

Joyce abandonou a coerência completa pelo realismo do monólogo interno, embora o fluxo de pensamentos possa indiretamente evocar ação. "Vale postal, selo. O correio mais abaixo. Ande agora" sugere que Leopold Bloom, andando pela cidade em *Ulisses*, esteja se lembrando do que precisa comprar e onde comprar.

Cada vida são muitos dias, dia após dia. Caminhamos através de nós mesmos, encontrando ladrões, fantasmas, gigantes, velhos, jovens, esposas, viúvas, irmãos do amor.

Ulisses

Um dia de junho em Dublin

Toda a ação de *Ulisses* ocorre dentro e em torno de Dublin no dia 16 de junho de 1904 (hoje celebrado como "Bloomsday"), quando três personagens principais cruzam o caminho uns dos outros: Stephen Dedalus, um professor e aspirante a escritor de 22 anos; Leopold Bloom (geralmente mencionado apenas como Bloom no texto), um vendedor metade húngaro-judeu e metade irlandês, de 38 anos; e sua esposa Molly, uma cantora de 34 anos, de quem Leopold suspeita certeiramente que esteja tendo um caso com um homem sofisticado conhecido como Blazes Boylan. O romance também está repleto de outras personagens, e um retrato caleidoscópico de Dublin emerge da vida interior de Stephen, Bloom e Molly, em 250 mil palavras empregadas com minúcia microscópica.

Os principais cenários são uma torre, uma escola, uma praia, uma casa, um açougue, um cemitério, uma redação de jornal, uma biblioteca, uma funerária, um auditório, uma taberna, um hospital, um bordel e um ponto de táxi, além das ruas de Dublin.

Revelando a multiplicidade de pensamentos, emoções e ações (incluindo funções corporais) que guiam Stephen, Bloom e Molly ao longo de seu dia e noite, *Ulisses* torna o privado público em uma escala jamais vista na ficção.

Os capítulos de abertura formam uma ponte com o romance autobiográfico anterior de Joyce, *Retrato do artista quando jovem* – a história de »

Os dezoito episódios de Ulisses em Dublin

2. A escola: Stephen sai da torre, onde mora, para a escola do sr. Deasy, em Dalkey, para dar aula.

4, 17, 18. A casa: "Bloomsday" começa e termina na casa de Leopold e Molly Bloom, na Eccles Street nº 7.

5. A sauna: vagando sonolento em estado de complacência, Bloom recebe uma carta e vai para a sauna.

6. O cemitério: Bloom e três amigos dividem uma carruagem para o cortejo fúnebre da casa de Paddy Dignam.

7. O jornal: Stephen e Bloom cruzam caminho, enquanto Bloom busca publicidade e Stephen encaminha a carta do sr. Deasy.

Os números no mapa marcam os eventos de 16 de junho de 1904

6 11h O cemitério
4 17 18 4, 17, 18: 8h, 2h A casa, a cama
10 15h As ruas
15 0h O bordel
17h A taberna 12
12h O jornal 7
16 1h O ponto de táxi
RIVER LIFFEY
11 16h O auditório
5 10h A sauna
8 13h O almoço
14 22h O hospital
9 14h A biblioteca
3 11h A praia
13 20h As pedras
8h A torre 1
10h A escola 2

10. As ruas: Nesse episódio central, 19 personagens passam por mini-odisseias pelas ruas de Dublin.

12. A taverna: Bloom é abordado por um cidadão irlandês nacionalista quando ele faz uma pausa para beber no *pub* Barney Kiernan.

14. O hospital: Um grupo de homens bêbados, entre eles Bloom e Stephen, aguardam Mina Purefoy dar à luz.

15. O bordel: Depois de uma alucinatória caminhada pela Nighttown, Bloom e Stephen se encontram em um bordel.

16. O abrigo: Bloom e Stephen refugiam-se no abrigo de um cocheiro. O sentimento de simpatia vai se tornando incerto quando o abismo entre seus pontos de vista torna-se aparente.

Stephen Dedalus ganhando confiança para liberar seu talento das pressões conformistas da Igreja Católica, de sua criação e do país. Em *Ulisses*, Stephen é mostrado primeiro pela manhã, discutindo com o cínico Buck Mulligan na torre onde vivem, em Sandycove. Ele se lembra da mãe em seu leito de morte e a culpa é refletida em sua recusa, por princípios ateístas, em rezar por ela. Depois, ele dá uma aula de história e passeia pela praia.

O romance, então, volta no tempo para as oito horas da manhã e entra no modo "fluxo de consciência", quando o leitor acompanha Leopold Bloom planejando o café da manhã em casa, fazendo compras no açougue, cozinhando e levando uma bandeja escada acima para Molly. Joyce usa o fluxo de consciência em níveis variáveis para relatar as experiências de Stephen, Bloom e Molly, embora, para mover a ação adiante em qualquer passagem, ele habilmente intercale o fluxo de consciência e a narrativa em terceira pessoa.

Bloom e o mundo real

O naturalismo, ou realismo "científico", tornara-se a fonte dos romances na França em meados do século XIX – especialmente na ficção de Émile Zola, que apresentou os aspectos sórdidos da vida em detalhes meticulosos. Escritores franceses posteriores, como Henri Barbusse, em seu romance *Le feu* (1916), empregaram um realismo brutal para descrever os horrores da Primeira Guerra Mundial.

Ulisses, que Joyce começou a escrever em 1915, pertence a essa tradição de franqueza literária – embora o precursor espiritual de Joyce seja menos Zola, com seu naturalismo pessimista e didático, do que seu compatriota do século XVI, François Rabelais, um escritor cuja vasta comédia e fascinação pelos excessos do carnaval serviram como referência para alguns trechos de *Ulisses*.

Leopold Bloom é uma das personagens mais completas de toda a ficção. Ele é o que os franceses chamam de "*un homme moyen sensuel*": um homem comum com desejos comuns; inteligente, mas longe de ser intelectual. Tem um caráter amigável, gosto por conforto e o desejo de evitar conflitos. Quando é apresentado, o fácil relacionamento de que desfruta com suas próprias funções fisiológicas e com pelo menos algumas pessoas de seu círculo social o distancia do racional e intransigente Stephen, cujo monólogo na praia no

A torre Martello, com sua "sala de estar abobadada e sombria", é onde Stephen Dedalus persegue sua carreira de escritor com o "majestoso, gorducho Buck Mulligan" e o "saxão enfadonho" Haines.

terceiro episódio começa: "Inelutável modalidade do visível: ao menos isso se não mais." Compare a primeira frase do fluxo de consciência de Bloom: "Uma outra fatia de pão com manteiga: três, quatro: certo. Ela não gostava de seu prato cheio".

Panóplia de estilos

À medida que o romance progride, muitos outros estilos de prosa se intercalam com o fluxo de consciência e o naturalismo. O episódio 13, por exemplo, faz uma paródia à ficção sentimental feminina, começando com as palavras: "A tarde de verão começara a envolver o mundo num misterioso abraço". Bloom, relaxando ao entardecer na praia, masturba-se ao ver uma jovem que mostra as pernas propositadamente. O romantismo formalista e exagerado confere um contraponto ao seu voyeurismo descarado.

No episódio seguinte, quando Bloom visita uma maternidade, Joyce usa uma sequência de diferentes estilos literários – uma colagem de literatura inglesa que se aproxima da anglo-saxã e de Chaucer, Samuel Pepys e Thomas De Quincey. Para alguns leitores, isso é Joyce em seu erudito mais alienante.

O episódio 15 é uma peça fantasmagórica ambientada na zona de prostituição de Dublin, Nighttown, onde as fantasias masoquistas reprimidas de Bloom e a culpa de Stephen por sua mãe são refletidas em uma descrição vívida e onírica. Em sua dissolução do espaço e do tempo e sua rápida sucessão de alucinações – por exemplo, Bloom parindo "oito filhos amarelos e brancos", e o poeta Tennyson aparecendo com um blazer estampado com a bandeira britânica e uniforme de críquete –, a fantasia é profundamente perturbadora. Em uma cena atormentadora, Bloom age como protetor de Stephen quando ele é agarrado por uma alucinação petrificante em um bordel.

Em parte, Joyce foi inspirado pelo dadaísmo – movimento surrealista que rejeitava a razão e a lógica, fundado pelos jovens artistas do Cabaret Voltaire em Zurique (residência de Joyce à época) em 1916. A influência é particularmente evidente nesse episódio. Assim como os dadaístas, Joyce se propôs a chocar o público com um ataque deliberado aos padrões convencionais de gosto e propriedade.

O próximo episódio toma a forma de catequese – longo diálogo com perguntas e respostas –, usado para transmitir um relato de Bloom e Stephen juntando-se novamente na casa de Bloom para pegar cacau. É aqui que Bloom e Stephen mais se aproximam da empatia. A maneira analítica e exaustivamente catalogadora pela qual os eventos são relatados age como contraponto à sutil afinidade que os dois sentem um em relação ao outro.

Solilóquio de Molly Bloom

O capítulo final de *Ulisses* é uma obra-prima da escrita do fluxo de consciência. Ele revela os pensamentos íntimos de Molly Bloom durante a noite, deitada na cama à beira do sono. Até esse momento, Molly é vista pelos olhos de seu marido ciumento, Leopold. A mudança de ponto de vista, para o feminino, é uma das mais brilhantes da literatura moderna.

Tendo retratado a cultura patriarcal da cidade, na qual as mulheres desempenham um papel indispensável como esposas, mães e prostitutas – fontes de consolo emocional e satisfação física – sem suas vozes serem ouvidas, Joyce agora restabelece o equilíbrio dando a Molly sua própria voz. »

Eu tinha que ter uns belos chinelos vermelhos como aqueles que os turcos de barrete costumavam vender ou então amarelos e um roupão bonito meio transparente que eu preciso tanto como aquele que havia há muito tempo em Walpole por apenas 8 shillings 6 ou 18 shillings 6...

Ulisses

Ouça: a linguagem de quatro palavras da onda: sissu, rrss, rsseeiss, uuus.
Ulisses

Permitir que sua protagonista feminina tenha a última palavra (um "sim" afirmativo repetindo o "sim" conectivo com que ela começa) é prova da imaginação inclusiva de Joyce. Entretanto, alguns críticos feministas enxergam Molly, em sua passividade, como uma criatura de conceitos masculinos equivocados.

Enquanto Molly está deitada na cama, longe de qualquer estímulo, o monólogo interior atinge sua forma mais pura, sem interrupções narrativas. A pontuação é abandonada. Memórias se misturam. Linguagem franca com coloquialismos grosseiros abre caminho para uma lembrança de sua juventude em Gibraltar e seu romance apaixonado com Bloom, expressado na forma de ficção romântica. Esse estilo não é puramente uma técnica literária, mas também parte da linguagem interior da sensibilidade romântica, apesar de carnal, de Molly.

Mito e modernidade

A experimentação linguística não é a única técnica literária que sustenta essa complexa obra. O título, *Ulisses*, é uma pista para uma elaborada subestrutura simbólica. "Ulisses" é o nome latino derivado de Odisseu, rei grego de Ítaca que, no poema épico de Homero, *Odisseia*, passa dez anos após a Guerra de Troia como aventureiro errante antes de retornar para casa. Joyce associa Leopold Bloom a Ulisses, e compara Stephen ao filho do rei, Telêmaco, que, nos primeiros quatro livros de *Odisseia*, procura em vão seu pai perdido. Ele associa Molly a Penélope, esposa de Ulisses, que acredita que seu marido continua vivo e voltará para ela.

Cada um dos dezoito episódios do romance (às vezes chamados de capítulos) corresponde a uma aventura do épico de Homero. Os primeiros três episódios focam em Stephen, e seguem uma estrutura que imita *Odisseia*. No terceiro episódio, Stephen questiona a instituição da paternidade durante uma discussão em uma biblioteca. O trecho traduz a condição de Telêmaco de filho sem pai em um debate abstrato sobre noções modernas da relação pai e filho. No episódio 12, o Ciclope – gigante de um olho de quem Ulisses escapa em *Odisseia* – toma a forma de um patriota xenofóbico e agressivo que discute vorazmente com Bloom. O chauvinismo limitante do "cidadão" reflete a visão limitada do Ciclope. Mais adiante, o narrador anônimo fala de um limpa-chaminés que "quase acertou o meu olho".

O valor temático dos paralelos com Homero é mais forte nos papéis míticos dados a Stephen e Bloom. O primeiro busca inconscientemente uma figura paterna acolhedora, para que ele mesmo possa se tornar um pai, tanto de crianças como da arte. Passagens sobre a Santíssima Trindade, que tem o mais complexo dos relacionamentos entre pai e filho, e de *Hamlet*, de Shakespeare – atordoado por

Em *Odisseu e Circe* (1590), de Bartholomeus Spranger, a deusa-bruxa utiliza seus poderes de sedução para atrair o herói – análogo à sedução de Bloom por Bella Cohen em *Ulisses*.

pensamentos vingativos sobre o assassino de seu pai, que agora é seu próprio padrasto –, acrescentam camadas de significado para a jornada de Stephen. Da mesma maneira, Bloom (cujo filho, Rudy, morreu onze anos antes, poucos dias após seu aniversário) tem uma profunda necessidade psíquica de um filho. Isso traz dramaticidade à dinâmica Ulisses-Telêmaco.

Bloom e Stephen, depois de vários desencontros, cruzam-se acidentalmente na Maternidade de Holles Street; as associações do lugar com nascimento e paternidade não são por acaso. Bloom oportunamente salva Stephen de ser preso após uma briga na zona de prostituição de Dublin. Quando, mais tarde naquela noite, eles se sentam para tomar chocolate quente na cozinha de Bloom, Stephen vê seu passado em Bloom, enquanto Bloom enxerga o futuro em Stephen. É típico da sutileza fictícia de Joyce que esse reconhecimento mútuo seja uma leve sugestão em vez de um clímax óbvio.

A estrutura homérica de Joyce, além de atribuir um conjunto de correspondências simbólicas, também permitiu que ele sugerisse que Bloom, o homem comum e bom cidadão, pudesse ser creditado com uma dimensão heroica. Esse é o heroísmo – ou o anti-heroísmo – do cotidiano,

Paralelos homéricos em *Ulisses*

***ODISSEIA* DE HOMERO**	***ULISSES* DE JAMES JOYCE**
Telêmaco é filho de Ulisses e Penélope, que procura em vão seu pai perdido em um subenredo épico.	**Stephen Dedalus**, intelectual e artista perdido em um labirinto de sua própria autoabsorção, busca uma figura paterna.
Calipso é uma linda deusa-ninfa que encanta Ulisses e o mantém cativo por sete anos.	**Molly Bloom**, mais tarde sua legítima esposa, é retratada em um episódio anterior como a ninfa imortal que encanta Leopold.
Ulisses viaja para **Hades**, o submundo, para perguntar ao espírito do profeta cego Tirésias o caminho de casa.	Bloom participa do **velório de Paddy Dignam**, no qual seus pensamentos vagam de forma humorística e inapropriada.
Circe é uma bela deusa-bruxa que enfeitiça os homens de Ulisses e transforma-os em porcos. Ulisses torna-se seu amante.	Stephen e Bloom caminham por Nighttown para visitar um bordel comandado por **Bella Cohen**, uma Circe moderna.
Penélope mantém seus pretendentes por perto enquanto espera a volta de Ulisses, desaparecido e dado como morto no mar.	**Molly** se diverte com um amante, mas, apesar de entediada com o marido Leopold, aguarda sua volta para casa.

conduzido principalmente dentro da mente humana, cenário de medos e anseios individuais. É ali que ele combate o ciúme, a raiva, o tédio, a vergonha e a culpa, e aprecia a esperança e o amor que dão sentido à vida.

Exílio e pertencimento

Depois do parágrafo de encerramento do romance, Joyce deixou um lembrete de sua própria odisseia como seu autor: "Trieste-Zurique-Paris, 1914-1921". Embora consciente de si mesmo como um artista operando em um meio cosmopolita, ele também sentia o peso do exílio. Viver em terras estrangeiras permitiu que recriasse Dublin em toda a sua vulgaridade e vibração como o lar de sua imaginação. Em 1904, quando se passa o livro, a efervescência política era forte com o fracasso do Home Rule – tentativa de autogoverno na Irlanda. No ano da publicação de *Ulisses* (1922), após uma guerra civil sangrenta, o Estado Livre Irlandês foi formado.

Refletindo essas realidades políticas, as personagens da Dublin fictícia de Joyce são cheias de ansiedades sobre seus relacionamentos com as instituições: o nacionalismo irlandês, o Império Britânico, a Igreja Católica e o renascimento literário irlandês. Enquanto *Ulisses* apresenta os detalhes da experiência individual com uma franqueza inédita, também é inflexível em seu retrato de um microcosmo inquieto da sociedade irlandesa.

No entanto, todos os temas em *Ulisses* são subordinados à riqueza vívida de seu mundo fictício. A vitalidade do romance vem da vida nele investida, que confronta os elaborados artifícios literários do livro. No cerne disso – o romance mais conscientemente ardiloso desde os divertidos experimentos de Laurence Sterne em *A vida e as opiniões do cavalheiro Tristram Shandy*, em meados do século XVIII – estão a vida e os amores dos dublinenses, retratados com uma verossimilhança incrível. ■

Ele ouviu, então, um suspiro pesado e caloroso, mais suave, quando ela se virou na cama e as argolas de metal do enxergão soltas tilintaram.
Ulisses

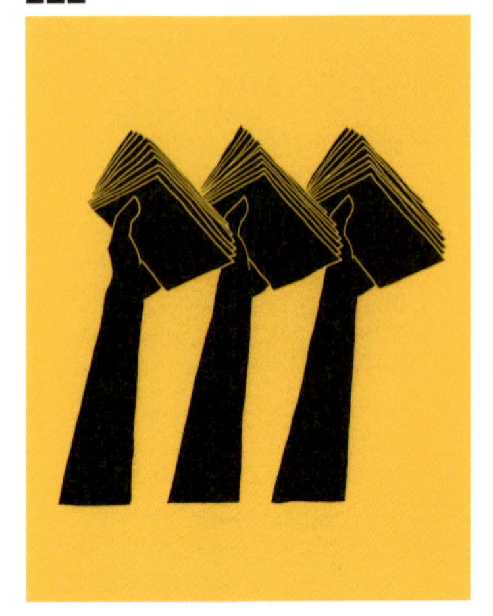

SOU UM TUPI TANGENDO UM ALAÚDE!

PAULICEIA DESVAIRADA (1922), MÁRIO DE ANDRADE

EM CONTEXTO

FOCO
Primeira geração modernista brasileira

ANTES
1917 A exposição da pintora Anita Malfatti, considerada a primeira exposição moderna no Brasil, é fortemente criticada por Monteiro Lobato no texto "Paranoia ou mistificação?". No mesmo ano, Mário de Andrade publica, com o pseudônimo de Mário Sobral, seu primeiro livro *Há uma gota de sangue em cada poema*, marcado pela Primeira Guerra Mundial.

DEPOIS
1924 O *Manifesto Pau-Brasil* rejeita o rebuscamento e a retórica poética e propõe uma poesia primitivista e inovadora.

1928 O *Manifesto Antropofágico* tem Oswald de Andrade como principal expoente. Aprofunda as propostas do Pau-Brasil, defende uma língua literária "não catequizada" e declara que as vanguardas europeias estariam "digeridas" e transformadas.

Em 1922, pouco depois da Primeira Guerra Mundial e justamente no centenário da independência do Brasil, ocorre a Semana de Arte Moderna, em São Paulo. O evento, que reuniu importantes artistas, escritores e intelectuais, ficou conhecido como o marco inaugural do modernismo brasileiro. Tem início, assim, a primeira geração modernista cujos principais expoentes na literatura são: Mário de Andrade, Oswald de Andrade e Manuel Bandeira.

Para os modernistas de 1922, o problema da identidade nacional era central. Eles pretendiam fundar a verdadeira arte brasileira livre de influências da arte acadêmica europeia (apesar de ainda serem influenciados por vanguardas da Europa como expressionismo, futurismo e dadaísmo). Para isso, acreditavam que era preciso questionar os valores burgueses e a própria burguesia brasileira, rever criticamente a história do Brasil e se contrapor à idealização romântica do indianismo. Do ponto de vista formal, era preciso também apostar em uma linguagem espontânea, distante do rebuscamento e academicismo parnasiano satirizado pelo poema "Os sapos", de Manuel Bandeira, e transgredir as regras de metrificação e temática preestabelecidas.

Publicado em 1922, *Pauliceia desvairada* de Mário de Andrade (1893-1945) abre caminho para as experimentações modernistas. Fazendo uso do verso livre, de temas cotidianos, como a industrialização e urbanização de São Paulo, e de humor, ironia e sarcasmo, o autor de *Macunaíma* (1928) rompe com as escolas literárias anteriores e critica a burguesia paulistana, como fica claro no mais famoso poema do livro, "Ode ao burguês", declamado durante a Semana de 1922. ■

Veja também: *O guarani* 164 ▪ *Alguma poesia* 241 ▪ *Vidas secas* 235 ▪ *Grande Sertão: Veredas* 263.

O AMOR NADA DÁ SENÃO A SI PRÓPRIO E NADA RECEBE SENÃO DE SI MESMO

O PROFETA (1923), KHALIL GIBRAN

EM CONTEXTO

FOCO
Vozes árabes modernas

DEPOIS
1935 O prolífico escritor e erudito Taha Hussein, o "Deão da Literatura Árabe", fala da luta de um autor egípcio entre as culturas árabe e europeia em seu romance *A man of letters* [Um homem de letras], cujo enredo se passa entre Cairo e Paris durante a Primeira Guerra Mundial.

1956-1957 *Trilogia do Cairo*, de Nagib Mahfuz, acompanha a trajetória de uma família cairota num período que vai da Revolução Egípcia de 1919, contra o jugo colonial britânico, até próximo ao final da Segunda Guerra Mundial, em 1944, destacando os esforços pessoais, sociais e políticos de uma cidade e de um país em mudança.

1985 *O menino de areia*, escrito em francês por Tahar Ben Jelloun, explora e critica questões ligadas aos valores islâmicos tradicionais, à política de gênero e à construção da identidade num cenário marroquino pós-colonial.

Os impérios colonialistas iniciaram seu inevitável declínio após a Primeira Guerra Mundial, em parte graças ao impacto da guerra sobre os centros da cultura ocidental. Orientações, tópicos e temas literários começaram a refletir as alterações no equilíbrio entre colonizadores e colonizados. Das várias narrativas pós-coloniais emergentes, as advindas do mundo árabe no norte da África e no Oriente Médio ganharam proeminência internacional.

Diversidade de ideias

O escritor, filósofo e artista libanês Khalil Gibran (1833-1931, também conhecido como Kahlil) foi um dos autores mais aclamados que surgiram entre os promissores intelectuais árabes. Sua criação cristã e seu interesse pelos ensinamentos do islamismo, do sufismo e do judaísmo representaram um rompimento com os laços tradicionais envolvendo crenças geográficas e espirituais, tornando-se influências importantes em sua coletânea inglesa intitulada *O profeta*, que contém poemas em prosa ilustrados. No livro, Gibran utiliza um estilo familiar de escrituras e sermões religiosos para produzir breves discursos, proferidos pelo profeta Al Mustafá a uma multidão diversa no momento em que ele está prestes a deixar a cidade de Orphalese num barco. Os 26 ensaios variam de reflexões sobre amor, paixão, crianças e alimentação a pensamentos sobre justiça, tempo, mal e morte. Os textos enfatizam as relações humanas e reúnem temas de diversidade e um amor universal livre das amarras de um sistema único de crença. ■

Essas coisas movem-se dentro de vós como luzes e sombras, aos pares, agarradas.
O profeta

Veja também: *As mil e uma noites* 44-45

A CRÍTICA MARCA A ORIGEM DO PROGRESSO E DO ESCLARECIMENTO

A MONTANHA MÁGICA (1924), THOMAS MANN

EM CONTEXTO

FOCO
Bildungsroman **(romance de formação)**

ANTES
1795-1796 Johann Wolfgang von Goethe publica *Os anos de aprendizado de Wilhelm Meister*, frequentemente considerado o primeiro *Bildungsroman*.

1798 O autor alemão Ludwig Tieck publica *As peregrinações de Franz Sternbald*, romance romântico com características do *Bildungsroman*.

1849-1850 O livro parcialmente autobiográfico de Charles Dickens *David Copperfield* é publicado.

1855 O autor suíço Gottfried Keller publica *Green Henry*, um *Bildungsroman* crucial e também parcialmente autobiográfico.

1916 *Retrato do artista quando jovem*, de James Joyce, mostra que o *Bildungsroman* tem um lugar na literatura modernista.

Considerado por muitos a maior obra-prima de Thomas Mann, *A montanha mágica* é amplamente reconhecido por sua grandiosidade: é tido como um dos melhores romances alemães de todos os tempos, uma das melhores obras do século XX, uma comédia de humor negro sublime sobre morte e doença e uma obra decisiva do modernismo. Também é um ótimo exemplo de *Bildungsroman* (romance de formação), gênero enraizado na Alemanha do século XVIII e que continua forte até hoje.

Embora exemplos anteriores sejam citados, muitos estudos posicionam a origem do gênero na publicação do romance *Os anos de aprendizado de*

Veja também: *Jane Eyre* 128-131 ▪ *David Copperfield* 153 ▪ *Mulherzinhas* 199 ▪ *A educação sentimental* 199 ▪ *Morte em Veneza* 240 ▪ *Retrato do artista quando jovem* 241 ▪ *O sol é para todos* 272-273 ▪ *Filhos da meia-noite* 300-305

A "montanha mágica" na qual Berghof está localizado é um símbolo da distância metafórica do sanatório para o resto do mundo: um local recluso onde até o tempo flui de maneira distinta.

Wilhelm Meister, de Johann Wolfgang von Goethe, em 1795-1796. Ele contém todos os ingredientes principais, contando a história da formação, ou *Bildung*, de um jovem artista: sua luta para encontrar expressão e felicidade e sua consequente aceitação de seu lugar na sociedade. Ao longo das décadas e depois séculos seguintes, muitos outros grandes escritores sentiram o desejo de contar uma história de certa forma similar à sua própria: na França, Gustave Flaubert publicou *A educação sentimental*; na Inglaterra, Charles Dickens escreveu *David Copperfield*; e o escritor irlandês James Joyce apresentou *Retrato do artista quando jovem*. A influência do gênero se espalhou pela Europa e depois pelo mundo todo.

Inspirado pela doença

A montanha mágica teve início com a visita de Thomas Mann a um sanatório localizado em grande altitude em Davos, Suíça, em 1912, onde sua esposa se recuperava de uma infecção pulmonar. A intenção era que fosse um pequeno volume para acompanhar a novela *Morte em Veneza*, que publicara naquele ano. Entretanto, a narrativa se expandiu, uma vez que, com a eclosão da Primeira Guerra Mundial, em 1914, Mann teve consciência de que o mundo que descrevia estava terminando de forma repentina e violenta. Suas opiniões sobre o nacionalismo e a sociedade burguesa foram mudadas pelo conflito, no qual ele viu os valores da então chamada civilização conduzindo cegamente a sociedade para a destruição e a morte em massa. O romance, portanto, ganhou maior significância e continuou crescendo. Após a guerra, Mann revisou o texto por muitos anos, publicando o romance em 1924, quando foi aclamado como obra-prima.

Todo interesse na doença e na morte é apenas outra expressão do interesse pela vida.
A montanha mágica

A montanha mágica conta a história de um jovem chamado Hans Castorp, que vai aos Alpes Suíços para visitar seu primo Joachim em um sanatório (hospital dedicado ao tratamento de pessoas com doenças crônicas, geralmente tuberculose) chamado Berghof. Hans tem bons prospectos e está prestes a conseguir um emprego na indústria da construção naval.

Com ar fresco, vista espetacular, poucos visitantes e uma atmosfera quieta e tranquila, o hospital existe em seu próprio mundo pequeno e enclausurado. Ao chegar lá, Castorp começa a apresentar sintomas de tuberculose e é convencido a ficar até estar recuperado. Acaba permanecendo no sanatório por sete anos. O enredo gira em torno dos diversos pacientes que »

Ludovico Settembrini
representa o humanismo, o intelecto e os valores racionais do Iluminismo.

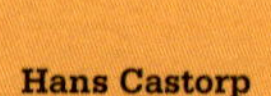

Mynheer Peeperkorn
simboliza o hedonismo, o princípio do prazer e a superioridade da emoção sobre a razão.

Hans Castorp
representa a típica folha em branco de uma personagem central do *Bildungsroman*, que absorve as influências daqueles à sua volta. No caso dele, no entanto, permanece ambivalente, passivo e incapaz de se comprometer.

Leo Naphta
defende o radicalismo, a irracionalidade e o fundamentalismo religioso.

Joachim Ziemssen
tipifica a fidelidade, o dever, uma postura comprometida e descomplicada diante da vida.

Clawdia Chauchat
personifica o amor, o sexo, o prazer sensual.

ele encontra e os relacionamentos que desenvolve com eles.

Uma educação na vida

É dos outros pacientes do sanatório que Hans Castorp recebe a educação – artística, política, amorosa e da condição humana – que todo herói de um *Bildungsroman* deve adquirir. Mann usa suas personagens como representações de diferentes ideias e sistemas de crença da Europa pré-‑Primeira Guerra Mundial. Encontramos Leo Naphta, um judeu jesuíta convertido ao marxismo; Ludovico Settembrini, um humanista secular italiano; e Mynheer Peeperkorn, um holandês com doença tropical. Cada uma dessas personagens tenta puxar Castorp para sua própria linha de pensamento, o que significa que grande parte do livro é tomada por debates filosóficos. Há também uma mulher, Clawdia Chauchat, por quem Castorp se apaixona, recebendo sua educação necessária em romance e tentação erótica.

Enquanto a maioria dos *Bildungsromans* envolve uma jornada física além da emocional, *A montanha mágica* se propõe a ficar geograficamente no mesmo lugar – o Berghof, e a jornada que oferece é por meio das ideologias ocidentais (e algumas orientais, de certa forma). É quase como se a altitude da montanha desse ao jovem Castorp uma visão de toda a Europa nessa conjuntura crucial.

O livro serve tanto como um grande exemplo de *Bildungsroman* quanto como uma paródia do gênero. Os elementos essenciais do *Bildungsroman* estão todos presentes: um herói jovem e impressionável que está se estabilizando na vida; um processo educativo que é normalmente difícil, mas que ele supera; e, por fim, um caminho para se aventurar. Castorp precisa passar pela experiência da doença e da recuperação para apreciar de verdade a vida. Portanto, o livro pertence inquestionavelmente ao gênero. Ainda assim, Mann parodia ou desafia as convenções em quase todos os níveis.

Camadas de paródia

Em um primeiro nível, existem as várias lições que Castorp recebe. Diferentes personagens oferecem visões de mundo que se contradizem entre si, e não fica claro se Mann aprova alguma delas. Nos primeiros *Bildungsromans*, a intenção era que as lições aprendidas e os valores adquiridos pela personagem central fossem aprovados pelo leitor, ou que pelo menos este concordasse com eles. Por exemplo, David Copperfield, do romance de Dickens, deve aprender a não confiar cegamente nas pessoas. *A montanha mágica* rejeita essa fórmula. Como um romance moderno, ele tem consciência de que existem muitas formas de olhar para o mundo, e de que nenhuma delas é

Eu, pessoalmente, nunca encontrei um ser humano perfeitamente saudável.
A montanha mágica

Só o amor, e não a razão, é mais forte do que a morte.
A montanha mágica

necessariamente a certa. Considerando esse o ponto de vista de Mann, o propósito do livro como romance educativo é revelado como uma paródia.

No fundo, o gênero *Bildungsroman* sempre foi um movimento sério, e é disso que Mann zomba. Por exemplo, o narrador mantém uma atitude indiferente em relação ao próprio Castorp, lembrando o leitor de que ele é apenas um jovem medíocre. E, enquanto o herói do *Bildungsroman* deve estar totalmente formado ao final do livro, Castorp emerge sem nenhum senso real de que aprendeu algo com as lições de vida e filosofia que recebeu ao longo de sete anos.

À deriva no tempo

Mann rebaixa o propósito do *Bildungsroman* de outras formas – particularmente, no que se refere ao tempo e sua relação com a progressão narrativa. A passagem do tempo é uma questão crucial para aqueles que estão enfermos e morrendo, e, ainda assim, no ambiente hermeticamente fechado do sanatório, o tempo é algo difícil de acompanhar. Os pacientes calculam a quantidade de tempo que passou apenas em unidades de meses. Qualquer evento passado, não importa quão distante, é dito ter acontecido "outro dia" – hábito que o próprio Castorp por fim adota. É importante para a nossa ideia de *Bildungsroman* que uma educação deva ser um processo constante, uma história contada em sequência. Mas Mann priva Castorp (e o leitor) dessa estrutura, ou da perspectiva dos acontecimentos. Os incidentes estão soltos no tempo, e não podemos organizá-los: cada capítulo abrange uma quantidade crescente de tempo, de um dia a seis anos.

A montanha mágica debocha profundamente de seu próprio gênero. O livro contém todos os elementos de um *Bildungsroman*, mostrando (à frieza do pensamento modernista) que é uma farsa, ou que é impossível calcular seus benefícios. Não surpreende, portanto, que o livro tenha inspirado relativamente poucos imitadores; seu estilo parece muito a última palavra do gênero, e talvez seja grandioso e brilhante demais para que qualquer um queira seguir os seus passos.

Ainda assim, os escritores continuaram encontrando novos usos para o gênero, explorando temas que vão do pós-colonialismo e da história moderna (como *Filhos da meia-noite*, de Salman Rushdie) ao despertar sensual e sensorial (*O perfume*, de Patrick Süskind). ■

Os pacientes com doenças crônicas do sanatório nos Alpes Suíços viviam em uma atmosfera rarefeita, com os acontecimentos do mundo "lá embaixo" quase não impactando sua vida.

Thomas Mann

Thomas Mann nasceu em uma família abastada em Lübeck, ao norte da Alemanha, em 1875. Ficou conhecido por sua obra-prima *Os Buddenbrook* – publicada quando tinha apenas 26 anos –, um romance sobre o declínio de uma família rica muito parecida com a sua própria. Em 1905, casou-se com Katia Pringsheim, filha de um rico industrial judeu; tiveram seis filhos, três dos quais se tornaram escritores. Em 1929, Mann foi premiado com o Nobel de Literatura.
Em 1933, deixou a Alemanha e foi para a Suíça, e, às vésperas da Segunda Guerra Mundial, mudou-se para os Estados Unidos, onde ensinou na Universidade de Princeton antes de se estabelecer na Califórnia e tornar-se cidadão norte-americano. Durante a guerra, fez diversos discursos antinazistas, gravados nos Estados Unidos e transmitidos da Grã-Bretanha à Alemanha. Depois da guerra, retornou à Europa; faleceu na Suíça, em 1955, aos oitenta anos.

Outras obras

1901 *Os Buddenbrook*
1912 *Morte em Veneza*
1933-1943 *José e seus irmãos*
1947 *Doutor Fausto*

COMO MARIPOSAS ENTRE OS SUSSURROS, O CHAMPANHE E AS ESTRELAS

O GRANDE GATSBY (1925),
F. SCOTT FITZGERALD

EM CONTEXTO

FOCO
A geração perdida

ANTES
1920 O conto "Bernice corta o cabelo", de F. Scott Fitzgerald, trata da tensão entre os valores femininos tradicionais e as liberações da Era do Jazz, temas que o autor retoma em *O grande Gatsby*.

1922 *A terra desolada*, de T. S. Eliot, antecipa a escrita da Geração Perdida ao explorar a desintegração da cultura – incluindo o sexo pelo sexo e a perda de significado espiritual.

DEPOIS
1926 Ernest Hemingway, em *O sol também se levanta*, mergulha em temas como amor, morte e masculinidade.

1930-1936 John Dos Passos explora o Sonho Americano por meio das histórias de doze personagens em sua trilogia *U.S.A.*

A escritora e "anfitriã literária" Gertrude Stein, em conversa com Ernest Hemingway, falava de uma "geração perdida" de jovens – aqueles que serviram na Primeira Guerra Mundial. Hemingway afirmou que Stein ouviu essas palavras de um dono de oficina mecânica que havia consertado seu carro, um detalhe divertido que sugestivamente faz lembrar as cenas da oficina de *O grande Gatsby*. "Perdida", nesse contexto, significa desorientada ou alienada, em oposição a desaparecida. Depois de empregada por Hemingway na epígrafe do romance *O sol também se levanta*, a expressão "Geração Perdida" acabou como referência a um grupo de jovens escritores expatriados americanos vivendo no criativo "caldeirão de culturas" da Paris dos anos 1920, que incluía F. Scott Fitzgerald, John Dos Passos, Ezra Pound e o próprio Hemingway. A Primeira Guerra Mundial havia deixado suas marcas, e eles eram incansáveis e cínicos em busca de experiências significativas no amor, na escrita, na bebida e no hedonismo.

Fitzgerald, um dos escritores mais importantes da Geração Perdida, viu-se seduzido pelas aparências cintilantes da Era do Jazz da década de 1920, enquanto, ao mesmo tempo, tomava plena consciência de seus valores morais decadentes e do vazio na promessa de uma vida melhor para todos. Seu romance mais famoso, *O grande Gatsby*, conta a história do sonho de amor predestinado de Gatsby. No entanto, é também uma história sobre o predestinado Sonho Americano – e sua promessa de um mundo melhor revelada como um engodo.

Não se pode repetir o passado? – gritou ele, incrédulo. – Claro que se pode!
O grande Gatsby

Dinheiro novo, valores novos

Fitzgerald via a Era do Jazz como uma época de milagres e excessos. Uma nova prosperidade pós-guerra centrava-se em Wall Street, onde imensas fortunas se faziam na negociação de títulos e ações.

F. Scott Fitzgerald

Francis Scott Fitzgerald nasceu em 1896 em Saint Paul, Minnesota, Estados Unidos. Em 1917, abandonou a Universidade de Princeton para entrar no Exército. Apaixonou-se por Zelda Sayre, filha de um juiz, casando-se com ela depois que seu primeiro romance, *Este lado do paraíso*, trouxe-lhe sucesso aos 24 anos. Sustentou a família (tiveram uma filha) escrevendo contos para revistas populares. Seu segundo romance, *Os belos e malditos*, confirmou sua reputação como importante cronista e crítico da Era do Jazz. Em 1924, mudou-se com Zelda para a Riviera Francesa a fim de escrever *O grande Gatsby*. Mais tarde, o casal viajou com frequência entre a França e os Estados Unidos. Fitzgerald tinha uma relação conturbada com o álcool: depois do lançamento de *Suave é a noite*, em 1934, lutou por dois anos contra o álcool e a depressão. Em 1937, experimentou escrever para Hollywood e lá morreu de um ataque cardíaco, em 1940, aos 44 anos.

Outras obras

1922 *Os belos e malditos*
1922 *Contos da Era do Jazz*
1934 *Suave é a noite*

Veja também: *A terra desolada* 213 ▪ *Ratos e homens* 244 ▪ *As vinhas da ira* 244 ▪ *O estrangeiro* 245

O ideal do *self-made man* era um antídoto atraente para o poder do "dinheiro velho", aquele passado por herança e por matrimônios entre as "melhores" famílias. Os anos 1920 nos Estados Unidos pareciam oferecer uma nova mobilidade social, curando feridas entre classes e desafiando o esnobismo. Aqueles que haviam tentado fazer fortuna no oeste agora voltavam para o leste para enriquecer e gastar com mansões magníficas, objetos requintados e alto padrão de vida – enfim, esse era o sonho. Mas a realidade era a de que a riqueza de alguns levava ao empobrecimento de outros, e, ao mesmo tempo, fazia surgir uma cultura de superficialidades moral e espiritualmente vazias em seu cerne. Predominavam falsidades de todos os tipos e o esnobismo ainda existia: havia apenas encontrado novos alvos.

Após a aprovação da 18ª emenda, em 1919, que proibia a venda de álcool, muitos empreendedores canalizaram seus talentos para o negócio ilegal de bebidas – o contrabando, com a maior parte de seus resultados comercializados nos *speakeasies* (bares ilegais). O racismo também imperava: no primeiro capítulo de *O grande Gatsby*, Tom Buchanan expressa sua visão supremacista de que "compete a nós, que pertencemos à raça dominante, estar atentos; do contrário, outras raças dominarão o mundo".

Esplendor e podridão

Fitzgerald via seu romance como "um trabalho puramente criativo – não são criações sem valor como meus contos, mas sim fruto da imaginação sustentada por um mundo verdadeiro e radiante". É esse resplendor, refletido numa prosa sensual impregnada pelo *glamour* ofuscante da sociedade sofisticada da Costa Leste, que Fitzgerald toma como objeto.

As loucas e opulentas festas de Gatsby, mostradas na adaptação do livro para o cinema em 1949, uniam *socialites* endinheiradas do East Egg e seus impetuosos vizinhos do West Egg.

Jay Gatsby possui uma mansão colossal ao estilo de um *hôtel de ville* (uma prefeitura francesa), situada em West Egg, na costa de Long Island, próximo a Nova York. Gatsby é um enigma: um forasteiro do Meio-Oeste em torno de quem circulam muitos boatos – de que ele matou um homem; de que sua afirmação de ter sido educado em Oxford é mentira; de que sua fortuna vem do negócio ilegal de bebidas. Todos os sábados, ele dá festas decadentes, com centenas de convidados, conforme descreve o narrador da história, Nick Carraway, que aluga a pequena casa vizinha. Há jazz e diversão nessas festanças, mas também muita bebedeira e rompimentos, especialmente entre casais. De fato, ao longo do livro, os diálogos entre homens e mulheres são levianos e sem sinceridade.

Nick conhece Gatsby e fica sabendo de seu segredo: há cinco anos, está obsessivamente apaixonado pela bela *socialite* Daisy Buchanan, prima de Nick, agora casada com Tom, um ricaço amigo de faculdade de Nick.

Daisy é a razão de Gatsby ter comprado a mansão no lado oposto da praia, diante da casa colonial georgiana onde ela vive com Tom. Toda a riqueza de Gatsby, conquistada por vias obscuras em negócios feitos com Meyer Wolfshiem, um vigarista de estilo mafioso, é ostentada com a única intenção de reconquistar seu amor perdido, agora que ele finalmente possui meios para sustentá-la.

A importância dos lugares

Os temas do romance podem ser mapeados por sua topografia altamente simbólica. East Egg, onde vivem Daisy e Tom, assim como a maioria dos convidados das festas de Gatsby, representa valores tradicionais e o "dinheiro velho". West Egg, onde vive Gatsby, é o lugar da moda e dos *noveau riche*. Perto dali está Nova York, »

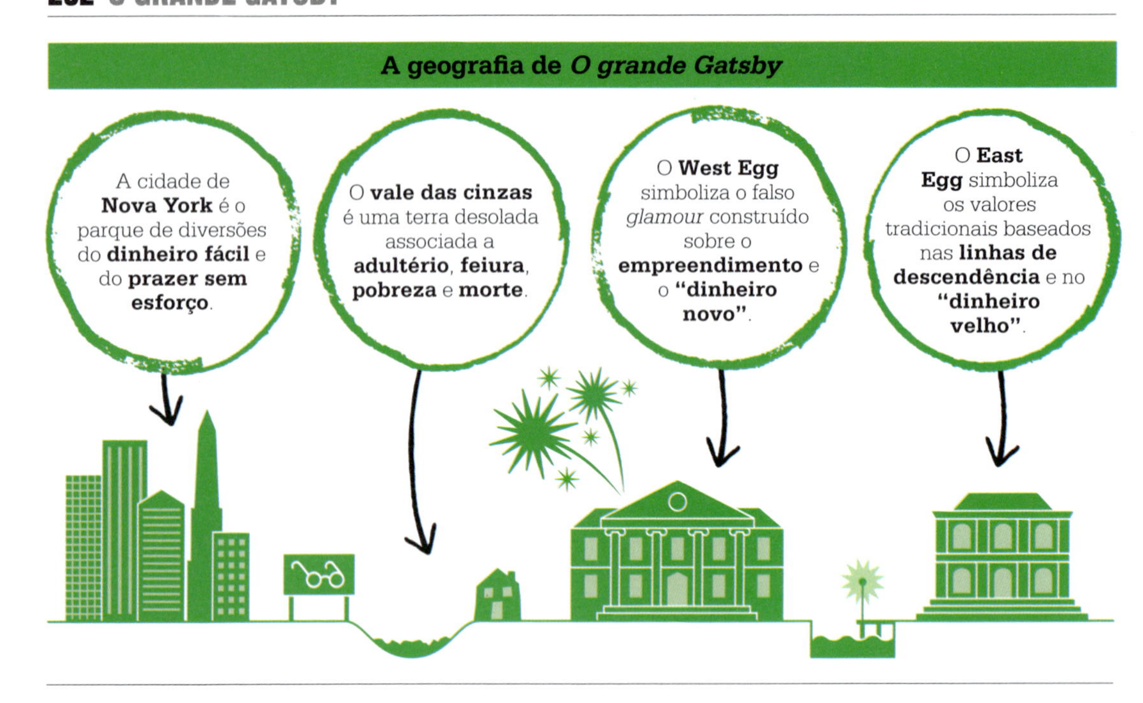
A geografia de *O grande Gatsby*
A cidade de **Nova York** é o parque de diversões do **dinheiro fácil** e do **prazer sem esforço**.
O **vale das cinzas** é uma terra desolada associada a **adultério**, **feiura**, **pobreza** e **morte**.
O **West Egg** simboliza o falso *glamour* construído sobre o **empreendimento** e o **"dinheiro novo"**.
O **East Egg** simboliza os valores tradicionais baseados nas **linhas de descendência** e no **"dinheiro velho"**.

fervilhando com seus negócios dúbios e prazeres clandestinos. No meio do caminho está uma faixa de terra onde a escuridão subjacente ao *glamour* se faz visível de maneira deprimente: é o "vale das cinzas". Essa região sinistra faz lembrar o poema modernista de T. S. Eliot, *A terra desolada*, cujo título se refere ao mito ancestral do reino

> Eu estava ali dentro e lá fora, ao mesmo tempo atraído e repelido pela inesgotável variedade da vida.
> ***O grande Gatsby***

arruinado por uma praga. É aqui que a amante de Tom, Myrtle Wilson, vive com seu marido – um triste e passivo dono de oficina mecânica –, próximo a um gigantesco *outdoor* que anuncia os serviços de uma ótica. Os óculos no cartaz são irônicos, pois ninguém enxerga bem no mundo de Gatsby – nem mesmo Nick, que se acha "inclinado a ser discreto em relação a qualquer julgamento", mas, na verdade, sente-se superior a todo mundo, incluindo sua cínica namorada, uma jogadora de golfe profissional chamada Jordan Baker.

A cor e o tempo

Jordan e Daisy aparecem primeiro vestidas de branco, mas nenhuma delas é tão inocente quanto a escolha dessa cor pode sugerir. As cores em *O grande Gatsby* simbolizam temas do livro: Gatsby veste um terno rosa e dirige um Rolls-Royce amarelo – tons que denotam sua desesperada necessidade de chamar atenção. Um dos símbolos mais prevalentes do livro é o verde, a cor da luz no fim do ancoradouro de Daisy, que Gatsby observa com ansiedade do outro lado da água. Nas últimas páginas, sozinho em seu jardim vazio, Nick tem uma visão da paisagem como "um seio fresco, verde, do Novo Mundo", tal como vislumbrado pelos primeiros habitantes que chegaram a Long Island. Então ele reflete sobre o fato de que "Gatsby acreditou na luz verde, no orgástico futuro que, ano após ano, se afastava de nós". É ali, sob a luz verde e sobre a terra verde que as questões do romance relacionadas aos destinos individual e nacional convergem.

No fim do livro, sentindo que o Leste está assombrado pela tragédia final da história, "distorcido além dos poderes de correção de meus olhos", Nick retorna para seu lar no Meio--Oeste. Em suas percepções oscilantes, mundanas e altamente nuançadas,

Nick se torna tão sujeito do romance quanto Gatsby. A reflexão que ele deixa para nós é a de que o passado nos puxa de volta de maneira irresistível: sonhos de progressão são tolas ilusões.

Aclamação tardia

Quando planejava o romance, em 1923, Fitzgerald escreveu que desejava produzir "algo extraordinário e belo e simples e devidamente intrincado". Realizou essa ambição com muita verve, mas, inicialmente, o livro recebeu diferentes críticas e vendeu pouco. Na época de sua morte, Fitzgerald considerava-se um fracasso: durante o último ano de sua vida, apenas 72 cópias de seus nove livros foram marcadas como vendas em seu registro de direitos autorais.

Hoje em dia, *O grande Gatsby*, assim como o trabalho subsequente de Fitzgerald, *Suave é a noite*, encontra-se unanimemente reconhecido entre os maiores romances norte-americanos de todos os tempos. *Suave é a noite* segue uma narrativa que ficcionaliza trechos da atribulada vida do autor, incluindo adultério, distúrbio mental e um marcado sentimento pelo fracasso criativo e pessoal.

E assim avançamos, barcos contra a corrente, incessantemente empurrados de volta ao passado.
O grande Gatsby

O grande Gatsby é a mais aclamada entre as duas obras. É particularmente admirada por sua exposição retórica de um meio contaminado; sua prosa sofisticada, combinando a informalidade do narrador em primeira pessoa com a grandiosa cadência descritiva; os diálogos brilhantes, capazes de revelar um vácuo moral em meio à mais breve interação; e suas peculiaridades estruturais – por exemplo, na narrativa de Jordan sobre o passado de Gatsby, há tanto um *flashback* (retrospecto de eventos passados) como um *flash-forward* (uma antecipação, porque Tom menciona as revelações de Jordan fora de sequência).

Como os outros membros da Geração Perdida, Fitzgerald reage ao espírito do tempo que viveu – desilusão, perda de sustentação moral e foco no material mais que no espiritual –, mas seu romance transcende o momento de criação. Isso se deve, em parte, por sua contínua relevância no clima atual das celebridades, da ambição corporativa e de uma economia mundial determinada por preços inflacionados. No entanto, o livro permanece importante e atemporal porque cada um de seus aspectos sustenta, em termos estéticos, o domínio incontestável que Fitzgerald possui sobre sua arte. ■

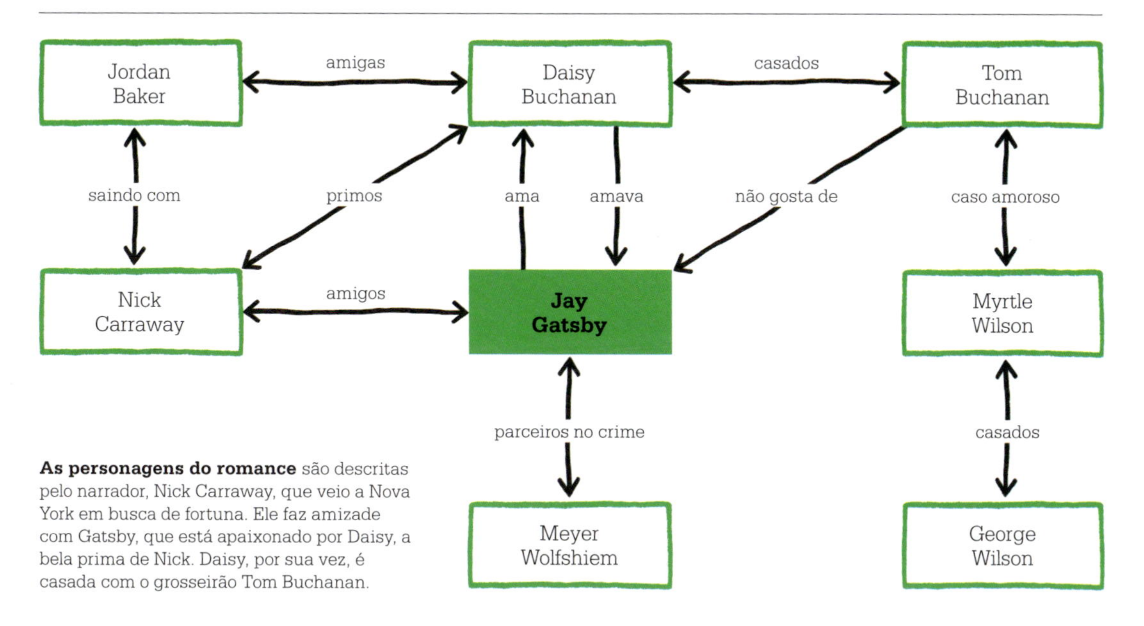

As personagens do romance são descritas pelo narrador, Nick Carraway, que veio a Nova York em busca de fortuna. Ele faz amizade com Gatsby, que está apaixonado por Daisy, a bela prima de Nick. Daisy, por sua vez, é casada com o grosseirão Tom Buchanan.

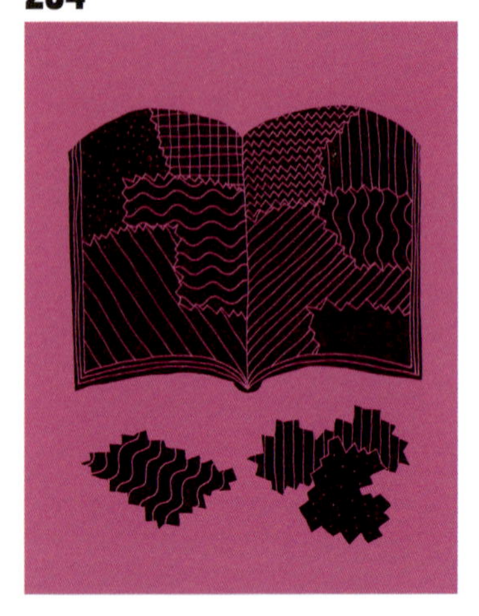

O VELHO MUNDO PRECISA SUCUMBIR. DESPERTA, BRISA DA MANHÃ!

BERLIN ALEXANDERPLATZ (1929), ALFRED DÖBLIN

EM CONTEXTO

FOCO
Experimentalismo da Era de Weimar

ANTES
1915 *A metamorfose*, de Franz Kafka, texto essencial do antirrealismo pioneiro, influencia vários outros escritores de língua alemã.

DEPOIS
1931-1932 *Os sonâmbulos*, trilogia do autor austríaco Hermann Broch, faz experimentações com a forma, alterando o gênero conforme o enredo.

1930-1943 *O homem sem qualidades*, romance do austríaco Robert Musil, é estruturado como um *tour* de ideias por meio do qual a personagem principal tenta definir a si própria.

1943 O uso da psicanálise junguiana e do misticismo oriental feito por Herman Hesse em *O jogo das contas de vidro* resulta numa combinação similar ao gênero posterior do realismo fantástico.

Embora os quinze anos após o término da Primeira Guerra Mundial tenham sido de hiperinflação e desemprego na Alemanha, foram também um tempo de grande florescimento para as artes e as ciências – um período conhecido como cultura de Weimar. Muitos intelectuais importantes eram judeus, e esse tempo chegou ao fim com a ascensão de Hitler ao poder, em 1933, juntamente com o antissemitismo, quando milhares de judeus fugiram da Alemanha.

Novas formas para um novo mundo

Enquanto durou a Era de Weimar, o experimentalismo literário da língua alemã foi ambicioso em suas tentativas de expressar as complexidades do mundo moderno. *Berlin Alexanderplatz*, de Alfred Döblin (1878-1957), foi uma obra essencial. Conta a história de um cafetão de baixo nível, Franz Biberkopf, que se esforça para se dar bem no submundo do crime após sair da prisão. Na maior parte do tempo, as personagens falam num jargão quase incompreensível dos cortiços da Berlim do entreguerras. Além disso, o romance é um surpreendente exercício de montagem literária: às vezes, toma o formato de histórias de jornal, de contos, de baladas de rua, de discursos e excertos de livros de ficção. A narrativa incorpora o fluxo da consciência e uma mistura de focos narrativos em primeira e terceira pessoa. Por meio dessa complexa técnica experimental, a Berlim dos anos 1920 propriamente dita ganha vívida expressividade, fazendo de *Berlin Alexanderplatz* um dos maiores *Großstadtromane*, ou “romance da cidade grande”, cujo foco se volta para a vida em áreas urbanas. ■

Camaradas alemães, nunca uma nação foi traída de maneira mais degradante e injusta como o povo alemão.
Berlin Alexanderplatz

Veja também: *A metamorfose* 210-211 ▪ *A montanha mágica* 224-227 ▪ *O homem sem qualidades* 243

OS INFELIZES TINHAM CAMINHADO O DIA INTEIRO, ESTAVAM CANSADOS E FAMINTOS

VIDAS SECAS (1938), GRACILIANO RAMOS

EM CONTEXTO

FOCO
Romance regionalista de 1930

ANTES
1926 Ocorre em Recife o Primeiro Congresso Brasileiro de Regionalismo, no qual Gilberto Freyre apresenta o *Manifesto regionalista* que influencia a segunda geração modernista tanto na prosa, quanto na poesia.

1928 Com a publicação de *A bagaceira*, de José Américo de Almeida, tem início o romance regionalista moderno.

DEPOIS
1956 A originalidade da linguagem de *Grande Sertão: Veredas*, de João Guimarães Rosa, reinventa a temática regionalista, o sertão passa a ter caráter universal.

A segunda geração modernista é responsável pela renovação do romance no Brasil. Herdeira das experimentações formais da primeira geração modernista de 1922, recupera procedimentos do Realismo e do Naturalismo e aprofunda as investigações acerca do que seria a verdadeira arte brasileira. Acredita que a literatura deveria retratar um Brasil mais abrangente, com as desigualdades sociais e o uso da língua próprio de casa região.

O país vivia um momento político difícil, em plena ditadura do Estado Novo, e a investigação da identidade nacional também estava na ordem do dia de intelectuais como Gilberto Freyre e Sérgio Buarque de Hollanda, que lançavam, respectivamente *Casa grande & senzala (*1928) e *Raízes do Brasil* (1936). Pelo caráter regionalista aliado à preocupação de registrar o real sem as idealizações românticas, a produção dessa geração – cujos principais expoentes são Rachel de Queiroz, José Lins do Rego, Jorge Amado e Graciliano Ramos – também é conhecida como romance neorrealista ou romance regionalista moderno. Surge, nesse período, a figura do nordestino sofrido e a temática do sertão, que serão revisitados de muitas formas na literatura posterior.

Vidas secas

Graciliano Ramos (1892-1953) é o principal ficcionista da geração de 1930. Nascido em Alagoas, conheceu de perto a realidade do sertão nordestino, que descreve com clareza e concisão inconfundíveis. O romance *Vidas secas*, lançado em 1938, narra a trajetória de uma família de retirantes composta por Fabiano e Sinhá Vitória com seus dois filhos – simplesmente identificados como menino mais novo e menino mais velho – e a cachorra Baleia. As desigualdades sociais provenientes da seca, do coronelismo e dos resquícios da escravidão se refletem na pouca profundidade psicológica das personagens que, numa fronteira tênue com os animais, têm muita dificuldade de comunicação. A linguagem do romance espelha a secura do meio e dos sobreviventes: economiza adjetivos e diálogos e opta por capítulos praticamente independentes, reforçando o isolamento das personagens que pouco podem fazer para escapar da situação que as oprimem. ■

Veja também: *Memórias póstumas de Brás Cubas* 185 ▪ *Os sertões* 244 ▪ *Alguma poesia* 241 ▪ *Grande Sertão: Veredas* 263

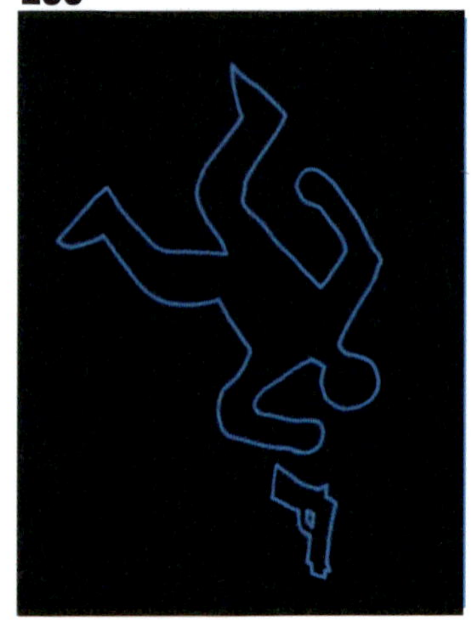

HOMENS MORTOS PESAM MAIS QUE CORAÇÕES PARTIDOS

À BEIRA DO ABISMO (1939), RAYMOND CHANDLER

EM CONTEXTO

FOCO
Ficção *hard-boiled*

ANTES
1930 *O falcão maltês*, do norte-americano Dashiell Hammett, apresenta o detetive Sam Spade, cujos fortes valores éticos serviram de inspiração para o Philip Marlowe de Chandler.

1934 *O destino bate à sua porta*, do norte-americano James M. Cain, ganha notoriedade pelo sexo e pela violência brutal.

DEPOIS
1943 Outro romance de Cain, *Indenização em dobro*, lida com o tema de uma *femme fatale* em conspiração para matar o marido. O motivo, desta vez, é receber o seguro de vida.

1953 Em *O longo adeus*, de Chandler, que traz Marlowe como herói, as personagens Roger Wade, um escritor que bebe muito, e Terry Lennox, outro alcoólatra, são parcialmente autobiográficas.

A ficção *hard-boiled* de histórias de detetive trouxe realismo, sexo, violência e diálogos rápidos e coloquiais a esse gênero do crime. Começou no formato de conto, especialmente nos publicados nas populares revistas *pulp* dos anos 1920 aos 1940, cujo expoente máximo foi *O cavaleiro negro*. O mais ilustre antecessor de Raymond Chandler foi Dashiell Hammett: sua história pioneira ao estilo *hard-boiled* intitulada *Seara vermelha* veio a público uma década antes de *À beira do abismo*, de Chandler, e foi publicada em capítulos na *Black Mask*. O detetive *hard-boiled*, embora esperto, é um homem de ação. Lutando contra o crime organizado e a corrupção policial, é arrastado para a violência. Armas de fogo estão entre os reveses que enfrenta; em certas situações, precisa portar uma – e às vezes fazer uso dela. Essas experiências o endurecem até o ponto do cinismo: daí a expressão *hard-boiled* ("mantido em ponto de ebulição"). Ao mesmo tempo, contudo, ele tem seus princípios. Em *À beira do abismo*, o detetive de Chandler, Philip Marlowe, pede a uma mulher para se vestir após recusar suas investidas. Então observa seu tabuleiro de xadrez e percebe que cometeu um erro na movimentação de

Raymond Chandler

Nascido em Chicago, Estados Unidos, em 1888, Raymond Chandler foi levado para a Inglaterra aos doze anos de idade por sua mãe divorciada. Educou-se no Dulwich College, no sul de Londres, e, mais tarde, estudou direito internacional na França e na Alemanha. Ao retornar aos Estados Unidos, em 1912, foi morar na Califórnia, onde trabalhou, entre outras ocupações, como encordoador de raquetes de tênis. Alistou-se no Exército canadense após a deflagração da Primeira Guerra e veio a servir na França. Em 1924, casou-se com Cissy Pascal, uma mulher dezoito anos mais velha. Começou a escrever de verdade após perder seu emprego numa empresa petrolífera no período da Grande Depressão. Seu primeiro conto publicado surgiu na revista *Black Mask*, em 1933. *À beira do abismo* foi seu romance de estreia, ao qual se seguiram outros seis. Em 1959, um ano antes de sua morte, tornou-se presidente da associação *Mystery Writers of America*.

Outras obras

1940 *Adeus, minha adorada*
1949 *A irmãzinha*
1953 *O longo adeus*

Veja também: *A casa soturna* 146-149 ▪ *A pedra da lua* 198-199 ▪ *O cão dos Baskerville* 208 ▪ *A trilogia de Nova York* 336

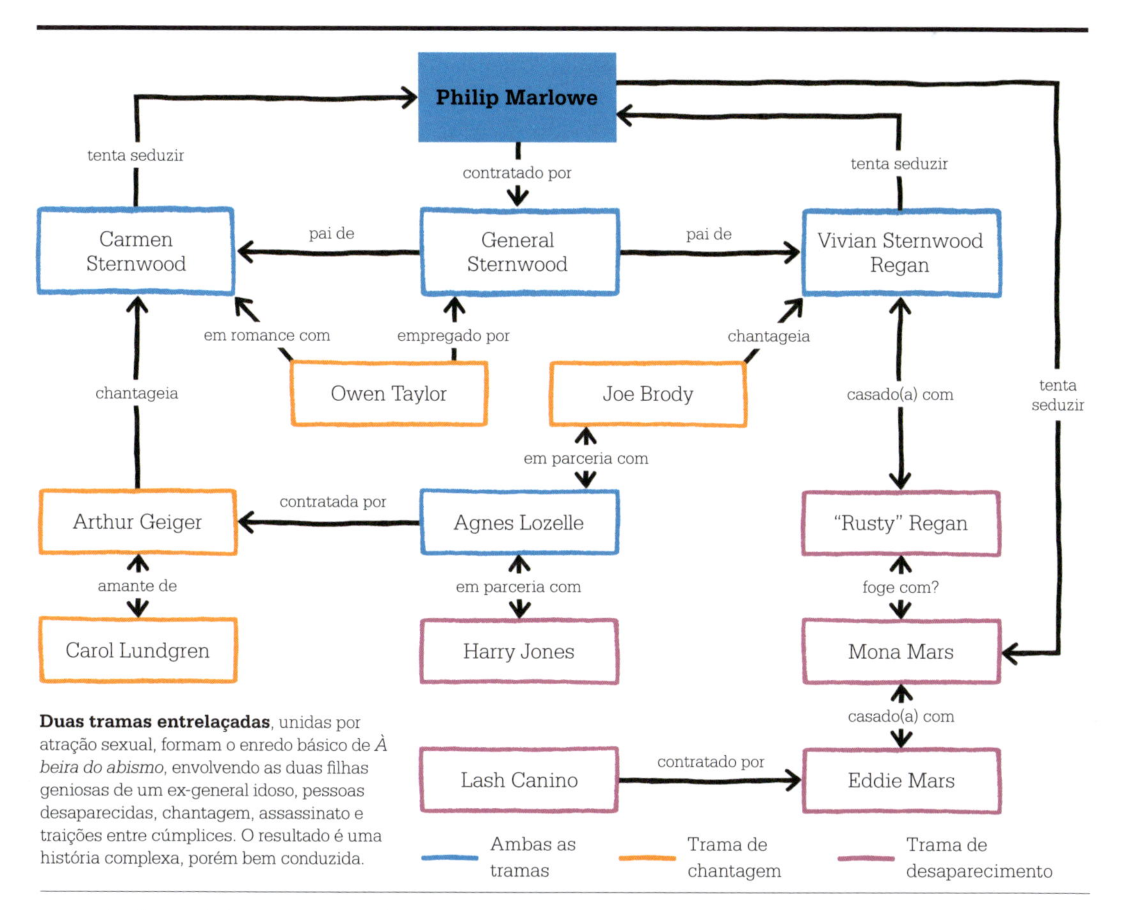

Duas tramas entrelaçadas, unidas por atração sexual, formam o enredo básico de *À beira do abismo*, envolvendo as duas filhas geniosas de um ex-general idoso, pessoas desaparecidas, chantagem, assassinato e traições entre cúmplices. O resultado é uma história complexa, porém bem conduzida.

um cavalo. "Os cavalos", diz ele, "não têm significado nenhum neste jogo". Mas têm: Marlowe, por todos os seus deslizes, é um cavaleiro moderno entre reis e rainhas do crime e seus peões. É leal a seus clientes, detesta mentirosos, traidores e assassinos, e os combate com perspicácia e coragem.

Novos usos para a ficção *pulp*

Parte do sucesso de Chandler está em aplicar sofisticação literária às personagens de ficção *pulp*. *À beira do abismo* é contado por Marlowe em primeira pessoa, e a linguagem é marcadamente idiomática – coloquial não apenas nos diálogos, mas também em termos narrativos. Todavia, sua prosa apresenta uma precisão de joalheiro, com períodos sucintos, magnificamente elaborados. Há comparações sugestivas e hipérboles divertidas, como nas portas "que permitiriam a passagem de uma manada de elefantes indianos", porém ele não perde a mão nesses exageros.

A história apresenta um enredo compacto, com uma situação naturalmente se sucedendo a outra. Após dois terços da história, Marlowe já solucionou o mistério para seu cliente. Contudo, passa o resto do livro tentando encontrar a saída para um desfecho inconcluso, colocando-se em perigo para descobrir até que ponto a maldade de um arquivilão pode chegar. Durante esse tempo, Marlowe permanece um passo adiante de todo mundo, sendo capaz, como o cavalo do xadrez, de vencer seus inimigos por meio de movimentos inesperados. O título se refere à morte, um tema pungente no qual Marlowe, demonstrando autoconhecimento de maneira muito mais intensa que Sherlock Holmes, posiciona a si mesmo como "parte da sordidez". ■

É TÃO MISTERIOSO, O PAÍS DAS LÁGRIMAS

O PEQUENO PRÍNCIPE (1943), ANTOINE DE SAINT-EXUPÉRY

EM CONTEXTO

FOCO
Escritores no exílio

ANTES
1932 O escritor austríaco-judeu Joseph Roth escreve *A marcha Radetzky*, que narra o declínio do Império Austro-Húngaro, um ano antes de deixar a Alemanha para morar em Paris. Permanece no exílio pelo resto de sua vida.

1939 A peça antiguerra *Mãe Coragem e seus filhos*, de Bertolt Brecht, é escrita alguns anos depois de ele fugir da perseguição nazista.

1941 Publicado logo antes do suicídio do autor austríaco Stefan Zweig, em exílio no Brasil, o romance *Xadrez* critica a brutalidade do regime nazista do Terceiro Reich.

DEPOIS
1952 O sobrevivente do Holocausto Paul Celan produz uma coletânea de poemas, *Ópio e memória*, ao se fixar em Paris após experiências terríveis da guerra em sua nativa Europa central.

Muitos escritores foram forçados a fugir de sua terra natal antes da (e durante a) Segunda Guerra Mundial, ficando evidente um tom obscuro, melancólico e elegíaco na literatura produzida por esses autores em exílio, como Joseph Roth, Bertolt Brecht, Stefan Zweig e Paul Celan. Também entre os exilados estava Antoine de Saint-Exupéry, que escreveu *O pequeno príncipe* em Nova York ao deixar a França, após a ocupação nazista.

Como muitas das grandes obras literárias dessa era, *O pequeno príncipe* não é estritamente um romance de guerra, mas é moldado pelo contexto político e social trazido por ela. O livro de Saint-Exupéry foi interpretado de inúmeras formas: como uma fábula moral e filosófica; como um conto de fadas para crianças; como uma história autobiográfica que foi reimaginada como fantasia; e como uma reflexão direta de seu tempo. Essas leituras foram feitas sobre outras obras da literatura de exílio, que normalmente lamentam um estilo de vida perdido.

Eis o meu segredo. É muito simples: só se vê bem com o coração. O essencial é invisível aos olhos.
O pequeno príncipe

Estado de deslocamento

Por ter tido origem em uma época de deslocamento, não é de surpreender que a personagem principal do romance de Saint-Exupéry seja um garoto alienígena que cai na Terra no misterioso cenário do deserto do Saara. O narrador, um piloto que fez um pouso forçado, encontra o menino ali.

Abandono, devaneios, fuga e instabilidade caracterizam a narrativa de *O pequeno príncipe*, que se apresenta como uma simples história para crianças. Mas, como todos os bons exemplos desse tipo de ficção, é uma narrativa para adultos e jovens. Saint-Exupéry pega da literatura clássica infantil a ideia de que a infância é um estado de transição, em que as diferenças predominam. O príncipe é literal e metaforicamente um alienígena vagando pela Terra – uma

Veja também: *Mãe Coragem e seus filhos* 244-245 ▪ *Ópio e memória* 258 ▪ *Um dia na vida de Ivan Denisovich* 289

criança perdida em um mundo adulto. Mas, como personagem, sua bizarrice é infundida com uma filosofia moral que celebra as diferenças e questiona o mundo adulto que levou à guerra – e, no caso de Saint-Exupéry, ao exílio de seu país. Assim como o doloroso amadurecimento de uma criança para o reino desconhecido do mundo adulto, o estado de exílio é um processo de perda e reaprendizado de seu lugar no mundo.

Tolerando as diferenças

Essa estranheza do mundo adulto associada ao apreço pela excentricidade do pequeno príncipe também foi interpretada como uma crítica política. Os baobás, que infestaram o planeta natal do pequeno príncipe, foram entendidos como uma referência ao nazismo e sua natureza igualmente devastadora enquanto avançava pela Europa, destruindo tudo em seu caminho – inclusive a amada França de Saint-Exupéry.

O narrador avisa sobre "sementes terríveis no planeta do pequeno príncipe (...). E se ninguém percebe que aquilo são baobás (...). Espalhem-se por todo o planeta". Por outro lado, o romance defende a filosofia humanista do racionalismo, da compaixão e do respeito às diferenças contra esse desastre crescente. O menino aconselha que "os olhos são cegos. É preciso ver com o coração".

O pequeno príncipe é uma exploração eterna e, no entanto, oportuna do valor da vida humana. Como outros escritores em exílio, Saint-Exupéry explora a perda e as mudanças em um contexto de agitação e alienação, que estimulam a bondade com os outros e a tolerância às diferenças. ■

A ascensão do nazismo resultou na emergência de escritores refugiados cuja terra natal se tornou ambiente hostil por razões políticas (Brecht, marxista, fugiu para a Dinamarca), antissemitas (os judeus Roth e Zweig foram para Paris e Londres, respectivamente) e pela guerra (Saint-Exupéry fugiu da ocupação, enquanto Celan escolheu o exílio pós-guerra).

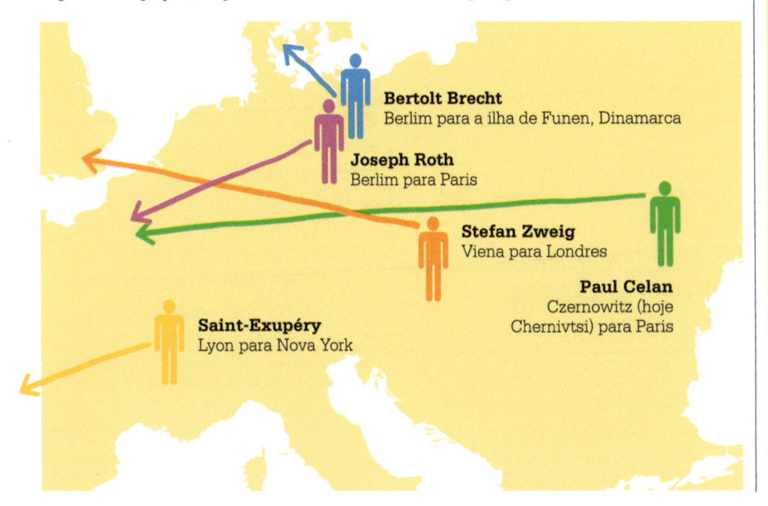

Antoine de Saint-Exupéry

Nascido em uma família aristocrata francesa em 1900, Antoine de Saint-Exupéry teve uma criação rígida em uma mansão perto de Lyon. Durante o serviço militar, tornou-se aviador.

Antes da Segunda Guerra Mundial, era um piloto comercial que desbravava rotas de correio aéreo na Europa, na América do Sul e na África. Quando a guerra começou, ele entrou para a Força Aérea francesa e voou em missões de reconhecimento até 1940. Durante esses anos, produziu muitas obras conhecidas, mas só escreveu *O pequeno príncipe* quando ele e sua esposa, Consuelo Suncin, partiram desolados para o exílio após a derrota francesa e seu armistício com a Alemanha.

Desdenhado pelo governo e deprimido por seu casamento turbulento, Saint-Exupéry voou pela última vez em 1944, sobre o Mediterrâneo, onde se acredita que tenha sido abatido. Sua reputação póstuma o recuperou como um dos maiores heróis literários da França.

Outras obras

1926 *O aviador*
1931 *Voo noturno*
1944 *Carta a um refém*

LEITURA ADICIONAL

O GRITO DA SELVA
(1903), JACK LONDON

A obra-prima do escritor norte--americano Jack London (1876-1916), *O grito da selva*, uma popular e desavergonhadamente sentimental história de sobrevivência, passa-se na Corrida do Ouro no Klondike, Alasca, em 1890. A personagem principal é um cachorro – um cruzamento de São Bernardo com Collie – roubado de um rancho na Califórnia e posto para trabalhar como cão-trenó em uma região longínqua do Alasca. Ele sofre abuso de seus donos e é agredido por um cão rival antes de finalmente se tornar feroz. Abandonando a civilização e reaprendendo seus instintos primitivos, ele se torna líder de uma alcateia de lobos.

Eles eram selvagens, todos eles; não conheciam nenhuma lei além das leis da sobrevivência.
O grito da selva
Jack London

NOSTROMO
(1904), JOSEPH CONRAD

O romancista polonês Joseph Conrad (veja p. 197), marinheiro por vinte anos, obteve a cidadania britânica em 1886 e escreveu em inglês. *Nostromo*, com o subtítulo "Uma história da beira-mar", é uma análise da política, da revolução e da corrupção que se desenrolam em uma república fictícia da América do Sul, e um importante exame do capitalismo global pós-colonial. Em meio a esses temas, há um conto de aventura que acompanha as conquistas do herói homônimo, um homem de princípios. É uma obra sombria, cheia de traições e desilusões. Grande parte da história, até o clímax, é contada por meio de *flashbacks*.

ETHAN FROME
(1911), EDITH WHARTON

Obra mais popular da norte-americana Edith Wharton (1862-1937), *Ethan Frome* se passa numa cidade da Nova Inglaterra e tem como narrador um visitante, que fica intrigado com um de seus habitantes, Ethan Frome – um austero e monossilábico fazendeiro. Alternando da primeira pessoa para um extenso *flashback* em terceira pessoa, o romance conta a trágica história do amor secreto de Frome pela prima de sua esposa, e as dramáticas consequências de um acidente que ocorreu 24 anos antes. Os temas paixão, emoções reprimidas, ressentimento e frustração são ampliados diante do severo ambiente rústico.

MORTE EM VENEZA
(1912), THOMAS MANN

A mais famosa novela do vencedor do Prêmio Nobel, Thomas Mann (veja p. 227), *Morte em Veneza* trata de um famoso autor que sofre de bloqueio artístico e faz uma pequena viagem para a cidade italiana do título, onde fica obcecado por um garoto de catorze anos. A cólera foi detectada e existem avisos de saúde no local, criando uma atmosfera de dissolução. O livro é uma reflexão freudiana sobre a força degenerativa da paixão homoerótica ilícita entre gerações e da profunda agonia de envelhecer.

FILHOS E AMANTES
(1913), D. H. LAWRENCE

Análise parcialmente autobiográfica da família trabalhadora e dos relacionamentos românticos, *Filhos e amantes* é tida por muitos como a melhor obra de D. H. Lawrence. Ambientado na região mineradora onde Lawrence foi criado, o livro conta a história de um jovem artista em início de carreira, Paul Morel, que tem envolvimentos românticos com uma namorada inflexível, de mentalidade religiosa, e com uma mulher casada – ambas ofuscadas pela mãe de Paul, com quem ele mantém uma relação próxima e sufocante. O pai de Paul é violento e sem instrução, o que aumenta a tensão familiar. O livro é um retrato nada sentimental da infância, da adolescência, do choque entre gerações, da possessividade familiar e da dor da perda, ambientado em um recorte bem observado do cenário social. A vida vazia da mãe e sua doença terminal são retratadas de forma pungente.

EM BUSCA DO TEMPO PERDIDO
(1913-1927), MARCEL PROUST

Publicado em sete volumes ao longo de quinze anos, *Em busca do tempo*

D. H. Lawrence

Nascido em 1885, David Herbert Lawrence era filho de um minerador de carvão e o primeiro de seu vilarejo em Nottinghamshire, Inglaterra, a ganhar uma bolsa na faculdade da região. Sua juventude promissora o levou à universidade e à carreira de professor, mas seu talento para a escrita – sua primeira história foi publicada em 1907 – convenceu-o a parar de lecionar em 1912. Fugiu para a Alemanha com uma aristocrata casada, Frieda Weekly, no mesmo ano. Marcada por um realismo espontâneo e vívido, a escrita de Lawrence subverteu as normas sociais, sexuais e culturais vigentes, sendo vítima de censura e de má reputação à época de sua morte, em 1930.

Outras obras

1913 *Filhos e amantes* (veja à esquerda)
1915 *O arco-íris*
1920 *Mulheres apaixonadas*

perdido, é a obra-prima do escritor francês Marcel Proust (1871-1922). Em uma famosa cena do início, o sabor de uma *madeleine* traz lembranças das férias na juventude para o narrador em primeira pessoa. A prosa calma e analítica de Proust destaca detalhes da vida interior tanto dele mesmo quanto das personagens da obra – incluindo amor e ciúme, homossexualidade, ambição artística e muitas variedades de vícios e virtudes. A experiência de viver em Paris nos tempos da guerra é transmitida vividamente. Ao longo da obra, nuances sociais são sutilmente registradas. Eventualmente, o narrador aprende que a beleza do passado é perpetuada na memória – o tempo é reconquistado. Então ele começa a escrever a história de sua vida. Essa dimensão autobiográfica é uma das muitas fascinações da obra.

RETRATO DO ARTISTA QUANDO JOVEM
(1916), JAMES JOYCE

Primeiro romance do escritor irlandês James Joyce (veja p. 216), *Retrato do artista quando jovem* acompanha a juventude de uma personagem que reapareceria mais tarde na obra-prima de Joyce, *Ulisses*, em 1922. Stephen Dedalus se rebela contra as normas da Irlanda e contra o catolicismo, decidido a fazer o seu próprio destino como escritor em Paris. O livro usa a narrativa do fluxo de consciência como uma introdução à sua obra posterior.

THE HEARTLESS [OS SEM CORAÇÃO]
(1917), YI KWANG-SU

Jornalista sul-coreano e ativista da independência, Yi Kwang-su (1892-1950) foi autor do primeiro romance moderno coreano, *The Heartless*. Ele conta a história de um jovem professor de inglês em Seul dividido entre duas mulheres no período da ocupação japonesa: uma tradicional, que trabalha como *kisaeng* (gueixa), e a outra inclinada a valores liberais do Ocidente. A condição do protagonista é usada para dramatizar as tensões sociais na Coreia, mas o livro também explora o despertar pessoal e sexual, além de ambiguidades culturais.

SIDARTA
(1922), HERMANN HESSE

Muito popular nos anos 1960 por causa de sua análise da espiritualidade oriental, *Sidarta*, do escritor suíço Herman Hesse (1877-1962), descreve a vida espiritual de um jovem brâmane na Índia antiga. O título é em sânscrito e significa "aquele que alcançou seus objetivos". O herói decide não participar da ordem recentemente criada pelo Buda, mas sim descobrir sua própria forma de visão. Tentado pela riqueza e pelo desejo erótico, ele finalmente atinge a sabedoria e o amor na consciência da improvável plenitude do mundo. O livro mistura o pensamento espiritual à psicanálise e à filosofia.

ALGUMA POESIA
(1930), CARLOS DRUMMOND DE ANDRADE

Carlos Drummond de Andrade é considerado um dos maiores poetas brasileiros. Os poemas de seu livro de estreia, *Alguma poesia*, são marcados pelo que o crítico Antônio Candido chamou de reconhecimento dos fatos do mundo. Temas diversos, como a vida provinciana, a família, o relacionamento amoroso, a política e a própria literatura são tratados sem idealização, com uma linguagem objetiva que faz uso da ironia e às vezes do humor. Já está presente, no entanto, a inquietação com a posição ética e política do fazer poético na modernidade, que será mais

No meio do caminho tinha uma pedra/ tinha uma pedra no meio do caminho
"Poema de sete faces",
Alguma poesia
Carlos Drummond de Andrade

aprofundada em livros seguintes, como *Sentimento do mundo* e *A rosa do povo*.

O PROCESSO
(1925), FRANZ KAFKA

Escrito em 1914-1915, *O processo* é o mais completo de três romances inacabados do autor tcheco-judeu Franz Kafka (veja p. 211), que escrevia em alemão. Sua narrativa sobre Joseph K., preso e processado por uma autoridade inescrupulosa sem saber a natureza de seu crime, foi interpretada como uma metáfora arquetípica para a alienação moderna e para o efeito desumanizador de burocracias elaboradas e inflexíveis – e, por consequência, dos Estados totalitaristas. A última interpretação faz de Kafka um autor presciente, antecipando o fascismo e o nazismo.

Alguém deve ter falado mentiras sobre Joseph K., pois sem ter feito nada de errado ele foi preso em uma bela manhã.

O processo
Franz Kafka

MRS. DALLOWAY
(1925), VIRGINIA WOOLF

Mrs. Dalloway, escrito por Virginia Woolf quando estava no auge de sua produção literária, revela a consciência de uma mulher rica passando um dia em Londres. Os pensamentos de Clarissa Dalloway se concentram em uma festa que ela dará naquela noite, mas também voltam ao passado, para sua juventude e a experiência de seu casamento com um homem confiável, porém insatisfatório. A outra personagem principal é um soldado traumatizado que passeia pelo parque com sua esposa italiana antes de tomar uma decisão trágica. Tecnicamente, o romance é bem acabado e original, alternando entre discurso direto e indireto, e variando entre narrador onisciente, fluxo de consciência e solilóquio.

OS MOEDEIROS FALSOS
(1926), ANDRÉ GIDE

Visto como precursor do movimento literário *nouveau roman*, *Os moedeiros falsos*, do autor francês André Gide (1869-1951), traça um paralelo entre moedas falsas de ouro e a autenticidade dos sentimentos e relacionamentos humanos. Estruturado como encadeamento, o livro é complicado por múltiplos enredos e pontos de vista em uma tentativa literária de reproduzir o cubismo, estilo de arte no qual o conceito de uma perspectiva única foi abandonado. Tendo como centro os jovens do fim do século XIX em Paris, um dos temas é a possibilidade de realização pessoal por meio de relacionamentos homoafetivos.

DOÑA BÁRBARA
(1929), RÓMULO GALLEGOS

Rómulo Gallegos (1884-1969) escreveu *Doña Bárbara* duas décadas antes de se tornar o primeiro presidente eleito democraticamente em seu país, a Venezuela. O romance – intitulado com base em sua carismática personagem feminina, que exerce poderes misteriosos sobre os homens – analisa a tensão entre impulsos primitivos e civilizados e entre os sexos. Ambientada na região dos Llanos (pradarias) onde se cria gado, a história é contada em linguagem evocativa e coloquial. Há elementos realistas mágicos que antecipam a ficção de Gabriel García Márquez.

Virginia Woolf

Escritora mais importante entre os intelectuais e artistas influentes do Bloomsbury Set, Virginia Woolf nasceu em 1882, em Londres. Começou a escrever quando criança, e seu primeiro romance, *A viagem*, apareceu em 1915. Casou-se alegremente em 1912, mas também é conhecida por seu romance com a talentosa paisagista Vita Sackville-West. Woolf logo se estabeleceu como uma intelectual e escritora de renome, levando a ficção para outro sentido: o interior do homem. Mas tinha uma tendência a depressão e mudanças bruscas de humor. Cometeu suicídio por afogamento perto de Lewes, Sussex, em 1941, aos 59 anos. Muitos pensadores feministas a reverenciam como inspiração desde sua morte.

Outras obras

1925 *Mrs. Dalloway* (veja à esquerda)
1927 *Ao farol*
1931 *As ondas*

O SOM E A FÚRIA
(1929), WILLIAM FAULKNER

Romance ambicioso e enigmático abrangendo quatro perspectivas diferentes, *O som e a fúria* é uma obra-prima de William Faulkner, vencedor do Prêmio Nobel e engenhoso cronista do sul dos Estados Unidos. O cenário é Jefferson, Mississippi. A primeira parte é uma narrativa desconexa contada por Benjy, um homem de 33 anos com deficiência cognitiva; a segunda parte é narrada por seu irmão mais velho, um estudante suicida de Harvard, dezoito anos antes; a terceira, pelo irmão mais novo e teimoso de Benjy; e a última é narrada por uma das criadas negras da família. Utilizando o fluxo de consciência e saltos cronológicos radicais, Faulkner cria um complexo quebra-cabeça de imaginação e perspicácia, escrevendo com uma compreensão incomparável sobre raça, tristeza, atritos familiares e a decadência dos antigos valores sulistas.

O HOMEM SEM QUALIDADES
(1930, 1933, 1943), ROBERT MUSIL

Inacabado e escrito em três volumes (o terceiro publicado postumamente), *O homem sem qualidades* foi o trabalho de uma vida e a obra-prima do romancista austríaco Robert Musil (1880-1942). Afastando-se do clímax narrativo, Musil apresenta uma complexa visão social e expõe valores modernos e tolices políticas. Situada no final do Império Austro-Húngaro, satirizado com grande ironia, a história envolve muitas personagens em suas mais de mil páginas: um pajem negro, um aristocrata, o assassino de uma prostituta e um herói que serve como comentarista independente de uma sociedade em colapso.

ADMIRÁVEL MUNDO NOVO
(1932), ALDOUS HUXLEY

O escritor inglês Aldous Huxley (1894--1963) introduz, em *Admirável mundo novo* – cujo título irônico vem de uma fala de *A tempestade*, de Shakespeare –, a visão de um futuro distópico, ambientado em Londres por volta do ano 2540. Um Estado totalitarista mundial reprime a liberdade individual e toda forma de autoexpressão, inclusive as emoções. Engenharia genética e lavagem cerebral são usadas como ferramentas de controle, e drogas recreativas ("soma") e sexo são oferecidos livremente. O consumismo é desenfreado ("terminar é melhor que consertar"), enquanto valores espirituais foram reduzidos a nada. Até os termos "mãe" e "pai" são proibidos. Um espírito rebelde – John, o Selvagem – coloca-se contra o sistema e enfrenta os Controladores Mundiais. O livro é admirado por suas ideias proféticas, além da perspectiva moral e da escrita vívida.

VIAGEM AO FIM DA NOITE
(1932), LOUIS-FERDINAND CÉLINE

Radicalmente experimental em estilo e tratamento, *Viagem ao fim da noite* é um romance parcialmente autobiográfico do escritor francês dr. Louis-Ferdinand Auguste Destouches (1894-1961), que escrevia sob o pseudônimo Céline, nome de sua avó. Caracterizado pelo humor negro provocativo, o tom é pessimista e sombrio, e até misantrópico. A história acompanha as jornadas do protagonista Ferdinand Bardonee partindo da França, no início da Primeira Guerra Mundial, via África colonial para os Estados Unidos e de volta a Paris. Focando na estupidez humana, Céline tem ideias desafiadoras sobre guerra, império e as classes dominantes.

TRÓPICO DE CÂNCER
(1934), HENRY MILLER

Censurado por seu conteúdo sexual explícito e deliberadamente chocante, *Trópico de Câncer* foi o romance de estreia do escritor norte-americano Henry Miller (1891-1980). Uma obra-prima caótica, não linear e semiautobiográfica, ela descreve a vida e o amor nos extremos da existência humana nos anos 1930 em Paris. A publicação nos Estados Unidos e no Reino Unido foi adiada até que as leis de censura mudassem, nos anos 1960. O livro inspirou uma nova onda de escritores, como a geração *beat* norte-americana.

William Faulkner

Norte-americano vencedor do Prêmio Nobel, William Faulkner registrou o sul de seu país. Ele nasceu em 1897, em New Albany, Mississippi. Em 1902, sua família se mudou para Oxford, Mississippi, onde seu pai administrava uma universidade. Era lá que Faulkner passaria a maior parte de sua vida, e o condado de Lafayette serviu de inspiração para seu fictício condado Yoknapatawpha, cenário da maioria de seus romances. Começou escrevendo poesia, e apenas em 1925 completou um romance. Também foi treinado no Canadá como piloto da Força Aérea Real. Os livros de Faulkner costumam retratar o declínio dos altos escalões da sociedade, abordando temas polêmicos, como escravidão, mas ele também escreveu sobre as classes mais pobres. Faleceu em 1962, aos 64 anos.

Outras obras

1929 *O som e a fúria* (veja à esquerda, na página oposta)
1930 *Enquanto agonizo*
1931 *These 13* (contos)
1936 *Absalão, Absalão!*

OS SERTÕES
(1902), EUCLIDES DA CUNHA

Os sertões narra a história do confronto ocorrido em Canudos, interior da Bahia, entre o exército brasileiro e os religiosos reunidos em torno do líder Antônio Conselheiro, em 1897. Euclides da Cunha fora enviado pelo jornal *O Estado de S. Paulo* para cobrir o conflito como jornalista, mas produz um relato grandiloquente que mescla literatura, sociologia, filosofia e geografia. Como muitos intelectuais do século XIX no Brasil, o autor é influenciado pelo determinismo, princípio filosófico segundo o qual o homem é determinado pelo meio, raça e momento histórico e, com base nisso, divide o livro em partes que representam, respectivamente, essas três forças: "A terra", "O homem" e "A luta".

RATOS E HOMENS
(1937), JOHN STEINBECK

Livro mais popular de John Steinbeck e o mais aclamado à época de seu lançamento, *Ratos e homens* se passa na Califórnia dos anos 1930 durante a Grande Depressão. Ele segue dois trabalhadores rurais itinerantes cujo sonho é terem seu próprio rancho. Um incidente envolvendo a filha do proprietário da fazenda encaminha a história para a tragédia. Os temas de Steinbeck incluem a dificuldade da miséria, nosso desejo desesperado por conforto na solidão e a maneira como a agressividade por interesse pessoal pode florescer nos fracos assim como nos fortes.

A NÁUSEA
(1938), JEAN-PAUL SARTRE

Grande obra do existencialismo, *A náusea* foi o primeiro romance do filósofo francês Jean-Paul Sartre (1905-1980), que mais tarde foi premiado com o Nobel de 1964. Em uma cidade litorânea, um historiador introvertido é cativado pela ideia de que suas liberdades intelectual e espiritual estejam circunscritas aos objetos e situações que o afetam. A consequência é náusea, que se transforma em uma profunda angústia e autopiedade, restringindo sua sanidade. Ele começa a sentir que os relacionamentos são vazios: a luta para encontrar sentido no mundo só pode ser conduzida dentro de si mesmo. Eventualmente, o protagonista enxerga a indiferença da realidade em relação à sua vida como libertadora, já que agora é livre para criar sua própria versão do significado, com toda a responsabilidade trazida por isso.

John Steinbeck

Vencedor do Prêmio Nobel, John Steinbeck explorou em ficção o relacionamento entre a humanidade e a terra. Nascido em 1902 em Salinas, Califórnia – a maioria de suas histórias se passava nas regiões central e sul do estado –, era filho do tesoureiro de uma biblioteca. Estudou inglês na Universidade de Stanford, mas deixou-a em 1925, sem o diploma. Seus primeiros sucessos como escritor datam do início dos anos 1930, e, em 1940, ele venceu o Prêmio Pulitzer de ficção por *As vinhas da ira*. Além de escrever ficção, Steinbeck serviu como repórter de guerra, cobrindo a Segunda Guerra Mundial em 1943 e a Guerra do Vietnã em 1967. Voltou à Califórnia em 1944 e concentrou-se em temas locais em suas obras. Faleceu em Nova York, onde vivia à época, em 1968, aos 66 anos.

Outras obras

1937 *Ratos e homens* (veja acima)
1939 *As vinhas da ira* (veja acima)
1952 *A leste do Éden*

AS VINHAS DA IRA
(1939), JOHN STEINBECK

Assim como *Ratos e homens* (veja à esquerda), a obra-prima *As vinhas da ira*, de John Steinbeck, é ambientada nos anos 1930 durante a Grande Depressão. Ela se concentra no sofrimento dos Joad, uma família do *Dust Bowl* de Oklahoma que cruza a Rota 66 rumo à Califórnia para encontrar trabalho. Como muitos outros migrantes por dificuldades econômicas, eles fogem da seca, do desapossamento e das dívidas. Esse poderoso romance, que transmite a resiliência do espírito humano sob condições extremas em prosa poética e caracterização precisa, tornou pública a exploração dos trabalhadores migrantes durante os anos 1930 e chamou a atenção para a causa social. Apesar de não serem perfeitos, gradativamente, os Joad causam empatia: a cena final (controversa à época da publicação do livro) mostra um ato de grande compaixão pela filha adolescente da família, Rosa de Sharon.

MÃE CORAGEM E SEUS FILHOS
(1941), BERTOLT BRECHT

Importante peça antiguerra, *Mãe Coragem e seus filhos* se passa na Guerra dos Trinta Anos, de 1618-1648, embora suas ramificações sejam contemporâneas à época do autor – o poeta, diretor de teatro e dramaturgo alemão Bertolt Brecht (1898-1956). Apresentando a figura central, Mãe Coragem, sem sentimentalismo, Brecht direciona o público para questões e temas amplos, desencorajando qualquer identificação com a personagem. A peça mostra sua marca registrada, o "efeito de estranhamento", chamando a atenção para artifícios teatrais por meio de letreiros, iluminação forte e outros efeitos.

O ESTRANGEIRO
(1942), ALBERT CAMUS

O autor, jornalista e filósofo francês Albert Camus (1913-1960) negou que *O estrangeiro* seja um romance existencialista, embora seu enredo seja permeado pelo clima melancólico associado a essa filosofia. No livro, um franco-algelino, impassível pelo velório de sua mãe, mais tarde mata friamente um árabe – alguém que nunca conheceu. Condenado e aprisionado, ele parece indiferente às suas privações. No entanto, o incidente desperta um pouco de autoconsciência. A história, contada pelo seu ponto de vista, é um exemplo de literatura do absurdo, focando em nossa tentativa de achar significado onde não há.

Minha mãe morreu hoje. Ou talvez ontem, não sei.
O estrangeiro
Albert Camus

A NASCENTE
(1943), AYN RAND

Análise do triunfo da visão artística individual quando confrontada pelas pressões tradicionalistas para se conformar, *A nascente*, da autora norte-americana nascida na Rússia Ayn Rand (1905-1982), conta a história de um arquiteto modernista, possivelmente baseado em Frank Lloyd Wright. O romance mistura individualismo ético inflexível (em sua temática) com realismo romântico (em seu tratamento). Tendo levado mais de sete anos para ser escrito, tornou-se um grito de guerra da filosofia de direita e anticomunista do objetivismo, movimento fundado pela própria Rand, baseado em razão, liberdade, talento pessoal e conquista.

FICÇÕES
(1944), JORGE LUIS BORGES

Enigmática coletânea de contos, *Ficções* revela a habilidade de Borges em atrair o leitor para sua fantástica e complexa imaginação com histórias tão encantadoras como os contos de fadas. Os dezessete contos são exuberantes, apesar de finamente controlados. A prosa tem a precisão de uma joia, enquanto o tom característico é de profunda ansiedade metafísica. A primeira história se passa em torno de um artigo de enciclopédia sobre um país que não pode ser localizado. Outras histórias falam sobre a crítica de um livro inexistente que, no processo, acaba se concretizando; uma sociedade antiga governada pelo acaso; a infinita Biblioteca de Babel; e uma pessoa com memória perfeita. Certos símbolos usados no livro – particularmente, o espelho e o labirinto – vieram a se tornar marcas registradas de Borges.

Jorge Luis Borges

O escritor argentino Jorge Luis Borges, conhecido por suas histórias intelectualmente intrigantes, é uma figura icônica da literatura no idioma espanhol. Nascido em Buenos Aires em 1899, quando adolescente viajou com a família para a Europa e estudou francês e alemão em Genebra. Voltou para a Argentina em 1921. Em 1955, tornou-se diretor da biblioteca nacional e professor de literatura inglesa em Buenos Aires. Ficou cego aos 55 anos, mas nunca aprendeu braille, o que pode ter influenciado seu simbolismo vívido. Além de ficção, escreveu poesia e ensaios. Faleceu em Genebra, em 1986.

Outras obras

1935 *História universal da infâmia*
1944 *Ficções* (veja à esquerda)
1967 *O livro dos seres imaginários*

A REVOLUÇÃO DOS BICHOS
(1945), GEORGE ORWELL

A revolução dos bichos mostra que a alegoria satírica pode ser tão eficiente quanto o realismo em revelar as mazelas do totalitarismo. O autor inglês George Orwell (veja p. 252) utiliza uma história de animais falantes para dramatizar as políticas comunistas da Revolução Russa e do stalinismo. Os proprietários humanos da fazenda são expulsos em um golpe orquestrado pelos porcos, Napoleão e Bola de Neve. O idealismo inicial dá lugar à fraqueza "humana", e a hipocrisia se instala. Divertido e leve, trata-se de um dos livros políticos mais influentes do século XX.

A LITERAT
PÓS-GUER
1945-1970

URA DO
RA

1945

Tropas soviéticas libertam os prisioneiros sobreviventes do **campo de concentração** da Segunda Guerra Mundial em Auschwitz, Polônia.

1949

Em *1984*, George Orwell descreve um **Estado totalitário distópico** comandado pelo tirano Grande Irmão.

1951

O romance *O apanhador no campo de centeio*, de J. D. Salinger, narra, em primeira pessoa, **a angústia e a rebeldia adolescente**.

1953

Esperando Godot, peça do **teatro do absurdo** de Samuel Beckett, é encenado pela primeira vez em Paris, em sua versão original francesa.

1953

Em São Francisco, Lawrence Ferlinghetti e Peter D. Martin abrem a **livraria City Lights**, que mais tarde publica *Uivo*, de Allen Ginsberg.

1955

O **romance sexualmente controverso** *Lolita*, de Vladimir Nabokov, causa escândalo e é censurado no Reino Unido e na França.

1957

O retrato da contracultura norte-americana de Jack Kerouac em *On the Road* é uma obra definidora da **Geração *Beat***.

1958

O romance de estreia de Chinua Achebe, *O mundo se despedaça*, descreve os **efeitos do colonialismo** em uma sociedade tradicional na África.

Em 1945, grande parte do mundo se recuperava de três décadas de agitação: duas guerras mundiais cataclísmicas separadas por uma Grande Depressão global. No que provou ser um curto período de esperança, muitas pessoas lutaram para entender aquela destruição e reconstruir um mundo melhor. Mas, à medida que antigos impérios e poderes declinavam, novos ascendiam, resultando no choque de culturas entre o Ocidente e o bloco soviético. As décadas seguintes foram dominadas por essa Guerra Fria e pela ameaça sempre presente de uma guerra nuclear.

Resultado da Segunda Guerra Mundial

A literatura no período pós-guerra foi inevitavelmente influenciada pelas experiências da guerra. Escritores judeus e, em especial, sobreviventes do Holocausto, como o poeta Paul Celan, tentaram superar os horrores dos campos de concentração. Autores alemães, incluindo Günter Grass, combateram o vergonhoso legado do nazismo. No Japão, uma geração de escritores analisou as mudanças sociais e políticas que sucederam o ataque nuclear em Hiroshima.

Os efeitos negativos também foram sentidos nos países que saíram vitoriosos da guerra. Na Inglaterra, George Orwell, que também foi veterano da Guerra Civil Espanhola, argumentava que a derrota do nazismo não acabara com a ameaça do totalitarismo. Em *A revolução dos bichos* e *1984*, ele retratou sociedades distópicas que satirizavam a Rússia soviética de Stálin, capturando o clima pessimista da Guerra Fria. Esse clima também foi fortemente sentido na França, onde a experiência da guerra e a ameaça existencial da bomba nuclear se manifestaram como niilismo, e não cinismo. Em vez de tentar encontrar sentido na vida, escritores, como o irlandês que morava em Paris Samuel Beckett, em sua peça *Esperando Godot*, apontaram o seu absurdo, retratado com humor áspero. Além desse "teatro do absurdo", o humor negro pode ser encontrado em romances norte-americanos, como *Ardil-22*, de Joseph Heller.

Novas vozes

A atmosfera inquieta da era após a guerra também inspirou novas técnicas de escrita pós-moderna que refletiam essa incerteza: as narrativas podiam ser paradoxais, fragmentadas ou apresentadas fora de ordem cronológica, geralmente de múltiplas

Em *O tambor*, de Günter Grass, a história se desdobra a partir das memórias de Oskar Matzerath, **escritas em um hospital psiquiátrico**.

1959

1960

Em *O sol é para todos*, Harper Lee descreve, pelos olhos de uma criança, a **vida em uma pequena cidade no sudeste dos Estados Unidos**.

À medida que os Estados Unidos se envolvem cada vez mais no conflito do Vietnã, Joseph Heller termina seu **romance sombriamente satírico da Segunda Guerra Mundial**, *Ardil-22*.

1961

1962

A Crise dos Mísseis de Cuba, um **impasse de treze dias entre Estados Unidos e União Soviética** em outubro de 1962, por causa de mísseis balísticos instalados em Cuba, deixa o mundo à beira de uma guerra nuclear.

Martin Luther King Jr. faz seu **discurso "Eu tenho um sonho" sobre injustiça racial** no Memorial Lincoln em Washington, DC.

1963

1963

O antirromance *O jogo da amarelinha*, de Julio Cortázar, **tem uma tabela de instruções** sobre diferentes sequências nas quais os 155 capítulos podem ser lidos.

A sangue frio, romance policial verídico escrito por Truman Capote, detalha o **assassinato da família Clutter em 1959**, no Kansas.

1966

1967

Gabriel García Márquez narra a história **da família colombiana fictícia Buendía** em *Cem anos de solidão*.

perspectivas, ou a partir de um narrador não confiável.

Essas técnicas, desenvolvidas por escritores europeus, como Jean-Paul Sartre e Günter Grass, serviram de inspiração para a nova geração de autores sul-americanos, que estabeleciam um estilo característico. Entre eles estava Julio Cortázar, cujo romance experimental *O jogo da amarelinha* subverteu muitas convenções literárias, e Gabriel García Márquez, que popularizou o estilo conhecido como realismo fantástico, inspirado pelos contos surrealistas do argentino Jorge Luis Borges.

Novos movimentos literários também emergiam de outros lugares, uma vez que muitos países – especialmente na África – alcançaram a independência do controle colonial europeu. O principal ocorreu na Nigéria, onde Chinua Achebe conferiu uma voz nativa para um povo que reconstruía sua nação. Nos Estados Unidos os escritores também continuaram a afirmar sua identidade. No clímax do Movimento pelos Direitos Humanos, nas décadas de 1950 e 1960, autores afro-norte-americanos, como Ralph Ellison, descreveram como os negros eram marginalizados, enquanto *O sol é para todos*, de Harper Lee, observava as questões raciais sob a perspectiva de alguém do sul. Questões sociais de todos os tipos também foram tema para o Novo Jornalismo, a mistura de fato e ficção inaugurada pelo amigo de Lee, Truman Capote.

Cultura jovem

Talvez a manifestação mais voraz de cultura pós-guerra tenha vindo da geração mais jovem, e foi mais notável nos Estados Unidos. Uma juventude contrária ao sistema emergiu em reação à geração mais velha, que os levara a duas guerras mundiais e continuou em um caminho agressivo com envolvimento militar na Coreia e no Vietnã. Esses jovens também reagiram às incertezas da Guerra Fria e à ameaça nuclear com um ponto de vista hedonista. J. D. Salinger foi um dos primeiros a descrever a angústia e a rebeldia adolescente, seguido por escritores da Geração *Beat*, cujas obras foram inspiradas pela liberdade do jazz moderno e pela ousadia do *rock 'n' roll*. A escrita experimental de Jack Kerouac, Allen Ginsberg e William S. Burroughs quebrou as barreiras não apenas da forma, mas também do conteúdo: seu material por vezes explicitamente sexual resultou em ações judiciais e na proibição de livros em alguns locais, antes da postura mais receptiva da década de 1960. ■

O GRANDE IRMÃO ESTÁ DE OLHO EM VOCÊ

1984 (1949),
GEORGE ORWELL

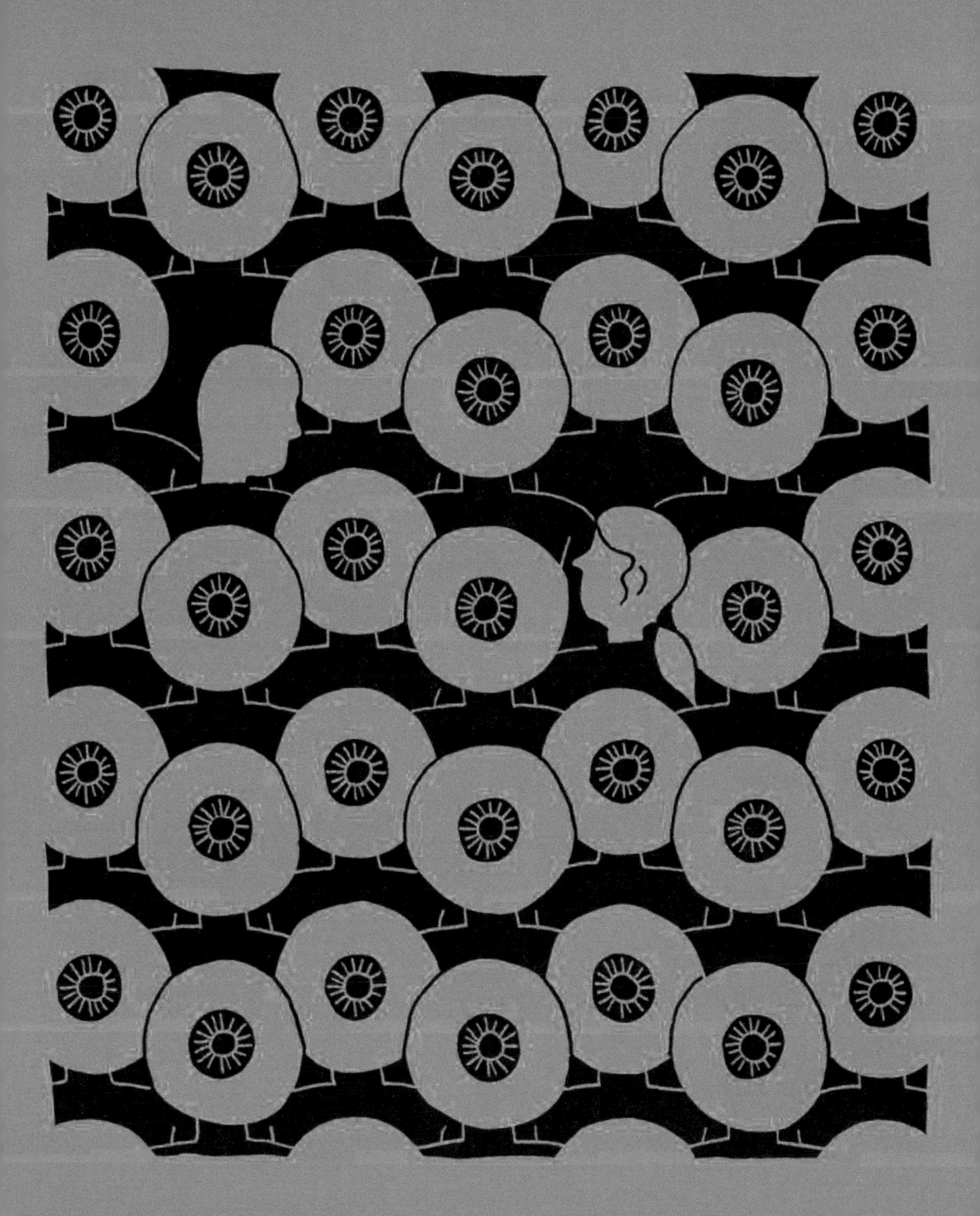

EM CONTEXTO

FOCO
Distopia

ANTES
1516 *Utopia*, do humanista inglês Thomas Morus, é a primeira obra a imaginar uma sociedade ideal e seu oposto: a distopia.

1924 *Nós*, do escritor russo Yevgeny Zamyatin, descreve o Estado Unificado, onde as pessoas vivem pelo bem da coletividade.

1932 Em *Admirável mundo novo*, do escritor inglês Aldous Huxley, a individualidade é suprimida.

DEPOIS
1953 Em *Fahrenheit 451*, do romancista norte-americano Ray Bradbury, livros são banidos e incinerados.

1962 *Laranja mecânica*, do romancista inglês Anthony Burgess, descreve um mundo repleto de violência.

1985 *O conto da aia*, da autora canadense Margaret Atwood, é ambientado nos Estados Unidos, agora governados por um regime cristão totalitário.

A literatura distópica é um gênero que trata de certa visão aterrorizante de uma sociedade que se constitui no oposto completo da utopia (um mundo ideal e perfeito). Desde o aparecimento da *Utopia*, de Thomas Morus, em 1516, as distopias vêm sendo invocadas ao longo dos séculos por diversos autores para focalizar temas como as ditaduras (comunistas ou fascistas), a pobreza, a tortura, a opressão dos povos e o controle da mente das pessoas.

Os autores usam esses mundos distópicos para explorar preocupações essenciais dos seres humanos, criando visões de possíveis consequências quando as coisas acontecem sem restrições. *O conto da aia* (1985), de Margaret Atwood, por exemplo, antevê um mundo governado por um regime militar em que as mulheres foram destituídas de seus direitos e são apreciadas apenas por seu valor reprodutivo.

Pontos críticos

As distopias se voltam basicamente para futuros fictícios e, frequentemente, para o medo do que pode surgir a partir das novas tecnologias e das mudanças sociais. No século XX, por exemplo, a ameaça imposta pela força destrutiva da bomba atômica e o cenário das dramáticas alterações climáticas forneceram fontes poderosas para distopias.

Quem controla o passado controla o futuro; quem controla o presente controla o passado.
1984

A distopia moderna mais conhecida é *1984*, de George Orwell. O temor desse autor ante a emergência do stalinismo é o ponto de partida do romance. Embora Orwell acreditasse no socialismo democrático, ele não via a emergente União Soviética – onde um partido político havia consolidado um controle absoluto – como socialista de nenhuma maneira. Além disso, ele havia testemunhado o esfacelamento das forças contrárias a Franco na Guerra Civil Espanhola, em 1936, quando

George Orwell

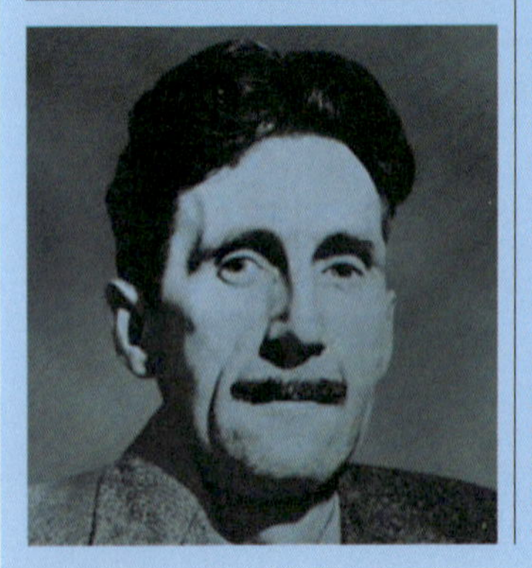

George Orwell nasceu com o nome de Eric Arthur Blair, na Índia, em 1903. Filho de cidadãos britânicos, foi educado na Inglaterra antes de voltar ao Oriente para se alistar na Polícia Imperial Indiana da Birmânia (atual Mianmar). Em 1928, mudou-se para Paris, retornando a Londres em 1929 para escrever *Na pior em Paris e Londres* (1933). Em 1936, Orwell viajou para Wigan, no nordeste da Inglaterra, onde experimentou a pobreza causada pela Depressão. No mesmo ano, casou-se com Eileen O'Shaughnessy, antes de partir para lutar na Guerra Civil Espanhola e acabar baleado na garganta. Orwell retornou à Inglaterra em 1937 e, em 1941, foi trabalhar na BBC. Demitiu-se em 1943. Retomou a escrita com *A revolução dos bichos* (1945), que se tornou um sucesso imediato. Sua mulher morreu inesperadamente naquele ano e Orwell isolou-se em Jura, uma ilha escocesa, onde escreveu *1984* (1949). Morreu de tuberculose em 1950, aos 46 anos de idade.

Outras obras

1934 *Dias na Birmânia*
1937 *A caminho de Wigan Pier*
1938 *Lutando na Espanha*

Veja também: *Cândido ou o otimismo* 96-97 ▪ *Viagens de Gulliver* 104 ▪ *Admirável mundo novo* 243 ▪ *Fahrenheit 451* 287 ▪ *O senhor das moscas* 287 ▪ *Laranja mecânica* 289 ▪ *A morte de Artemio Cruz* 289 ▪ *O conto da aia* 335

comunistas pró-Stálin se voltaram contra aqueles que, supostamente, eram seus aliados.

Orwell já havia pintado um quadro sombrio dessa traição em sua novela *A revolução dos bichos* (1945). Ele também já contava com um modelo parecido para seu novo trabalho: o mundo descrito pelo escritor russo Yevgeny Zamyatin em *Nós* (1924), no qual a liberdade individual não mais existia.

O livro *1984* retrata uma sociedade totalitária que manipula seus cidadãos por meio da propaganda, transformando verdades em mentiras em nome da manutenção do poder político. Essa sociedade distópica é muito mais sombria pois prescinde da esperança presente nas transformações prometidas em *A revolução dos bichos*, além de ser uma sociedade em que as vidas individuais se tornaram meras peças de uma engrenagem sistêmica.

O fim da história

As primeiras palavras de *1984* – "Era um dia frio e luminoso de abril, e os relógios davam 13 horas"– alertam o leitor para o fato de que mesmo a própria natureza da construção temporal de um dia foi alterada. Winston Smith, protagonista do romance, está entrando em seu prédio de apartamentos. É um cidadão de Londres, capital da Pista de Pouso Um (anteriormente conhecida como Grã-Bretanha), uma província da Oceania, um dos três Estados transcontinentais que restaram depois de uma guerra nuclear mundial. Cartazes enchem as paredes com a imagem de um rosto – "um homem de uns 45 anos, de bigodão preto e feições rudemente agradáveis", e O GRANDE IRMÃO ESTÁ DE OLHO EM VOCÊ, dizia o letreiro". O Grande Irmão é o líder do partido que governa a Oceania.

O mundo habitado por Smith é governado por uma elite. As massas ("as proles"), que constituem 85% da população, são controladas por quatro ministérios paradoxais: o Ministério da Paz, que supervisiona a guerra; o Ministério do Amor, que trabalha com o policiamento; o Ministério da Fartura, que controla a economia, incluindo o abastecimento da população; e o Ministério da Verdade, ou Miniver, que lida com notícias e com a educação das massas, veiculando propagandas para controlar os pensamentos das pessoas.

Um dos principais canais de controle é a Novafala, linguagem do Ministério da Verdade, que dita a verdade sobre o passado e o presente. A história é revisada e reescrita para se adequar aos decretos constantemente alterados pelo Estado.

O próprio Winston Smith trabalha para o Ministério da Verdade, editando registros históricos e incinerando documentações originais, que são enviadas para o "buraco da memória". Assim, a história para: "Nada existe além de um presente interminável no qual o Partido sempre tem razão."

Um governo que tudo vê

Uma rede de telas de televisão, câmeras e microfones embutidos está em operação para espionar e bisbilhotar a »

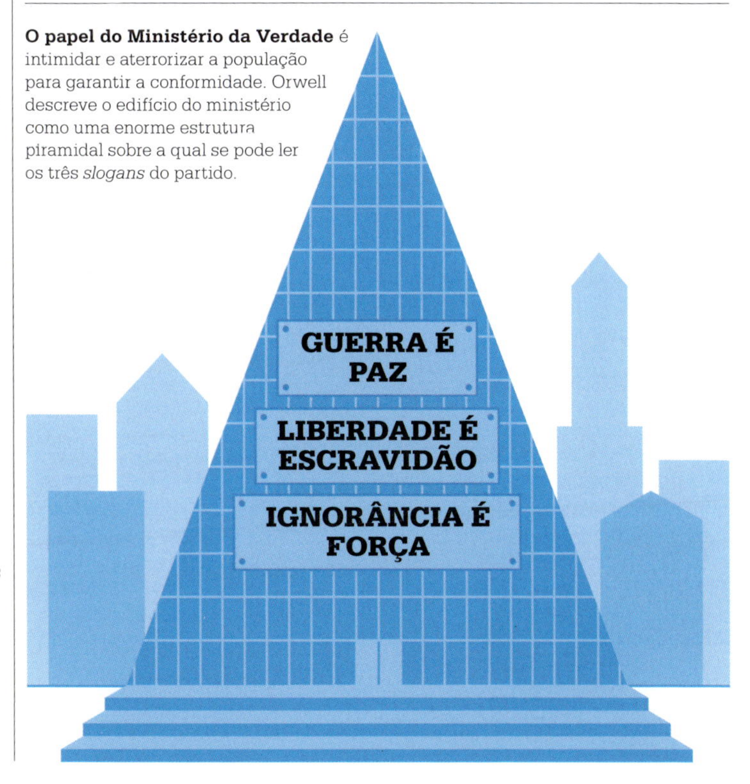
GUERRA É
PAZ
LIBERDADE É
ESCRAVIDÃO
IGNORÂNCIA É
FORÇA

O papel do Ministério da Verdade é intimidar e aterrorizar a população para garantir a conformidade. Orwell descreve o edifício do ministério como uma enorme estrutura piramidal sobre a qual se pode ler os três *slogans* do partido.

A "Novafala" é uma forma reduzida e sinistra do inglês cotidiano ("Velhafala") inventada pelo Estado todo-poderoso. Com o tempo, a "Velhafala" será substituída pela Novafala, uma língua simples e inflexível, purificada para expressar significados e satisfazer as necessidades ideológicas do Socing – ou Socialismo Inglês. Como o pensamento requer palavras, o Estado inibirá os "Pensamento-crime", e as ideias e os sentimentos pessoais de dissensão se tornarão impensáveis.

Patofala: forma de fala descerebrada que permite que qualquer bobagem seja proferida de maneira convincente.

Bempensar: visões aprovadas que dão conformidade ideológica ao partido.

Dupliplusbom: algo que é simplesmente o melhor.

Duplipensar: sistema de pensamento em que o controle do presente significa corrigir o passado.

Pensamento-crime: ato criminoso de questionamento do partido dominante.

Despessoa: alguém apagado dos registros históricos pelo Estado.

Negrobranco: crença cega e acrítica apesar da evidência dos fatos.

Almasentir: aceitação incondicional das ideias do partido.

população: equipamentos administrados pela Polícia das Ideias, que supervisiona a proteção do partido.

A rebelião do homem comum

Orwell mergulha o leitor nesse horrendo mundo totalitário antes de revelar que Winston Smith está engajado numa ação mortal de rebelião. Em seu minúsculo apartamento, dominado pelos instrumentos de controle do partido (a tela de TV), Smith está começando a escrever sua própria história num diário que obteve de segunda mão – um crime de autoexpressão. Ele sabe que se trata de um ato irreversível e, acima de tudo, que "era um fantasma solitário afirmando uma verdade de que ninguém jamais ouviria falar". Mesmo assim, continua a escrever.

No fim o partido haveria de anunciar que dois mais dois são cinco, e você seria obrigado a acreditar.

Winston Smith é o homem comum, herói do romance – seu sobrenome ordinário sugere que não há nada especial ou incomum a respeito de si. Isso torna seu ato de subversão tão revolucionário: se cada Smith ou Jones se rebelasse contra a sociedade, estaria aberto o caminho para a revolução. O uso de um nome inglês tão comum ecoa na própria escolha que Eric Blair fez do pseudônimo "George Orwell", adotado por ele pouco antes da publicação de seu primeiro livro, *Na pior em Paris e Londres* (1933), a fim de evitar constrangimentos para a sua família.

A caracterização de Smith como um rebelde, aquele que tem sua própria atitude em prol da verdade contra a máquina do partido, cria um campeão improvável. Em Julia, ele encontra uma amante e camarada dissidente. Mais jovem que Smith, ela é uma aparente ativista política aos olhos da Liga Juvenil Antissexo, mas passa a Smith um bilhete com uma mensagem simples: "Eu te amo". O romance entre os dois é, em si, um ato de rebelião, um crime sexual. Seu amor escondido não poderá durar muito tempo, oculto sob a fachada da obediência ao Grande Irmão e às regras da Oceania.

Inimigos do Estado

O inimigo reconhecido do Estado é Emmanuel Goldstein, ex-líder do

Se você quer formar uma imagem do futuro, imagine uma bota pisoteando um rosto humano – para sempre.

Você quer que aconteça com outra pessoa. Não dá a mínima ao que os outros sofrem. Tudo que lhe importa é você mesmo.
1984

partido, agora à frente de um movimento de resistência conhecido como Confraria. Goldstein é uma figura desprezada (como Leon Trótski para a União Soviética de Stálin – aliás, ambos ostentam o mesmo cavanhaque), usada para unir o senso de cidadania da Oceania por meio de um ritual diário de "Dois Minutos de Ódio", em que a imagem de Goldstein deve ser atacada enquanto está exposta nas telas de TV.

Numa livraria onde se comercializam livros usados, Smith abre um texto "sem nome ou título na capa". O livro é *Teoria e prática do coletivismo oligárquico*, de Emmanuel Goldstein. Orwell insere páginas inteiras desse livro em *1984* para aproximar o leitor do rebelde-protagonista e revelar as teorias sociais e as filosofias políticas que vêm ao encontro do tempo presente. Esse livro dentro de outro serve, assim, como dispositivo para compor parte do pano de fundo, explicando como se estabeleceu a Oceania e os outros Superestados, Eurásia e Lestásia, conforme a reorganização global que se seguiu à Segunda Guerra Mundial, e para expor a verdade de que cada Superestado possui uma construção ideológica similar, baseada na manutenção da conformidade de suas populações.

A capacidade de persuasão das passagens do livro de Goldstein revela o poder de sedução das palavras e da linguagem. Um dos maiores legados de *1984* é a pletora de palavras e frases da "Novafala" que invade o inglês: Grande Irmão, sexocrime, pensamento-crime e Quarto 101 são apenas algumas das criações linguísticas mais comuns encontradas na obra de Orwell.

O domínio da manipulação

As formas por meio das quais o Estado consegue manipular e controlar seus cidadãos são temas centrais de *1984*. Num sistema totalitário, as escolhas e os estilos de vida individuais se tornam alvos dos ditames de um governo controlador.

A organização ditatorial da Oceania mostra estar determinada a manter seu pulso forte sobre o poder por meio do enfraquecimento das relações pessoais e da erradicação da confiança e do sentido de cooperação mútua. Orwell traça os métodos de coação psicológicos e físicos usados pelo governo, ocultos ou explícitos, e a tentativa de aniquilar os sentimentos humanos e fragmentar o espírito das pessoas. Como ressalta Julia: "Todo mundo sempre confessa. Não tem como evitar". A experiência de Winston Smith revela como o aparelho de Estado age sobre um único indivíduo, fazendo com que o leitor não apenas sinta sua dor, mas também seu desejo ardente por lutar contra a máquina estatal a qualquer custo.

Uma mensagem moderna

A crítica inicial de *1984* foi extremamente positiva em relação à originalidade de sua sinistra profecia. Desde então, o texto alcançou abrangência global, sendo traduzido para cerca de 65 idiomas. Ganhou novos públicos em sua versão cinematográfica dirigida por Michael Radford, lançada em 1984, com John Hurt interpretando Winston Smith.

A questão central da distopia mostrada em *1984* está no risco de se permitir o excesso de controle àqueles que nos governam. Numa era moderna globalizada, com vigilância massiva, o legado de Orwell repercute mais do que nunca. ■

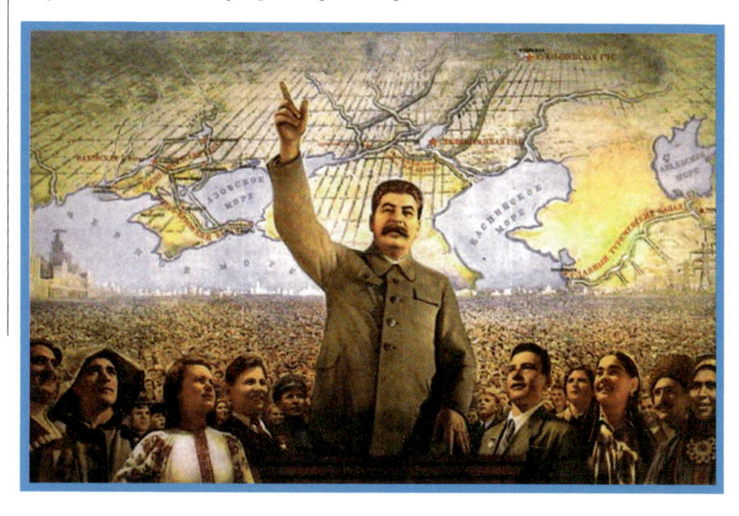

Um pôster soviético retrata Stálin como líder reverenciado. A distopia de Orwell foi moldada por sua experiência na Espanha, onde a facção stalinista foi impiedosa em sua busca por controle totalitário.

TENHO DEZESSETE ANOS, MAS ÀS VEZES AJO COMO SE TIVESSE UNS TREZE

O APANHADOR NO CAMPO DE CENTEIO (1951), J. D. SALINGER

EM CONTEXTO

FOCO
O nascimento do adolescente

ANTES
1774 *Os sofrimentos do jovem Werther*, do alemão Johann Wolfgang von Goethe, trata das paixões de um sensível e jovem artista.

1821 Morre o poeta inglês John Keats, aos 25 anos. Seus primeiros versos são criticados como "adolescentes".

1916 O escritor irlandês James Joyce publica *Retrato do artista quando jovem*, um romance de formação que descreve sublevação e ponto de vista anticatólico.

DEPOIS
1963 A escritora norte-americana Sylvia Plath publica *A redoma de vidro*, uma história sobre amadurecimento com uma peculiaridade: sua protagonista adolescente acaba enlouquecendo.

1982 Em *Misto-quente*, do autor norte-americano Charles Bukowski, o narrador em primeira pessoa se recorda dos tempos de adolescente.

Vários autores, de Johann Wolfgang von Goethe e John Keats, passando por James Joyce e Francis Scott Fitzgerald, exploraram o precário estado da adolescência bem antes do nascimento do *teenager* nos Estados Unidos da década de 1950. Os adolescentes, todavia, com sua nova música selvagem e sua busca por emoções, representavam um desafio para a sociedade e a cultura conservadora, sendo tratados com exaltada rejeição. Os adultos viam a nova geração como moralmente indulgente e sem rumo. Os adolescentes revidavam com declarações de hipocrisia, considerando-se *outsiders* em um mundo sem sentimentos. E esse é o território apresentado no texto de Salinger. *O apanhador no campo de centeio* é narrado por Holden Caulfield, de dezessete anos. É generoso com o dinheiro de seus pais e impiedoso com seus comentários sobre a condição humana, a sexualidade e a moralidade. Dá pouca importância para a autoridade e parece não se importar com sua trajetória autodestrutiva.

Sou o maior mentiroso que você já viu na vida. É impressionante.
O apanhador no campo de centeio

Desamor adolescente

Mas Holden Caulfield é muito mais que um adolescente rebelde. Suas sinceras confissões sobre ilusões, imperfeições e contradições revelam um indivíduo mergulhado em conjecturas, com desejos ardentes pós-inocência infantil, sofrendo de mágoas e consciente das duras contradições da vida adulta. Trata-se de um instigante anti-herói – uma figura ambivalente e vulnerável –, que pode ser sensível e espirituoso, mas também imaturo e vulgar. O desprezo casual de Caulfield pela honestidade e seu desdém pelas normas sociais são mitigados por um genuíno impulso confessional e surpreendente tolerância por algumas das diversas personagens que encontra ao longo do romance.

Caulfield também é uma presa fácil. É intimidado no dormitório escolar e explorado por um cafetão que opera o elevador de um hotel em Nova York. Em sua confusão em relação a mulheres e

Veja também: *Os sofrimentos do jovem Werther* 105 ▪ *A montanha mágica* 224-227 ▪ *Retrato do artista quando jovem* 241 ▪ *A redoma de vidro* 290

A viagem de Holden por Nova York

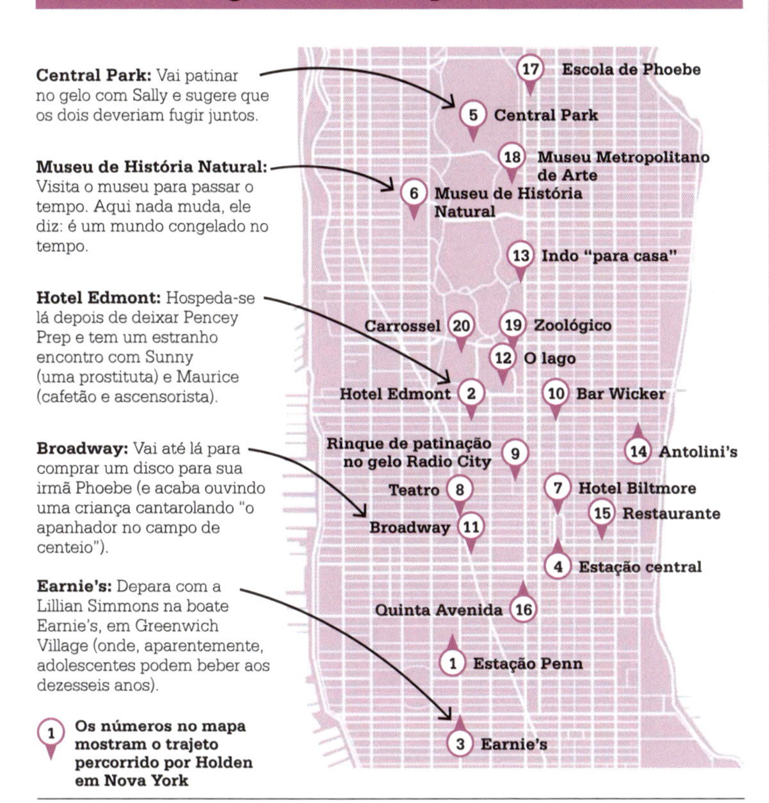

Central Park: Vai patinar no gelo com Sally e sugere que os dois deveriam fugir juntos.

Museu de História Natural: Visita o museu para passar o tempo. Aqui nada muda, ele diz: é um mundo congelado no tempo.

Hotel Edmont: Hospeda-se lá depois de deixar Pencey Prep e tem um estranho encontro com Sunny (uma prostituta) e Maurice (cafetão e ascensorista).

Broadway: Vai até lá para comprar um disco para sua irmã Phoebe (e acaba ouvindo uma criança cantarolando "o apanhador no campo de centeio").

Earnie's: Depara com a Lillian Simmons na boate Earnie's, em Greenwich Village (onde, aparentemente, adolescentes podem beber aos dezesseis anos).

Os números no mapa mostram o trajeto percorrido por Holden em Nova York

sexo, busca inconscientemente a delicadeza e o sentimento de família. Ao pagar uma prostituta, pergunta se podem simplesmente "conversar". Inicia uma conversa com duas freiras, não obstante seu ateísmo, e elas insistem que ele é "um rapaz muito doce".

Inevitavelmente, o realismo sórdido de Salinger causou controvérsia. Alguns críticos diminuíram a obra como pueril e sentimentaloide. Porém, Salinger conquistou o *status* de *cult* nos anos que se seguiram à publicação da obra, intensificado por seu estilo de vida recluso. A morte e a dor são temas prevalentes em *O apanhador no campo de centeio*. Após a morte do irmão de Holden, ele esmaga suas mãos em fúria; seu colega de classe é intimidado e tem um trágico fim; e o próprio título do livro se refere a barrar (apanhar) crianças que correm pelos campos antes que caiam da beira de um penhasco. É provável que a perda de numerosos jovens soldados na Segunda Guerra Mundial tenha influenciado Salinger na composição dessa marcante narrativa em primeira pessoa, que permanece como um retrato duradouro do adolescente em crise. ■

J. D. Salinger

Filho de pais ricos, Jerome David Salinger nasceu em 1919, em Nova York. Como seu protagonista Holden Caulfield, em *O apanhador no campo de centeio*, Salinger frequentou diversas escolas até se formar. Depois de passar um ano na Europa, foi para a Universidade de Columbia, onde estudou escrita em um curso conduzido por Whit Burnett, editor da revista *Story*, que se tornou seu mentor no início de sua carreira como escritor.

Salinger entrou para o Exército norte-americano em 1942 e continuou a escrever, apesar de estar passando por "um estado de nervos". *O apanhador no campo de centeio* lançou Salinger no cenário mundial como celebridade literária. Entretanto, ele se ressentiu com tanta atenção e tornou-se recluso e consideravelmente menos produtivo. Ao morrer, em 2010, deixou *O apanhador no campo de centeio* ainda como seu único romance completo.

Outras obras

1953 *Nove estórias*
1955 *Carpinteiros, levantem bem alto a cumeeira*
1959 *Seymour, uma introdução*
1961 *Franny e Zooey*

A MORTE É UM DOS MESTRES DA ALEMANHA

ÓPIO E MEMÓRIA (1952), PAUL CELAN

EM CONTEXTO

FOCO
Literatura pós-Auschwitz

ANTES
1947 Em sua coletânea de poesias *In den Wohnungen des Todes* [Nas moradas da morte], a berlinense Nelly Sachs descreve seus próprios sofrimentos e os dos judeus na Europa.

1947 *É isto um homem?*, do escritor italiano Primo Levi, é um relato em primeira mão do encarceramento em Auschwitz.

1949 O sociólogo alemão Theodor Adorno afirma que "escrever poesia depois de Auschwitz é um ato de barbárie", condenando não a liberdade de expressão, mas a sociedade que permitiu a existência de Auschwitz.

DEPOIS
1971 *O nazista e o barbeiro*, romance de Edgar Hilsenrath, sobrevivente do Holocausto, adota a perspectiva de um oficial da ss que assume a identidade de um judeu para escapar da condenação.

Na Segunda Guerra Mundial, depois que o campo de concentração de Auschwitz foi libertado, em 27 de janeiro de 1945, e a gravidade das atrocidades cometidas no Holocausto judeu se tornou conhecida, algumas pessoas consideraram que os limites convencionais da literatura não dariam conta de descrever acontecimentos tão horríveis. Para os autores judeus, todavia, qualquer forma de expressão era essencial.

Uma herança deplorável

O poeta Paul Celan (1920-1970) nasceu como Paul Antschel numa família judia romena falante de alemão. Sobreviveu ao gueto e a um campo de concentração para tornar-se, sob o pseudônimo Celan, um importante poeta de língua alemã do pós-guerra. Contudo, assombrado por suas experiências, acabou cometendo suicídio.

Poppy and memory [Ópio e memória], que contém mais de cinquenta poemas, é a segunda coletânea de Celan, que firmou sua reputação. Inclui seu poema mais famoso, "Todesfuge" [Fuga da morte]. Escrito em ritmo musical, o poema apresenta a Morte, vestida na pele do comandante do campo, que força os prisioneiros a dançar diante de suas próprias covas. A coletânea também inclui "Corona", outro de seus poemas mais conhecidos, interpretado como uma reflexão sobre a tentativa de alcançar o amor verdadeiro sem que ele se torne uma fuga da verdade do mundo.

Em várias partes de *Ópio e memória*, imagens apavorantes do Holocausto são recorrentes: cinzas, cabelos, fumaça, mofo, amargura, sombras, morte, memória e esquecimento. Ao explorar esses temas, Celan expressa a herança deplorável deixada pela exterminação organizada em massa. ■

Leite negro da madrugada,
nós te bebemos de noite.
"Fuga da morte"

Veja também: *O pequeno príncipe* 238-239 ▪ *O tambor* 270-271 ▪ *Um dia na vida de Ivan Denisovich* 289 ▪ *Death of a Naturalist* 277

COMPREENDAM: SOU INVISÍVEL SIMPLESMENTE PORQUE AS PESSOAS SE RECUSAM A ME VER

HOMEM INVISÍVEL (1952), RALPH ELLISON

EM CONTEXTO

FOCO
Movimento pelos direitos civis

ANTES
1940 *Filho nativo*, de Richard Wright, discute os papéis criminais que a sociedade branca cria para afrodescendentes.

1950 A escritora afro-americana Gwendolyn Brooks ganha o Prêmio Pulitzer de Poesia com sua coletânea *Annie Allen*. A obra trata da trajetória de uma mulher entre a liberdade individual e ideias progressistas mais engajadas.

DEPOIS
1953 Em *Go tell it on the mountain* [Vá dizer isso na montanha], James Baldwin reflete sobre sua própria vida e seu envolvimento com a Igreja como afro-americano, mostrando tanto o lado positivo como seu viés opressor.

1969 *Eu sei por que o pássaro canta na gaiola*, de Maya Angelou, expressa as diversas reações da autora frente à violência do racismo.

O Movimento Afro-Americano pelos Direitos Civis do final da década de 1950 e dos anos 1960 buscava pôr um fim à segregação e à discriminação racial nos Estados Unidos por meio de protestos e desobediência civil. Autores como James Baldwin, Maya Angelou, Richard Wright e Ralph Ellison engajaram-se no movimento, escrevendo sobre a sistemática privação de direitos civis, a evidente discriminação racial e a violência sancionada pelo Estado.

Um ativista isolado

Nascido em Oklahoma em 1914, Ralph Ellison estudou música no Tuskagee Institute, Alabama, porém mais tarde mudou-se para Nova York para cursar artes visuais. Lá, conheceu Richard Wright e foi influenciado tanto por sua escrita como por suas convicções comunistas. Servindo à Marinha Mercante na Segunda Guerra Mundial, Ellison desiludiu-se com a ideologia de esquerda e começou a escrever *Homem invisível*, livro ligado ao protesto social e político. Ellison descobriu uma nova forma para o romance de protesto, afastando-o do realismo e do naturalismo de obras anteriores. Seu estilo era idiossincrático, tanto em estrutura como em narrativa, descrevendo eventos baseados em sua experiência como homem negro e o significado disso sob as perspectivas pública e privada na sociedade norte-americana.

O narrador do livro é invisível, sem nome e completamente solitário: a sociedade ou não o vê ou o ignora. Ele vive à margem, como um reflexo da segregação contra os afro-americanos da época. Em seu isolamento, o narrador reflete apaixonadamente sobre os rumos que sua vida tomou – de orador público na juventude para um aluno de faculdade desonrado, de trabalhador maltratado numa fábrica de brancos no Harlem para o envolvimento com uma irmandade politicamente ambígua. O narrador pondera sobre as injustiças que sofreu, mas acaba por concluir que deve levar uma vida leal à sua natureza e às suas responsabilidades mais importantes: está pronto para encarar o mundo. ■

Veja também: *Os miseráveis* 166-167 ▪ *Eu sei por que o pássaro canta na gaiola* 291

LOLITA, LUZ DE MINHA VIDA, LABAREDA EM MINHA CARNE. MINHA ALMA, MINHA LAMA

LOLITA (1955), VLADIMIR NABOKOV

EM CONTEXTO

FOCO
Livros censurados

ANTES
1532-1564 *Histórias de Gargântua e Pantagruel*, de François Rabelais, é condenado por obscenidade pela Universidade de Sorbonne, em Paris.

1759 Apesar de banido pelo governo e pelas autoridades eclesiásticas por seu conteúdo satírico, *Cândido ou o otimismo*, de Voltaire, torna-se um *best-seller*.

1934 *Trópico de Câncer*, a visão de Henry Miller sobre a vida de escritor em Paris, é censurado nos Estados Unidos por conteúdo sexual.

DEPOIS
1959 Narrado por um viciado, *Almoço nu*, de William Burroughs, é censurado em Boston em 1962; a decisão é revogada em 1966.

1988 *Versos satânicos*, de Salman Rushdie, é censurado em mais de dez países por blasfêmia contra o islamismo.

A história literária é marcada por livros que foram banidos ou censurados por corromper a moral pública ou por causar ofensa política ou religiosa. Na primeira metade do século xx, a experimentação literária extrapolou as barreiras do gosto e chocou o público conservador. Em resposta a isso, os censores vasculharam obras como *Ulisses*, do escritor irlandês James Joyce, para identificar obscenidades, e removeram referências sexuais em *O amante de Lady Chatterley*, do autor inglês D. H. Lawrence. Mas, depois que o texto integral foi julgado e absolvido, em 1960, as restrições à publicação de literatura pornográfica no Reino Unido foram efetivamente abandonadas. Ao redor do mundo, a censura amansou, mas nunca desapareceu completamente.

Aceitando o inaceitável

Hoje poucos se ofenderiam por livros que foram censurados no passado, e, mesmo assim, o polêmico romance *Lolita*, de Vladimir Nabokov, ainda tem o poder de perturbar além de encantar. Banido após sua publicação, em 1955, na França, e republicado em Londres em 1959, o romance se baseia na obsessão do narrador, Humbert Humbert, por um certo tipo de sedutora: a "ninfeta", uma garota esbelta, de pele aveludada, entre nove e catorze anos de idade. O título do romance foi incorporado ao idioma inglês como referência a uma jovem tentadora.

Ler *Lolita* cria um estado de confusão mental, uma vez que o leitor se afeiçoa a um narrador que subverte todas as reações normais a essa espantosa história. Na fantasia claustrofóbica de Humbert, os leitores perdem a perspectiva, seduzidos por um cortês professor europeu, com uma defesa bem preparada recheada de desculpas, alusões literárias, jogo de palavras e sagacidade.

O feitiço da obsessão

Quando adolescente na Riviera francesa, Humbert se apaixonou pela jovem Annabel – modelo de sua obsessão. Anos depois, nos Estados Unidos, ele "quebrou o feitiço encarnando-a em outra": Dolores Haze, apelidada Lolita, a filha de doze anos de sua senhoria. As consequências devastadoras se desenrolam depois que Humbert se casa com a mãe para ter contato com a garota, objeto de sua fantasia. Um plano distante para assassinar sua nova esposa torna-se desnecessário quando ela é atropelada

Veja também: *Histórias de Gargântua e Pantagruel* 72-73 ▪ *Madame Bovary* 158-163 ▪ *Ulisses* 214-221 ▪ *1984* 250-255 ▪ *O tambor* 270-271 ▪ *Uivo e outros poemas* 288 ▪ *O psicopata americano* 313

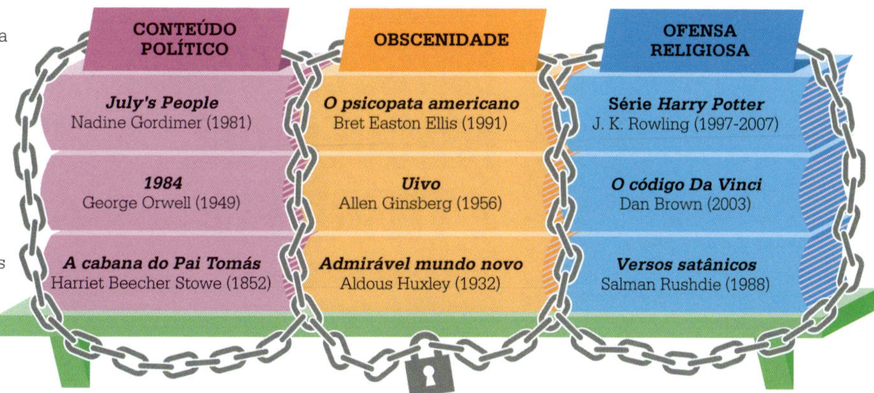

CONTEÚDO POLÍTICO
OBSCENIDADE
OFENSA RELIGIOSA
July's People
Nadine Gordimer (1981)
O psicopata americano
Bret Easton Ellis (1991)
Série Harry Potter
J. K. Rowling (1997-2007)
1984
George Orwell (1949)
Uivo
Allen Ginsberg (1956)
O código Da Vinci
Dan Brown (2003)
A cabana do Pai Tomás
Harriet Beecher Stowe (1852)
Admirável mundo novo
Aldous Huxley (1932)
Versos satânicos
Salman Rushdie (1988)

A literatura é frequentemente percebida como uma ameaça pelas autoridades por causa de sua habilidade em transmitir ideias com potencial de transformar mentes e desafiar as ideologias dominantes. Alguns títulos surpreendentes foram banidos ao longo dos anos por nações, estados ou bibliotecas por seu conteúdo político, franqueza sexual e ofensividade à religião.

por um carro; então, o padrasto busca Dolores no acampamento de verão e começa sua tentativa de viver esse sonho.

Apaixonado pela linguagem

Em um "romance erótico" que não oferece quase nada de obsceno, a parte dois é a continuação do caso amoroso real do autor – com a linguagem. Em sua prosa finamente trabalhada, ornada e lírica, Humbert narra sua viagem de um ano com Dolores pelo continente, "colocando a geografia dos Estados Unidos em movimento". Os detalhes de sua paixão possessiva (as brigas, situações-limite e seduções) trazem relatos surreais e cinemáticos que se desenrolam página após página de uma observação distorcida da cultura norte-americana.

De volta à Costa Oeste após um ano, Humbert matricula Dolores na escola, e a base de sua fantasia começa a desmoronar. Estilo, estrutura e imagens não são encontrados em livros pornográficos, como Nabokov nos relembra em um posfácio defensivo de um romance que se destaca em todos os três pontos. Humbert Humbert é o exemplo perfeito de narrador não confiável, protegido por um escritor fictício de prefácio que prepara o terreno antes mesmo que a história comece. Não há relatos alternativos, apenas a voz póstuma de Humbert, defendendo o indefensável para seus leitores. ■

Vladimir Nabokov

Nascido em uma família aristocrática em São Petersburgo, em abril de 1899, Vladimir Nabokov passou a infância na Rússia e teve uma criação trilíngue em inglês, francês e russo. Em 1919, dois anos depois da Revolução Russa, a família foi exilada na Inglaterra, e Nabokov continuou seus estudos no Trinity College, em Cambridge. Após uma nova mudança para Berlim, o pai de Nabokov, jornalista e político, foi assassinado em um comício. Vivendo em Berlim e em Paris, Nabokov escreveu romances, contos e poemas em russo enquanto trabalhava como professor de tênis. Casou-se com Véra Slonim, em 1925; tiveram um filho, Dmitri. Depois de fugir para os Estados Unidos durante a Segunda Guerra Mundial, Nabokov escreveu *Lolita* em inglês. Lecionou no Wellesley College e na Universidade de Cornell e, profundo conhecedor de borboletas, trabalhou no Museu de Zoologia Comparativa, em Harvard. Faleceu em Montreux, Suíça, em 1977.

Outras obras

1937 *The Gift*
1962 *Fogo pálido*

NADA ACONTECE, NINGUÉM VEM, NINGUÉM VAI, É TERRÍVEL!

ESPERANDO GODOT (1953), SAMUEL BECKETT

EM CONTEXTO

FOCO
O absurdo

ANTES
1942 O narrador do romance *O estrangeiro*, de Albert Camus, expressa uma típica crença do absurdo: "Abri meu coração à doce indiferença do universo".

DEPOIS
1959 *Os negros*, peça do escritor francês Jean Genet, choca a plateia ao utilizar atores negros maquiados de branco.

1959 Em *O rinoceronte*, do dramaturgo romeno Eugène Ionesco, as personagens se transformam em rinocerontes e promovem a destruição, indicando o absurdo de um mundo onde pessoas comuns se transformam em monstros fascistas.

1960 A peça *O inoportuno*, do escritor inglês Harold Pinter, paga grande tributo a Beckett na ausência de enredo e por seus diálogos oblíquos, repletos de tangentes e implicações nada convencionais.

O teatro do absurdo, para o qual o escritor irlandês Samuel Beckett (1906-1989) desempenhou um papel importante, subverteu normas da arte e da vida ao acalentar a ideia de que qualquer significado no universo sempre escapa às nossas tentativas de descobri-lo. "Ele não deixa pedra sobre pedra", afirma o dramaturgo inglês Harold Pinter, admirador de Beckett, "nem deixa escapar uma ideia excêntrica sequer". Tanto em suas peças como em sua ficção, Beckett deu voz ao inarticulado: almas perturbadas, sem esperança, contando apenas com patéticas consolações, encarando as verdades brutais da existência.

Palavras em órbita

A peça *Esperando Godot* (originalmente escrita em francês, como a maior parte da obra de Beckett) é protagonizada por dois vagabundos, Vladimir e Estragon. O diálogo é uma dança tragicômica de ideias, e a ação desafia o senso comum. Outra personagem, Lucky, guiada por uma corda por seu mestre, Pozzo, nada diz inicialmente, até desatar-se a falar num monólogo surreal sem pontuação, com setecentas palavras em frases como "uma perda irreparável *per capita* desde a morte do bispo Berkeley". A fala só tem fim quando Vladimir arranca o chapéu de Lucky, interrompendo-o no meio da frase – um exemplo dos tributos que Beckett paga à comédia *vaudeville* e, mais especificamente, aos comediantes Laurel e Hardy, de *O Gordo e o Magro*. Godot nunca aparece e já foi interpretado como um substituto de Deus, a quem fazem referência, mas está sempre ausente – uma análise que irritou Beckett, embora a tenha aceitado como plausível. ■

Dão a luz do útero para o túmulo, o dia brilha por um instante, volta a escurecer.
Esperando Godot

Veja também: *A metamorfose* 210-211 ▪ *O processo* 242 ▪ *A náusea* 244 ▪ *O estrangeiro* 245

SERTÃO É ISTO: O SENHOR EMPURRA PARA TRÁS, MAS DE REPENTE ELE VOLTA A RODEAR O SENHOR DOS LADOS. SERTÃO É QUANDO MENOS SE ESPERA

GRANDE SERTÃO: VEREDAS (1956), JOÃO GUIMARÃES ROSA

EM CONTEXTO

FOCO
Reinvenção do sertão na geração de 1945

ANTES
1946 Guimarães Rosa estreia com o livro de contos *Sagarana*. Já estava presente o universo do sertão, com seus vaqueiros e jagunços, que seria aprofundado em obras posteriores.

1955 João Cabral de Melo Neto lança *Morte e vida Severina*, auto de natal sobre o sofrimento no sertão nordestino escrito em redondilhas.

No mesmo ano, Ariano Suassuna, inspirado pela literatura de cordel, publica *O auto da compadecida*, que seria considerado pelo crítico Sábato Magaldi "o texto mais popular do teatro brasileiro".

DEPOIS
1964 O diretor Glauber Rocha, figura central do Cinema Novo brasileiro, explora a simbologia do sertão em filmes como *Deus e o diabo na terra do sol*.

O ano de 1945 marca o fim da Segunda Guerra Mundial e do Estado Novo de Getúlio Vargas. Enquanto a Europa entrava na Guerra Fria, no Brasil se redemocratizava e as proposições estéticas do modernismo tomavam novos rumos. A chamada geração de 1945, considerada por alguns críticos como pós-moderna, caracteriza-se, portanto, por uma pluralidade temática e de estilo. Reúne escritores muito diferentes entre si como João Cabral de Melo Neto, Clarice Lispector e João Guimarães Rosa, mas que têm em comum uma maior preocupação com o uso das palavras e com a forma literária.

O sertão é o mundo

A obra máxima de João Guimarães Rosa (1908-1967), *Grande Sertão: Veredas*, é um dos mais importantes romances brasileiros. Na contramão do otimismo desenvolvimentista de seu tempo, Guimarães volta-se para o sertanejo, sua fala particular e suas histórias e a partir disso cria uma linguagem revolucionária. A narrativa focaliza a personagem Riobaldo, ex-jagunço e então fazendeiro, que recebe a visita de um doutor para quem conta sua vida, relembra lutas, medos e amores. O diálogo se transforma em um solilóquio intenso, no qual o próprio leitor ocupa a posição de interlocutor.

Eu careço de que o bom seja bom e o rúim ruím, que dum lado esteja o preto e do outro o branco, que o feio fique bem apartado do bonito e a alegria longe da tristeza! [...] este mundo é muito misturado...
Grande Sertão Veredas

Guimarães focaliza o homem em conflito com o ambiente e consigo mesmo. Dessa forma, o sertão tem, ao mesmo tempo, um caráter regional e universal, físico e mítico. ■

Veja também: *Os sertões* 244 ▪ *Alguma poesia* 241 ▪ *Vidas secas* 235 ▪ *A paixão segundo G. H.* 289

ELE ERA *BEAT* – A RAIZ, A ALMA DO "BEATÍFICO"

ON THE ROAD (PÉ NA ESTRADA) (1957), JACK KEROUAC

EM CONTEXTO

FOCO
A Geração *Beat*

ANTES
1926 *O sol também se levanta*, de Ernest Hemingway, descreve norte-americanos modernos viajando pela Europa numa jornada quase espiritual.

1952 O romance *Go*, de John Clellon Holmes, inclui o primeiro uso do termo *beat* para definir as pessoas do movimento de mesmo nome.

1953 Lawrence Ferlinghetti abre a livraria *City Lights* em São Francisco, que se torna muito frequentada por escritores *Beat*.

1956 É publicado *Uivo e outros poemas*, o primeiro compêndio poético de Allen Ginsberg, que o lança como o principal poeta *Beat*.

DEPOIS
1959 *Almoço nu*, de William S. Burroughs, utiliza um estilo desarticulado, não linear, ampliando a forma narrativa da Geração *Beat*.

Nos Estados Unidos do pós-guerra, uma geração de jovens de classe média relutou gradativamente em seguir os rumos da sociedade de seus pais, fundamentada em objetivos materialistas. Em vez disso, adotaram uma forma espontânea e desarticulada de existência em sua busca por um verdadeiro significado para a vida. Alguns se tornaram conhecidos como *Beats*: um grupo de poetas e escritores à procura de emoções, refúgio espiritual, excesso de bebidas, drogas e sexo. Eles também

O nascimento do *Beat*

Uma **cultura jovem idealista** surge em meio à sociedade norte-americana convencional dos anos 1940.

Jack Kerouac, Neal Cassady e outros partem pelas estradas da América do Norte **em busca de sentido para a vida**.

A Geração *Beat* registra seus pensamentos e aventuras em **"prosa espontânea"**.

A escrita *Beat* irrompe pela literatura *mainstream*, tanto na prosa como na poesia.

Veja também: *O apanhador no campo de centeio* 256-257 ▪ *Uivo e outros poemas* 286-91 ▪ *Medo e delírio em Las Vegas* 332

se deleitavam com o jazz. O termo *beat* reunia, ao mesmo tempo, noções de ser iluminado pela vida intensa (*beatific*), de ser tomado (*beaten*) pela intensidade censurável da vagabundagem e de uma vida levada na batida (*beat*) do jazz. Nos anos 1950, histórias sobre o estilo de vida libertário do movimento *Beat* e de seu jeito descuidado chocaram a sociedade convencional. Seus textos marcaram um revigoramento radical da literatura norte-americana. O aparecimento de *On the road (Pé na estrada)*, romance de Jack Kerouac, em 1957, deu a ele a condição de principal romancista *Beat*.

On the road detalha uma série de viagens feitas por Kerouac entre 1947 e 1950. No livro, as viagens são narradas por Sal Paradise (identificado como o próprio Kerouac), sempre acompanhado por Dean Moriarty (o escritor Neal Cassady). Outros escritores da Geração *Beat* também aparecem no livro, disfarçados apenas pelo nome, como Allen Ginsberg ("Carlo Marx") e William S. Burroughs ("Old Bull Lee").

O livro tem cinco partes. A primeira apresenta Sal Paradise de partida para São Francisco em julho de 1947. Sal encontra Dean Moriarty e os dois iniciam uma viagem agitada estrada afora, pedindo carona e tomando ônibus numa aventura serpeante: festas, encontros com amigos, procura por garotas, até o retorno final a Nova York. As partes subsequentes contam uma série de proezas hedonísticas pela América do Norte.

Prosa espontânea

A narrativa de *On the road*, à qual Kerouac se referia como "prosa espontânea", foi inspirada por uma carta datilografada em dezoito páginas que ele havia recebido, em dezembro de 1950, de seu amigo Neal Cassady. De acordo com Kerouac, o segredo dessa prosa estava em escrever suavemente e "sem consciência", num estado de semitranse que permitia à mente fluir livremente, associando visões, sons e sentidos numa narrativa de absoluto imediatismo. Por exemplo, assim que Sal e Dean chegam a Chicago, Kerouac escreve "bondes que guincham, meninos jornaleiros, minas trançando de lá pra cá, cheiro de fritura e cerveja no ar, *néon* piscante: 'Estamos na cidade grande, Sal! Obaaa!'". Os períodos longos, fluidos e descritivos, ao estilo do fluxo de consciência, refletem o ritmo intenso da existência de Sal – nômade e regada à álcool – enquanto imitam os atributos de improvisação do jazz. Kerouac escreveu *On the road* durante frenéticas três semanas em abril de 1951, embalado por cafeína e drogas. O resultado foi um manuscrito de prosa incrivelmente original e criativo – ou "prosódia *bop* espontânea", nos dizeres de Ginsberg – que surgiu para definir a Geração *Beat*. ■

Kerouac datilografou *On the road* em folhas de papel vegetal que ele havia colado umas às outras para não interromper seu fluxo criativo. O manuscrito final alcançou quase 37 metros.

Jack Kerouac

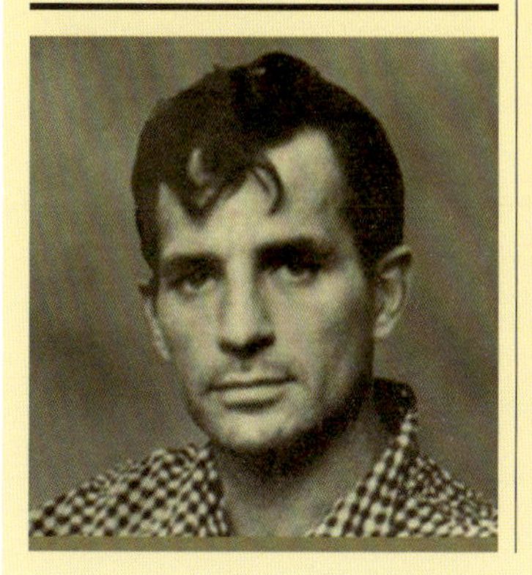

Jack Kerouac nasceu de pais franco-canadenses em Lowell, Massachusetts, Estados Unidos, em 1922. Frequentou a Universidade de Colúmbia, onde conheceu Allen Ginsberg, Neal Cassady e William S. Burroughs, e, juntos, formariam o carro-chefe da Geração *Beat*. Antes de tomar a escrita como profissão, Kerouac abandonou a universidade no segundo ano e foi para a Marinha Mercante. A partir de 1947, tornou-se cada vez mais atraído pelo estilo de vida do vagabundo nômade e bebedor de uísque. Começou, então, a viajar pelos Estados Unidos e pelo México, visitando com frequência outros escritores *Beat*. Essas viagens pelas paisagens norte-americanas permeiam seus vários textos *roman à clef*, nos quais os protagonistas são seus amigos mal disfarçados. O alcoolismo de Kerouac evoluiu para uma cirrose hepática fatal em 1969.

Outras obras

1950 *Cidade pequena, cidade grande*
1958 *Os subterrâneos*
1958 *Os vagabundos iluminados*
1972 *Visões de Cody* (publicado postumamente)

O QUE É BOM PARA UMA PESSOA É UMA ABOMINAÇÃO PARA OUTRAS

O MUNDO SE DESPEDAÇA (1958), CHINUA ACHEBE

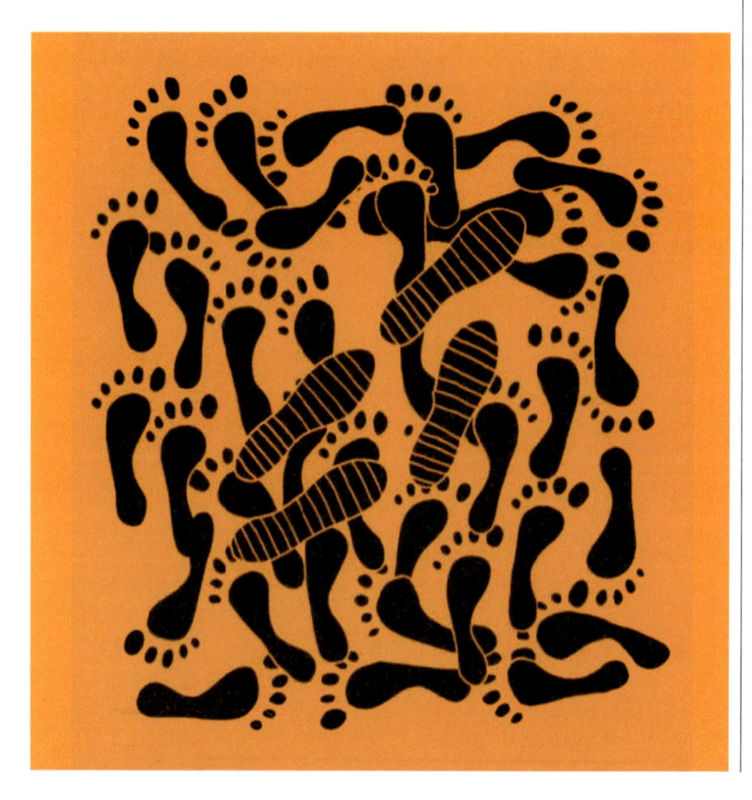

EM CONTEXTO

FOCO
Vozes nigerianas

ANTES
1952 Amos Tutuola conta uma história folclórica iorubá na língua inglesa em *O bebedor de vinho de palmeira*.

1954 Cyprian Ekwensi ganha atenção internacional com *Gente da cidade*.

DEPOIS
1960 A peça *Uma dança das florestas*, de Wole Soyinka, critica a corrupção atual por meio do passado mitológico da nação.

2002 Helon Habila retrata uma nova geração vivendo em Lagos sob um regime militar em *Waiting for an angel* [Esperando por um anjo].

2006 *Meio sol amarelo*, ambientado na Guerra de Biafra, confirma Chimamanda Ngozi Adichie como uma excepcional nova voz e vence o prêmio Orange Prize de melhor ficção.

Publicado em 1958, o volume de menos de 150 páginas de Chinua Achebe *O mundo se despedaça* foi um dos primeiros romances a oferecer uma forma de expressão para escritores da Nigéria, e foi também instrumento de formação de um cânone literário surpreendente. Essa história em múltiplas camadas sobre uma tribo fictícia e seu contato catastrófico com os colonizadores britânicos no final do século XIX tornou-se, desde então, o romance africano mais lido no mundo, vendendo mais de 12 milhões de cópias em mais de cinquenta idiomas. A história contada em *O mundo se despedaça* ressoa para todas as culturas

Veja também: *Coração das trevas* 196-197 ▪ *Desonra* 322-323 ▪ *Meio sol amarelo* 339

O povo igbo celebra diferentes festividades ao longo do ano. Em *O mundo se despedaça*, o Festival do Inhame acontece logo antes da colheita de inhame para agradecer à deusa da Terra, Ani.

tradicionais do mundo que foram destruídas por alguma invasão.

O título do romance é tirado do poema "A segunda vinda", de W. B. Yeats, escrito ao final da Primeira Guerra Mundial. As imagens apocalípticas de Yeats para o mundo acometido pela anarquia e a chegada de um messias ambíguo – uma besta disforme e desajeitada – são um prenúncio da "primeira vinda" dos colonizadores brancos cristãos que invadem e destroem culturas tribais.

Realidade nigeriana

No início de *O mundo se despedaça*, aprendemos que "entre os igbo, a arte da conversação é muito respeitada, e provérbios são o azeite com o qual as palavras são comidas"; talvez surpreenda que alguns aldeões da Umuofia sejam conquistados pelos hinos e pelas histórias bíblicas dos colonizadores. Achebe conquista o público de forma parecida, conduzindo os leitores para um romance clássico estruturado em três partes, com um enredo atraente e um herói trágico, mas que incorpora os mitos e a tradição oral da cultura nigeriana.

Quando Achebe publicou sua obra principal, a Nigéria estava em um processo de mudanças políticas que levaria à independência em 1960. Ele escreveu o romance parcialmente em resposta à representação da África nos livros que estudou na faculdade. Em 2000, descreveu como o romance do escritor anglo-irlandês Joyce Cary *Mister Johnson* (1939), ambientado na Nigéria, foi um belo exemplo de escrita sobre a África, embora os nigerianos vissem um fundo de desgosto e zombaria. Também afirmou que a lúgubre descrição dos nativos em *Coração das trevas*, de Joseph Conrad, representava o racismo endêmico na literatura sobre a África mostrada pelos escritores europeus.

A resposta de Achebe foi escrever uma história com camadas e imersiva sobre a queda de uma sociedade tradicional – uma comunidade rica e próxima do povo igbo (antigos ibo, como o romance se refere a eles). No lugar do bando indistinguível de "selvagens" negros de Conrad, Achebe povoa seu vilarejo de Umuofia com personagens vibrantes que saltam das páginas. Situado no sul da Nigéria pré-colonial nos anos 1890, *O mundo se despedaça* retrata uma sociedade civilizada com ricas tradições de cultura, comércio, religião e justiça.

As cortesias e os costumes sociais do povo – como quebrar e compartilhar noz-de-cola –, a negociação dos termos do casamento e a importância da castidade e da obediência feminina nessa sociedade patriarcal não pareceriam deslocadas em um romance de Jane Austen. Em Umuofia, a vida gira em torno das estações em que os aldeões plantam, cultivam e colhem inhame, observam a "Semana da Paz" e celebram com vinho de palma, lutas, contação de histórias e músicas.

Um homem vitorioso

O protagonista, Okonkwo, é um famoso lutador e guerreiro, marido temperamental de três esposas e proprietário orgulhoso de um grande complexo. Sem herdar nada de seu pai preguiçoso, covarde e endividado – com o qual luta para se parecer o »

O homem branco é muito esperto… Ele pôs uma faca nas coisas que nos mantinham unidos e nos despedaçamos.
O mundo se despedaça

Cultura igbo
Cultura europeia
Governo descentralizado com múltiplos pequenos grupos e nenhum regente geral.
Crença na deusa da Terra e em muitas outras divindades e espíritos ancestrais.
Os anciãos da comunidade administram queixas e resolvem discórdias com o objetivo de manter a paz.
Um governo central comandando uma única grande entidade política.
Crença em Deus e em Jesus Cristo, seu filho na Terra, como salvador e redentor da humanidade.
Cortes de justiça resolvem discórdias, de acordo com leis escritas, com o objetivo de garantir direitos.

Os colonizadores europeus viam os africanos como primitivos, esforçando-se pouco para entender seus costumes e sua cultura. A imposição de valores e instituições externas levou a transformações profundas nas comunidades tradicionais africanas em todos os níveis.

mínimo possível –, Okonkwo trabalha nos campos como arrendatário para enriquecer, construindo os armazéns para inhame e baús com búzios que significam prosperidade. Sua segunda esposa, Ekwefi, é uma bela tribal que deixa o primeiro marido por causa de sua paixão por Okonkwo; sua única filha, Ezinma, é uma menina corajosa e moleca, com um entendimento tão profundo de seu pai e das sutilezas da vida tribal que Okonkwo conclui algumas vezes que ela deveria ter nascido menino.

Máscaras eram usadas por homens igbo com objetivos mágicos durante certos rituais, especialmente em velórios e festivais ou, como em *O mundo se despedaça*, pelo *egwugwu* para administrar a justiça.

Perguntas e respostas

Na cultura igbo, os desejos dos deuses são transmitidos para os *egwugwu* – anciãos mascarados que representam os espíritos ancestrais do clã – e incluem atos brutais de sacrifício: a fenda em sua cultura que permite o ingresso e o colapso. Essa pode ser a "terra dos vivos (...) embora não longe do domínio dos ancestrais", mas há poucos que aderem tão servilmente ao desejo assassino dos deuses como Okonkwo. Sua ideologia guerreira começa a afastá-lo dos demais, que passam a fazer perguntas antes mesmo da chegada do homem branco. Obierika, amigo de Okonkwo, questiona a prática de abandonar os gêmeos no nascimento, "mas, mesmo pensando por um longo tempo, não chegou a uma resposta".

O primeiro homem branco que chega ao vilarejo vizinho de Mbanta traz uma resposta. Ele diz à tribo que eles adoram "deuses enganosos que mandam matar seus companheiros e destruir crianças inocentes. Só há um único Deus verdadeiro...". Enquanto o intérprete convertido do missionário tenta falar à multidão sobre Jesu Kristi, filho de Deus, Okonkwo pergunta se Deus também tem esposa. O missionário continua com um relato incompreensível da Santa Trindade, que parece ser um pouco diferente dos muitos deuses das tribos igbo, e igualmente dependente da fé cega.

Dois lados da história

Achebe expõe a brutalidade da colonização, incluindo massacres e aprisionamentos, mas também descreve o trabalho do sr. Brown, um missionário amável que escuta além de pregar, conquistando corações e mentes ao misturar a religião com educação, presentes e medicina. O filho mais velho de Okonkwo, Nwoye, está entre aqueles da tribo que são seduzidos pela poesia da nova religião e tocados pelas "músicas alegres e joviais do evangelismo". Para Nwoye, os hinos cristãos não apenas têm o "poder de tocar as cordas silenciosas e empoeiradas do coração de um homem igbo", mas parecem responder a "uma vaga e persistente pergunta que assombrava sua jovem alma".

O poder da linguagem

Perguntado por que escolheu escrever em inglês e não em seu nativo igbo, Achebe respondeu que seria tolice não usar o idioma que passou a vida adquirindo e que poderia ser usado como "contra-argumento à colonização". O autor afirmou que o igbo escrito, idealizado pelos missionários na virada do século, era uma mistura de dialetos que perdera todo o ritmo e a musicalidade da linguagem falada. O argumento é ilustrado em seu romance, quando o intérprete igbo do homem branco é zombado pelos aldeões locais por seu dialeto diferente – seu modo de dizer "eu mesmo" é traduzido como "minhas nádegas".

Dois romances de Achebe sucederam *O mundo se despedaça*, formando uma trilogia sobre o turbulento meio século do país sob o comando britânico. *A paz dura pouco*, situado logo antes de a Nigéria conquistar sua independência, conta a história do neto de Okonkwo, Obi, que volta da universidade no exterior e luta por ideais em uma sociedade construída sobre o suborno e a corrupção. Achebe volta no tempo em *A flecha de Deus*, continuando a história da destruição da cultura igbo nos anos coloniais.

Descrito como o "pai da literatura africana moderna", Achebe abriu caminho para a escrita africana em inglês. Em um artigo na revista *The New Gong Magazine* sobre *O mundo se despedaça*, o colunista Henry Chukwuemeka Onyema sugere que "sua extraordinária conquista (...) foi nos contar sobre nós mesmos pelos nossos próprios olhos". Onyema descreve os anos 1960 na Nigéria como "fermento literário", uma vez que os escritores buscavam definir a nova nação independente e entender suas contradições. Entre eles, estava o dramaturgo e romancista Wole Soyinka, premiado com o Nobel de Literatura em 1986.

Uma religião abominável se instalou entre vocês. Um homem agora pode deixar seu pai e seus irmãos. (...) Temo por vocês; temo pelo clã.
O mundo se despedaça

Confrontando a opressão

Gerações posteriores de escritores nigerianos continuaram abordando as consequências do colonialismo, da guerra civil e do conflito cultural. Em 1991, Ben Okri foi premiado com o Booker Prize por *Estrada esfomeada*, no qual uma criança-espírito enfrenta a morte para fazer parte da vida de pessoas reais. Escritoras como Chimamanda Ngozi Adichie também encontraram sua voz dedicando-se à turbulenta história política da Nigéria e explorando o lugar da mulher em uma cultura dominada pela figura masculina. No romance de estreia de Adichie, *Hibisco roxo* (2003), o narrador é uma garota de quinze anos que luta para escapar da repressão de uma criação católica patriarcal. Outros escritores exploraram uma vasta gama de questões modernas – como homossexualidade, prostituição e degradação ambiental – da perspectiva de um nigeriano. ■

Chinua Achebe

Nascido em 1930 na pequena cidade de Ogidi, sudeste da Nigéria, de pais protestantes, Chinua Achebe falava inglês em casa e igbo na escola. Formou-se na University College, em Ibadan, em 1952, e em doze anos escreveu os três romances que se tornariam a base de sua obra. Achebe se casou com Christie Chinwe Okoli em 1961 e tiveram quatro filhos.

Uma carreira inicial no rádio terminou de forma abrupta com a eclosão da Guerra de Biafra. Achebe continuou lecionando nos Estados Unidos e na Nigéria e escreveu histórias, poesia, ensaios e livros infantis. Em 1990, um acidente de carro o deixou preso a uma cadeira de rodas pelo resto da vida. Em 1992, tornou-se professor de línguas e literatura no Bard College, em Nova York, e, em 2009, mudou-se para a Brown University, em Rhode Island. Em 2007, recebeu o prêmio Man Booker International Prize de ficção. Faleceu em março de 2013, aos 82 anos.

Outras obras

1960 *A paz dura pouco*
1964 *A flecha de Deus*
1966 *A man of the people*
1987 *Os formigueiros da savana*

ATÉ O PAPEL DE PAREDE TEM MELHOR MEMÓRIA QUE OS SERES HUMANOS

O TAMBOR (1959), GÜNTER GRASS

EM CONTEXTO

FOCO
O narrador não confiável

ANTES
1884 O jovem herói ingênuo em *As aventuras de Huckleberry Finn*, de Mark Twain, não consegue entender o significado dos acontecimentos que ficam claros para os leitores.

1955 A narrativa de Humbert Humbert é montada a partir de notas escritas em uma prisão e apresentada após sua morte em *Lolita*, de Vladimir Nabokov.

DEPOIS
1962 O adolescente delinquente Alex confessa tudo em "Nadsat", uma futurística linguagem adolescente no romance *Laranja mecânica*, de Anthony Burgess.

1991 O *serial killer* de Bret Easton Ellis se comunica segundo o estereótipo *yuppie* em *O psicopata americano*.

2001 O narrador de Yann Martel exagera na fantasia em *As aventuras de Pi*, com sua história da vida em alto-mar com um tigre – e então oferece uma opção diferente.

O termo "narrador não confiável" se refere a narradores em primeira pessoa que prejudicam a credibilidade de suas próprias histórias. Romances realistas tendem a oferecer uma voz racional, contando uma história que corresponde às expectativas do leitor. Mas e se o narrador der ao leitor motivos para desconfiar, por ser louco ou ter uma percepção distorcida do mundo, por ser muito jovem, ou por estar mentindo?

Textos do século xx são infestados de narradores traiçoeiros, de Humbert Humbert, do romance de Vladimir Nabokov *Lolita*, a Patrick Bateman, de *O psicopata americano*, de Bret Easton Ellis. Mas narradores não confiáveis existem há séculos, incluindo o ingênuo Gulliver de Jonathan Swift e o inocente Huckleberry Finn de Mark Twain. Quando bem executados, romances com narradores não confiáveis envolvem o público de forma diferente: aquele elemento da dúvida tanto ameaça a credibilidade como atrai o leitor para dentro da história.

No meio da história

Günter Grass foi descrito como "a consciência de uma nação" por seu retrato satírico da ascensão da simpatia pelo nazismo por famílias

(...) continuei com meu tambor e não cresci um centímetro desde o meu terceiro aniversário.
O tambor

comuns e das consequências da guerra em *O tambor*. Não há melhor exemplo de narrador não confiável do que o herói atrofiado do romance, Oskar Matzerath. Oskar introduz a si mesmo de seu leito em um "hospício" onde é mantido após seu julgamento por assassinato. Ele explica que, aos vinte anos, tinha apenas noventa centímetros de altura, após parar de crescer por sua própria vontade em seu terceiro aniversário.

Os acontecimentos estão por toda a parte, mas o foco é sempre na figura feroz e minúscula de Oskar, com seu companheiro constante – um tambor de lata – e um grito ensurdecedor. Tem dois possíveis pais: o amante de sua mãe e o marido dela, dono de uma mercearia na cidade livre de Danzig

Veja também: *A vida e as opiniões do cavalheiro Tristram Shandy* 104-105 ▪ *As aventuras de Huckleberry Finn* 188-189 ▪ *Lolita* 260-261 ▪ *Laranja mecânica* 289 ▪ *O psicopata americano* 313

(hoje Gdańsk, Polônia), que está sob controle alemão. Oskar é testemunha de acontecimentos históricos em Danzig e Düsseldorf, mas, absorto e obcecado por suas próprias necessidades, não é nenhum herói. Ao longo dos anos, ele se envolve em uma série de mortes.

Verdades improváveis

Às vezes, a narração alterna para a terceira pessoa, ou é passada para o enfermeiro de Oskar para permitir uma perspectiva diferente. O tom varia: um matador de freiras em uma praia da Normandia é descrito como uma farsa tipo *drawing room*, enquanto a voz poética de Oskar tanto encanta como revolta ao descrever um pescador puxando a cabeça de um cavalo cheia de enguias. Ele nos entretém pelos becos sombrios de suas obsessões pela arte, por anões de circo, por enfermeiras e pelos perfumes das mulheres que seduz. Oferece uma história racional de Danzig, e depois conjura uma boate chamada Adega das Cebolas, onde as pessoas cortam cebolas cruas para chorar.

O que Oskar representa? Talvez seja o demônio, usando seu grito para quebrar as janelas das lojas a fim de tentar os transeuntes a roubar, ou seduzindo mulheres por meios engenhosos. Ou talvez personifique a percepção de Grass sobre a Alemanha: imune ao sofrimento durante o nazismo e facilmente esquecedora do passado. O que é certo, no entanto, é que, por meio da fantasia impiedosa de Oskar, o autor encontrou uma forma de ressoar a história na memória. ■

Narradores não confiáveis vêm em diferentes disfarces: alguns são mentirosos ou omitem os fatos, outros são instáveis, confusos ou manipuladores. Podem ser imaturos ou inocentes, relatando acontecimentos que o leitor percebe de outra maneira.

O sol é para todos
CRIANÇA
As aventuras de Huckleberry Finn

Um estranho no ninho
O tambor
Laranja mecânica
O apanhador no campo de centeio
As aventuras de Pi
O psicopata americano
INSTABILIDADE MENTAL/LOUCO
Filhos da meia-noite
O assassino cego
MENTINDO/CONFUSO
Coração das trevas
A vida e as opiniões do cavalheiro Tristram Shandy
O som e a fúria
O morro dos ventos uivantes
A volta do parafuso
FATOS OMITIDOS
A pedra da Lua

Günter Grass

Nascido em 1927 em Danzig (hoje Gdańsk, Polônia), de pai alemão e mãe cassubiana, Günter Grass frequentou o ginásio Conradinum e foi membro da Juventude Hitlerista. No final de 1944, aos dezessete anos, foi convocado para a Waffen-SS (elite militar nazista), como revelou polemicamente em 2006.

Após a guerra, Grass trabalhou como mineiro e lavrador e estudou arte antes de se tornar escultor e escritor em Paris e Berlim. Publicou suas primeiras peças e poesias em 1955, mas seu reconhecimento veio em 1959, com *O tambor*, que foi sucedido por mais dois romances, formando a Trilogia de Danzig. Em 1999, recebeu o Nobel de Literatura, um dos muitos prêmios de sua carreira. Grass esteve fortemente envolvido na política alemã, apoiando o Partido Social-Democrata e opondo-se à reunificação. Faleceu em 2015, aos 87 anos.

Outras obras

1961 *O gato e o rato*
1963 *Anos de cão*
1999 *Meu século*
2002 *Passo de caranguejo*

ACHO QUE SÓ EXISTE UM TIPO DE GENTE: GENTE

O SOL É PARA TODOS (1960), HARPER LEE

EM CONTEXTO

FOCO
Gótico sulista

ANTES
1940 O romance de estreia de Carson McCullers, *O coração é um caçador solitário*, condensa os elementos do gótico sulista numa história sobre desajustes sociais na Geórgia dos anos 1930.

1955 *Gata em teto de zinco quente*, do dramaturgo Tennessee Williams, é ambientado em uma plantação de algodão no delta do Mississippi e desafia as convenções sociais sulistas com sua descrição de um filho favorito como gay reprimido e alcoólatra.

DEPOIS
1980 *Uma confraria de tolos*, de John Kennedy Toole, se passa em Nova Orleans e trata das palhaçadas do porcalhão e desajustado Ignatius J. Reilly. Toole foi premiado postumamente com o Prêmio Pulitzer de Ficção por esse livro, um ano após sua publicação.

Em meados do século XX, aprofundando as tradições da literatura gótica do século XVIII, com seus elementos de fantasia e do grotesco, escritores do chamado Deep South norte-americano, como Tennessee Williams, Flannery O'Connor e Carson McCullers, estabeleceram um gênero literário conhecido como gótico sulista. Esses autores usavam as características do estilo gótico tradicional para examinar as realidades instáveis e as psiques desordenadas sob a superfície da respeitabilidade sulista. Com personagens problemáticas ou excêntricas, cenários macabros e situações sinistras, os textos desse gênero tratam das questões sociais do sul dos Estados Unidos, como o racismo, a pobreza e o crime.

O sol é para todos, clássico romance de Harper Lee, incorpora o tema do amadurecimento ao gênero gótico sulista e enfatiza o preconceito racial no sul do país nos anos que precederam o movimento pelos direitos civis. O livro também explora o comportamento dos habitantes de uma pequena comunidade sulista.

Você nunca realmente compreende uma pessoa até considerar as coisas sob seu ponto de vista, até vestir sua pele e sair andando por aí.
O sol é para todos

Desafio às convenções

A história se passa em meados da década de 1930, em Maycomb, uma cidadezinha do Alabama onde "o dia tinha 24 horas, mas parecia mais longo". A narradora é Scout, uma garotinha que, no início da narrativa, contava com aproximadamente seis anos. É uma menina travessa e valentona, que questiona as convenções sociais. Scout vive com seu pai viúvo, o advogado Atticus Finch (um homem moralmente correto, que se esforça para ensinar a seus filhos os valores da compreensão e da compaixão), com seu irmão Jem, e Calpurnia, a cozinheira negra.

A garota descreve a vida cotidiana em Maycomb, seus vizinhos, sua amizade com um garoto incomum chamado Dill, e sua escola, criando a imagem de uma sociedade aparentemente atemporal do

Veja também: *As aventuras de Huckleberry Finn* 188-189 ▪ *O som e a fúria* 242-243 ▪ *Homem invisível* 259 ▪ *A sangue frio* 278-279

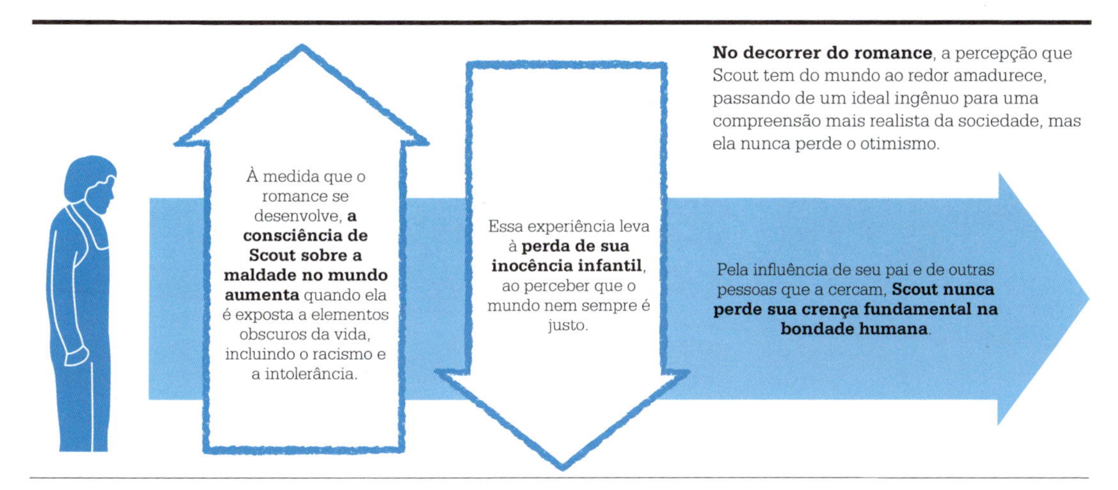

extremo sul norte-americano. O calor abrasa as ruas, senhoras refinadas fazem fofocas em chás missionários, crianças brancas pobres vão descalças para a escola e negros vivem segregados como agricultores ou criados domésticos. Na tradição do gótico sulista, entretanto, há coisas bizarras na comunidade – em particular, o recluso Boo Radley, que vive numa casa supostamente mal-assombrada, e sobre quem as crianças inventam histórias fantásticas.

À medida que o romance se desenvolve, **a consciência de Scout sobre a maldade no mundo aumenta** quando ela é exposta a elementos obscuros da vida, incluindo o racismo e a intolerância.
Essa experiência leva à **perda de sua inocência infantil**, ao perceber que o mundo nem sempre é justo.
Pela influência de seu pai e de outras pessoas que a cercam, **Scout nunca perde sua crença fundamental na bondade humana**.
No decorrer do romance, a percepção que Scout tem do mundo ao redor amadurece, passando de um ideal ingênuo para uma compreensão mais realista da sociedade, mas ela nunca perde o otimismo.

Quando Atticus concorda em assumir a defesa de um homem negro, Tom Robinson, injustamente acusado de estuprar uma mulher branca, Scout descreve as tensões e a violência criadas pela determinação de Atticus em defender Robinson, apesar de tratar-se de uma causa perdida, como ele mesmo admite. Depois do julgamento, ocorre um ataque assassino contra as crianças. Esse evento revela Boo Radley como protetor – e não um monstro. O romance termina com Scout já mais velha, mais sábia e reflexiva sobre o comportamento humano em sua pequena comunidade.

Publicada enquanto o movimento pelos direitos civis evoluía, *O sol é para todos* tornou-se um *best-seller* quase instantâneo. A despeito de seu tom suave, o romance, como outros do gênero, expõe o lado obscuro por trás da amabilidade das comunidades sulistas forçadas a enfrentar a realidade do ódio racial. ■

Harper Lee

Nascida em Monroeville, Alabama, em 28 de abril de 1926, Harper Lee foi uma menina solitária e mais afeita às traquinagens próprias dos meninos. Seu pai era advogado e seu melhor amigo era o escritor Truman Capote (mais tarde, ela o ajudaria nas pesquisas de *A sangue frio*).

Lee estudou na Universidade do Alabama, onde editou a revista universitária. Embora tenha iniciado o curso de direito, ela queria escrever, e, em 1949, abandonou os estudos e foi para Nova York. Em 1956, amigos próximos se ofereceram para custear sua vida por um ano para que ela pudesse escrever. Inspirando-se em acontecimentos e pessoas de sua infância, iniciou *O sol é para todos*, concluído em 1959.

O tremendo sucesso do livro trouxe muitas premiações literárias para Harper Lee, incluindo o Prêmio Pulitzer, em 1961. Ela aceitou um cargo no Conselho Nacional de Artes, porém afastou-se totalmente da vida pública na década de 1970. Acreditava-se que Lee seria escritora de uma única obra, porém publicou seu segundo romance, *Vá, coloque um vigia*, em 2015. Embora seja uma sequência, foi escrito antes de *O sol é para todos*.

NADA ESTÁ PERDIDO SE TIVERMOS CORAGEM PARA PROCLAMAR QUE TUDO ESTÁ PERDIDO E QUE DEVEMOS COMEÇAR DE NOVO

O JOGO DA AMARELINHA (1963), JULIO CORTÁZAR

EM CONTEXTO

FOCO
O antirromance

ANTES
1605 *Dom Quixote*, de Miguel de Cervantes, é considerado o primeiro romance moderno, porém suas características literárias e sua estrutura episódica entram em desacordo com definições posteriores do gênero.

1939 *At swim-two-birds*, do autor irlandês Flann O'Brien, possui múltiplas personagens e tramas sem estrutura linear.

DEPOIS
1973 *O castelo dos destinos cruzados*, do italiano Italo Calvino, apresenta múltiplos enredos, cada um determinado por uma sequência escolhida ao acaso por cartas de tarô.

2001 *Bartleby e companhia*, do escritor espanhol Enrique Villa-Matas, revolve textos não escritos, anotações fragmentadas, notas de rodapé, alusões literárias e comentários sobre autores reais e fictícios.

Uma das peculiaridades geralmente atribuídas ao romance é a organização linear e sequencial de seus segmentos narrativos: presume-se ou espera-se que capítulos mais ou menos em sequência detenham um *status* igualitário em relação uns aos outros, sob o ponto de vista narrativo.

O antirromance – uma expressão inicialmente empregada pelo escritor francês Jean-Paul Sartre, em meados do século xx – subverte essa suposição, marcando um rompimento radical com o romance convencional em termos de enredo, diálogos e estrutura. No caso de *O jogo da amarelinha*, do escritor argentino Julio Cortázar, o romance é subvertido até mesmo sob um ponto de vista físico. O leitor de um antirromance é forçado a suspender todas as expectativas narrativas e a engajar-se no texto de um modo que um trabalho de ficção tradicional não exige. É como o "Quadro de orientações" do livro nos informa: "À sua maneira, este livro é muitos livros, mas é, sobretudo, dois livros".

Referências ao jazz aparecem ao longo de *O jogo da amarelinha*, não apenas em seu tema, mas também numa linguagem imersa em jazz, na estrutura não linear e numa abordagem de improvisação.

Um livro ilimitado

O jogo da amarelinha pode ser lido como um romance sequencial – o primeiro livro –, com um capítulo após outro (terminando no capítulo 56), ou como uma segunda história, saltando do capítulo 73 (um dos "Capítulos Prescindíveis") para o capítulo 1, de frente para trás, de trás para a frente, até os capítulos 58 e 131, nos quais o leitor fica preso a uma espiral interminável envolvendo estes dois últimos. O autor também permite ao leitor explorar o romance através de qualquer outra sequência e ignorar os "Capítulos Prescindíveis" por inteiro.

Mesmo na opção mais linear, a trama evolui de maneira errática, capturando uma série de fragmentos enquanto segue a personagem principal, Horacio Oliveira, inicialmente nos anos 1950, em Paris.

Descobrimos os interesses intelectuais de Oliveira e sua paixão pelo

Veja também: *Dom Quixote* 76-81 ▪ *A vida e as opiniões do cavalheiro Tristram Shandy* 104-105 ▪ *O Estrangeiro* 245 ▪ *Se um viajante numa noite de inverno* 298-299

O jogo da amarelinha convida o leitor a experimentar diferentes itinerários por suas páginas. Há um primeiro livro "normal", com 56 capítulos, e um segundo, que contém 99 "Capítulos Prescindíveis". Cada livro pode ser lido separadamente, além de haver ainda várias outras opções alternativas.

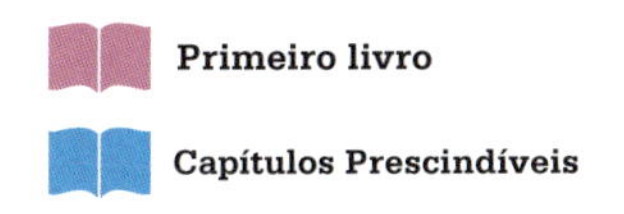

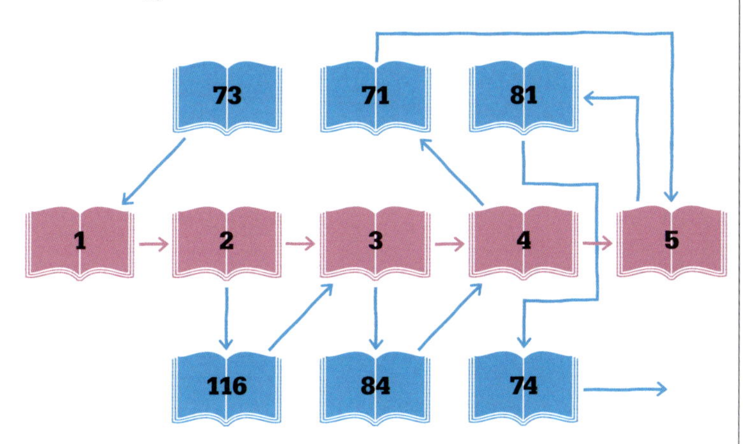

jazz – uma forma musical de clara influência sobre o estilo de Cortázar, com seu *staccato* e seu ritmo sincopado. Ouvimos as discussões de Oliveira com seus amigos, membros do vagamente definido Clube da Serpente, a reverência deles pelo misterioso autor Morelli, e o amor de Oliveira (embora numa relação tumultuada) por Maga. Por fim, ele parte para a Argentina, onde encontra trabalho num hospício.

Estratégias narrativas

O segundo livro toma a Argentina como palco. Em alguns dos "Capítulos Prescindíveis", a crença de Cortázar de que o leitor deve ter consciência dos trabalhos de um romance – como participante e mesmo conspirador – pode ser detectada, até destruir o *status* do próprio texto como um romance.

A descrição de Cortázar sobre deterioração mental, interação humana desconectada e alienante e viagem forçada por países se reflete nos efeitos que o livro, como objeto, demanda do leitor. Dessa forma, o autor chama a atenção, com sucesso, para os constructos ficcionais do texto, assim como para as expectativas que todos temos do formato de um romance. ■

[Um] mundo de xadrez onde você se moveria como um cavalo tentando se mover como uma torre tentando se mover como um bispo.
O jogo da amarelinha

Julio Cortázar

Julio Cortázar nasceu de pais argentinos na Bélgica, em 1914. Sua família mudou-se para a Suíça no início da Primeira Guerra Mundial, mas fixou-se em Buenos Aires, na Argentina, em 1919.

Cortázar qualificou-se como professor ainda jovem e começou seus estudos de filosofia e linguagem na universidade em Buenos Aires, porém interrompeu-os por dificuldades financeiras.

Em 1951, emigrou para a França, onde trabalhou como tradutor enquanto viajava e escrevia contos constantemente. Engajou-se em causas políticas, apoiando os movimentos de esquerda em Cuba e nos demais países da América Latina continental, que visitou diversas vezes a partir da década de 1960. Nessa mesma época, seus romances, incluindo *O jogo da amarelinha*, começaram a ser publicados. Cortázar morreu em 1984, aos 69 anos, e se encontra sepultado em Paris.

Outras obras

1960 *Os prêmios*
1967 *Blow-up e outras histórias*
1968 *62: modelo para armar*
1973 *O livro de Manuel*

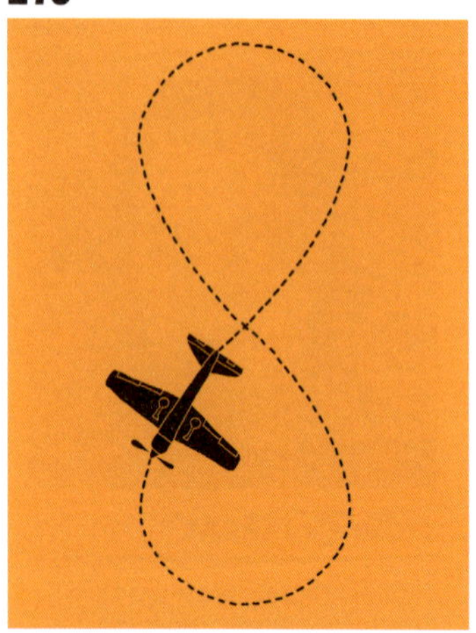

ELE DECIDIU VIVER PARA SEMPRE OU MORRER TENTANDO

ARDIL-22 (1961), JOSEPH HELLER

EM CONTEXTO

FOCO
Humor negro americano

ANTES
1939 *O dia do gafanhoto*, de Nathanael West, satiriza a vaidade grotesca de Hollywood e de seus aproveitadores durante o período da Grande Depressão.

1959 A coletânea de ficção *Adeus, Columbus*, de Philip Roth, usa o humor para lidar com o lado obscuro ou tabu de assuntos como sexo, religião e assimilação cultural.

DEPOIS
1966 *O leilão do lote 49*, de Thomas Pynchon, explora as falhas de comunicação, o absurdo e a natureza desordenada do mundo.

1969 A busca por significado em tempos cada vez mais desestruturados é satirizada por Kurt Vonnegut em *Matadouro 5*, inspirado na experiência do autor no bombardeio de Dresden e no absurdo da guerra.

Com fascinação pelo mórbido e pelo tabu, o humor negro utiliza a farsa para jogar luz sobre questões sérias e controversas. Esse humor frequentemente advém do desespero ou do horror e destaca o lado fútil da vida. Muitos romances assim sinistros e satíricos foram escritos nos Estados Unidos na segunda metade do século XX, quando a nação assumiu a liderança do Ocidente em virtude do esfacelamento da Europa após duas guerras e a era nuclear instaurada pela Guerra Fria.

Por tudo aquilo que vale a pena morrer, vale a pena também viver.
Ardil-22

A loucura da sanidade

Ardil-22, romance satírico do escritor norte-americano Joseph Heller (1923--1999), é ambientado na Segunda Guerra Mundial, embora possa ser lido como comentário sobre a Guerra do Vietnã, que estava em curso.

Trata das investidas do capitão Yossarian e seus companheiros aviadores, que servem em missões de bombardeio. Sem nenhum patriotismo, Yossarian fica furioso por sua vida estar em risco. Convencido de que está cercado de idiotas lunáticos, tenta evitar envolvimento nas missões fingindo-se doente. Mesmo assim, ele e seus camaradas se encontram na situação de "Ardil-22" (referente a um código da prática militar): podem pedir exoneração do serviço alegando insanidade, porém o próprio processo de justificar a loucura usando o protocolo correto prova que a pessoa está sã, e então eles precisam continuar voando.

A loucura da guerra vista assim tão claramente por Yossarian é salientada pelo uso que Heller faz do paradoxo, do absurdo e do tipo de raciocínio circular exemplificado pela própria condição do Ardil-22. Fiel às convenções do humor negro, o romance às vezes é sinistro, hilário e trágico. ■

Veja também: *O leilão do lote 49* 290 ▪ *Matadouro 5* 291 ▪ *O psicopata americano* 313

FAÇO RIMAS PARA ENXERGAR A MIM MESMO, PARA MANTER O ECO NA ESCURIDÃO

DEATH OF A NATURALIST [MORTE DE UM NATURALISTA] (1966), SEAMUS HEANEY

EM CONTEXTO

FOCO
Poesia do pós-guerra

ANTES
1945 A coletânea de poemas do anglo-americano W. H. Auden inclui suas impressões políticas e o início de suas reflexões religiosas, ecoando a crise da sociedade moderna.

1957 Em *The hawk in the rain* [O falcão na chuva], o poeta inglês Ted Hughes explora o amor e a guerra por meio da vida simbólica dos animais, mostrando um mundo de esforço que reflete a humanidade.

1964 *Whitsun weddings* [Casamentos em Pentecostes], do poeta inglês Philip Larkin, constitui uma série de poemas sobre o declínio das relações familiares e sociais preestabelecidas.

1965 *Ariel*, da poeta norte-americana Sylvia Plath, publicado postumamente, compreende uma mudança para um fluxo imagético obscuro e instável, derivado dos horrores dos crimes de guerra.

O panorama político, cultural e pessoal da geração de poetas que apareceu após a Segunda Guerra Mundial foi marcado pelas atrocidades do conflito repleto de culpa. Escritores e outros artistas tinham uma relação conturbada com o passado – tanto o público como o pessoal. Nas obras de poetas como W. H. Auden, Ted Hughes e Philip Larkin, os relacionamentos pessoais frequentemente substituíam interações mais abrangentes, e a memória da guerra se insinuava em meio a imagens, referências, formas e estilos poéticos.

Memória e mudança

Death of a naturalist, primeira coletânea poética importante, bem-sucedida e aclamada do poeta irlandês Seamus Heaney (1939-2013), explora a divisão entre infância e idade adulta, passado e presente – uma versão da divisão entre um mundo anterior e outro posterior à guerra. Temas e imagens invocam a natureza, a família, o trabalho humano e as paisagens rurais irlandesas em poemas como "Blackberry picking" [Colhendo amoras] e "Churning day" [Dia agitado]. Sem progressão narrativa, os 34 poemas da coletânea giram em torno de elementos similares em estilo e temática, com imagens naturais utilizadas para destacar efeitos da guerra sobre espaços externos e internos. No segundo poema, "Death of a naturalist", um garoto encontra sapos "posicionados como granadas de lama", rompendo a conexão rural infantil relacionada à natureza.

O passado também é encarnado por meio dos membros da família de Heaney – em especial, seu pai. Em "Digging" [Escavando], ele mostra sua ligação atualmente ultrapassada com o trabalho manual e o conhecimento sobre antigas práticas cotidianas ao relembrar seu pai cavando a terra para colher batatas e seu avô revirando o solo em busca de turfa. O trabalho deles, no final, não parece tão diferente do de Heaney, o que ele, quase se desculpando, reconhece ao escrever a seus antepassados mais telúricos e "úteis": "Entre polegar e indicador, aconchega-se a caneta. Com ela hei de cavar". Confrontar o passado por meio da escrita parece ser a única maneira de lidar com seus legados e consequências. ■

Veja também: *A terra desolada* 213 ▪ *A redoma de vidro* 290 ▪ *Crow* 291

DEVE HAVER ALGO DE ERRADO CONOSCO PARA FAZER O QUE FIZEMOS

A SANGUE FRIO (1966), TRUMAN CAPOTE

EM CONTEXTO

FOCO
Novo jornalismo

ANTES
Início dos anos 1900
Jornalistas investigativos, como Lincoln Steffens e Ida M. Tarbell, misturam técnicas literárias e jornalismo em artigos que expõem corrupção e práticas de governo.

1962 O jornalista Gay Talese utiliza entrevistas, diálogos e observação em um artigo factual, porém literário, sobre o boxeador Joe Louis, na revista *Esquire*.

DEPOIS
1970 Tom Wolfe desafia o jornalismo tradicional com *Radical Chique e o terror dos RPs*, escrevendo reportagens num animado estilo opinativo.

1972 Hunter S. Thompson publica seu romance embalado a drogas, *Medo e delírio em Las Vegas* – uma gênese do "jornalismo gonzo", em que o jornalista participa integralmente da narrativa.

A expressão "novo jornalismo" foi introduzida pela crítica dos anos 1960 para descrever o trabalho de escritores norte-americanos como Truman Capote, Norman Mailer, Tom Wolfe e Gay Talese, que empregavam técnicas literárias para produzir matérias de não ficção e apresentar reportagens factuais de maneira dramática. A teoria de Capote, segundo a qual o jornalismo poderia ser forçado a gerar um novo tipo de arte – ou o "romance de não ficção", conforme explicou numa entrevista ao *The New York Times* em 1966 –, está na base de seu livro *A sangue frio*.

Em 1959, Capote leu uma reportagem no jornal que lhe ofereceu o objeto ideal para pôr sua teoria em prática: no Kansas, o rico fazendeiro Herbert Clutter e membros de sua família foram executados sem razão aparente. Auxiliado por sua amiga, a escritora Harper Lee, Capote visitou o local e começou a investigar o crime. *A sangue frio* foi publicado sete anos mais tarde.

Eu achei que sr. Clutter fosse um senhor muito gentil... e continuei a pensar assim até o momento em que cortei sua garganta.
A sangue frio

Assassinato no Kansas

O livro descreve o crime ocorrido em 15 de novembro de 1959. Havia quatro vítimas: Clutter, que aos 48 anos trabalhava duro e frequentava a igreja; sua mulher, Bonnie; a filha, Nancy; e o filho, Kenyon. A família era respeitada e popular – sua execução brutal chocou a comunidade. Um morador local afirmou que eram "gente cordial, amistosa, pessoas que eu conhecia... *assassinadas*".

Em contrapartida, os dois assassinos, Richard "Dick" Hickock e Perry Smith, eram ex-presidiários desajustados, em liberdade condicional, que haviam cumprido pena na Penitenciária Estadual do Kansas. Dick prometeu a Perry: "Vamos espalhar cabelo pelas paredes, de cima a baixo". Os dois foram pegos e presos em Las Vegas, em 30 de dezembro de 1959. Capote mergulhou de cabeça no caso, passando tempo ao lado de

Veja também: *O sol é para todos* 272-273 ▪ *Os exércitos da noite* 291 ▪ *Medo e delírio em Las Vegas* 332

Unindo fato e ficção

Jornalismo
- Investigação apurada e completa.
- Foco na narrativa: contar a história.
- Brevidade e concisão são valorizadas.

Novo jornalismo
- Estabelece conexão com o leitor.
- Mistura reportagem com uma "voz" literária distinta.
- Examina emoções, motivações e personalidades.
- Mantém a apuração factual.

Ficção
- Literatura criada a partir da imaginação do autor.
- Pode ser baseada em fatos reais.

amigos e parentes das vítimas, residentes locais, membros da polícia, carcereiros, psiquiatras e dos próprios assassinos. Não gravou entrevistas, mas anotou citações e impressões.

Verdades e floreios

O resultado é uma obra notável construída cena a cena por Capote, compondo cada personagem e abrindo espaço para que a história seja contada conforme as próprias palavras de cada um. A obra foi publicada inicialmente em capítulos na revista *The New Yorker*, tornando-se sucesso imediato. O jornalista norte-americano Jack Olsen afirmou que aquele era o primeiro livro a transformar um crime real num "gênero comercial de sucesso". Apesar disso, Capote foi acusado de ter deturpado ou exagerado acontecimentos. Ele negou a deturpação, mas há provas de floreios no livro.

Tom Wolfe escreveu que *A sangue frio* deu um "impulso impressionante" ao novo jornalismo e seguiu codificando as características dessa escola em seu livro de 1973, *O novo jornalismo*. Wolfe afirmou que o romance de Capote incorporou todas as técnicas essenciais para o gênero: testemunho dos fatos em primeira mão, diálogos reais, narrativa em terceira pessoa e descrição detalhada de minúcias do cotidiano, tais como o jeito de os assassinos escovarem os dentes. Isso criou um estilo de reportagem muito próximo do factual, porém apresentado ao estilo de um romance, possibilitando aos leitores um entendimento bem mais vigoroso e convincente dos fatos e das personagens. ■

Truman Capote

Nascido Truman Streckfus Persons, em Nova Orleans, em 30 de setembro de 1924, Capote teve uma infância conturbada. Seus pais se divorciaram quando ele tinha quatro anos, e ele foi criado por parentes. Mais tarde, uniu-se novamente à mãe e ao segundo marido dela, Joseph Capote, e frequentou a escola em Nova York e Greenwich, Connecticut. Sua carreira teve início com uma série de contos publicados em revistas como *Harper's Bazaar* e *The New Yorker*. Seu primeiro romance, *Outras vozes, outros lugares*, foi publicado em 1948, firmando-o como escritor. Capote era uma figura controversa: *socialite*, beberrão e usuário de drogas ocasional, levava uma vida extravagante e abertamente homossexual, algo incomum para a época. Tempos depois, tornou-se recluso. Morreu em Los Angeles em 25 de agosto de 1984.

Outras obras

1945 "Miriam" (conto)
1951 *A harpa de ervas*
1958 *Bonequinha de luxo*
1986 *Súplicas atendidas* (publicado postumamente)

ACABANDO A TODO INSTANTE, MAS NUNCA TERMINANDO SEU FIM

CEM ANOS DE SOLIDÃO **(1967), GABRIEL GARCÍA MÁRQUEZ**

EM CONTEXTO

FOCO
O *boom* latino-americano

ANTES
1946-1949 O guatemalteco Miguel Angel Asturias mistura técnicas modernistas com surrealismo e folclore em *O senhor presidente* e *Homens de milho*.

1962 Em *A morte de Artemio Cruz*, Carlos Fuentes mescla lembranças, imagens poéticas, fluxo de consciência e perspectivas múltiplas para explorar a corrupção no México.

1963 O argentino Julio Cortázar permite aos leitores escolher seu próprio caminho em sua obra radicalmente experimental *O jogo da amarelinha*.

DEPOIS
1969 A sociedade despedaçada dos anos 1950 no Peru é revelada subitamente em uma discussão entre dois homens de diferentes classes em *Conversa na catedral*, de Mario Vargas Llosa.

Como o nome sugere, o *boom* latino-americano foi uma explosão de criatividade literária na América do Sul nos anos 1960. Embora Jorge Luis Borges tenha fomentado uma pequena efervescência vinte anos antes com *Ficções* – um compilado de contos que quebraram todas as convenções literárias –, os anos do *boom* contaram com a publicação de obras estelares que trouxeram reconhecimento internacional para autores como Gabriel García Márquez, Julio Cortázar e Mario Vargas Llosa. Esses intelectuais se engajaram nas lutas políticas da América Latina. Sua escrita foi influenciada pela contracultura dos anos 1960, e suas narrativas frequentemente faziam uso de técnicas inovadoras e experimentais, como o tempo não linear, mudanças de perspectiva e realismo fantástico – técnica com frequência tida como invenção da literatura sul-americana.

O tempo não passava (...) ele girava em círculos (...).
Cem anos de solidão

Isolamento

Considerada por muitos a maior obra-prima do período, *Cem anos de solidão*, do colombiano García Márquez, reúne histórias bíblicas, mitos antigos e tradições sul-americanas de magia, ressurreição e regeneração em um comentário metafórico sobre a história do continente.

O relato abrange um século e sete gerações de uma única família, os Buendía. Macondo, a cidade fundada por eles, representa genericamente a história da Colômbia. Na abertura, Macondo é um pequeno vilarejo com casas de adobe (barro), espremido entre as montanhas e um pântano. Seu isolamento do mundo moderno é completo: não há nenhuma estrada que atravesse as montanhas. Estabelecida por José Arcadio Buendía e sua esposa, Úrsula Iguarán, é uma utopia onde todos têm menos de trinta anos e ninguém nunca morreu. José Arcadio e Úrsula têm dois filhos – um gigante robusto, também chamado José Arcadio, e seu irmão ansioso e vidente, Aureliano. Seus nomes, características físicas e personalidades se repetem ao longo das gerações, enquanto personagens como Pilar Ternera, a prostituta do vilarejo, tanto enriquecem a variedade genética como a complicam, casando-se e tendo filhos com múltiplos Buendía.

No meio de toda essa complexidade, o coração de Macondo é sempre a matriarca Úrsula, cuja longa vida permite que proteja e mantenha a família Buendía a cada nova geração e após cada invasão de forasteiros – com os episódios de insanidade que as sucedem.

Invasão

Cada geração enfrenta sua própria catástrofe, muitas das quais parodiam um episódio da história da América Latina ou refletem a rica tradição de mitos e lendas do continente. Embora tenha alma de artista, Aureliano logo se encontra nas guerras civis que assolam o país durante anos. Torna-se um famoso coronel, renomado por toda a região tanto por sua poesia como por seus feitos militares.

Todas as vitórias de Aureliano resultam em nada, pois o país permanece abalado pelo conflito – uma

A casa em Aracataca, Colômbia, onde Gabriel García Márquez cresceu hoje é local de peregrinação para fãs do autor que querem conhecer o lugar que inspirou a criação de Macondo.

Veja também: *Ficções* 245 ▪ *O jogo da amarelinha* 274-275 ▪ *Pedro Páramo* 287-288 ▪ *A morte de Artemio Cruz* 289-290 ▪ *A cidade e os cães* 290 ▪ *Filhos da meia-noite* 300-305 ▪ *A casa dos espíritos* 334 ▪ *O amor nos tempos do cólera* 335 ▪ *2666* 338-339

paródia às batalhas sangrentas que destruíram a América Latina no século XIX. As guerras trazem morte e violência à pacífica Macondo, e Arcadio, sobrinho de Aureliano, torna-se ditador até ser abatido por um pelotão de fuzilamento. A cidade havia sido mudada para sempre, e a inauguração de uma ferrovia expõe Macondo à influência do mundo externo pela primeira vez.

A princípio, os aldeões ficam encantados com as maravilhas da modernidade – não conseguem entender como um ator que morre no filme pode voltar à vida e aparecer em outro –, mas Macondo logo se torna vítima do imperialismo econômico norte-americano. A United Fruit Company transforma a cidade em uma plantação de banana, controlada por um pequeno acampamento de norte-americanos. Quando os trabalhadores entram em greve por melhores condições, são massacrados em um episódio que se torna o violento catalisador do declínio final da cidade. A miséria infligida em Macondo representa os séculos de dor causados pela exploração econômica ocidental. Nem mesmo uma tempestade que »

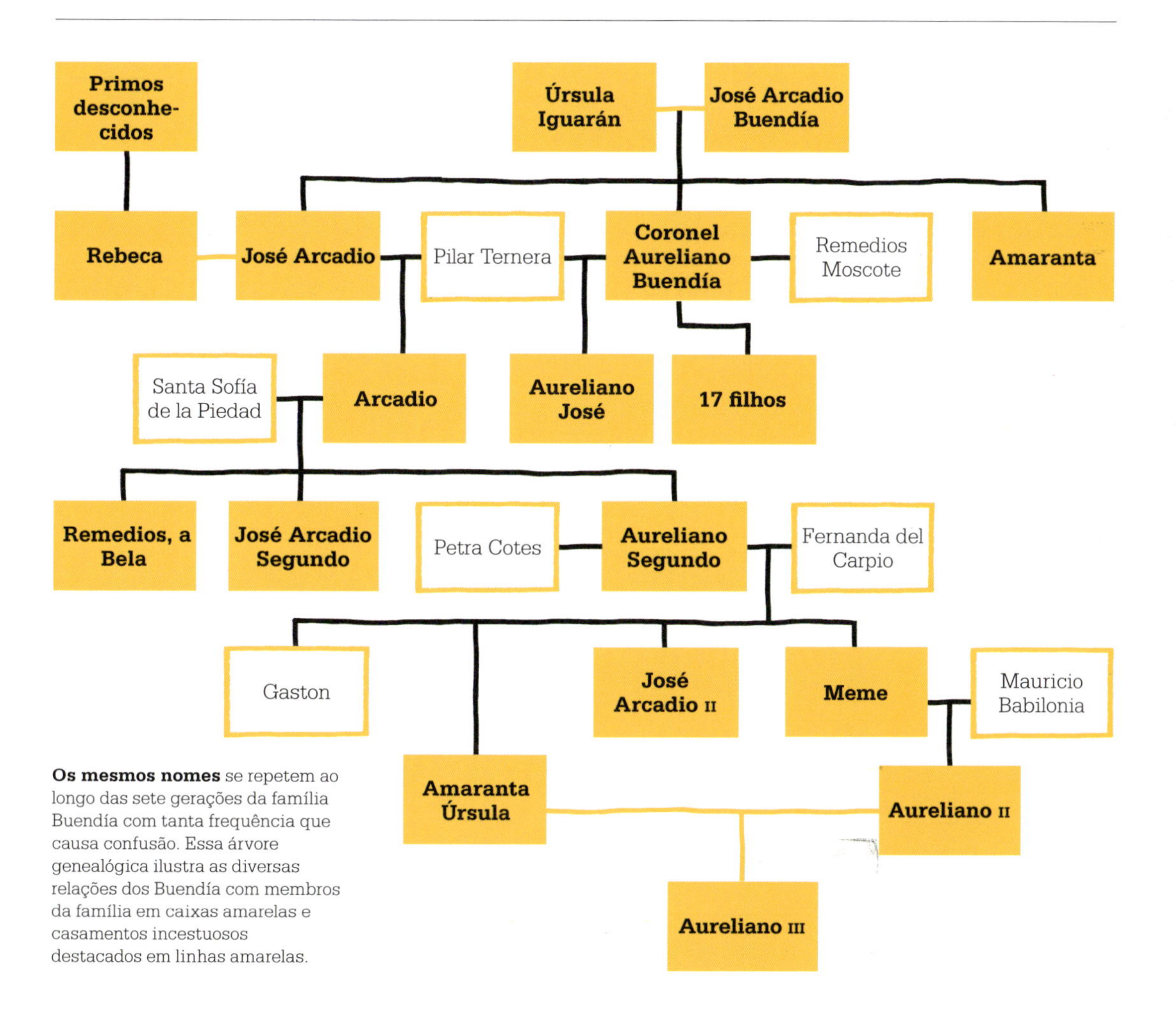

Os mesmos nomes se repetem ao longo das sete gerações da família Buendía com tanta frequência que causa confusão. Essa árvore genealógica ilustra as diversas relações dos Buendía com membros da família em caixas amarelas e casamentos incestuosos destacados em linhas amarelas.

dura quatro anos, onze meses e dois dias é capaz de limpá-la. Ela, no entanto, causa um êxodo, deixando Macondo vazia – exceto por alguns Buendías que vivem seus dias finais na cidade.

Histórias bíblicas e mitos

Márquez utiliza a herança mista de mitos e contos bíblicos para contar a história de um paraíso destruído pela perda de sua inocência. Em Macondo, "o mundo era tão novo que muitas coisas ainda não tinham nome". A análise da história do progresso humano feita pelo romance começa, portanto, com um idiossincrático mito da criação dos Buendía.

O casamento que iniciou a família é uma união entre os primos José Arcadio e Úrsula, e a história de um incesto anterior dos Buendía, que produziu uma criança com rabo de porco, torna-se uma ansiedade cada vez mais presente. No final das contas, esse medo era absolutamente justificável: o último Aureliano nasce com a tão temida desgraça. Existem diversos mitos incas baseados no incesto entre irmãos, e a progressão natural da família a partir de Adão e Eva, na Bíblia, teria ocorrido de maneira parecida. Alguns dos primeiros a desembarcar na América do Sul no século XVII acreditavam que o Jardim do Éden estava situado no leste da Bolívia. Os primeiros conquistadores achavam que tinham descoberto um povo descendente do filho de Noé, sobrevivente do Grande Dilúvio, ou possivelmente das tribos perdidas de Israel.

Ciência e magia

A magia não é usada com parcimônia nesse romance; ela é o tecido com o qual seu texto leve e poético é costurado. Primeiro, os aldeões são mistificados por fenômenos modernos, como dentes e fotografias falsos. Mas, mesmo quando a modernização de Macondo se inicia, as forças da magia têm o mesmo peso da razão e da ciência. Remedios, a Bela, uma mulher bonita demais para ser vista de cima, sobe ao céu em uma nuvem de lençóis. Depois que o primeiro José Arcadio perde a sanidade, torna-se literalmente ligado ao castanheiro de seu jardim. Ao ser levado para dentro de casa, o cheiro de cogumelos e fungos o acompanha. À medida que Úrsula envelhece e vai perdendo a visão, "a lucidez de sua velhice permite que ela enxergue", e ela desenvolve seus outros sentidos: usando o odor para relembrar visões, rastreia os movimentos de uma criança colocando um pouco de água de rosas em sua cabeça, e distingue as cores pela textura.

García Márquez disse que aprendeu a conduzir a voz narrativa em seu romance pelas histórias de sua avó e com uma tia com talento especial para dar explicações fantásticas com a convicção de quem diz a verdade.

O último que restou foi um passado cuja aniquilação ainda não acontecera porque ainda estava em processo de aniquilação.

Cem anos de solidão

Gabriel García Márquez

Nascido na Colômbia em 1928, Gabriel José García Márquez foi criado por seus avós em Aracataca, cidade que lembra a fictícia Macondo de *Cem anos de solidão*. Sua criação moldou suas crenças anti-imperialistas. Durante *La Violencia*, período de dez anos de repressão política na Colômbia, García Márquez tornou-se repórter em Barranquilla.

Embora o jornalismo de García Márquez tenha florescido, sua visão liberal o obrigou a deixar a Colômbia para trabalhar como correspondente na Europa. Depois de cobrir a Revolução Cubana, em 1959, trabalhou em Bogotá e Nova York para a Prensa Latina, a agência de notícias cubana. Seu segundo romance completo, *Cem anos de solidão*, foi escrito na Cidade do México e rendeu ao autor sua consagração no mundo todo. Márquez escreveu mais de 22 livros e recebeu o Prêmio Nobel de Literatura em 1982. Faleceu na Cidade do México, em 2014.

Outras obras

1985 *O amor nos tempos do cólera*
2004 *Memórias de minhas putas tristes*

Ressurreição

Em *Cem anos de solidão*, os mortos continuam a exercer influência sobre os vivos e o túmulo é uma porta para múltiplas realidades além da nossa. No início da história, José Arcadio Buendía enfia uma lança na garganta de Prudencio Aguilar, um vizinho que o insulta. José Arcadio é assombrado pelo espírito do homem até o seu próprio leito de morte. Os dois homens fazem planos para uma fazenda de pássaros na vida eterna, para terem "algo para fazer nos tediosos domingos da morte".

A fixação pela morte persiste quando a parente distante Rebeca chega à casa Buendía arrastando um saco com os ossos de seus pais. Ela come terra e cal, as coisas do túmulo, enquanto espera por um enterro digno.

Tempo circular

Tempo fragmentado ou não linear é uma característica típica da abordagem pós-modernista do *boom* latino-americano na literatura. A primeira frase introduz esse estilo de forma memorável: "Muitos anos depois, diante do pelotão de fuzilamento, o coronel Aureliano Buendía se lembraria daquela tarde distante quando seu pai o levou para ver o gelo".

O tempo é cíclico na história: acontecimentos do presente, do passado e do futuro se entrelaçam no decorrer de cem anos da família Buendía. O espaço também é circular. Toda a ação ocorre em esferas concêntricas: primeiro, o mundo moderno que invade Macondo; depois, o próprio vilarejo; a casa dos Buendía; e, finalmente, o misterioso laboratório que se estabelece no coração da casa e que permanece intocado com a passagem do tempo. Resgatado do pelotão de fuzilamento, Aureliano se recolhe ali, onde forja pequenos peixes de ouro, que derrete e constrói novamente em uma tentativa de viver para sempre o momento presente – uma reflexão amarga das repetições fúteis da narrativa e da história humana.

Quando o último Buendía chega ao laboratório para finalmente revelar os pergaminhos que registram e profetizam a história dos cem anos de Macondo, e que são entregues ao primeiro José Arcadio pelo cigano Melquíades, descobre que plantas pré-históricas e insetos luminosos removeram, "a partir daquela sala, qualquer vestígio da passagem humana pela Terra". Ao ler, encontra-se "decifrando o instante que vivia, decifrando-o enquanto vivia, profetizando a si mesmo no ato de decifrar a última página dos pergaminhos, como se estivesse olhando para um espelho falante". Nesse extraordinário momento metafictício, narrador, personagem e leitor atingem o ponto em que passado, presente e futuro se misturam e caem no vazio além do qual as palavras param na página.

Uma plantação de banana é estabelecida em Macondo, e o imperialismo econômico da United Fruit Company leva a um massacre que reflete a exploração dos Estados Unidos sobre a América Latina.

Raças condenadas a cem anos de solidão não tinham uma segunda oportunidade na Terra.
Cem anos de solidão

Cem anos de solidão vendeu mais de 30 milhões de cópias e é considerado uma obra-prima do *boom* literário que reverberou por duas décadas. A visão pós-moderna de Márquez falou tanto para a América Latina como para todo o mundo em seu retrato de um planeta condenado a repetir um ciclo de intermináveis catástrofes ambientais, lutas de classes e brigas internas uma após a outra, geração após geração. ■

LEITURA ADICIONAL

PALAVRAS
(1946), JACQUES PRÉVERT

Palavras foi a primeira coletânea de poesias do poeta e roteirista francês Jacques Prévert (1900-1977). Compreendendo 95 poemas de tamanhos variados, o livro revela diversos elementos do seu estilo de escrita, como jogos de palavras, poemas em prosa, trocadilhos e minidiálogos.
A coletânea abrange uma variedade de temas, intercalando a vida cotidiana na Paris pós-guerra com sentimentos de protesto antiguerra, críticas políticas e religiosas e uma reflexão sobre o papel da arte na sociedade.

CHORA, TERRA BEM AMADA!
(1948), ALAN PATON

A obra-prima do autor sul-africano Alan Paton (1903-1988) tem como figura central Stephen Kumalo, um padre anglicano negro em Johannesburgo que procura seu filho, envolvido no assassinato de um ativista branco sob o pretexto de justiça racial. O romance também conta a história do pai do ativista e de como seu próprio preconceito e pontos de vista são mudados pela morte e pela escrita de seu filho e pelo encontro com Kumalo. A narrativa de Paton revela a realidade em constante mudança da África do Sul às vésperas do *apartheid*.

O PAÍS DAS NEVES
(1948), YASUNARI KAWABATA

O romancista japonês Yasunari Kawabata (1899-1972) foi laureado com o Nobel. Um de seus romances mais famosos, *O país das neves*, fala sobre um amor fadado ao fracasso entre as montanhas do Japão ocidental. Shimamura – um homem de negócios rico e entediado – conhece Komako, uma linda, porém desamparada, gueixa em um *resort* de águas termais. A paisagem se torna uma metáfora para os sentimentos – incluindo desilusão e isolamento. O foco de Kawabata no pessoal, sem nenhuma menção aos combates da Segunda Guerra Mundial, que ocorria à época de sua escrita, pode ter sido uma resposta artística consciente ao conflito.

O trem saiu do longo túnel da fronteira – e lá estava o país das neves. A noite ficara branca.
O país das neves
Yasunari Kawabata

A LAGOA E OUTRAS HISTÓRIAS
(1951), JANET FRAME

Uma coletânea de contos: essa foi a primeira publicação da autora neozelandesa Janet Frame (1934-2004). Em diversos aspectos, os textos da coletânea questionam seu próprio *status* como ficção, exploram a atuação e a identidade da autora e experimentam com a voz narrativa. A publicação do livro e a receptividade da crítica – incluindo um prêmio literário de grande renome – foram cruciais para salvar Frame de uma lobotomia e uma série de práticas atrozes em hospícios, onde ela havia sido internada.

O VELHO E O MAR
(1952), ERNEST HEMINGWAY

Escrito durante a estada de Ernest Hemingway em Cuba, em 1951, *O velho e*

Ernest Hemingway

Nascido em Illinois, Estados Unidos, em 1899, Hemingway descobriu seu gosto pela escrita cedo na vida, como repórter do *The Kansas City Star*. Mais tarde, serviu como motorista voluntário de ambulância na Primeira Guerra Mundial na Itália, de onde retornou ferido em 1918. Seu primeiro romance, *O sol também se levanta*, foi escrito enquanto trabalhava como correspondente internacional em Paris. Estabelecendo-se na Europa, Hemingway encontrou cada vez mais sucesso com seus contos e romances, e viajou para perseguir – entre outros interesses – seu amor pela caça, tema que apareceria em muitas de suas histórias. Voltou ao jornalismo para cobrir a Guerra Civil Espanhola (1936-1939) e os desembarques na Normandia (1944), e ganhou o Prêmio Nobel em 1954. Hemingway cometeu suicídio em Idaho, em 1961.

Outras obras

1929 *Adeus às armas*
1940 *Por quem os sinos dobram*
1952 *O velho e o mar* (veja à direita)

o mar foi a última obra de ficção publicada durante a vida do autor. A história é tão simples quanto o estilo da escrita, retratando a luta do velho pescador Santiago com um agulhão na costa de Cuba e da Flórida. Ainda assim, a obra é profundamente emocionante e poderosa, conforme reconheceram as comissões dos prêmios Pulitzer e Nobel ao contemplar Hemingway. Múltiplas interpretações do livro foram sugeridas – por exemplo, que se trata de uma reflexão sobre a carreira do autor, de que possua um significado religioso alegórico, ou de que seja uma história pessoal baseada em quem Hemingway encontrou ao longo de sua vida.

FAHRENHEIT 451
(1953), RAY BRADBURY

Um dos romances mais famosos do escritor norte-americano de ficção especulativa Ray Bradbury (1920-2012), *Fahrenheit 451* é um exemplo ímpar de ficção distópica. Em um mundo no qual o conhecimento e os livros são banidos, Guy Montag, um "bombeiro" (em *Fahrenheit 451*, bombeiro é a pessoa responsável por atear fogo nos livros) lentamente redescobre sua humanidade e individualidade. A história destaca o conflito entre seguir ordens de forma subserviente e questionar as estruturas dominantes de poder, assim como o papel que os livros e o conhecimento podem exercer nessa luta constante.

Um livro é uma arma carregada na casa ao lado (...) Quem sabe quem pode ser o alvo de um homem instruído?
Fahrenheit 451
Ray Bradbury

O SENHOR DAS MOSCAS
(1954), WILLIAM GOLDING

Apesar da inicial falta de sucesso, *O senhor das moscas* desde então se tornou um texto clássico e fundamental da escrita distópica, alegórica, política e satírica. O livro começa com um grupo de garotos presos em uma ilha deserta, seguindo suas tentativas fracassadas, violentas e eventualmente selvagens de impor diferentes tipos de autogoverno e ordem ao grupo. A história acontece à sombra do esqueleto apodrecido de um porco rodeado de insetos – o epônimo Senhor das Moscas do título. Embora o primeiro romance de William Golding tenha sido frequentemente desafiado por sua controversa análise da natureza humana, temas utilitaristas e violência, trata-se de uma fascinante imersão no pensamento político, psicológico e filosófico de seu tempo.

William Golding

Golding nasceu próximo à cidade britânica de Newquay, Cornwall, em setembro de 1911. Cresceu em uma família politizada em Wiltshire: seu pai, Alec, foi mestre de ciências, socialista e racionalista, enquanto sua mãe, Mildred Curnoe, era ativista dos direitos feministas. Golding estudou ciência natural e depois literatura inglesa em Oxford. Serviu à Marinha Real durante a Segunda Guerra Mundial e publicou sua primeira obra de ficção, *O Senhor das Moscas*, em 1954. Continuou escrevendo até sua morte, em 1993, e recebeu os prêmios Booker e Nobel.

Outras obras

1954 *O Senhor das Moscas* (veja à esquerda)
1955 *Os herdeiros*
1980, 1987, 1989 *To the Ends of the Earth: A Sea Trilogy* [Aos confins da Terra: uma trilogia do mar]

O SENHOR DOS ANÉIS
(1954-55), J. R. R. TOLKIEN

O escritor e acadêmico inglês J. R. R. Tolkien (1892-1973) ajudou a reinventar o gênero fantástico com a sequência de três volumes ao seu livro infantil *O hobbit* (1937). Tirando inspiração de eventos das guerras mundiais, de sua infância na África do Sul e de seus estudos das literaturas islandesa e germânica, desenvolveu o épico *O senhor dos anéis*. A história segue diversas personagens em sua jornada pelos *A sociedade do anel*, *As duas torres* e *O retorno do rei*, em uma aventura de vida ou morte para impedir a disseminação das forças do mal na Terra Média.

PEDRO PÁRAMO
(1955), JUAN RULFO

Influenciando escritores como Gabriel García Márquez e José Saramago, *Pedro Páramo*, do autor mexicano Juan Rulfo (1917-1986) é uma história surreal, sobrenatural e enigmática sobre perda, memórias assombradas e relacionamentos profundamente carregados. Por meio de uma narrativa não linear, feita da mistura de fatos, sonhos e alucinações, o leitor é arrastado para dentro da confusão do narrador, Juan Preciado. Ele conta sobre sua volta à cidade fantasma de Comala após a morte de sua mãe para realizar o último desejo dela – encontrar seu pai, Pedro Páramo. Juan fica chocado ao

Yaşar Kemal

Nascido em Gokcedam, Turquia, em 1923, Yaşar Kemal teve uma infância difícil, que pode ter contribuído para sua necessidade de falar em nome dos menos favorecidos. Ficou cego de um olho quando criança e aos cinco anos sofreu a tragédia de testemunhar o assassinato de sua mãe. Foi consagrado por seus contos e romances, escritos nos anos 1950 e 1960, enquanto trabalhava como jornalista. Também escreveu baladas e livros infantis. Kemal recebeu 38 prêmios literários ao longo de sua carreira e foi indicado ao Prêmio Nobel em 1973. Faleceu em 2015.

Outras obras

1954 *Teneke*
1955 *Memed, meu falcão* (veja abaixo)
1969 *İnce Memed II* [Memed, meu falcão II]

descobrir o tamanho da influência de Páramo sobre a cidade. No decorrer da narrativa, Páramo é revelado como protagonista e antagonista da história, detendo o poder de vida e morte sobre Comala e seus habitantes.

MEMED, MEU FALCÃO
(1955), YAŞAR KEMAL

Primeiro romance completo de Yas,ar Kemal, *Memed, meu falcão* – cujo título original é *İnce Memed* [Memed, o Magro] – foi o primeiro livro de idioma turco a alcançar reconhecimento internacional. No primeiro volume em uma série de quatro livros, ele acompanha a história conturbada do jovem Memed, da Anatólia, que foge de sua condição abusiva com sua amada Hatche, perde-a e junta-se a um grupo de saqueadores. Ele volta à sua mãe e à sua cidade natal para desafiar o proprietário abusivo que causou a morte de Hatche, e descobre que sua história está apenas começando.

O PAVILHÃO DOURADO
(1956), YUKIO MISHIMA

Baseado em fatos reais, o livro conta a história de um jovem monge, gago e feio, que odeia a beleza, especialmente o templo zen de Quioto, decorado com placas de ouro. Para o monge, ele inicialmente representa a natureza transitória da vida e da beleza, porém termina por dominar seus pensamentos como uma presença incômoda. O romance ganhou popularidade como um estudo instigante da loucura, mas também como uma reflexão sobre a beleza em si mesma.

UIVO E OUTROS POEMAS
(1956), ALLEN GINSBERG

Primeira e mais significativa coletânea do poeta norte-americano Allen Ginsberg (1926-1997), é a que mais influenciou o movimento Geração *Beat*. Contendo, entre outros poemas, o épico "Uivo", os textos de Ginsberg são crus e emocionantes e condenam abertamente o capitalismo consumista, a homofobia, o racismo e a hegemonia cultural nos Estados Unidos. A editora do livro foi acusada de obscenidade, mas venceu o caso, que serviu apenas para aumentar a demanda pelo livro e impulsionar sua circulação tanto nos Estados Unidos como no resto do mundo.

DOUTOR JIVAGO
(1957), BORIS PASTERNAK

O romance aclamado internacionalmente *Doutor Jivago*, do escritor russo Boris Pasternak (1890-1960), é uma provocativa investigação do Partido Comunista russo entre a revolução de 1905 e a Primeira Guerra Mundial. Teve de ser publicado na Itália por causa da censura do governo russo, que também removeu o Prêmio Nobel concedido a Pasternak. A história é contada por meio de múltiplas personagens – tendo como centro Yuri Jivago – enquanto elas se adaptam à nova realidade política de seu país. Ela trata das tentativas equivocadas do regime de impor conformidade e de sua pobre interpretação dos ideais socialistas, assim como das lutas das personagens em suas tentativas de tolerar e superar a alienação, a solidão e a frieza da Rússia comunista.

O CIÚME
(1957), ALAIN ROBBE-GRILLET

Um *nouveau roman* (novo romance) experimental francês, *O ciúme*, de Alain Robbe-Grillet (1922-2008), apresenta um narrador ausente – embora sua presença esteja implícita – dos acontecimentos que descreve. Ele espiona, por ciúme, sua esposa através de uma *jalousie*, um tipo de janela. Cenas são repetidas diversas vezes, com alguns detalhes alterados. Ambígua e fragmentada, a obra é um exemplo da experimentação do autor com o formato de romance; cabe ao leitor interpretar a história por si mesmo.

UMA CASA PARA O SR. BISWAS
(1961), V. S. NAIPAUL

Primeiro romance do escritor britânico V. S. Naipaul (1932-), nascido em Trinidad e Tobago, a alcançar reconhecimento internacional, *Uma casa para o sr. Biswas* fala da experiência do autor em crescer no Caribe. Mohun Biswas luta pelo seu objetivo de conseguir uma casa própria,

Ela começa servindo: o conhaque (...) depois o refrigerante e, finalmente, três cubos de gelo transparentes, cada um dos quais aprisiona um punhado de agulhas prateadas no seu coração.

O ciúme

Alain Robbe-Grillet

oferecer um lar para sua família e escapar de seus sogros autoritários. O livro expõe as desigualdades do colonialismo e as tensões entre a vida individual e familiar.

A PAIXÃO SEGUNDO G. H.
(1964), CLARICE LISPECTOR

O romance intimista no Brasil tem início na segunda geração modernista ou geração de 1930, mas será aprofundado e consolidado posteriormente, principalmente com Clarice Lispector. *A paixão segundo G. H.* conta a história de uma dona de casa que após mandar embora a empregada, decide arrumar o quarto de serviço de sua casa e se depara com uma barata. Depois de matá-la, tem uma epifania e resolve comê-la. A partir disso começa a refletir sobre a própria vida, desestabilizando padrões de comportamento "civilizados" que ditavam suas ações até então. Ao enredo banal, no entanto, sucede uma intensa investigação sobre a condição humana e sobre o que resta do homem quando a linguagem não dá mais conta de expressar as coisas do mundo.

UM DIA NA VIDA DE IVAN DENISOVICH
(1962), ALEKSANDR SOLZHENITSYN

Crítico ativo do governo totalitário que dominava sua nativa Rússia, Solzhenitsyn (1918-2008) escreveu esse romance, sua primeira obra literária, para condenar abertamente o domínio de Stálin. O livro narra um dia na vida de um prisioneiro condenado erroneamente ao trabalho compulsório, Ivan Denisovich, e a natureza das punições, o sofrimento e os horrores que ele suporta. A mensagem subliminar, entretanto, é de solidariedade, lealdade e humanidade entre os prisioneiros, que só conseguem sobreviver um dia após o outro ao se ajudarem.

UM ESTRANHO NO NINHO
(1962), KEN KESEY

Um estranho no ninho, do escritor norte-americano Ken Kesey (1935-2001), é um romance ambientado em um hospital psiquiátrico no Oregon, baseado na própria experiência do autor como funcionário de uma instituição similar. Embora o romance tenha sido, em geral, bem recebido, também foi banido em alguns locais. Livro mais famoso de Kesey, ele destaca a humanidade – e, às vezes, a crueldade – por trás dos indivíduos, de pacientes a funcionários, no sistema de apoio à saúde mental. É frequentemente visto como uma crítica a esse tipo de instituição, além de outros sistemas de controle na sociedade norte-americana.

LARANJA MECÂNICA
(1962), ANTHONY BURGESS

Nesse romance distópico, Anthony Burgess (1917-1993) leva suas observações das culturas jovens presentes na Grã-Bretanha nos anos 1960 a extremos perturbadores. O leitor segue o narrador adolescente Alex em suas proezas de ultraviolência, depravação e uso de drogas, contadas tanto em inglês como no dialeto jovem influenciado pelo idioma russo, conhecido como "Nadsat". Também são descritas as tentativas das autoridades de corrigir Alex por meio de um tipo experimental de terapia da aversão, não importa o que isso custe para sua sanidade mental. O capítulo final, removido das edições norte-americanas até os anos 1980, parece mostrar alguma redenção para Alex. O romance satírico inspirou uma adaptação cinematográfica extremamente bem-sucedida e igualmente polêmica em 1971, por Stanley Kubrick, o que ajudou a aumentar a popularidade da obra e o interesse pelo livro.

A MORTE DE ARTEMIO CRUZ
(1962), CARLOS FUENTES

Um dos romances que ajudaram a trazer reconhecimento internacional para a literatura latino-americana, *A morte de Artemio Cruz*, do autor mexicano Carlos Fuentes (1928-2012), é uma lembrança

Se ele só pode fazer o bem ou fazer o mal, então é uma laranja mecânica (...) um organismo adorável, com cor e suco, mas (...) apenas um brinquedo mecânico a ser controlado por Deus ou pelo demônio.

Laranja mecânica

Anthony Burgess

da vida da personagem fictícia principal, Artemio Cruz, enquanto ele jaz em seu leito de morte. Por meio das memórias de Cruz, o leitor se une à sua família gananciosa, a um padre autoritário e a um assistente não muito leal, revisitando mais de sessenta anos de história, política e religião no México – incluindo as políticas externas, corrupção e traições do país.

A REDOMA DE VIDRO
(1963), SYLVIA PLATH

Esse romance semiautobiográfico da poeta norte-americana Sylvia Plath (1932-1963) reconta eventos da vida da autora, e foi inicialmente publicado sob um pseudônimo. O texto é formado por vários *flashbacks* da juventude da protagonista, Esther, quando estagia em uma revista famosa em Nova York durante o verão. Esther, em busca de sua própria identidade como mulher, desaba a um estado mental degradante, terminando em um hospital psiquiátrico onde é tratada com terapia de eletrochoque.

A CIDADE E OS CÃES
(1963), MARIO VARGAS LLOSA

Estreia literária altamente censurada do peruano vencedor do Prêmio Nobel Mario Vargas Llosa, *A cidade e os cães* é uma obra de ficção experimental. Empregando múltiplas perspectivas e uma complexa ordem cronológica não linear, a história se passa em uma academia militar real em Lima. Ela expõe as técnicas usadas para treinar cadetes, transformando-os em robôs leais, quietos e hipermasculinos, nunca questionando ou desafiando as estruturas impostas ou a autoridade. Além disso, essas práticas não são vistas apenas como questões da academia, mas também de estruturas militares mais gerais e de um Estado que depende de poder militar para manter o controle – como o Peru dos anos 1930 aos 1980. As autoridades tentaram impedir a publicação do romance, condenando-o sob a acusação de ser um estratagema do vizinho Equador para denegrir a nação peruana.

Senti-me imóvel e vazia (...) andando sem vida no meio da algazarra.

A redoma de vidro
Sylvia Plath

O LEILÃO DO LOTE 49
(1966), THOMAS PYNCHON

Escrita pelo autor nova-iorquino de ficção especulativa Thomas Pynchon (veja p. 296), essa novela foi aclamada como um excelente exemplo e uma dura paródia da ficção pós-moderna e da psicanálise. Ela acompanha Oedipa Maas em sua descoberta de uma conspiração mundial enraizada na rixa secular entre duas empresas de serviço postal – uma real ("Thurn und Taxis") e outra fictícia ("Tristero"). O texto é repleto de referências culturais e sociais a música, literatura e arte populares.

VASTO MAR DE SARGAÇOS
(1966), JEAN RHYS

Poderoso romance do escritor britânico nascido na República Dominicana Jean Rhys (1890-1979), *Vasto mar de sargaços* explora temas feministas e pós-coloniais por meio de relações de poder, especialmente entre homens e mulheres. A história, que antecede *Jane Eyre* (1847), de Charlotte Brontë, acompanha a crioula branca Antoinette e sua vida conturbada na Jamaica, onde é controlada, oprimida e expulsa como louca por seu marido inglês, antes de ser forçada a mudar-se para a Inglaterra sob o nome de Bertha.

O MESTRE E MARGARIDA
(1966-1967), MIKHAIL BULGAKOV

Escrito pelo autor russo Mikhail Bulgakov (1891-1940) entre 1928 e 1940, mas publicado quase trinta anos depois, *O mestre e Margarida* se passa na Moscou dos anos 1930 e – como contado no romance pela personagem principal, o "mestre" – em Jerusalém à mesma época de Cristo. Por meio das duas histórias, o livro pode ser interpretado como uma validação histórica de dogmas religiosos, uma crítica a regras exageradamente burocráticas e uma sátira às autoridades soviéticas, catalisada nas personagens professor Woland – uma manifestação anárquica, porém erudita de Satã – e seu bando demoníaco.

Olhamos uma para a outra, com sangue no meu rosto e lágrimas no dela. Foi como se eu visse a mim mesma. Como em um espelho.

Vasto mar de sargaços
Jean Rhys

OS EXÉRCITOS DA NOITE
(1968), NORMAN MAILER

O romance vencedor do Prêmio Pulitzer *Os exércitos da noite: a história como romance/o romance como história*, do jornalista, dramaturgo, romancista e cineasta Norman Mailer, foi uma obra fundamental na ascensão e na aceitação do livro-reportagem no contexto literário. O texto é uma lembrança histórica, política e jornalística de um protesto contra a Guerra do Vietnã em Washington, em 1967, intercalado com autorreflexões, romantizações e opiniões pessoais sobre o assunto e sobre o próprio autor.

MATADOURO 5
(1969), KURT VONNEGUT

Escrito pelo autor norte-americano Kurt Vonnegut (1992-2007), *Matadouro 5 ou A cruzada das crianças: uma dança com a morte* é um exemplo incrível de ficção especulativa e sátira política surrealista. Mistura viagem no tempo e seus paradoxos, criaturas alienígenas e notas semiautobiográficas sobre o serviço do autor na Segunda Guerra Mundial, incluindo o bombardeio em Dresden. O resultado é uma crítica aos horrores da guerra, à indústria editorial e ao *status* da literatura, e é uma reflexão profunda, quase cômica, sobre morte e mortalidade.

A MULHER DO TENENTE FRANCÊS
(1969), JOHN FOWLES

Esse popular e altamente aclamado romance do autor britânico John Fowles (1926-2005) é frequentemente rotulado como ficção histórica pós-moderna. Ele conta a história dos naturalistas Charles Smithson e Sarah Woodruff, uma ex-governanta, em um estilo que conversa com os romances vitorianos enquanto aborda temas como questões de gênero, história, ciência e religião. O narrador, que também se torna personagem, permite vários finais possíveis para a história, desestabilizando a narrativa linear dos textos que imita.

EU SEI POR QUE O PÁSSARO CANTA NA GAIOLA
(1969), MAYA ANGELOU

Primeiro livro de uma autobiografia em sete volumes, *Eu sei por que o pássaro canta na gaiola*, da norte-americana afrodescendente ativista e vencedora do Prêmio Pulitzer Maya Angelou (1928-2014), expressa as reações mutantes da autora à violência do racismo. Obra literária poderosa e influente, além de uma franca exposição da infância de Angelou no Arkansas, dos três aos dezesseis anos, o livro explora questões da infância, traumas e maternidade e proclama o poder da crença em si mesmo, assim como da literatura e da palavra escrita.

CROW
(1970), TED HUGHES

Considerado por muitos a coletânea mais importante do poeta britânico Ted Hughes (1930-1998), *Crow: from the life and songs of the crow* [Corvo: da vida e músicas do corvo] foi inspirado nas ilustrações do pássaro feitas pelo artista norte-americano Leonard Baskin. Os poemas – alguns dos quais são tradicionais em estilo, enquanto outros tomam formatos mais experimentais – seguem a personagem do Corvo, misturando elementos de mitologias e religiões do mundo em um épico conto folclórico. Embora a história seja incompleta – Hughes não conseguiu continuar após o suicídio de sua amante, Assia Wevill, em 1969 –, a ambiciosa coletânea é uma notável reflexão filosófica e literária sobre mitologia e o mundo natural.

Norman Mailer

Nascido em New Jersey, Estados Unidos, em 1923, Norman Mailer cresceu em Nova York. Entrou na Universidade de Harvard aos dezesseis anos, inicialmente para estudar engenharia aeronáutica, mas logo despertou seu interesse pela escrita. Uma de suas histórias ganhou um concurso em 1941, o que o levou a perseguir sua carreira literária com seriedade – ambição que ele argumentava (sem sucesso) ser suficiente para eximi-lo do serviço militar. Seu primeiro romance, *Os nus e os mortos* (1948), é baseado em sua experiência de guerra nas Filipinas. Em 1955, foi cofundador da revista de artes políticas *The Village Voice*. Comentarista e crítico cultural, Mailer também escreveu biografias de Picasso, Lee Harvey Oswald e Marilyn Monroe. Seu jornalismo literário, ativismo político e dois prêmios Pulitzer consolidaram sua fama. Faleceu em 2007.

Outras obras

1957 "The White Negro" [O negro branco]
1968 *Os exércitos da noite* (veja à esquerda, acima)
1979 *A canção do carrasco*

LITERATU
CONTEMP
1970 ATÉ O PRE

RA

ORÂNEA

SENTE

A fotografia "Nascer da Terra", tirada do **foguete tripulado Apollo 8**, que orbitava a Lua um ano antes do primeiro pouso, torna-se uma imagem icônica do nosso planeta.

1968

1973

O longo e complexo romance *O arco-íris da gravidade*, de Thomas Pynchon, combina **ciência e filosofia** com elementos da alta e baixa cultura.

Morre Mao Tsé-tung, líder da China comunista, **dando fim à Revolução Cultural** que começara em 1966.

1976

1979

No romance pós-moderno *Se um viajante numa noite de inverno*, de Italo Calvino, **passagens alternadas são escritas na segunda pessoa** – "você", o leitor.

Filhos da meia-noite, de Salman Rushdie, conta a história da **divisão da Índia** no estilo realismo mágico.

1981

1987

Toni Morrison analisa **os efeitos psicológicos da escravidão** em seu romance *Amada*.

A queda do **Muro de Berlim** simboliza o fim da Guerra Fria.

1989

1990

O poeta santa-lucense Derek Walcott publica *Omeros*, reinterpretando *Ilíada* de Homero em um **cenário pós-colonial**.

Rumo ao fim do século XX, o mundo se tornava cada vez menor. O ritmo acelerado dos avanços tecnológicos, particularmente no transporte e nas comunicações, trouxe uma globalização de comércio e culturas em uma escala jamais vista antes. Mudanças políticas – com destaque para a libertação dos países da Europa oriental comunista e o fim da Cortina de Ferro – também ajudaram a fomentar relações internacionais cada vez mais fortes.

Ao mesmo tempo que as nações desenvolviam suas próprias culturas pós-coloniais, a Europa e a América do Norte foram influenciadas pelo multiculturalismo, o que levou à percepção de que a cultura ocidental não poderia mais ser considerada um modelo para o resto do mundo.

Esse foi o período no qual a primeira geração de escritores nascidos em países que conquistaram sua independência dos impérios europeus chegou à idade adulta. Muitos escritores admiravam as novas técnicas do pós-modernismo que alguns autores sul-americanos adotaram como estilo, especialmente o gênero do realismo mágico. O idioma inglês, entretanto, continuou predominando no mundo literário, e foram os autores do antigo Império Britânico que se destacaram na primeira onda da literatura pós-colonial.

Novas vozes nacionais

A Índia produziu autores como Salman Rushdie e Vikram Seth, os quais, escrevendo em inglês, retrataram as experiências da nova Índia após a independência e a partição. Vozes locais também emergiram em outras antigas colônias do Império, incluindo o poeta caribenho Derek Walcott e o romancista V. S. Naipaul. No Canadá, na Austrália e na África do Sul, onde muitas pessoas do Reino Unido se estabeleceram, a influência britânica na escrita diminuiu e a literatura dessas nações começou a ganhar reconhecimento.

Novos estilos de escrita também surgiam no Leste Asiático, à medida que os escritores buscavam estabelecer uma identidade nacional na China moderna após a turbulenta Revolução Cultural, e em uma Coreia agora dividida entre o norte autoritário e o sul liberal pelo paralelo 38°.

Multiculturalismo

Enquanto a cultura europeia perdia o monopólio em suas antigas colônias, também era influenciada pelo número crescente de imigrantes de todo o mundo. Muitas cidades da Europa se

1993

O longo romance *Um rapaz adequado*, de Vikram Seth, utiliza-se de quatro famílias para explorar os **conflitos internos da Índia** após a independência.

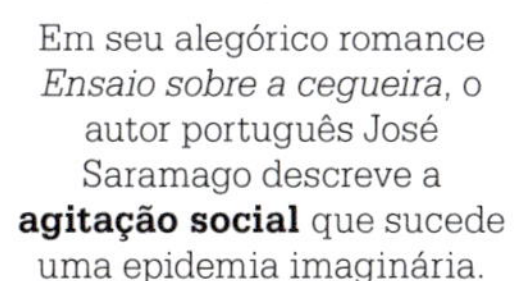

1995

Em seu alegórico romance *Ensaio sobre a cegueira*, o autor português José Saramago descreve a **agitação social** que sucede uma epidemia imaginária.

1999

O romance *Desonra*, de J. M. Coetzee, detalha a perda de prestígio de um professor universitário na África do Sul pós-*apartheid*.

2000

Amor, ciúme e tradição compõem *O assassino cego*, de Margaret Atwood, que oferece uma **nova virada na ficção gótica**.

2000

Dentes brancos, de Zadie Smith, conta a história de duas famílias na **Londres multicultural do século xx**.

2001

The guest [O visitante], de Hwang Sok-yong, aborda as consequências do fanatismo e do conflito civil na **Guerra da Coreia**.

2001

As correções, de Jonathan Franzen, analisa as **disfunções ocultas de uma família tradicional** no centro-oeste dos Estados Unidos.

2001

Terroristas derrubam três aviões comerciais no Pentágono e nas **Torres Gêmeas do World Trade Center**, em Nova York.

2005

Em seu romance *Extremamente alto e incrivelmente perto*, Jonathan Safran Foer utiliza várias técnicas experimentais para elucidar os **ataques de 11 de Setembro**.

tornaram centros cosmopolitas, atraindo não apenas pessoas em busca de oportunidades e de um melhor padrão de vida, mas também escritores e artistas que ainda consideravam o continente um centro intelectual.

Ironicamente, vários escritores que ajudaram a estabelecer um estilo literário em sua terra natal, como Rushdie, Seth e Naipaul, escolheram viver na Inglaterra, onde sua presença inspirou escritores mais jovens, muitos dos quais descendiam de imigrantes do subcontinente indiano, da África, do Caribe e de outros lugares. Esses autores descreveram as complexas experiências de viver em cidades multiculturais, com Zadie Smith explorando a integração de imigrantes à sociedade britânica. Nos Estados Unidos, no entanto, questões raciais e de assimilação cultural tiveram um histórico mais longo. A sociedade norte-americana estava consolidada no modelo dos colonizadores europeus, enquanto uma cultura díspar se desenvolvera entre os afro-norte-americanos descendentes de escravos. Mesmo depois que muitos objetivos políticos do Movimento pelos Direitos Civis foram conquistados, as tensões raciais persistiram e isso se refletiu em uma produção literária característica, encabeçada por escritores como Toni Morrison.

Literatura internacional

Concomitantemente ao desenvolvimento de novas vozes nacionais, uma tendência global de adotar técnicas estilísticas pós-modernistas conferiu um apelo internacional a grande parte da literatura da época. A contracultura dos anos 1960 quebrou as barreiras entre as culturas "séria" e "popular", enquanto tecnologias sofisticadas de computação e telecomunicações serviram de inspiração para romances como *O arco-íris da gravidade*, do autor norte-americano Thomas Pynchon. O realismo mágico, em particular, tornou-se um gênero amplamente aceito, embora a nova literatura continuasse reinventando formas antigas, como na sátira alegórica de José Saramago e na metaficção de Italo Calvino.

Apesar de o inglês ser hoje um segundo idioma para diversas pessoas ao redor do mundo, muitos romances também são traduzidos. A leitura moderna é internacional, e os autores – não mais restritos às barreiras regionais – refletem rapidamente ideias e questões de ressonância global, como as disfunções da sociedade moderna e a ameaça imposta pelo terrorismo. ■

NOSSA HISTÓRIA É UM APANHADO DE ÚLTIMOS MOMENTOS

O ARCO-ÍRIS DA GRAVIDADE (1973), THOMAS PYNCHON

EM CONTEXTO

FOCO
Romance enciclopédico

ANTES
1851 *Moby Dick*, de Herman Melville, é o primeiro grande romance enciclopédico norte-americano.

1963 *V.*, romance de estreia de Thomas Pynchon, é predecessor de *O arco-íris da gravidade* em seu escopo panorâmico e repleto de informações.

DEPOIS
1996 Misturando vícios, relacionamentos familiares, tênis, entretenimento, propaganda, separatismo de Quebec e teoria de cinema, o romance enciclopédico *Graça infinita*, do escritor norte-americano David Foster Wallace, possui 388 notas de fim.

1997 Utilizando o beisebol – e uma bola de beisebol em particular – como tema central, o complexo romance *Submundo*, do autor norte-americano Don DeLillo, vai dos anos 1950 à década de 1990, envolvendo personagens históricas e ficcionais.

O termo "romance enciclopédico" se refere a uma vasta e complexa obra de ficção que inclui grupos de informações especializadas sobre assuntos que variam da ciência à arte ou à história. Por meio de um esforço *virtuose* da imaginação, tenta criar um mundo ficcional além da narrativa linear. Em *Moby Dick*, Herman Melville combinou, entre outras coisas, referências bíblicas e shakespearianas, fatos sobre as baleias e descrições realistas da vida a bordo de um navio. Em *O arco-íris da gravidade*, ambientado no final da Segunda Guerra, Thomas Pynchon mistura operações secretas da época da guerra com cultura popular, surrealismo, erotismo perverso, ciência de foguetes e matemática.

Determinismo e desordem

Com uma trama complexa formidável, mudanças de tempo e cerca de quatrocentas personagens, o romance é uma vitrine de prodigiosa erudição. Seus temas incluem paranoia, determinismo, morte e entropia – um termo da termodinâmica que indica um declínio constante até a desordem.

Thomas Pynchon

Nascido em Long Island, Nova York, em 1937, Thomas Pynchon cursou o ensino médio em Oyster Baye e seguiu estudando engenharia física na Cornell University, porém deixou o curso incompleto para servir na Marinha norte-americana. Retornou a Cornell para estudar inglês. No início da década de 1960, Pynchon trabalhou como redator técnico na Boeing, em Seattle. Mais tarde, contaria sobre essa experiência em sua ficção (especialmente em *O arco-íris da gravidade*). Passou algum tempo no México antes de se mudar para a Califórnia. Depois de *O arco-íris da gravidade*, sua prosa tornou-se menos desafiadora em termos estilísticos, porém mais humanista e politizada. Pynchon é conhecido por defender sua privacidade e esquivar-se da cobertura da mídia.

Outras obras

1966 *O leilão do lote 49*
1984 *Slow learner* [Lento aprendiz] (contos)
2006 *Contra o dia*
2013 *Bleeding edge* [Margem sangrenta]

Veja também: *Moby Dick* 138-145 ▪ *Os miseráveis* 166-167 ▪ *Guerra e paz* 178-181 ▪ *Ulisses* 214-221 ▪ *Ardil-22* 276 ▪ *Graça infinita* 337

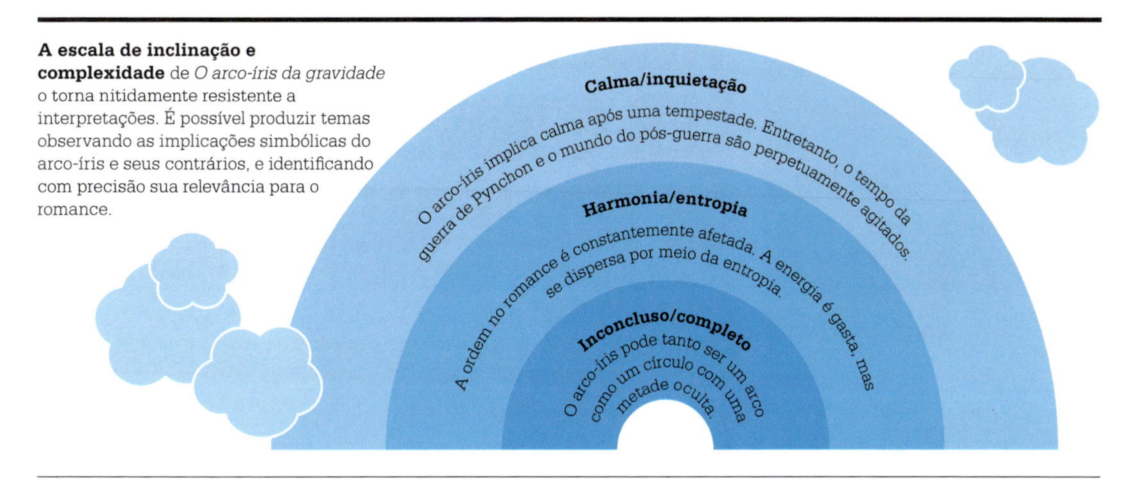

Calma/inquietação
O arco-íris implica calma após uma tempestade. Entretanto, o tempo da guerra de Pynchon e o mundo do pós-guerra são perpetuamente agitados.
Harmonia/entropia
A ordem no romance é constantemente afetada. A energia é gasta, mas se dispersa por meio da entropia.
Inconcluso/completo
O arco-íris pode tanto ser um arco como um círculo com uma metade oculta.

A escala de inclinação e complexidade de *O arco-íris da gravidade* o torna nitidamente resistente a interpretações. É possível produzir temas observando as implicações simbólicas do arco-íris e seus contrários, e identificando com precisão sua relevância para o romance.

O símbolo central do livro é o foguete alemão V-2, que espelha tanto a transcendência como um futuro desconhecido e ameaçador. As palavras de abertura do texto descrevem o som do V-2 atingindo Londres: "Um grito que corta o céu". Simetricamente, ao final do romance, um foguete também está prestes a ser detonado. No meio disso, numerosas tramas e subtramas impelem as personagens ao longo de uma sucessão de cenas bastante improváveis, nas quais a paranoia e o medo da morte são frequentemente mencionados pelas vias do humor negro.

O enredo principal da obra gira em torno da busca empreendida por diversas personagens para descobrir o segredo de um foguete V-2, cujo número é 00000. Uma dessas personagens é um soldado norte-americano chamado Tyrone Slothrop, cujos encontros sexuais ocorrem em Londres exatamente nos lugares onde depois cairão foguetes V-2. Mais tarde, Slothrop socorre uma moça holandesa chamada Katjie, uma agente dupla, contra um polvo amestrado para atacá-la. O animal fora treinado por Laszlo Jamf, que havia conduzido experimentos pavlovianos em Slothrop quando ele era criança e é o inventor de um plástico "erótico" do qual é feita uma cápsula do foguete 00000. Quando o foguete é lançado, um jovem, Gottfried, é amarrado dentro da cápsula: ele é o escravo sexual do arquivilão nazista do livro, o qual, ao sacrificar Gottfried, busca transcender sua mortalidade.

Essas cenas são mostradas numa profusão de ideias, incluindo alusões à ciência e à filosofia. O leitor, como Slothrop, luta para achar o sentido.

Busca paranoica pela verdade

Todos os sistemas que podemos ativar para dar sentido à nossa vida, sejam científicos, místicos, religiosos ou políticos, são descritos, em certo momento do romance, como paranoicos. Contra as investidas humanas pela racionalização, Pynchon impõe uma realidade complexa na qual as coisas acontecem de acordo com leis inescrutáveis – ao mesmo tempo que talvez alimente a ideia de a verdadeira paranoia estar precisamente nessa visão de mundo.

Em seu conto "The secret integration" [A integração secreta], de 1964, crianças brancas numa escola têm um colega negro imaginário. Elas experimentam o racismo dos adultos e, depois, seus sonhos "nunca mais puderam ser inteiramente seguros". *O arco-íris da gravidade* traça uma perda paralela da inocência em massa, e Pynchon, sem dúvida, tem prazer na ideia de que a própria leitura nunca mais poderá estar em total segurança depois dessa sua façanha virtuosa de magia negra ficcional. ■

O foguete V-2 é presença-chave em *O arco-íris da gravidade*, representando um projeto para sua construção em meio a uma profusão de caos, perversidade e paranoia.

VOCÊ VAI COMEÇAR A LER O NOVO ROMANCE DE ITALO CALVINO

SE UM VIAJANTE NUMA NOITE DE INVERNO (1979), ITALO CALVINO

EM CONTEXTO

FOCO
Metaficção

ANTES
1615 Na segunda parte do romance *Dom Quixote*, do escritor espanhol Miguel de Cervantes, o herói epônimo fictício tem consciência de que a primeira parte havia sido escrita sobre ele.

1759-1767 *A vida e as opiniões do cavalheiro Tristram Shandy*, autobiografia fictícia do romancista anglo-irlandês Laurence Sterne, contém tantas digressões que o autor nasce somente no volume III.

1944 *Ficções*, do escritor argentino Jorge Luis Borges, lida com a natureza da ficção em uma série de contos enigmáticos e fascinantes.

DEPOIS
1987 *A trilogia de Nova York*, do autor norte-americano Paul Auster, subverte o formato do romance de detetive e faz com que o leitor questione os tropos do gênero.

O termo "metaficção" foi cunhado pelo escritor norte-americano William H. Grass em 1970. Refere-se à forma ficcional de escrita em que uma série de ferramentas literárias é empregada pelos autores para chamar a atenção sobre como a ficção e a realidade se inter-relacionam, enfatizando a natureza do texto como uma obra construída, um artefato do autor. Embora amplamente associado à ficção de escritores pós-modernos, muitos exemplos são encontrados em épocas anteriores, incluindo o épico de Cervantes, *Dom Quixote*, do século XVII, e a hilaridade do século XVIII de *A vida e as opiniões do cavalheiro Tristram Shandy*, de Laurence Sterne. *Se um*

Neste romance sobre romances e pontos de vista, Calvino entrelaça excertos de livros imaginários de diferentes gêneros de ficção contemporâneos. Os títulos desses dez livros formam uma frase completa.

Veja também: *Dom Quixote* 76-81 ▪ *Ficções* 245 ▪ *O jogo da amarelinha* 274-275 ▪ *A mulher do tenente francês* 291 ▪ *Os filhos da meia-noite* 300-305

viajante numa noite de inverno, de Italo Calvino, é reconhecido como um dos romances mais sofisticados em termos de metaficção por seu enredo surpreendente, que não apenas desafia as formas narrativas tradicionais, mas também pede ao leitor que questione o processo real de escrita.

Como um dos mais apurados exemplos de textos metaficcionais, as palavras de abertura de *Se um viajante numa noite de inverno* logo exigem que o leitor empreenda um processo preparatório para efetivamente iniciar a "história": "Você vai começar a ler o novo romance de Italo Calvino, *Se um viajante numa noite de inverno*. Relaxe. Concentre-se. Afaste todos os outros pensamentos. Deixe que o mundo à sua volta se dissolva no indefinido".

A autorreflexão de Calvino na primeira frase é um dispositivo tipicamente metaficcional. Metade do primeiro capítulo é um guia para "você" se preparar para a tarefa real de ler o livro. Trata-se de um mundo meio hipnotizante – reminiscência da brincadeira metaficcional da obra de Jorge Luis Borges –, como se Calvino tivesse algum discernimento sobre os processos mentais de cada leitor à medida que embarcam na tarefa da leitura.

Uma fantasia de ficções

Depois do início meditativo, Calvino mergulha o leitor no que parece ser uma trama mais tradicional. Uma personagem ("você") começa a ler um livro várias vezes. Porém, em virtude de várias circunstâncias, não consegue continuar. Em sua busca por terminar a leitura, conhece uma leitora por quem ele ("você") se apaixona. Ele também descobre uma conspiração para considerar todos os livros falsos e sem sentido. Essa narrativa um tanto estranha é fragmentada por mais reflexões metaficcionais: o leitor é questionado sobre sua reação em relação ao livro e, por meio disso, invocado a se tornar um dos protagonistas do romance.

Uma forma estrutural distinta percorre o livro. Cada capítulo se apresenta em duas partes: a primeira é escrita em segunda pessoa ("você") e está relacionada ao próprio processo de leitura; a segunda, como começo de um novo livro, é aparentemente uma narrativa original.

A influência da Oulipo – um grupo de escritores franceses que experimentou novas e desafiadoras formas literárias, ao qual Calvino se juntou em 1968 – é evidente nesse modelo estrutural.

Um labirinto narrativo

Se um viajante numa noite de inverno apresenta o leitor a escritores imaginários de obras fictícias, a biografias fabricadas, e mesmo a países inventados – traços característicos da metaficção. O leitor é introduzido num labirinto narrativo por um magnífico contador de histórias – aquele que se deleita com excêntricos jogos pós--modernos. A experiência é definitivamente cativante. ■

Lê-se sozinho, mesmo quando se está a dois.
Se um viajante numa noite de inverno

Italo Calvino

Italo Calvino nasceu em Cuba em 1923 e tinha dois anos quando se mudou para a Itália com os pais, que retornavam para casa. Tendo vivido em Turim durante a Segunda Guerra Mundial, Calvino lutou pela Resistência Italiana antes de se tornar jornalista, no final do conflito, escrevendo para o jornal comunista *L'Unità*. Não muito tempo depois da guerra, em 1947, foi publicado seu primeiro romance, *A trilha dos ninhos de aranha*.

Calvino deixou o Partido Comunista italiano em 1957, após a invasão da Hungria pelos soviéticos. Em 1964, casou-se com Esther Judith Singer. Foi morar em Roma e concentrou-se nos contos que formariam a coletânea *As cosmicômicas*.

O escritor mudou-se para Paris com a família em 1968, onde se juntou a um grupo de escritores inovadores conhecido como Oulipo, abreviatura de *Ouvroir de littérature potentielle* [Oficina de literatura potencial]. Morreu em 1985 em consequência de uma hemorragia cerebral.

Outras obras

1957 *O barão nas árvores*
1959 *O cavaleiro inexistente*
1965 *As cosmicômicas*
1972 *As cidades invisíveis*

PARA ENTENDER APENAS UMA VIDA, É PRECISO ENGOLIR O MUNDO

FILHOS DA MEIA-NOITE (1981),
SALMAN RUSHDIE

EM CONTEXTO

FOCO
Realismo mágico toma o mundo

ANTES
1935 *História universal da infâmia*, de Jorge Luis Borges, considerada a primeira obra de realismo mágico, é publicada.

1959 Günter Grass escreve *O tambor*, inaugurando o realismo mágico na literatura alemã.

1967 *Cem anos de solidão*, de Gabriel García Márquez, leva o realismo mágico a novos patamares.

DEPOIS
1982 O primeiro romance da autora chilena-norte-americana Isabel Allende, *A casa dos espíritos*, torna-se um *best-seller* internacional.

1984 A escritora britânica Angela Carter escreve *Noites no circo*, obra de realismo mágico.

2002 Haruki Murakami publica o romance onírico *Kafka à beira-mar*.

O realismo mágico é um estilo literário no qual elementos fantásticos ou surreais aparecem em uma estrutura narrativa realista e tradicional. Originalmente usado para descrever o trabalho de certos artistas alemães nos anos 1920, o termo foi então aplicado à literatura – em particular, às obras que emanavam da América Latina em meados do século XX. O cubano Alejo Carpentier e o argentino Jorge Luis Borges são frequentemente considerados precursores do estilo, enquanto o colombiano Gabriel García Márquez o consagrou no *boom* literário dos anos 1960 e 1970. Da América Latina, o realismo mágico espalhou-se para o mundo, com inúmeros escritores norte-americanos e europeus adotando o estilo, ou seus elementos, em suas obras. Em *Filhos da meia-noite*, de Salman Rushdie, o realismo mágico se funde com temas pós-coloniais e referências indianas para dar ao romance seu sabor único.

Elementos mágicos

Escritores do realismo mágico retratam eventos bizarros, inexplicáveis ou exageradamente sobrenaturais ao lado de acontecimentos cotidianos do mundo real, de tal forma que os fenômenos estranhos parecem absolutamente normais. Os enredos são labirínticos, e o mundo pode ser apresentado com detalhes e cores exagerados, complementando a complexidade surreal da visão do romance. Em alguns aspectos, o realismo mágico requer que o leitor tenha um papel mais ativo do que em outras formas de ficção, pois os elementos do romance são desconcertantes e podem impactar o senso de realidade experimentado pelo leitor.

Muito do realismo mágico também contém um aspecto metaficcional que

> A verdade da memória (...) seleciona, elimina, altera, exagera, minimiza, glorifica e também difama; mas, no final, cria sua própria realidade.
> ***Filhos da meia-noite***

Salman Rushdie

Salman Rushdie nasceu em Bombaim (hoje Mumbai), em 1947, de pais muçulmanos de ascendência caxemirense. Mudaram-se para Karachi, no Paquistão, logo após a Partição da Índia. Estudou na Índia e na Grã-Bretanha, na Universidade de Cambridge, antes de se tornar redator publicitário. *Filhos da meia-noite*, segundo romance de Rushdie, trouxe ao autor reconhecimento internacional, vencendo o Prêmio Booker em 1981, o Best of the Bookers em 2008, e consagrando Rushdie como um fenômeno da diáspora indiana. A publicação de *Versos satânicos* (1988) gerou grande controvérsia quando o líder iraniano aiatolá Khomeini decretou uma *fatwa* (decreto religioso) ordenando o assassinato de Rushdie por blasfêmia. Rushdie se refugiou na Grã-Bretanha. Em 2000, mudou-se para Nova York e continuou escrevendo sobre religião e sociedade. Foi casado quatro vezes, e foi condecorado em 2007.

Outras obras

1983 *Vergonha*
1988 *Versos satânicos*
2005 *Shalimar, o equilibrista*

Veja também: *O tambor* 270-271 ▪ *Cem anos de solidão* 280-285 ▪ *Um rapaz adequado* 314-317 ▪ *A casa dos espíritos* 334 ▪ *O amor nos tempos do cólera* 335

Realismo mágico toma o mundo

Na primeira metade do século xx, escritores latino-americanos, como Jorge Luis Borges, encabeçam **a construção de um novo estilo** de literatura que mistura o realismo com o fantástico.

→

Em meados do século xx, **o estilo é nomeado realismo mágico** e ganha popularidade ao redor do mundo, da Colômbia à Alemanha e ao Japão.

→

Camadas híbridas e pós-coloniais aprofundam a extensão do gênero, com exemplos **cada vez mais complexos e fantásticos** oferecidos no final do século xx por autores como Salman Rushdie.

faz o leitor questionar a maneira como lê a obra. A metaficção frequentemente possui um narrador autorreferencial e encadeamento de histórias: as duas técnicas estão presentes em *Filhos da meia-noite*. Essas manipulações da realidade – truques mágicos dentro da narrativa – exigem do leitor e garantem seu papel ativo.

O nascimento de uma nação

Politicamente, textos de realismo mágico costumam incorporar uma posição crítica implícita contra a elite dominante, e, portanto, assumem uma postura subversiva. Em *Filhos da meia--noite*, a fusão do realismo mágico de Rushdie com questões pós-coloniais acrescenta nuances novas e vibrantes a um gênero originalmente complexo.

Rushdie situa parte da obra na grande e desordenada cidade de Bombaim (hoje Mumbai) – outrora uma joia da coroa colonial britânica e hoje em um momento crucial de sua história. Os fatos ocorrem ao lado de grandes mudanças políticas, com o fim do domínio britânico sobre a Índia após cerca de duzentos anos.

No início do romance, o protagonista Saleem Sinai se aproxima de seu 31º aniversário e está convencido de que vai morrer. O livro é ostensivamente a história da vida de Saleem – além da vida de seus pais e avós – narrada pelo próprio Saleem à sua companheira, Padma; mas também é a história da criação da Índia moderna. Nas primeiras linhas do livro, Saleem relembra: "Nasci na cidade de Bombaim (...) em 15 de agosto de 1947 (...) Ao virar da meia-noite". Como Saleem conta, "no instante exato em que a Índia chegou à independência, cheguei ao mundo". Então, ele explica, em insinuações vagas que não podem ser de todo compreendidas pelo leitor, a premissa do livro: "Fui misteriosamente algemado à história, com meu destino indissoluvelmente amarrado ao do meu país".

À medida que a narrativa se desdobra, logo se torna claro que »

Mumbai é uma cidade muito populosa, abundante em todas as formas de vida humana. Rushdie emprega uma linguagem rica e vívida para evocar esses diversos elementos – miséria, beleza, compaixão, desespero e humor.

O Dia da Independência da Índia, em 15 de agosto de 1947, foi um momento de celebração – embora o caos logo tenha atingido o país, quando muçulmanos e hindus migraram entre as novas nações da Índia e do Paquistão.

cada evento político parece ser causado por – ou causar – um ou mais acontecimentos na vida de Saleem.

A chegada de Saleem no exato momento da independência da Índia é vigorosamente celebrada pela imprensa indiana. Jawaharlal Nehru, que inaugura o cargo de primeiro-ministro da Índia, envia-lhe uma carta parabenizando-o pelo "feliz acidente" do momento de seu nascimento, e identifica-o à nação – papel que Saleem adota, enxergando a si mesmo como uma importante figura histórica. Sua vida é vista como intimamente ligada ao destino da recém-nascida Índia; o sangue derramado logo após a Partição e os violentos conflitos que ocorrem nos anos seguintes são ecoados pela concomitante violência em sua própria família. A narração de Saleem da história de sua família e dos eventos históricos da Índia e do Paquistão representa sua tentativa de entender todos os elementos que o tornam quem ele é.

Os muitos e o indivíduo

Saleem é marcado por seu nariz grande, em forma de pepino, e que escorre constantemente. Aos dez anos, descobre que possui poderes telepáticos (traço que não é incomum nos protagonistas do realismo

(...) talvez,
se alguém deseja
permanecer um indivíduo no
meio da multidão, deve
tornar-se grotesco.
Filhos da meia-noite

mágico). Esse dom lhe permite descobrir que houve um total de 1.001 "crianças da meia-noite", nascidas na primeira hora após a meia-noite no Dia da Independência da Índia. Todas possuem superpoderes incríveis, e aquelas que nasceram mais próximo do exato segundo da Partição têm os melhores. Quando Saleem descobre a existência dessas crianças, 420 delas já morreram e restam apenas 581.

Saleem fica amigo de outra criança, Parvati, que consegue fazer mágica; outro menino, Shiva, ao mesmo tempo *alter ego* e inimigo de Saleem, possui joelhos incrivelmente fortes e talento natural para a guerra. Parvati e Shiva têm nomes inspirados em deuses hindus, ilustrando a base religiosa da Índia como entidade cultural e acrescentando mais uma camada alegórica ao romance.

Usando os poderes telepáticos para transmitir seus pensamentos, Saleem organiza uma "conferência" noturna das crianças da meia-noite. Há o mesmo número de crianças e de membros da câmara baixa do parlamento indiano – 581 – o que adiciona simbolismo político às suas reuniões. A conferência é um modelo de pluralismo bem-sucedido, refletindo a forma com que o novo governo indiano buscou reunir os diferentes elementos de seu vasto país. Rushdie sugere que os problemas ocorrem quando essa multiplicidade é suprimida.

A velocidade da história

À medida que a saga dos *Filhos da meia-noite* avança, Rushdie cruza o subcontinente, usando a narrativa das personagens para contar a história da Índia – bem como do Paquistão e da Caxemira.

Em 1962, tensões na fronteira entre China e Índia causaram uma guerra; durou pouco, mas a Índia foi derrotada e, no romance, a autoestima do povo esmaece. Na vida de Saleem, enquanto o conflito com a China se intensifica, seu nariz fica cada vez mais entupido até que, no dia em que o Exército chinês interrompe seu avanço, ele faz uma operação para curar sua sinusite. Mais uma vez, os eventos na vida de Saleem parecem estar entrelaçados com os fatos históricos.

Entretanto, com o nariz finalmente liberado, Saleem descobre que perdeu seus poderes de telepatia. Em compensação, pela primeira vez na vida, experimenta o olfato. E apenas isso já é outro tipo de superpoder, pois consegue detectar não apenas cheiros, mas também emoções e mentiras – "o aroma inebriante, porém fugaz, do novo amor, e também a pungência mais profunda e duradoura do ódio".

Quem/ o que sou eu? Minha resposta: eu sou a soma total de tudo o que aconteceu antes de mim, de tudo que fui visto a fazer, de tudo o que me foi feito.
Filhos da meia-noite

Memória, verdade, destino

O romance é um caleidoscópio das lembranças de Saleem e, ainda assim, a distinção entre verdade e mentira nunca é clara, fazendo concessões aos elementos mágicos que ajudam a tecer o livro. Algumas personagens são claramente mentirosas, enquanto, em muitos casos, Saleem admite ter enfeitado algumas coisas para transmitir uma verdade emocional em vez de apenas factual.

Logo no início da narrativa, Saleem confessa que foi trocado no nascimento por outro bebê nascido na mesma hora. Esse bebê era Shiva, enquanto os pais verdadeiros de Saleem, longe de serem os muçulmanos relativamente ricos que o criaram, são um inglês, William Methwold, e uma mulher hindu pobre que morreu durante o parto. Paradoxalmente, o "destino" que está se concretizando era o de outra criança; no entanto, por ter sido criado como Saleem Sinai, considera que aquilo é quem ele é: a verdade dele.

Nem mesmo fatos históricos podem ser considerados inquestionáveis. Saleem nota que errou a data da morte de Mahatma Gandhi e, ainda assim, mantém o seu erro com entusiasmo: "na minha Índia, Gandhi continuará morrendo na hora errada". Nesse romance, a verdade é maleável, subjetiva e está longe de ser absoluta.

O final do livro volta ao tempo presente, quando Saleem termina de contar sua história a Padma. Apesar de a própria profecia de que seu corpo se quebrará, concorda em casar-se com ela em seu 31º aniversário – também o Dia da Independência. Até o final, sua história é entremeada pela da Índia.

Passeio misterioso pelo fantástico

Para o leitor, *Filhos da meia-noite* é uma jornada complexa e hipnotizante, um misterioso passeio pelas ruas do coração da Índia moderna. O tempo acelera e desacelera ou é não linear. O destino é frequentemente invocado, o futuro é previsto, profecias são ouvidas e esperadas. O bizarro e o mágico são comuns e reais. Reunindo todos esses elementos do realismo mágico, Rushdie cria um denso e vibrante tecido cheio de violência, política e esplendor para contar a história dos primeiros anos da Índia independente. ■

Os amigos de Saleem, Shiva e Parvati, são nomeados em homenagem, respectivamente, ao grande deus hindu da destruição e à deusa do amor, e esses atributos são refletidos em seus papéis no livro.

LIBERTAR-SE ERA UMA COISA; TOMAR O CONTROLE DESSE SER LIBERTO ERA OUTRA

AMADA **(1987), TONI MORRISON**

EM CONTEXTO

FOCO
Literatura afro-norte-americana contemporânea

ANTES
1953 *Vá contar na montanha*, de James Baldwin, captura a dor da vida em uma sociedade racista.

1976 O romance *Negras raízes*, de Alex Haley, narra a história de uma família até a escravidão.

1982 Alice Walker revela as dificuldades vividas pelas mulheres afro-americanas nos anos 1930 em *A cor púrpura*.

DEPOIS
1997 A prosa instigante de Junot Díaz pinta um retrato da diáspora dominicana-norte-americana em sua coletânea de histórias *Afogado*.

1998 Edwidge Danticat narra o massacre de 1937 dos boias-frias haitianos em *The farming of bones* [Colheita de ossos].

No final do século XX, a literatura afro-norte-americana crescera das narrativas escravocratas de 150 anos antes para um grande cânone da literatura norte-americana. De obras educativas como *Up from slavery* (1901), passando pela vibrante literatura do Renascimento do Harlem nos anos 1920, chegou ao seu auge com o romance filosófico *Homem invisível* (1952). Ao final dos anos 1950 e início dos 1960, jovens escritores negros foram impulsionados pelos movimentos pelos Direitos Civis e Black Power.

O romance *Amada*, de Toni Morrison, surgiu durante um novo florescimento da literatura negra que começou nos anos 1970, quando

Veja também: *Narrativa da vida de Frederick Douglass* 126-127 ▪ *Homem invisível* 259 ▪ *Eu sei por que o pássaro canta na gaiola* 291 ▪ *Negras raízes* 333

autores como Alex Haley, Maya Angelou e Alice Walker buscaram novas formas de explorar raça, identidade e os legados da escravidão. Essa afirmação do poder da literatura afro-norte-americana continua até hoje com autores "norte-americanos hifenizados", como o dominicano-norte-americano Junot Díaz e a haitiana-norte-americana Edwidge Danticat.

Memória e história

Em seus primeiros romances – *O olho mais azul*, *Sula* e *A canção de Solomon* –, Morrison descreveu a experiência afro-norte-americana de sua própria vida, oferecendo uma voz original sobre temas como moral e renascimento espiritual, padrões brancos de beleza e irmandade. Seu romance vencedor do Pulitzer, *Amada*, é considerado uma das obras mais influentes da literatura afro-norte-americana. Dedicado aos "60 milhões e mais" que se estima terem morrido em navios negreiros e cativeiros, ele recupera a ascendência da memória e da história da identidade negra, resolvendo simbolicamente questões que continuam deixadas de lado na atualidade. Inspirado pelo caso real de Margaret Garner, escrava fugitiva que matou seu bebê após ser recapturada por oficiais em Cincinnati, Ohio, *Amada* é uma obra de história social com um forte objetivo político, porém enfraquece as expectativas do seu gênero com o uso de fantasia expressionista e estilo retórico. Morrison também afirma suas raízes e seu orgulho do folclore africano ao incorporar o foco cultural, origens e mitologia dos norte-americanos negros em seu romance. Ela emprega ritmos e padrões do discurso afro-norte-americano, não como uma simples colagem do discurso negro, mas sim em uma voz lírica e encantadora, com o uso frequente de repetições poéticas no começo e no final dos monólogos interiores: "Amada é minha irmã", "Ela é minha, Amada. É minha", "Eu sou Amada e ela é minha". A autora cria um estilo feminino de narrativa construído em torno da maternidade, da irmandade, do renascimento afrocristão, de rituais tribais e de fantasmas. Ela convida o leitor a participar da recontagem da história, construída com uma fácil intimidade com o sobrenatural.

Nenhuma casa neste país foi tomada pela dor de um negro morto.
Amada

Escravos libertos, como estes homens fotografados durante a Guerra Civil Norte-Americana, eram tecnicamente livres, mas continuavam afetados pela segregação da escravidão.

O livro começa em 1873, em Cincinnati, Ohio. A escravidão foi abolida, mas o racismo permanece. Sethe, uma ex-escrava, e sua filha de dezoito anos, Denver, vivem em uma casa assombrada por um rancoroso espírito-bebê chamado 124, por causa do número de sua casa na Bluestone Road. Os dois filhos de Sethe fugiram anos antes, e sua sogra, Baby Suggs, está morta. A chegada de Paul D., que vivia como escravo com Sethe no Doce Lar, em Kentucky, inicia um processo que destrava o passado.

O passado no presente

A viagem no tempo de Morrison alterna entre o presente de Sethe e acontecimentos de vinte anos antes, quando escravos fugindo para o Norte estavam sujeitos às leis do escravo fugido, que permitiam aos proprietários cruzar os estados livres para » reivindicar sua propriedade. Detalhe por detalhe, surge uma história. Sethe e seu marido, Halle, planejavam uma fuga pela liberdade, incapazes de suportar o tratamento a que eram submetidos nas mãos do novo senhor do Doce Lar, conhecido como "professor". Grávida, Sethe enviou seus dois garotos e sua filha bebê antes dela. Quando Halle não consegue chegar ao lugar combinado, Sethe viaja sozinha, dando à luz sua nova filha no caminho, com a ajuda de uma garota branca chamada Amy Denver. Depois de chegar em segurança a Cincinnati, ela encontra felicidade temporária com sua sogra, Baby Suggs, uma escrava liberta. Um acontecimento terrível – cujos detalhes são revelados mais tarde no romance – é causado pela chegada do professor com um mandato para levar Sethe e seus filhos de volta à fazenda.

Complexidade moral

O bem e o mal não são opostos binários nesta história. Em seu âmago, está um terrível ato cometido por amor profundo. A sociedade supostamente "livre" que os brancos comiserados oferecem aos escravos libertos é construída sobre racismo e segregação incontestados. A absurda noção de proprietários de escravos "bons" e "maus" é abordada por Paul D.

Nunca falei sobre isso. Para ninguém. Cantava, às vezes, mas nunca disse a ninguém.
Amada

Escravidão é uma condição não apenas física, mas também psicológica. Enquanto escravos estão presos a correntes reais – algemas, mordaças, gargalheiras –, as correntes psicológicas que aprisionam Sethe como ex-escrava contaminam cada parte de sua vida.

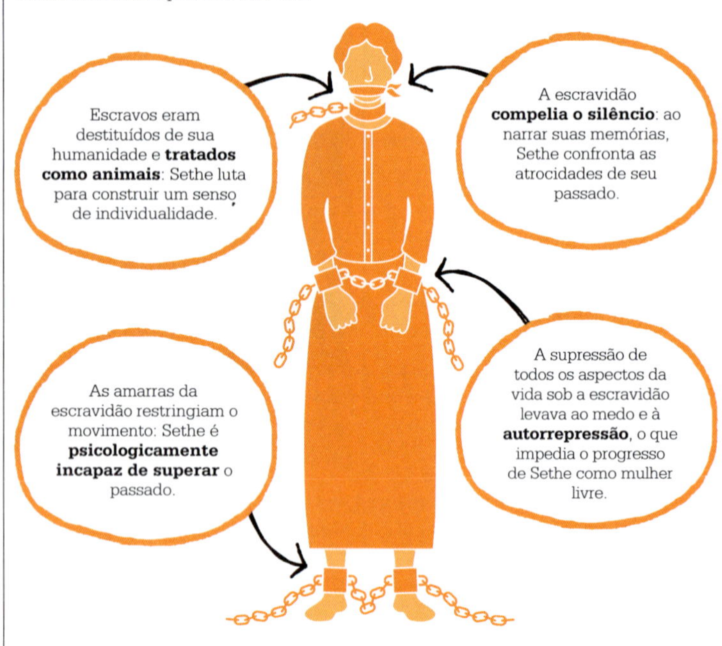

enquanto ele analisa a vida no Doce Lar sob comando do bondoso sr. Garner: em outras fazendas, escravos homens eram castrados para serem mais submissos, mas os homens de Garner "são homens". Após a morte de Garner, o regime muito mais rigoroso instituído pelo professor permitiu que eles conhecessem a real condição de sua escravidão pela primeira vez, e Paul D. percebe que só havia sido homem na fazenda em virtude da proteção de Garner. "Um passo para fora daquele solo e eram transgressores entre a raça humana."

Escravos eram destituídos de sua humanidade e **tratados como animais**: Sethe luta para construir um senso de individualidade.
A escravidão **compelia o silêncio**: ao narrar suas memórias, Sethe confronta as atrocidades de seu passado.
As amarras da escravidão restringiam o movimento: Sethe é **psicologicamente incapaz de superar** o passado.
A supressão de todos os aspectos da vida sob a escravidão levava ao medo e à **autorrepressão**, o que impedia o progresso de Sethe como mulher livre.

Dor lembrada

A autorrepressão causada por anos de repressão sociopolítica é um tema crucial no romance. Lembranças guardadas são as feridas emocionais que tornam a autodeterminação tão difícil, e que são desenterradas como uma necessidade emocional. Morrison sugere que os norte-americanos negros só podem começar a viver o presente ao confrontar o passado. Os fragmentos de eventos antigos na vida de Sethe e Paul D. são trazidos lentamente à superfície ao longo do romance, resultando em um terrível relato das condições escravocratas no sul – histórias espantosas demais para serem contadas em uma narrativa consecutiva.

"Rememória" é a palavra inventada que Sethe usa para esse tipo de lembrança que leva ex-escravos de volta ao passado, para aqueles lugares apavorantes que estão sempre à sua espera. As memórias de Sethe incluem a época em que o professor instruiu seu sobrinho a listar suas características humanas e animalescas, e a ocasião em que os filhos dele beberam o leite de seu peito. Paul D. mantém suas lembranças em uma empoeirada "lata de fumo enterrada em seu peito, onde antes havia um coração vermelho". Baby Suggs relembra o nascimento de sete crianças de diferentes pais e a perda de todas elas.

Amada

A personificação do passado doloroso é Amada, uma jovem de sapatos impecáveis e vestido de seda que se infiltra na casa depois que Paul D. afasta o espírito do bebê. Essa mulher de pele macia que busca atenção é violentamente egoísta e possui um conhecimento inexplicável do passado de Sethe. Esta demora a perceber o que fica óbvio para Denver. Amada é uma *revenant* (pessoa que morreu, mas retornou à vida): o bebê morto de Sethe foi transformado em uma mulher, carente do amor que lhe foi negado. Ela é a personificação da culpa de Sethe, tanto destruidora como fortalecedora, desenterrando histórias que foram difíceis demais de articular. Sua própria história em voz de criança relembra o porão amontoado dos navios negreiros e corpos lançados ao mar. Amada parece personificar o sofrimento dos mais de 60 milhões, porém nada é certo.

O verdadeiro elemento para ser "amada" é o senso de individualidade. Reconquistar a autoestima, tema central na obra de Morrison, é algo obrigatório quando não há nada mais para ter como um ex-escravo. Destituídos de uma vida familiar normal, cruzados, trocados e com seus filhos vendidos, os escravos são definidos por sua escravidão. Começando com esses primeiros passos em busca da liberdade, os acontecimentos do livro antecedem a longa estrada adiante. Nos anos 1950, o protagonista de *Homem invisível*, de Ellison, ainda buscava a si próprio, e podemos ouvir as primeiras notas da retórica dos Direitos Civis de Martin Luther King no sermão de Baby Suggs na floresta: "neste lugar aqui, nós carne; carne que chora, ri; carne que dança de pés descalços na grama. Ame-o". O orgulho de sua raça, sexo e individualidade é a cura, pois, como Paul D. diz a Sethe, "você é sua melhor coisa". ■

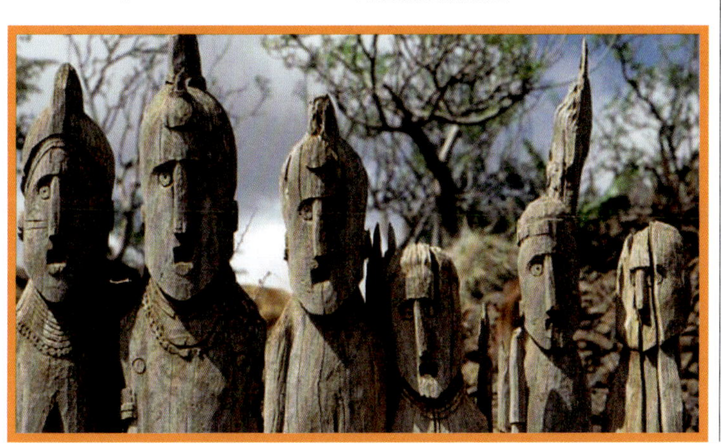

Tradições folclóricas africanas se conectam ao presente norte-americano em *Amada*: a personagem da própria Amada aparece para personificar a crença de que os mortos voltam à Terra na forma de espíritos.

Toni Morrison

Toni Morrison é uma das vozes literárias mais poderosas dos Estados Unidos, e a primeira mulher afro-norte-americana a vencer o Prêmio Nobel de Literatura (1993), entre inúmeros outros reconhecimentos. Nascida Chloe Anthony Wofford em 1931, em uma família de classe média em Ohio, cresceu com o amor pela leitura, pela música e pelo folclore. Graduou-se na Howard University e obteve um mestrado em Cornell. Foi casada por pouco tempo com o arquiteto jamaicano Harold Morrison, com quem teve dois filhos. Morrison escreveu seus quatro primeiros romances enquanto trabalhava como editora em Nova York. Seu quinto, *Amada*, foi amplamente aclamado e adaptado para o cinema. De 1989 a 2006, Morrison lecionou na Universidade de Princeton. Em 2005, escreveu o libreto para *Margaret Garner*, ópera baseada na história que inspirou *Amada*. Continua escrevendo e falando sobre censura e repressão da história.

Outras obras

1970 *O olho mais azul*
1977 *A canção de Solomon*
2008 *Compaixão*
2012 *A nossa casa é onde está o coração*

O PARAÍSO E A TERRA ESTAVAM EM DESORDEM

RED SORGHUM (1987), MO YAN

EM CONTEXTO

FOCO
Movimento *xungen*: "em busca das raízes"

ANTES
1981 "Uma pesquisa preliminar sobre as técnicas da ficção moderna", ensaio de Gao Xingjian – futuro ganhador do Prêmio Nobel –, estabelece as bases para o movimento *xungen*.

1985 "Tibete: uma alma atada a uma tira de couro", conto passado em Lhasa, de Zhaxi (Tashi) Dawa, retrata a cultura popular tibetana e suas tradições.

1985 A novela *Bao Town*, de Wang Anyi, descreve minuciosamente a dura vida dos vilarejos no norte da China.

1985 O escritor pequinês Ah Cheng publica *Romances of the landscape* [Romances da paisagem], que descreve áreas de fronteira longe da "civilização".

DEPOIS
1996 Em *Dicionário de Maqiao*, Han Shaogong usa etimologia e vinhetas para examinar a vida na Revolução Cultural.

O movimento *xungen*, ou "em busca das raízes", surgiu na literatura chinesa em meados dos anos 1980. Nesse período, escritores tentaram se reconectar com a cultura popular. O movimento ganhou seu nome a partir de um ensaio de 1985 escrito por Han Shaogong, "The roots of literature" [As raízes da literatura], que convocava escritores a encontrar fontes de criatividade esquecidas. Enquanto alguns se debruçaram sobre as minorias étnicas chinesas, outros buscaram renovar a visão acerca dos valores autóctones inerentes ao taoismo e ao confucionismo.

A escrita chinesa havia permanecido num restrito regime de realismo. Ao recuar no tempo em busca de influências folclóricas, os autores *xungen* também introduziram elementos do sobrenatural. Esse novo trabalho colocou os escritores chineses em evidência no mundo literário pela primeira vez em décadas.

Redefinindo a modernidade

Um dos mais famosos livros do movimento é *Red Sorghum* [Sorgo vermelho], de Guan Moye (1955-), mais conhecido por seu pseudônimo Mo Yan ("Não fale"). O título refere-se à colheita de um cereal especial, cuja cor simboliza a vitalidade, o derramamento de sangue e a estabilidade. Passado no norte da China, na província rural de Shandong, o livro acompanha a história de uma família entre 1923 e 1976, durante a ocupação japonesa, a Revolução Comunista e os horrores da Revolução Cultural.

Como um verdadeiro romance "em busca das raízes", *Red Sorghum* incorpora elementos míticos e folclóricos. Seu rompimento com as estruturas cronológicas garante nova energia ao modernismo literário chinês. ■

Fileiras de figuras escarlates se moviam de lá para cá pelas hastes do sorgo para compor uma vasta tapeçaria humana.
Red sorghum

Veja também: *Romance dos três reinos* 66-67

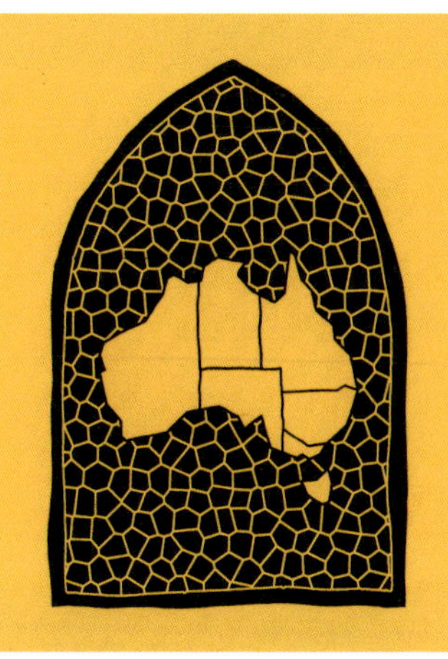

VOCÊ NÃO PODERIA CONTAR UMA HISTÓRIA ASSIM. UMA HISTÓRIA ASSIM VOCÊ SÓ PODERIA SENTIR

OSCAR E LUCINDA (1988), PETER CAREY

EM CONTEXTO

FOCO
Literatura australiana

ANTES
1957 Patrick White – um dos mais influentes escritores australianos modernos – emprega simbolismo religioso em *Voss*, uma história sobre o encontro de um explorador visionário com a Austrália em meados do século XIX.

1982 *A lista de Schindler*, de Thomas Keneally, mistura fato e ficção para explorar o impacto causado por um indivíduo sobre acontecimentos históricos.

DEPOIS
2001 Peter Carey é premiado com um segundo Booker Prize por seu romance *A história do bando de Kelly*, uma narrativa criativa sobre Ned Kelly, lendário herói australiano.

2006 A escritora indígena australiana Alexis Wright explora a desapropriação das terras aborígenes pelo homem branco em seu romance *Carpentaria*.

Os escritores australianos têm atraído o interesse internacional desde meados do século XX. Os romancistas passaram de temas tradicionais – tais como o *mateship* (o sentimento solidário australiano derivado da confiança mútua num ambiente inóspito), o orgulho nacionalista e a sobrevivência no meio rural – para trabalhos provocativos e frequentemente inquietantes. Os temas explorados por esses livros incluem fantasia, crenças e relacionamentos pessoais arraigados na vivência australiana.

Um dos escritores líderes e criadores desse gênero moderno é o romancista australiano e ex-redator de publicidade Peter Carey (1943-). Seu *Oscar e Lucinda*, vencedor do Booker Prize de 1988, é um romance rico e complexo passado em meados do século XIX, com cenas na Inglaterra e em Nova Gales do Sul.

Culpa e fé

Os protagonistas da história são Oscar Hopkins e Lucinda Leplastrier. Ele é um jovem clérigo agarrado à fé – um indivíduo caipira, desajeitado, educado na comunidade litorânea inglesa. Ela é uma jovem de mente independente, que cresceu numa cabana com piso de terra batida em Nova Gales do Sul cercada pelas obras de Dickens, Balzac e outros mestres da literatura. Com a herança deixada pela mãe, Lucinda compra uma vidraçaria em Sydney, onde a consideram excêntrica por sua indiferença e seu comportamento estranho.

Os dois se encontram a bordo de um navio que vai da Grã-Bretanha para a Austrália e, a partir daí, a vida dos dois se interconecta. Eles se unem em torno de um extraordinário projeto de construir e transportar uma igreja de vidro através das desabitadas terras australianas.

Se, por um lado, *Oscar e Lucinda* é um romance histórico, por outro, encontra-se imerso em fantasia e irrealidade – Peter Carey o descreveu como "ficção científica do passado". Suas personagens ricas e complexas, seu fluxo descritivo e seus temas abrangentes, envolvendo fé, crença e sexualidade, asseguraram sua influência na moderna literatura australiana. ■

Veja também: *Os três mosqueteiros* 122-123 ▪ *A lagoa e outras histórias* 286

APRECIE NOSSA ILHA PELA SIMPLICIDADE DO VERDE

OMEROS (1990), DEREK WALCOTT

EM CONTEXTO

FOCO
Escrita caribenha

ANTES
1949 O escritor cubano Alejo Carpentier publica seu romance *O reino deste mundo*, que trata da história e da cultura do Caribe.

1953 *In the castle of my skin* [No castelo de minha pele], do escritor barbadiano George Lamming, é um dos principais romances autobiográficos da região e ganha o prêmio Somerset Maugham em 1957.

1960 Em *Diário de um retorno ao país natal*, o poeta Aimé Césaire, da Martinica, discute a *négritude*, ou consciência negra, como forma de identidade de um povo cujos ancestrais foram deslocados da África.

DEPOIS
1995 *To us, all flowers are roses: poems* [Para nós, todas as flores são rosas: poemas] confirma Lorna Goodison como uma das mais refinadas poetas da geração do pós-guerra na Jamaica.

História e memória sempre fizeram parte do cenário literário caribenho, e a escrita produzida na região enfatiza o esforço para encontrar uma voz verdadeira que reflita a realidade da alienação numa situação colonial. Os autores caribenhos – dependendo de quem foram os colonizadores de suas respectivas ilhas – escrevem em espanhol, francês, inglês ou holandês. Cada escritor negocia os fragmentos conhecidos de suas próprias histórias dentro de uma situação pós-colonial em particular.

Narrativas interligadas

Uma figura de destaque nesse cenário literário é o autor Derek Walcott (1930-), de Santa Lúcia. Em 1992, ele ganhou o Prêmio Nobel de Literatura por sua "obra poética de grande luminosidade, sustentada por uma visão histórica resultante de um compromisso multicultural".

O poema magnífico de Walcott, *Omeros* (Homero, em grego), na imensa ambição de suas trezentas páginas, endossa os dizeres do juiz do Nobel. Épico em extensão, faz referência à *Odisseia* e à *Ilíada*, de Homero, enquanto celebra também a paisagem, o povo e a língua de Santa Lúcia. O poema se parece com *A divina comédia*, de Dante, em seu uso da *terza rima*, uma forma poética de três versos, ou terceto, em que o segundo verso rima com o primeiro e com o terceiro da estrofe seguinte. Ao mesmo tempo, Walcott presta homenagem aos tons do dialeto local desde o princípio: "*This is how, one sunrise, we cut down them canoes*". Também os nomes de algumas personagens, como Aquiles e Heitor, embora clássicas na origem, não são incomuns entre os pescadores de Santa Lúcia.

Omeros entrelaça tempo e espaço para questionar tópicos como a escravidão, o genocídio indígena americano e os expatriados do Caribe. Walcott une histórias da África, dos Estados Unidos, de Londres e da Irlanda a acontecimentos de Santa Lúcia para criar um mosaico narrativo da memória coletiva.

A vida nas ilhas, as lembranças da África e os vestígios do colonialismo permanecem temas centrais para os escritores caribenhos em suas tentativas de atribuir sentido às suas histórias desarticuladas. ■

Veja também: *Ilíada* 26-33 ▪ *Odisseia* 54 ▪ *A divina comédia* 62-65 ▪ *Ulisses* 214-221 ▪ *Uma casa para mr. Biswas* 288-289

SENTIA-ME LETAL, À BEIRA DA LOUCURA

O PSICOPATA AMERICANO (1991), BRET EASTON ELLIS

EM CONTEXTO

FOCO
Ficção transgressiva

ANTES
1973 Os protagonistas do escritor inglês J. G. Ballard no controverso romance *Crash!* formam um grupo de vítimas de acidentes de carro que se sentem sexualmente excitados por tais acidentes.

1984 Prenunciando a ficção transgressiva que viria mais tarde, o escritor norte-americano Jay McInerney põe o leitor como personagem principal de um mundo vazio em sua sátira *Brilho da noite, cidade grande.*

DEPOIS
1992 Brutal e chocante, *Nó na garganta*, do escritor irlandês Patrick McCabe, joga o leitor no violento mundo de fantasia do estudante Francie Brady.

1996 Tyler Durden, o anti-herói que o escritor norte-americano Chuck Palahniuk criou para o transgressivo *Clube da luta*, é um niilista anárquico e masoquista.

O tratamento explícito de questões tabus, como estupro, incesto, pedofilia, drogas e violência, caracteriza a ficção transgressiva, um gênero em voga nos anos 1990. Escritores como Charles Bukowski, William S. Burroughs, J. G. Ballard e Kathy Acker haviam aberto o caminho nas décadas anteriores com romances que, de modos variados, descreviam estranhos atos sexuais, mutilação corporal, uso de drogas e violência extrema.

Transgredir significa ir além das fronteiras morais estabelecidas, e *O psicopata americano*, uma comédia de humor negro escrita pelo norte-americano Bret Easton Ellis (1964-), faz isso com gosto. Suas cenas de violência, particularmente contra mulheres, levaram a protestos para que o livro fosse proibido.

Sonho psicótico

Sua verdadeira transgressão, no entanto, talvez esteja na sugestão de que a busca pelo Sonho Americano se assemelhe a um distúrbio mental. O enredo se passa em Manhattan durante o *boom* de Wall Street na década de 1980, e o narrador, Patrick Bateman, é um *yuppie* e sociopata homicida. Ele habita um mundo moralmente falido, dependente de drogas, que gira em torno de roupas finas, clubes e restaurantes exclusivos. Expõe seu amor por uma banda de rock no mesmo tom com que pondera sobre a melhor maneira de se dispor de um cadáver. Forçado a ver o mundo pelos olhos desse narrador, o leitor é levado a questionar uma sociedade em que tudo se transformou numa *commodity.* ■

Tenho todas as características de um ser humano: sangue, carne, pele, cabelo, mas nenhuma emoção clara e identificável, exceto ganância e aversão.
O psicopata americano

Veja também: *Lolita* 260-261 ▪ *Laranja mecânica* 289 ▪ *Crash!* 332

EM SILÊNCIO, DESCERAM O RIO CALMO E SAGRADO

UM RAPAZ ADEQUADO (1993), VIKRAM SETH

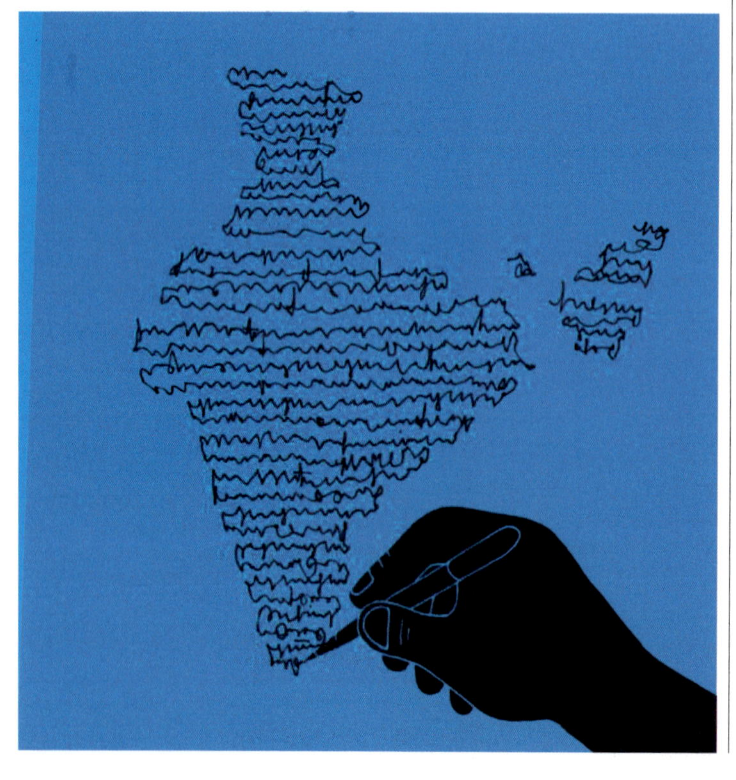

EM CONTEXTO

FOCO
Literatura indiana em inglês

ANTES
Década de 1950 Os textos de R. K. Narayan introduzem a literatura indiana escrita em inglês para um público leitor global.

1981 *Os filhos da meia-noite*, de Salman Rushdie, marca uma nova fase da literatura indiana escrita em inglês.

DEPOIS
1997 Arundhati Roy vence o Booker Prize com *O deus das pequenas coisas*, livro que desafia o sistema de castas.

2000 Amitav Ghosh fala de migrações e controle colonial em *O palácio de espelho*, um romance histórico ambientado em Mianmar, Bengala, Índia, e na Península Malaia.

2006 Em *O legado da perda*, a autora indo-norte-americana Kiran Desai explora os impactos do colonialismo.

Nas últimas décadas, a escrita indiana em inglês conquistou seu lugar como gênero literário autêntico, ganhando crescente atenção internacional. Nas décadas de 1950 e 1960, alguns autores indianos – em especial, R. K. Narayan, um dos primeiros romancistas anglo-indianos a obter reconhecimento fora da Índia – fizeram a escolha deliberada de escrever em inglês sobre as experiências de seu país em vez de em uma das várias línguas e dialetos indianos. Muitos desses romancistas pioneiros escreviam na própria Índia, retratando vivências cotidianas. A partir dos anos 1980, entretanto, surgiu uma nova geração de autores anglo-indianos, a maioria dos quais tendo

Veja também: *Os filhos da meia-noite* 300-305 ▪ *Intérprete de males* 338

resolvido focalizar temas da Índia pós-colonial, incluindo o impacto do imperialismo, tensões religiosas e o sistema de castas.

Histórias que se entrelaçam

Salman Rushdie foi um dos primeiros autores conhecidos como romancistas da diáspora indiana – escritores da Índia vivendo fora do país. *Os filhos da meia-noite*, seu livro vencedor do Booker Prize, misturando mitologia hindu, cinema de Mumbai, realismo fantástico e o uso híbrido de inglês e expressões indianas, é o ponto de partida do que tem sido descrito como o renascimento da literatura indiana em inglês, produzida principalmente por autores da diáspora. Diversos escritores seguiram os passos de Rushdie – incluindo Vikram Seth, cujo livro *Um rapaz adequado* foi publicado em 1993.

Com a extensão de um épico, *Um rapaz adequado* é um dos romances mais longos em língua inglesa. Ambientado no início da década de 1950 – logo após a independência e a divisão da Índia, em 1947 –, a obra acompanha o destino de quatro famílias por um período de dezoito meses. Três dessas famílias, os Mehra, os Chatterji e os Kapoor – todas compostas de indianos escolarizados de classe média –, encontram-se relacionadas umas às outras pelo matrimônio. A quarta família, a dos Khan, formada por muçulmanos aristocratas, é amiga dos Kapoor.

O romance tem início na cidade fictícia de Brahmpur, às margens do Ganges, entre Banares (também conhecida como Varanasi) e Patna, embora os acontecimentos também ocorram em Calcutá, Délhi e Kanpur. Esses lugares são descritos com imensa riqueza e, frequentemente, com humor. Seth recria em detalhes magníficos, quase fotográficos, a Índia do início dos anos 1950, apresentando com grande vivacidade o rio Ganges, os mercados tumultuados e as ruas agitadas, os extremos de riqueza e pobreza, além da diversidade de suas paisagens. A trama central do »

As cidades às margens do Ganges pulsam com vida e cor, fornecendo um cenário vibrante para histórias que se entrelaçam e para as múltiplas realidades da Índia evocadas pela narrativa de Seth.

Vikram Seth

Filho de um homem de negócios e de uma juíza, Vikram Seth nasceu em 1952 em Calcutá, Índia.

Depois de estudar na Doon School, completou sua formação em Tonbridge, na Inglaterra, e depois na Universidade de Oxford, onde se formou em filosofia, política e economia. Obteve o grau de mestre em economia na Universidade de Stanford, nos Estados Unidos, e, mais tarde, passou algum tempo na China, onde estudou poesia clássica chinesa. Atualmente, vive na Inglaterra, porém mantém forte contato com a Índia.

Os escritos de Seth incluem poesia, um livro infantil e três romances. Em 2009, anunciou estar trabalhando em uma sequência de *Um rapaz adequado*, intitulada *A suitable girl* [Uma moça adequada]. De início, o trabalho ficaria pronto em 2013. Em 2012, no programa de rádio *Desert Island Discs*, da BBC, ele comentou que o ritmo de produção andava lento: "A cobrança constante pelo cumprimento de *deadlines* é algo muito familiar aos escritores".

Outras obras

1986 *The golden gate*
1999 *An equal music*
2005 *Two lives* (biografia)

'Você também se casará com o rapaz que eu escolher', disse com firmeza a senhora Rupa Mehra à sua filha mais nova.
Um rapaz adequado

romance está na determinação da sra. Rupa Mehra em arranjar o casamento de Lata, sua filha mais nova, estudante universitária de dezenove anos, com "um rapaz adequado".

O pessoal e o político

O romance começa com um casamento: o de Savita, irmã mais velha de Lata, com Pran Kapoor, jovem professor universitário membro de uma família importante. Embora sofra de asma, ele é qualificado como "rapaz adequado". Lata, uma jovem de espírito independente, cujos pensamentos e cujas ações refletem, de muitas maneiras, as mudanças ocorridas na Índia naquela época, tem sentimentos conflitantes sobre o casamento de sua amada irmã ao questionar como uma mulher pode se casar com um homem que não conhece.

À medida que o romance se desenvolve, a própria Lata se apaixona por três jovens: Kabir, um estudante muçulmano; Amit, um poeta celebrado internacionalmente; e Haresh, um dinâmico empresário do setor de calçados. Somente no final o leitor fica sabendo qual dos três será escolhido por Lata. Trata-se de uma decisão tomada por ela própria, levando em conta os anseios da mãe, as realidades sociais e seus próprios sentimentos sobre amor e paixão. Todavia, *Um rapaz adequado* é muito mais que apenas uma trama romântica, por incorporar numerosos enredos secundários, pessoais e políticos, além de apresentar uma longa e muito bem construída lista de personagens, variando da viúva Rupa Mehra, com seu intrometimento incansável na vida dos quatro filhos, a Rasheed, um jovem idealista muçulmano; de Malati, moça de personalidade forte e melhor amiga de Lata, a Bhaskar, o jovem matemático genial; e do político Mahesh Kapoor ao músico Ishaq. Figuras históricas reais, como Jawaharlal Nehru, primeiro-ministro indiano, também são inseridas nesse *mix* literário.

Um rapaz adequado oferece um relato detalhado dos acontecimentos sociais e políticos ocorridos na Índia pós-independência durante os anos de formação do governo de Nehru (1947-1964). Entrelaçam-se no enredo questões-chave, como o valor do trabalho, o processo de mudança, a injustiça da miséria e as direções tomadas pela Índia. O texto descreve o alvoroço em torno das eleições pós-independência em 1952, em que a família Kapoor se envolve intimamente. A intolerância religiosa – em particular, as tensões entre hindus e muçulmanos – é revelada nas reações contra o amor de Lata por Kabir, e de Maan, irmão mais novo de Pran, em seu relacionamento com Saeeda Bai, uma cantora e cortesã muçulmana; e, de forma mais violenta, numa quase rebelião entre hindus e muçulmanos em relação aos planos para erguer um templo hindu próximo a uma mesquita. O autor também descreve as

Lata tem uma escolha difícil: deve escolher como marido o estudante muçulmano, o poeta internacionalmente aclamado ou o empresário? Sua condição ecoa a da Índia pós-independência: deve superar as facções religiosas, lutar por um internacionalismo sofisticado ou voltar-se para a estabilidade econômica?

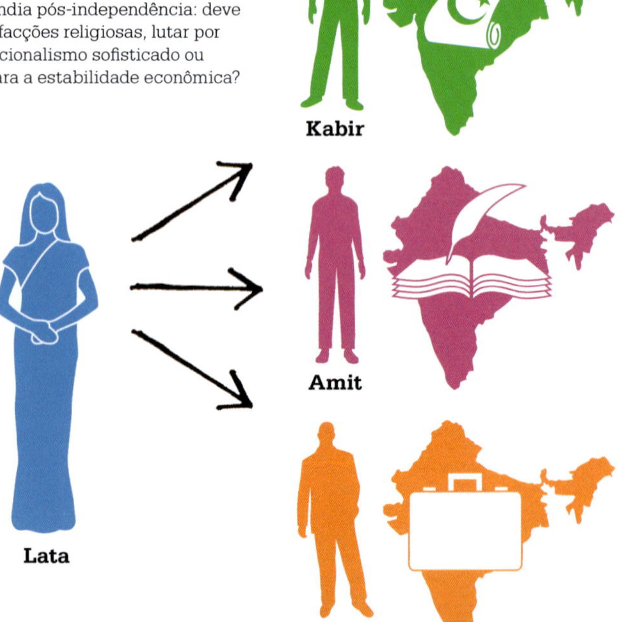

O casamento é o tema central de *Um rapaz adequado* e é usado para explorar questões essenciais – de religião, classe, gênero e política a identidade pessoal e nacional.

iniquidades do sistema de castas e a miséria e a condição dos indianos das castas inferiores – como os *jatav*, que lutam para sobreviver nos curtumes malcheirosos. Certas partes do enredo giram em torno da reforma agrária e da abolição do sistema *zamindari*, que tencionava retirar a posse das terras de grandes aristocratas latifundiários. O romance também explora os papéis desempenhados pelas mulheres indianas na década de 1950, comparando a dependência que Lata tem de sua família com a independência de sua amiga Malati, além da tradição muçulmana do *purdah*, em que as mulheres são segregadas e se vestem com roupas que escondem as formas do corpo, como a burca.

Questões da vida real

Diferentemente da Índia mágica de Rushdie, o romance de Seth focaliza as questões da vida real: trabalho, amor, família, as complexidades da formulação das leis, intrigas políticas, o mundo acadêmico e as tensões religiosas. Esses assuntos são apresentados de forma muito bem escrita e por meio de uma prosa lírica instigante, de leitura bastante agradável e frequentemente divertida. Apresenta a língua inglesa como falada pelo povo da Índia – temperada com expressões hindus e muçulmanas, muitas das quais sem tradução para o inglês. A romancista anglo-indiana Anita Desai observou que foi apenas depois de Rushdie "que os escritores indianos finalmente se sentiram habilitados a usar a língua falada, o inglês falado, do jeito praticado nas ruas indianas pelas pessoas comuns", algo que Seth capta com perfeição.

Língua dos imperialistas?

Vikram Seth é um poeta habilidoso e renomado, além de romancista, então talvez não seja surpresa que seu texto inclua passagens de alto grau poético. Muitos desses trechos levam o leitor ao mundo da poesia Urdu, da música e das canções indianas (*ghazals*), sem falar nos mitos e lendas conforme cantados e interpretados por Saaeda Bai e seus músicos. Igualmente encantadoras são as descrições de uma caça aos tigres, das águas fétidas dos curtumes, do interior da Índia e do festival de Kumbh Mela. O romance também inclui as loquazes parelhas de versos proferidas com desinteresse pelos Chatterji, bem como um índice com dezenove parelhas – uma para cada parte do livro.

Seth levou mais de oito anos para escrever seu romance monumental, que se tornou um grande sucesso e foi premiado com o Commonwealth Writer's Prize. O autor foi comparado a Jane Austen. No entanto, mesmo que *Um rapaz adequado*, como os romances de Austen, trate de eventos familiares, sendo realista e perceptivo, é sem dúvida um romance indiano escrito em inglês, além de um marco para o gênero.

Debates inflamados têm ocorrido em relação ao valor da literatura indiana em inglês e, principalmente, questiona-se por que escritores indianos, muitos dos quais inclusive vivendo fora da Índia, até mesmo escrevem em inglês. Nas palavras de Rushdie, "a proposição irônica de que os melhores textos indianos desde a independência possam estar escritos na língua dos imperialistas que se retiraram é simplesmente insuportável para alguns povos". Não obstante, a popularidade do gênero indiano em inglês continuou a crescer no século XXI a partir das contribuições de escritores como Arundhati Roy, Jhumpa Lahiri, Amitav Ghosh e Kiran Desai, ora ambientando seus romances na Índia, ora focalizando as experiências da falta de raízes e da alienação na diáspora. ■

Eles concordavam uns com os outros com violência e discordavam com prazer.
Um rapaz adequado

TRATA-SE DE UM CONCEITO BEM GREGO, E MUITO PROFUNDO. BELEZA É TERROR

A HISTÓRIA SECRETA (1992), DONNA TARTT

EM CONTEXTO

FOCO
Romance de *campus*

ANTES
1951 É publicado *The Groves of Academe*, da escritora norte-americana Mary McCarthy – considerado um dos primeiros romances acadêmicos ou "de *campus*".

1954 *A sorte de Jim*, influente obra do escritor inglês Kingsley Amis, desenvolve o gênero do *campus* por meio de uma trama envolvendo um jovem professor de história e sua trajetória no pós-guerra.

1990 O romance *Possessão*, vencedor do Booker Prize, da escritora inglesa A. S. Byatt, detalha um mistério histórico pós-moderno ambientado no mundo acadêmico.

DEPOIS
2000 *A marca humana*, do escritor norte-americano Philip Roth, acompanha a complexa história de vida de um professor de letras clássicas aposentado e o mundo em transformação da academia norte-americana.

Quando a autora norte-americana Donna Tartt (1963-) publicou seu romance *A história secreta*, ele foi reconhecido como uma impactante contribuição ao romance de *campus*, gênero do qual ela toma emprestado e ao qual também traz inovações. Os romances acadêmicos ganharam força na década de 1950, quando os interesses da sociedade do pós-guerra estavam ligados a debates literários e culturais que vinham acontecendo nos *campi* do Ocidente. Esses romances, ambientados no espaço confinado da universidade, frequentemente satirizam a vida acadêmica e seu caráter pretensioso.

O encantamento da civilização

A história secreta trata de um grupo de seis estudantes de letras clássicas matriculados numa universidade de elite da Nova Inglaterra. Usando esse cenário para focalizar diversos debates literários e culturais, Tartt aprimora o uso que seus predecessores da década de 1950 fizeram do ambiente universitário para questionar o papel da literatura, da identidade e do gênero propriamente dito.

O romance de Tartt é uma anti-história de detetive que desafia esse gênero do século XIX. O livro começa com um enredo de assassinato e mistério, mas é o motivo do crime – e não a identidade de seu perpetrador – que envolve o leitor e vai sendo revelado aos poucos, durante o desenrolar da trama. Tartt utiliza a premissa de um assassinato oculto entre os seis estudantes para explorar ideias mais abrangentes. Inspirada na tragédia grega, ela força o leitor a questionar se uma "fraqueza trágica" de caráter, uma marca do gênero grego, é algo que realmente existe. Ela explora essa questão na trama para investigar como e por que utilizamos o passado literário no presente.

Um assassinato filosófico

Para as personagens, os estudantes de Tartt, o literário é real demais: é levado a um extremo explicitamente literal na forma de um assassinato que paga tributos à ideia filosófica de que "a morte é a mãe da beleza", como declara Henry, um dos alunos. Se o assassinato deve realmente ser interpretado como um dispositivo literário autoconsciente e lúdico que toma de empréstimo aspectos da teoria acadêmica ou como uma crítica da própria teoria literária é algo que Tartt deixa para o leitor decidir. ■

Veja também: *Édipo rei* 34-39 ▪ *Desonra* 322-323

O QUE VEMOS DIANTE DE NÓS NÃO PASSA DE UMA FRAÇÃO MINÚSCULA DO MUNDO

CRÓNICA DO PÁSSARO DE CORDA (1994-1995), HARUKI MURAKAMI

EM CONTEXTO

FOCO
Escrever para o mundo

ANTES
1987 O herói de Murakami para seu *Norwegian wood*, uma nostálgica história sobre a amizade, o amor e a perda, é um ex-aluno de faculdade interessado em literatura norte-americana.

1988 *Kitchen*, de Banana Yoshimoto, conta a história de uma jovem mulher japonesa, para quem o consumo abundante de culinária ocidental lhe oferece um refúgio emocional.

DEPOIS
1997 *Miso soup*, de Ryu Murakami, é uma história de crime ambientada entre os *hostess bars* de Tóquio, com diálogos sobre norte-americanos da vida real, como Whitney Houston e Robert de Niro.

2002 *Kafka à beira-mar* traz Murakami explorando a fantasia metafísica – num Japão onde a cultura ocidentalizada e o xintoísmo se encontram.

A partir do final do século xx, a globalização – em especial, a disseminação da cultura popular norte-americana pelo mundo – criou um nicho para escritores serem capazes de libertar sua ficção das tradições locais, como se escrevessem para um público universal.

As influências norte-americanas tornam-se particularmente evidentes na cultura japonesa – oriundas, em parte, da ocupação norte-americana do Japão (1945-1952). O autor japonês Haruki Murakami (1949-) possui uma bagagem cultural que parece ser metade estadunidense. Ele traduziu F. Scott Fitzgerald e Truman Capote para o japonês e foi dono de um clube de jazz em Tóquio.

O Oriente encontra o Ocidente

O romance *Crónica do pássaro de corda*, de Murakami, invoca influências norte-americanas e temas culturais europeus. Por exemplo, a trama se inicia com o herói, Toru Okada, ouvindo Rossini enquanto cozinha uma massa. Mais adiante, um taco de beisebol é utilizado como arma. O livro em si mesmo é uma complexa narrativa de indagações enraizada na cultura ocidental. Como na mitologia grega, quando Orfeu visita o submundo para trazer Eurídice de volta, Okada desce por um poço para retirar de lá sua mulher, Kumiko, que estava desaparecida.

Contudo, continua sendo uma história japonesa em seu cerne. Murakami evoca a alienação do Japão urbano moderno enquanto, ao mesmo tempo, põe a história japonesa à prova. Exemplos disso estão nas histórias do tenente Mamiya sobre combates na Manchúria e sobre um campo de prisioneiros soviéticos, nas quais aborda a violência do Japão na guerra. ■

Será possível... que um ser humano alcance a perfeita compreensão do outro?
Crónica do pássaro de corda

Veja também: *Wanr de jiushi xintiao* [Jogo de emoções] 336

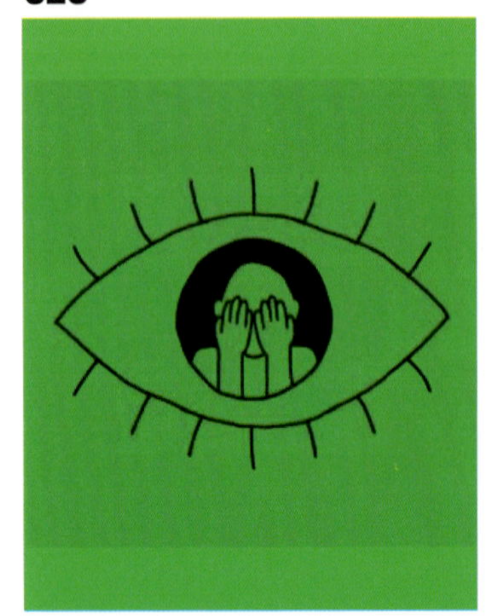

SÓ NUM MUNDO DE CEGOS AS COISAS SERÃO COMO VERDADEIRAMENTE O SÃO

ENSAIO SOBRE A CEGUEIRA (1995), JOSÉ SARAMAGO

EM CONTEXTO

FOCO
Sátira alegórica

ANTES
1605 Em *Dom Quixote*, Miguel de Cervantes explora a incapacidade de enxergar o mundo como ele realmente é em meio à busca delirante empreendida por sua personagem principal na composição da saga enfrentada pelo cavaleiro.

1726 *As viagens de Gulliver*, do escritor anglo-irlandês Jonathan Swift, exagera a corrupção moral e política em histórias encenadas em culturas fantásticas.

1945 Em *A revolução dos bichos*, o inglês George Orwell traça um paralelo entre a degeneração da política na sociedade humana e animais em rebelião numa fazenda.

DEPOIS
2008-2010 A escritora estadunidense Suzanne Collins publica *Jogos vorazes*, em que emprega sátira alegórica para indicar o poder da mídia como instrumento político na sociedade norte-americana contemporânea.

O angustiante romance de José Saramago *Ensaio sobre a cegueira* é um exemplo de sátira alegórica – um tipo de narrativa que apresenta um subtexto paralelo de natureza frequentemente moral ou política. Na sátira alegórica, os eventos são usados implícita ou explicitamente como metáforas de aspectos ridículos da sociedade, da política ou do cotidiano. Em *Ensaio sobre a cegueira*, a sátira é inspirada pelo Estado Novo de Portugal, um regime autoritário vigente no país de 1933 a 1974 – embora a ambientação, as personagens e a época retratadas no romance sejam ambíguas. Em foco encontram-se a falta de moralidade, gentileza e empatia típicas de qualquer sociedade capitalista de direita.

Como seria se fôssemos todos cegos?

O romance descreve os acontecimentos depois que as pessoas de uma cidade, num país sem nome, começam a ficar cegas – não uma cegueira escura, mas uma falta de visão leitosa, branca, perolada. Essa condição se dissemina por presença ou contato humano e é

O mundo dos cegos

A sociedade é afetada por uma **cegueira metafórica**: falta de empatia, bom senso e moralidade.

→ Como resultado, membros da sociedade são afetados por uma **cegueira física**.

→ A sociedade procura encarcerar, pôr em quarentena e **conter os afetados**.

→ **Novas sociedades se formam em meio à cegueira**, à medida que as anteriores mergulham na escuridão.

Veja também: *A divina comédia* 62-65 ▪ *Os contos de Canterbury* 68-71 ▪ *Dom Quixote* 76-81 ▪ *Cândido ou o otimismo* 96-97 ▪ *As viagens de Gulliver* 104 ▪ *A revolução dos bichos* 245 ▪ *O senhor das moscas* 287

O regime repressor do Estado Novo de Portugal é uma presença silenciosa no texto de Saramago. O título e o conteúdo do livro representam um tema paralelo a uma sombria cegueira política.

incurável. O governo transfere os indivíduos afetados para um asilo protegido por guarda armada e os deixa lá à própria sorte, fornecendo ajuda apenas com o envio de alimentação e material de limpeza.

À medida que uma forma de sociedade fundamentada na solidariedade começa a surgir entre os cegos – incentivados pela necessidade, pela sobrevivência e pela retomada da empatia humana –, observamos as principais personagens evoluírem como membros de uma comunidade. Saramago descreve os esforços físicos e psicológicos dos que ficaram cegos como um paralelo com as pessoas que perderam a visão da razão, da humanidade e da própria ideia de uma sociedade humana: "Estes cegos (...) não tardarão a transformar-se em animais, pior ainda, em animais cegos". A chegada de um grupo organizado de bandidos cegos se torna um elemento adicional de opressão, com óbvias conotações políticas sobre a violência e o terror de um regime totalitário. Saramago imprime à sua narrativa uma força irrefreável ao minimizar a pontuação e alternar tempos e perspectivas. Isso cria a sensação de ser arremessado no curso da história, fazendo repercutir os temas da narrativa.

Cegueira e discernimento

Ao leitor é dada uma perspectiva adicional sobre essa situação sombria através dos olhos da mulher do médico, um dos primeiros internados. Ela simula estar cega para permanecer junto do marido. Esse recurso leva a uma compreensão mais ampla dos laços que se criam, dos hábitos abandonados e das ideologias em formação e *re-formação* dentro da história. É por meio da mulher do médico que as personagens descobrem-se mutuamente e encontram esperanças e forças para sobreviver à cegueira branca, à crueldade dos bandidos e à dureza da vida no asilo. É graças à humanidade da mulher e à sua empatia – símbolos do tipo de sociedade pela qual as pessoas deveriam lutar – que, por fim, inicia-se a reconstrução da vida fora do asilo. ■

José Saramago

José de Sousa Saramago nasceu em Portugal em 1922. Filho de pobres trabalhadores rurais, sem recursos para mandá-lo à escola, recebeu treinamento como mecânico. Somente mais tarde seu talento para a escrita levou-o a trabalhar como tradutor, jornalista e editor. Como homem politicamente engajado, Saramago viu seu primeiro livro, *Terra do pecado* (1947), ser mal recebido pelo regime católico conservador do Estado Novo, que proibiu sua publicação. Ressurgiu em 1966, com *Os poemas possíveis*, e, após escrever outros romances, recebeu o Prêmio Nobel de Literatura em 1998. Mudou-se para a Espanha após um de seus livros ser censurado pelo governo português, em 1992. Lá viveu até sua morte, em 2010.

Outras obras

1982 *Memorial do convento*
1984 *O ano da morte de Ricardo Reis*
1991 *O evangelho segundo Jesus Cristo*
2004 *Ensaio sobre a lucidez*

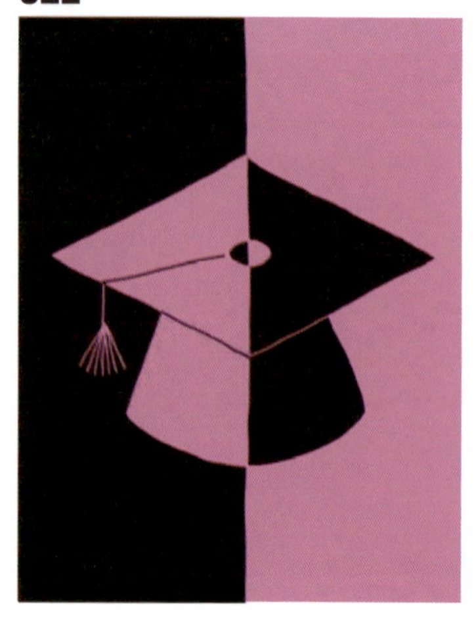

O INGLÊS É UM MEIO INAPROPRIADO PARA A VERDADE DA ÁFRICA DO SUL

DESONRA (1999), J. M. COETZEE

EM CONTEXTO

FOCO
Literatura sul-africana

ANTES
1883 Olive Schreiner analisa questões patriarcais e de gênero contra um cenário colonial em *A história de uma fazenda africana*.

1948 O *best-seller Chora, terra bem amada!*, de Alan Paton, expõe ao mundo a política opressora da África do Sul.

1963-1990 Milhares de livros são banidos como "indesejados" na África do Sul.

1991 A escritora e ativista Nadine Gordimer recebe o Prêmio Nobel de Literatura.

DEPOIS
2000 O autor Zakes Mda experimenta com uma complexa mistura de história xhosa, mitos e conflitos coloniais em seu romance *The Heart of Redness* [O coração de escarlate].

2003 *O bom médico*, de Damon Galgut, acaba com a promessa de mudança política.

Um extraordinário cânone literário evoluiu na África do Sul a partir de uma sociedade na qual a maioria negra foi oprimida por décadas pelo colonialismo e pelo *apartheid* – um sistema tirânico de segregação. A escrita durante e após o *apartheid* recai amplamente em dois campos: autores como a vencedora do Prêmio Nobel Nadine Gordimer produziram romances complexos que são um testemunho à história, enraizados no realismo social e na política de sua era. Em comparação, J. M. Coetzee parece quase socialmente irresponsável, produzindo textos que "competem com a história". Suas narrativas são caracterizadas por serem ambíguas e evasivas, com uma preocupação pós-moderna com a linguagem de sua produção e com a autoridade da voz falante.

O arrependimento pertence a outro mundo, a outro universo de discurso.
Desonra

Relações de poder

O romance *Desonra*, de Coetzee, tem como tema central o declínio de David Lurie, um professor de idiomas clássicos e modernos que é reduzido a ensinar comunicação. Metáfora para as certezas perdidas pelos brancos da antiga colônia europeia na nova África do Sul, Lurie descobre que a comunicação o decepciona. Ele não consegue engajar seus alunos nem usar a poesia para seduzir Melanie, estudante que ele efetivamente estupra durante um caso.

Depois que Lurie cai na desgraça e é demitido de seu emprego, a história se desloca para o Cabo Oriental, onde sua filha Lucy tem um sítio. Lurie enxerga vislumbres de um passado rural idealizado, mas luta com a mudança da ordem entre donos de terras brancos e seus empregados e vizinhos negros. Ocupa seu tempo ajudando a despachar animais abandonados em uma clínica veterinária rural.

O professor fala diversos idiomas europeus, mas não consegue se comunicar com o vizinho Petrus. "Pressionada no molde do inglês, a história de Petrus saía artrítica,

Veja também: *A história de uma fazenda africana* 201 ▪ *Chora, terra bem amada!* 286 ▪ *Uma estação branca e seca* 333-334

passada." Ele não sabe palavras africanas para negociar com os três jovens negros que atacam a fazenda e estupram sua filha, nem consegue descobrir a cumplicidade de seu vizinho. Mais tarde, na comemoração do novo cargo de Petrus como proprietário, um convidado toma o palco principal para narrar no idioma xhosa um futuro que apenas os negros podem entender.

Um futuro incerto

Desonra, publicado cinco anos após as primeiras eleições livres na África do Sul, contrasta fortemente com a literatura de "lua de mel" pós-*apartheid*, impregnada com o otimismo da nova nação. Condenado por alguns pelo violento enredo, o romance é finamente equilibrado em seu retrato de um estado de desgraça que não possui barreiras culturais. Ao final, há uma paridade entre o ataque contra Lucy e o abuso sexual do professor contra prostitutas negras e a estudante Melanie – supostamente, de uma raça mista. Enquanto Lurie, em sua arrogância, recusa-se a falar em sua audiência, o silêncio de Lucy sobre seu drama sugere uma percepção de que a vida deva ser levada ao seu grau mais primitivo, pois não há palavras que reparem ou curem. ■

Desonra profissional
A vacilante carreira acadêmica do professor é completamente destruída quando ele molesta sexualmente uma estudante.

Desonra sexual
A vida sexual de Lurie com prostitutas e sórdidos encontros casuais contrastam com os romances byronianos que assombram sua imaginação.

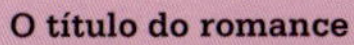

O título do romance vai além da desonra do impenitente David Lurie. Atos desumanos, vergonha e humilhação ameaçam engolir uma nova e frágil sociedade.

Tratamento de animais
O vergonhoso abandono e os maus-tratos aos animais – recorrentes nos romances de Coetzee – são refletidos no trabalho deplorável da clínica veterinária.

Violência racial
O estupro de Lucy e a constante coerção e ameaça à sua segurança tipificam a tensão entre negros e a minoria branca rica.

Apartheid
Os muitos tipos de desgraça que permeiam o romance sugerem a desgraça maior da história do colonialismo e do *apartheid* na África do Sul.

J. M. Coetzee

O romancista, linguista, ensaísta e tradutor John Michael Coetzee nasceu em 1940, de pais africânderes que falavam inglês. Coetzee passou sua juventude na Cidade do Cabo e em Worcester, no Cabo Ocidental. Após graduar-se, nos anos 1960, trabalhou com programação de computadores em Londres. É Ph.D. em inglês, linguística e línguas germânicas pela Universidade do Texas.

A partir de 1972, Coetzee lecionou na Universidade de Cape Town, encerrando em 2000 como professor catedrático de literatura, e lecionou com frequência nos Estados Unidos. Ganhou uma variedade de prêmios literários, incluindo o Booker Prize (duas vezes) e o Nobel de Literatura em 2003. Coetzee hoje vive no sul da Austrália e advoga pelos direitos dos animais.

Outras obras

1977 *No coração desta terra*
1980 *À espera dos bárbaros*
1983 *Vida e época de Michael K.*
1986 *Foe*
1990 *A idade do ferro*

CADA MOMENTO ACONTECE DUAS VEZES: DENTRO E FORA, E SÃO DUAS HISTÓRIAS DIFERENTES

DENTES BRANCOS (2000), ZADIE SMITH

EM CONTEXTO

FOCO
Multiculturalismo

ANTES
1979 Um grupo Black Power toma o porão em *Moses Ascending* [Moisés ascendendo], os contos do autor Sam Selvon, nascido em Trinidad e Tobago, sobre um senhorio indiano em Londres.

1987 Michael Ondaatje, escritor canadense nascido no Sri Lanka, insere culturas nativas em um rico enredo sobre a vida dos trabalhadores imigrantes em Toronto em *Na pele de um leão*.

1991 O relato semiautobiográfico de Renan Demirkan sobre lealdades conflitantes em uma família turca na Alemanha, *Schwarzer Tee mit drei Stuck Zucker* [Chá preto com três torrões de açúcar], torna-se um *best-seller*.

DEPOIS
2004 *A pequena ilha*, história da autora inglesa Andrea Levy sobre a vida de dois casais, evidencia a experiência da migração na Grã-Bretanha pós-guerra.

A imigração tem sido uma parte importante da produção cultural nos Estados Unidos, no Canadá e no Reino Unido por gerações, mas, nas últimas décadas, houve um surto de nova literatura que reflete tanto a diversidade de suas populações como a ubiquidade do inglês. A necessidade de se incorporar a uma nova cultura tende a suprimir vozes migrantes, portanto, em geral é a segunda geração de famílias imigrantes que se sente fortemente motivada a escrever histórias refletindo a fusão de suas culturas. Isso explica, em parte, o surgimento tardio da literatura multicultural no restante da Europa e ao redor do mundo. Porém, à medida que outras nações se tornam mais diversificadas, novas vozes começam a ser ouvidas. Na Alemanha, por exemplo, Renan Demirkan abriu caminho para a literatura turco-germânica.

No Reino Unido, a literatura multicultural remonta a grandes ondas de imigração da Commonwealth nos anos 1950 e frequentemente traz para o foco um espaço conturbado e xenofóbico, revelando a vida de pessoas de múltiplos grupos étnicos em grandes cidades. Assim como em outros lugares, muitos autores de raça mista e da segunda geração de imigrantes escreveram os primeiros romances que discorrem sobre a integração de comunidades em diáspora. Premiado livro de Zadie Smith, *Dentes brancos* oferece uma perspectiva nova e juvenil sobre a complexa herança de famílias multiculturais na região norte de Londres.

Você pensa que alguém é inglês? Realmente inglês? É um conto de fadas!
Dentes brancos

Miscigenação britânica

Dentes brancos retorna aos últimos dias da Segunda Guerra Mundial, quando o inglês branco de classe média Archie Jones encontra um engenheiro muçulmano bengali chamado Samad Iqbal em um tanque do Exército britânico na Grécia. A amizade, que cruza as barreiras da classe e da cor, continua após a guerra. O laço é consolidado por longas tardes em um *pub* irlandês de dono árabe, por conflitos

Veja também: *Chora, terra bem amada!* 286 ▪ *Uma casa para o sr. Biswas* 288-289 ▪ *Intérprete de males* 338 ▪ *As aventuras de Pi* 338 ▪ *O caçador de pipas* 338 ▪ *Meio sol amarelo* 339

Em *Dentes brancos*, a rede de relacionamentos entre brancos, imigrantes de primeira geração e seus filhos britânicos reflete a natureza fluida da sociedade britânica.

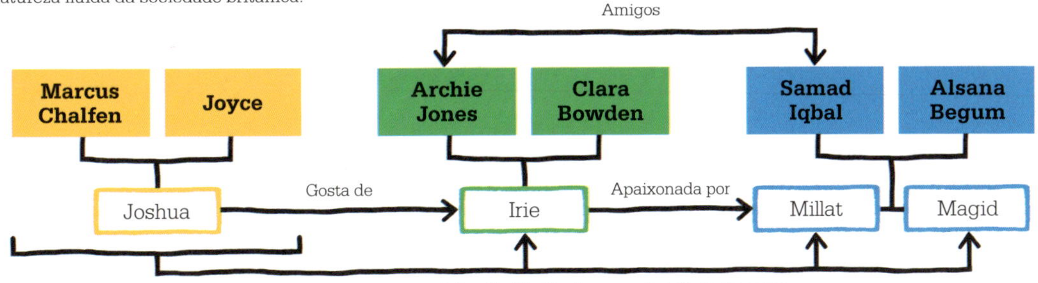

matrimoniais e pela paternidade tardia de ambos. Samad tem dois meninos gêmeos, Magid e Millat, fruto de seu casamento arranjado com Alsana; Archie e sua esposa jamaicana, Clara, têm uma filha chamada Irie.

Samad, agora "transportador de curry" em um restaurante local, decide enviar seu filho Magid de volta para Bangladesh para que ele cresça com respeito à sua herança muçulmana; mas, quando Magid retorna, anos depois, é um cientista secular. Ironicamente, seu irmão gêmeo, o rebelde Millat, une-se a um grupo fundamentalista. Irie é atraída pela terra natal de sua mãe por meio de sua avó. Millat, Magid e Irie lutam, assim como seus pais, contra o sentimento de não pertencer a lugar algum, em oposição àqueles que viviam na Grã-Bretanha havia gerações e que usufruíam do luxo da história e de seus direitos. "Essa era a Inglaterra, um espelho gigantesco, e lá estava Irie, sem ser refletida."

Smith tem bom ouvido para diálogos e olhos por todos os lados, registrando ataques a comunidades imigrantes, a invasão maciça do haxixe nas escolas e as tagarelices da classe média – como mostra a família branca intelectual Chalfen, que exerce influência inexorável sobre Irie, Millat e Magid.

Situada parcialmente durante o período Thatcher, nos anos 1980, o livro é dotado de referências culturais, da *fatwa* de Salman Rushdie a grupos urbanos com roupas da Nike. Smith criticou seu romance universitário, mas ele permanece como uma crônica sagaz de um tempo que demandou novas definições do que significa ser britânico. ■

Zadie Smith

Zadie Smith nasceu na região norte de Londres em 1975, de pai inglês e mãe jamaicana. Originalmente chamada Sadie, mudou seu nome para Zadie aos catorze anos. Smith escreveu seu aclamado primeiro romance *Dentes brancos* no último ano no King's College, em Cambridge. Ao mudar-se para os Estados Unidos, estudou em Harvard e ensinou escrita criativa na Columbia University School of Fine Arts antes de ocupar seu cargo atual na New York University. Divide seu tempo entre Nova York e Londres com seu marido, o escritor Nick Laird, e seus dois filhos. Smith recebeu quase vinte indicações e prêmios por sua escrita. Nos últimos anos, especializou-se em contos e ensaios críticos. Em artigo para o jornal *The Guardian*, pediram-lhe que falasse dez regras de ouro para escrever ficção, e uma das respostas foi: "Diga a verdade por meio de qualquer disfarce que tenha à mão – mas diga".

Outras obras

2002 *O homem dos autógrafos*
2005 *Sobre a beleza*
2012 *NW*

A MELHOR FORMA DE MANTER UM SEGREDO É FINGIR QUE ELE NÃO EXISTE

O ASSASSINO CEGO (2000), MARGARET ATWOOD

EM CONTEXTO

FOCO
Gótico do sul de Ontário

ANTES
1832 Considerado o primeiro romance canadense, *Wacousta*, de John Richardson, é repleto de perigos e terror gótico.

1967 *O último dos loucos*, de Timothy Findley, é publicado. Cinco anos depois, o autor cria o termo "gótico do sul de Ontário" para descrever seu romance.

1970 *O quinto personagem*, de Robertson Davies, é um dos primeiros exemplos de gótico do sul de Ontário, observando o ventre sombrio de uma comunidade de Ontário.

DEPOIS
2009 Intriga, assassinato e medo compõem a coletânea de contos góticos de Alice Munro, *Felicidade demais*.

2013 *Perdita*, descrita pela autora Hilary Scharper como "ecogótica", é uma moderna história de fantasmas canadense.

A ficção gótica dos séculos XVIII e XIX apresentava, tipicamente, elementos como castelos assombrados, heroínas, mistérios e fantasmas. Ao final do século XX, o Canadá – e o sul de Ontário, em particular – desenvolveu sua própria produção seguindo essa tradição. Romancistas como Alice Munro, Robertson Davies e Margaret Atwood se apropriaram de características da ficção gótica, como o sobrenatural e o grotesco, e as imagens sombrias do gênero, aplicando-as à vida canadense contemporânea. Com frequência, essa literatura tenta decifrar a identidade nacional canadense em um contexto pós-colonial e pode ser vista como reflexo das ansiedades dos colonos sobre seu passado.

A escuridão se aproximou (...). De volta às longas sombras impostas por Laura.
O assassino cego

Complexidade narrativa

Margaret Atwood realoca a fascinação pelo medo e pelo terror que nutriu o gótico europeu ao seu próprio território, explorando o lado negro da natureza humana e o poder destrutivo dos segredos enterrados. Seu livro *O assassino cego* é um exemplo notável de gótico do sul de Ontário, brincando com noções de sacrifício e traição, verdades e mentiras, conspiração e romance, e as barreiras entre os vivos e os mortos.

O romance é uma história com múltiplas camadas, contada pelos olhos de Iris Chase Griffen, de 83 anos, que escreve suas memórias em forma de carta para sua neta. Na história da vida de Iris, nasce outro romance, também chamado *O assassino cego*, sobre dois amantes – supostamente contado pela irmã de Iris, Laura. E, dentro desse romance, há ainda outra história: um conto de ficção científica relatado pelo homem do romance de Laura. Todas essas histórias são pontuadas por reportagens de jornal que adicionam uma dimensão mais profunda, supostamente factual, à narrativa.

A história principal, narrada nas memórias de Iris, é sobre Laura e Iris

Veja também: *Frankenstein* 120-121 ▪ *Drácula* 195 ▪ *O morro dos ventos uivantes* 132-137 ▪ *O conto da aia* 335 ▪ *Os contos escolhidos* 337

Chase nos anos 1920 e 1930. Temas góticos são adaptados: o castelo assombrado se torna a casa da família de Iris, Avilion, uma mansão construída por seu rico avô, concluída com sótãos e torres; há um vilão cruel no marido dominador de Iris, Richard; e as próprias Iris e Laura são versões da heroína vitimizada.

Assombrada pelo real

O romance tem tom realista, apesar de, simbolicamente, o sobrenatural nunca se distanciar. A estrutura de *flashbacks* significa que as personagens que sabemos estarem mortas aparecem quase como se fossem fantasmas falando do passado ao presente. Laura, cujo suicídio é contado ao leitor logo na primeira frase, assombra Iris por meio de lembranças e segredos lentamente revelados.

A própria região sul de Ontário é uma personagem macabra no livro. Pode ser relacionada ao submundo da literatura clássica: trechos sinistros de água devem ser atravessados para adentrá-la, e ela tem seu próprio guardião perverso, personificado por Richard. Os protagonistas vagam ali em busca de propósito.

Em geral, a reinterpretação de Atwood das histórias góticas e sua habilidosa mistura de gêneros criam um romance no qual, independentemente da escuridão, cada elemento ilumina o todo. ■

A estrutura de *O assassino cego*, com suas histórias encadeadas e múltiplos narradores, ecoa a literatura gótica, enquanto o terceiro conto – embora ambientado no planeta Zycron – contém os elementos góticos familiares de romance, traição e assassinato.

A primeira narrativa são as lembranças de Iris Chase Griffen, na qual ela reconstrói o passado e reavalia sua própria vida e a de sua irmã.

A segunda narrativa é um romance também chamado *O assassino cego*, narrada por Laura Chase, que conta a história de um fugitivo político e sua amante *socialite*.

A terceira narrativa é uma sombria e fantástica ficção científica sobre um assassino cego e uma virgem sacrificial muda.

Margaret Atwood

A romancista, poeta e ensaísta canadense Margaret Atwood nasceu em 1939, em Ottawa, Ontário. Em grande parte de sua infância, passava metade do ano na natureza, onde seu pai estudava insetos. Durante esse tempo, ela escrevia poemas, peças e quadrinhos e, ainda na escola, decidiu tornar-se escritora. O escritor Edgar Allan Poe estava entre seus autores favoritos – e a influência sombria do norte-americano pode ser vista em sua ficção.

A primeira publicação de Atwood foi uma coletânea de poemas em 1966, porém ela é mais conhecida como romancista. Seu primeiro romance publicado foi *A mulher comestível*, em 1969. A paixão por questões ambientais e pelos direitos humanos é evidenciada em seus romances distópicos, como *O conto da aia* e a trilogia iniciada por *Oryx e Crake*. Recebeu muitos prêmios literários de renome, incluindo o Booker Prize por *O assassino cego*.

Outras obras

1985 *O conto da aia*
1988 *Olho de gato*
1996 *Vulgo Grace*
2003 *Oryx and Crake*

HAVIA ALGO QUE SUA FAMÍLIA DESEJAVA ESQUECER

AS CORREÇÕES (2001), JONATHAN FRANZEN

EM CONTEXTO

FOCO
Distúrbios na família moderna

ANTES
1951 Em *O apanhador no campo de centeio*, de J. D. Salinger, Holden Caulfield encontra-se sozinho e alienado, ainda que consumido por pensamentos relacionados à família.

1960 É publicado o primeiro romance da série *Rabbit* [Coelho], de John Updike, que dramatiza tumultos familiares nos Estados Unidos contemporâneos.

1993 Em *As virgens suicidas*, Jeffrey Eugenides esmiúça os suicídios inexplicáveis de cinco irmãs adolescentes.

DEPOIS
2003 Em *Precisamos falar sobre o Kevin*, Lionel Shriver trata da questão de se ter como filho alguém que comete um assassinato em massa.

2013 Theo Decker, narrador de *O pintassilgo*, de Donna Tartt, descreve uma família destroçada pela perda e pelo alcoolismo.

O título *As correções* reflete o *The recognitions* [Os reconhecimentos] (1955), de William Gaddis, que apresenta um filho inquieto em busca de autenticidade e vislumbrando seu relacionamento com o pai, o qual vem perdendo a memória. Como em *As correções*, o escopo de *The recognitions* contempla um vasto número de personagens para contar a história de uma única família ao tecer os fios da narrativa até juntar múltiplos pontos de vista. A partir do final do século xx, o tema da família perturbada tem aparecido com frequência no centro das obras de grandes romancistas norte-americanos do sexo masculino, como John Updike, Philip Roth e Don DeLillo. Assim como Gaddis, muitos deles podem constar do passado literário de Franzen.

As correções conta a história dos Lambert: Alfred, Enid e seus filhos adultos, Gary, Chip e Denise. Essa é a família colocada à prova por necessidades individuais dispostas contra noções divergentes sobre valores, direitos e unidade familiar – tudo encenado contra o pano de fundo de uma economia norte-americana dominada pelo setor financeiro e *high-tech* fundamentado no capitalismo. À medida que a saga se desenvolve, o texto atinge intensos *insights* políticos e sociais, tocando em temas diversos, dos malfeitos financeiros à morte por arma de fogo, da alimentação à literatura infantil.

Suspense e ímpeto narrativo surgem diante da tentativa dos membros da família de passar "um último" Natal juntos e da brutalidade exposta por uma doença degenerativa. A vida pessoal das personagens principais é marcada pela instabilidade, seja ela profissional, seja romântica ou mental.

Ele ficava agitado sempre que iam visitar os filhos.
As correções

Mudança geracional

Ao descrever duas gerações, Franzen consegue refletir a alteração social ocorrida durante o período de uma vida inteira. Alfred, o patriarca reprimido,

Veja também: *O apanhador no campo de centeio* 256-257 ▪ *Dentes brancos* 324-325

Emocional
Há mudanças nos traços de caráter em indivíduos traumatizados, o que leva ao crescimento pessoal.

Financeira
Buscando lucrar com a droga miraculosa *Corecktall*, Gary não percebe alterações graduais no mercado de investimentos.

Parental
A disciplina é utilizada para sufocar a afeição espontânea que as crianças demonstram naturalmente por Alfred, seu pai.

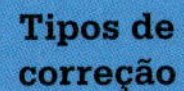

Tipos de correção
As correções revela uma rede de associações relacionadas à palavra-chave do título, num enredo que faz profundos questionamentos sobre até que ponto somos capazes de melhorar nossa personalidade e nossa vida.

Farmacêutica
Uma pílula, *Corecktall* [Corrigetudo], símbolo de vãs esperanças, faz "tudo e nada".

Boatos familiares
Mitos de longa data, oriundos de informações incompletas, são desfeitos, e verdades são reveladas.

Textual
Mudanças que Chip precisa fazer em seu roteiro.

identifica-se com uma ordem pregressa. As partes que contam sua história são pontuadas por citações de Schopenhauer e iluminadas pela rememoração de cenas do meio-oeste norte-americano de meados do século xx, quando ele trabalhava como engenheiro ferroviário. Gary, Chip e Denise habitam um mundo muito menos afável: suas experiências destilam as pressões e vicissitudes do cada vez mais turbulento final do século xx.

Genética à parte, há um elo comum entre todos: apesar das neuroses e falhas, todos esperam melhorar. Mesmo Alfred, fechado na autoconfiança e certo de que emoções e laços de família devem ser sacrificados em prol de uma contribuição integral para a civilização, reflete, enquanto Enid está grávida de Denise, a filha caçula deles: "Um último filho era a última oportunidade de aprender com os erros e fazer correções, e ele resolveu agarrar essa oportunidade".

Mais tarde, Franzen publicou suas memórias em *A zona do desconforto*, que inclui uma exploração íntima do impacto causado pela morte de sua mãe. Essa coletânea eclética revela que a noção de família ainda domina sua obra. ■

Jonathan Franzen

O pai de Jonathan Earl Franzen era um engenheiro civil. Irene, sua mãe, era dona-de-casa (nada diferente dos Lamberts em *As correções)*. Franzen cresceu em Chicago e formou-se em alemão pelo Swarthmore College da Pensilvânia, Estados Unidos, em 1981.

Casou-se com Valerie Cornell aos 23 anos. Divorciaram-se catorze anos mais tarde. Atualmente, tem um relacionamento com a escritora Kathryn Chetkovich, vivendo em Nova York e na Califórnia.

Em 2001, Franzen teve um desentendimento com Oprah Winfrey ao manifestar-se contrário à escolha de *As correções* para o clube do livro da apresentadora. Ele temia que os homens se desencorajassem de ler a obra. Continua escrevendo sobre temas variados, incluindo o estado lamentável da Europa e a impermanência dos *e-books*. Franzen venceu o National Book Award de ficção em 2001 com *As correções*, que também foi finalista do Prêmio Pulitzer.

Outras obras

1992 *Tremor*
2006 *A zona do desconforto*
2010 *Liberdade*

TUDO ISSO SE ORIGINA DO MESMO PESADELO, AQUELE QUE CRIAMOS JUNTOS

THE GUEST (2001), HWANG SOK-YONG

EM CONTEXTO

FOCO
O 38° paralelo

ANTES
1893 A literatura na Coreia emerge da sombra cultural lançada pela literatura clássica chinesa. O primeiro trabalho ocidental de ficção impresso em coreano é *O peregrino*, de John Bunyan, que chega até mesmo antes da tradução da Bíblia, publicada em 1910.

1985 *The shadow of arms*, de Hwang Sok-yong, é um relato sobre o comércio clandestino durante a guerra no Vietnã (outro país do leste asiático dividido em norte e sul).

1964-1994 *The land*, romance épico histórico de dezesseis volumes, de Park Kyong-ni, descreve os esforços dos coreanos subjugados pela opressão japonesa.

DEPOIS
2005 Autores das Coreias do Norte e do Sul comparecem juntos a um congresso literário pela primeira vez.

Depois da rendição japonesa, no final da Segunda Guerra Mundial, uma linha de latitude que cruza a Península Coreana, o 38° paralelo, foi escolhida como divisória entre as zonas de ocupação soviética e norte-americana, funcionando ainda hoje, de certa forma, como a fronteira entre as Coreias do Norte e do Sul.

A geração de escritores sul-coreanos do pós-guerra se envolveu num movimento tradicionalista voltado para um passado idealizado. Contudo, tal nostalgia foi rejeitada pelos escritores dos anos 1960, que buscavam discutir os danos psicológicos da história coreana recente: a ocupação japonesa (1910-1945), a Guerra da Coreia (1950-1953) e o domínio comunista no norte.

Males de outras terras

Em seu romance *The guest*, Hwang Sok-yong (1943-) trata do massacre na vida real causado pela Guerra da Coreia em Sinchon, onde hoje é a Coreia do Norte. O protagonista, um ministro cristão que nasceu na Coreia e vive nos Estados Unidos, retorna para visitar o local com o fantasma de seu irmão. Ele descobre a verdade sobre as atrocidades: elas não foram perpetradas pelas forças norte-americanas, mas resultaram da luta entre os próprios coreanos cristãos e comunistas.

Desde a infância, sabemos que o Convidado é uma doença ocidental.
The guest

O cristianismo e o comunismo são vistos como "convidados" estrangeiros que fizeram com que os coreanos se voltassem uns contra os outros – e a palavra coreana para "convidado" se refere também a "varíola", outra praga do Ocidente que devastou o país. A estrutura do romance, dividido em doze partes, reflete a de um ritual xamanista de cura da varíola, conhecido como "exorcismo do convidado". ■

Veja também: *The heartless* 241

É LAMENTÁVEL QUE SEJA PRECISO UMA VIDA INTEIRA PARA SE APRENDER A VIVER

EXTREMAMENTE ALTO & INCRIVELMENTE PERTO (2005), JONATHAN SAFRAN FOER

EM CONTEXTO

FOCO
Estados Unidos pós-Onze de Setembro

ANTES
2001 *As correções*, de Jonathan Franzen, publicado em 11 de setembro de 2001, pressagia os interesses da literatura norte-americana depois dos atentados.

DEPOIS
2007 É publicado *O homem em queda*, de Don DeLillo, detalhando os efeitos dos ataques ao World Trade Center na vida de um sobrevivente de classe média.

2007 *O fundamentalista relutante*, de Mohsin Hamid, descreve a maneira como um analista financeiro paquistanês-norte-americano de classe média é atraído para a radicalização.

2013 É publicado *Bleeding edge*, de Thomas Pynchon, um romance vivaz que trata das condutas ilegais do setor financeiro durante o *boom ponto-com*, com o 11 de setembro acontecendo no meio da história.

Os ataques terroristas em Nova York e Washington em 11 de setembro de 2001 causaram uma enorme mudança no cenário político e cultural, que, mais cedo ou mais tarde, inevitavelmente se refletiria na literatura. No início, porém, muitos autores tiveram de lidar com sua monstruosidade. Depois dos ataques, romancistas de peso, como Martin Amis, Ian McEwan e Don DeLillo, comentaram que a natureza de seu ofício se alterou e se tornou mais difícil de uma maneira ainda não totalmente compreensível para eles. Os autores escolheram diferentes métodos para tentar atribuir sentidos a esse tópico.

Uma nova maneira de olhar

Em *Extremamente alto & incrivelmente perto*, Jonathan Safran Foer (1977-) explora os efeitos causados pelo Onze de Setembro por meio de um jovem garoto, Oskar Schell. Nove meses após os ataques, em que seu pai perdeu a vida, Oskar sofre de depressão, que ele descreve como a sensação de estar calçando "botas pesadas". Ao achar uma chave deixada pelo pai, ele embarca numa busca por Nova York para descobrir para que o objeto serve. No caminho, encontra muitas personagens curiosas. O romance contém escolhas estilísticas incomuns: páginas em preto; várias páginas em branco, numa sequência; palavras circuladas em vermelho; e muitas fotografias – de objetos, de personalidades famosas e das próprias Torres Gêmeas. Com essas técnicas, Safran Foer tenta nos fazer lançar um novo olhar sobre o Onze de Setembro e descobrir um novo caminho de enxergar algo tão terrível e que também se tornou tão familiar. ■

Há tantas vezes em que você precisa de uma escapada rápida, mas os humanos não têm suas próprias asas, ou pelo menos não ainda.
Extremamente alto & incrivelmente perto

Veja também: *As correções* 328-329 ▪ *O fundamentalista relutante* 339

LEITURA ADICIONAL

O HOMEM RESTOLHADO
(1970), GASTON MIRON

Obra-prima de Gaston Miron (1928--1996) – escritor, poeta, editor e astro da literatura de Quebec –, *O homem restolhado* é uma grande seleção dos poemas do autor. A poesia lírica romântica é posta lado a lado com análises da condição política e social da população quebequiana francófona no Canadá. Miron pregava o separatismo, e seus poemas são uma celebração do idioma, da história e do povo de Quebec. Ele também via a poesia como um interminável processo de autodescoberta, o que explica sua recusa em autorizar uma coletânea definitiva.

MEDO E DELÍRIO EM LAS VEGAS
(1972), HUNTER S. THOMPSON

Misturando elementos autobiográficos e invenção surrealista, essa influente obra, cujo subtítulo é *Uma jornada selvagem ao coração do sonho americano*, descreve o longo fim de semana do jornalista Raoul Duke com seu advogado samoano, dr. Gonzo, para cobrir uma corrida de motocicletas e uma convenção dos agentes de narcóticos. O escritor norte-americano Hunter S. Thompson (1937-2005) – para quem Raoul Duke foi um autor suplente, uma personagem baseada e que fala pelo autor – usou essa estrutura narrativa para criticar o fracasso da contracultura dos anos 1960, como a confiança nas drogas. A viagem se transforma em uma odisseia psicodélica de excessos cômicos, porém brutais, com drogas consumidas em tais quantidades que, em dado momento, as pessoas aparecem como répteis gigantes. Thompson mistura fato e ficção usando o modelo jornalístico que ele inaugurou e que viria a ser conhecido como "jornalismo gonzo" em homenagem ao advogado fictício do livro.

CRASH!
(1973), J. G. BALLARD

Retratando o lado negro de nosso fascínio pela velocidade, *Crash!* é um polêmico romance sobre o fetichismo sexual com acidentes de automóveis e "simforofilia" (excitação com desastres ou acidentes); seu caráter chocante é típico da literatura de ficção científica de J. G. Ballard. O protagonista é o dr. Robert Vaughan, um cientista da TV e "pesadelo das estradas" cuja fantasia é morrer em uma colisão com a estrela do cinema Elizabeth Taylor. Resoluto em mostrar uma fusão entre sexo e morte, o texto pinta um retrato distópico da coexistência entre humanos e máquinas em um mundo tecnológico futurista. As pessoas usam a tecnologia, e a tecnologia, de certa forma, usa as pessoas, a ponto de as máquinas se tornarem intermediárias nas relações humanas.

A HISTÓRIA
(1974), ELSA MORANTE

Elsa Morante (1912-1985) e seu marido, Alberto Moravia, ambos ítalo-judeus, esconderam-se da perseguição durante a Segunda Guerra Mundial nas montanhas ao sul de Roma. Suas experiências foram refletidas trinta anos depois em seu romance mais famoso, *A História*, que mostra o impacto da política e do conflito em comunidades agropecuárias locais na zona rural de Roma. A personagem central é Ida Mancuso, uma professora viúva cuja maior preocupação é a sobrevivência de seu filho, fruto de um

J. G. Ballard

Expoente da nova onda de ficção científica, J. G. Ballard especializou-se em retratar distopias futuristas, embora um de seus romances mais populares, *O império do sol*, seja mais convencional. Ballard nasceu em 1930, em Xangai, China. Na adolescência, passou dois anos da guerra aprisionado pelos japoneses. Estudou medicina no King's College, Cambridge, com o objetivo de se tornar psiquiatra, mas, em 1951, durante o segundo ano de seus estudos, ganhou um concurso de contos. Mudou-se para Londres para estudar literatura ao final daquele mesmo ano. Sua primeira ficção foi influenciada pela psicanálise e pela arte surrealista. Trabalhando como redator e vendedor de enciclopédias antes de se juntar à Força Aérea Real, consolidou-se escritor em 1962. Ballard faleceu em 2009, aos 78 anos, em Londres.

Outras obras

1971 *Vermilion Sands*
1973 *Crash!* (veja acima)
1991 *A bondade das mulheres*

estupro. Um tema relevante são os desafios adicionais que a guerra traz aos pobres, já acostumados às dificuldades mesmo em tempos de paz.

ESTÉTICA DA RESISTÊNCIA
(1975-1981), PETER WEISS

Romance histórico em três volumes, aborda a luta contra os nazistas pelos estudantes esquerdistas de Berlim, além de movimentos antifascistas que cresciam em outros lugares da Europa. *Estética da resistência* propõe que o modelo para a resistência política está na posição tomada pelo artista. O título de sua obra altamente aclamada se refere às suas reflexões sobre pintura, escultura e literatura. Seu autor, Peter Weiss (1916-1982), alemão com cidadania sueca, também foi um dramaturgo, pintor e cineasta.

NEGRAS RAÍZES
(1976), ALEX HALEY

Iniciando-se no século XVIII com a história semifictícia de um adolescente africano sequestrado e vendido como escravo no sul dos Estados Unidos, *Raízes negras* acompanha a vida das próximas seis gerações, culminando com o escritor norte-americano Alex Haley (1921-1992), que levou uma década de extensiva pesquisa sobre sua própria ancestralidade. Um tema em destaque é o triunfo do espírito humano sobre a opressão. O livro e a série de televisão baseada nele levaram a um surto de interesse pela história e genealogia afro-norte-americana.

Através desta carne, que é nós, somos vocês, e vocês são nós!
Raízes negras
Alex Haley

A VIDA MODO DE USAR
(1978), GEORGES PEREC

Com foco nos habitantes de um prédio de Paris, *A vida modo de usar*, do francês Georges Perec (1936-1982), é uma teia fictícia cuja linha principal é o projeto de um residente de pintar quinhentas aquarelas dos lugares que visita, transformá-las em quebra-cabeças – que deve solucionar antes de sua volta a Paris – e devolver cada imagem ao lugar que ela retrata. Seu professor de arte, um colega do prédio, planeja pintar a vida de todos os moradores. Perec foi membro do grupo Oulipo, que praticou a escrita sob diversos princípios limitantes, e ficou fascinado pela ludicidade literária.

O QUARTO DO BARBA-AZUL
(1979), ANGELA CARTER

Autora de contos "realistas mágicos", Angela Carter baseou todas as dez histórias de sua influente obra *O quarto do Barba-Azul* em contos folclóricos, incluindo *Chapeuzinho Vermelho*, *A Bela e a Fera* e *O Gato de Botas*. Os temas psicológicos por trás das narrativas originais são intensificados e modernizados, embora sem nenhuma perda de sua atmosfera folclórica gótica. Estupro, incesto, assassinato, tortura e canibalismo estão todos presentes, mostrando o lado negro da humanidade. Estereótipos de feminilidade, como a inocência da mocidade e a noção de casamento feliz, são todos subversivamente reinterpretados. A metamorfose tem um papel significativo nessas histórias, tanto na forma de magia (como homens que viram lobos) como também em transformações físicas e morais – por exemplo, com referência à menstruação e à desilusão.

Angela Carter

Conhecida por uma ficção que mescla feminismo e realismo mágico, Angela Carter nasceu em 1940, em Eastbourne, Inglaterra, e estudou inglês na Universidade de Bristol. Em 1969, deixou seu marido e passou dois anos em Tóquio, onde afirma ter adquirido seus princípios feministas. Foi escritora residente de diversas universidades do Reino Unido durante os anos 1970 e 1980, e também lecionou nos Estados Unidos e na Austrália. Seu *Noites no circo* foi um dos vencedores do Prêmio James Tait Black Memorial em 1984. Carter também foi jornalista e trabalhou no rádio e no cinema. Faleceu em 1992, em Londres, aos 51 anos.

Outras obras

1967 *The Magic Toyshop* [A loja de brinquedos mágica]
1979 *O quarto do Barba-Azul* (veja à esquerda, abaixo)
1984 *Noites no circo*

UMA ESTAÇÃO BRANCA E SECA
(1979), ANDRÉ BRINK

A metáfora subjacente em *Uma estação branca e seca* é a equação da seca climática e moral. Esse aclamado romance se passa na África do Sul africânder logo antes das mudanças políticas que ocorreram com o fim do

Milan Kundera

Nascido em Brno, Tchecoslováquia, em 1929, Milan Kundera estudou música quando criança, e muitas de suas obras carregam uma assinatura musical. Estudou literatura e cinema em Praga, tornando-se professor depois de se formar. Inicialmente membro do Partido Comunista tcheco, foi barrado após o domínio soviético em 1968, perdendo sua posição acadêmica. Kundera emigrou para a França em 1975 e vive lá desde então, tendo adquirido sua cidadania em 1981. Intitula-se romancista, embora suas obras habilidosamente misturem filosofia, ironia, política, comédia e erotismo.

Outras obras

1967 *A brincadeira*
1979 *O livro do riso e do esquecimento*
1984 *A insustentável leveza do ser* (veja à direita)

apartheid e trouxeram renovação ao país. Por meio de seu protagonista, um professor branco e de boas maneiras, o próprio autor, André Brink (1935-2015) – também branco sul-africano –, analisa a intolerância racial e o orgulho por tomar partido contra um sistema injusto.

UNE SI LONGUE LETTRE
(1979), MARIAMA BÂ

Escrito em francês pela escritora senegalesa Mariama Bâ (1929-1981), *Une si longue lettre* [Uma carta longa] captura os sentimentos de uma professora muçulmana que acaba de ficar viúva. Depois de passar os últimos quatro anos de seu casamento emocionalmente abandonada, ela agora tem de compartilhar o sofrimento por seu falecido marido com a segunda esposa dele, mais jovem. O formato do romance é uma carta escrita pela viúva para sua amiga, que emigrou para os Estados Unidos. As opressões pessoal e social são vistas como dois lados da experiência de muitas mulheres na sociedade senegalesa.

A CASA DOS ESPÍRITOS
(1982), ISABEL ALLENDE

A casa dos espíritos foi o primeiro – e mais bem-sucedido – romance da escritora chilena-norte-americana Isabel Allende (1942-) – neta do ex-presidente socialista do Chile Salvador Allende, deposto em um golpe que é citado na história. O livro começa como uma carta para seu avô, de cem anos, e transforma-se em uma complexa saga épica que abrange três gerações da família, sobre um contexto de turbulência política e social em um país anônimo (reconhecidamente, o Chile). O livro possui elementos do realismo mágico: uma das duas irmãs, Clara, tem poderes de telecinesia e clarividência, os quais desenvolve conscientemente – espíritos visitam sua casa com frequência. Allende retrata amor, traição, vingança e ambição em um país despedaçado, mas oferece uma possível salvação nos prospectos da linhagem feminina.

(...) espero por tempos melhores, enquanto carrego esta criança no meu ventre, a filha de muitos estupros ou talvez de Miguel, mas, acima de tudo, minha própria filha (...).
A casa dos espíritos
Isabel Allende

A INSUSTENTÁVEL LEVEZA DO SER
(1984), MILAN KUNDERA

Ambientado na Primavera de Praga de 1968, um breve período de reforma da Tchecoslováquia soviética, *A insustentável leveza do ser* é a obra mais famosa de Milan Kundera. O título se refere a um dilema filosófico: a ideia do retorno eterno, de Friedrich Nietzsche, ou peso, em oposição à noção do filósofo grego Parmênides da vida como sendo leve. O romance é sobre um cirurgião que persegue sua crença na "leveza" por meio de uma vida amorosa promíscua, que também serve como distração da política instável e frágil de seu país. Ele se apaixona por uma garçonete e casa-se com ela, mas não consegue deixar suas amantes. Kundera questiona se a vida pode ter peso, ou significado, já que voltar ao passado é impossível.

NEUROMANCER
(1984), WILLIAM GIBSON

Uma das primeiras e mais influentes obras do *cyberpunk* – subgênero da ficção científica que costuma apresentar um anti-herói em um futuro tecnológico distópico –, *Neuromancer*, do autor norte-americano-canadense William Gibson (1948-), narra a história de um *hacker* perturbado e suicida. Tendo sido injetado com uma toxina russa que o impede de acessar o ciberespaço, ele é comissionado por um enigmático empregador para fazer um serviço especial; a cura será o seu pagamento. O livro mistura uma visão futurista com elementos do chamado *hard-boiled noir*.

O AMANTE
(1984), MARGUERITE DURAS

Situado na Indochina Francesa nos anos 1930, *O amante* é baseado nas experiências reais da autora francesa Marguerite Duras (1914-1996). A obra detalha o intenso romance entre uma menina pobre de quinze anos e um abastado homem chinês de 27; porém, além disso, o livro também se preocupa com a questão do empoderamento feminino, do relacionamento entre mãe e filha, do florescer da adolescência e dos tabus que permeiam o estrangeirismo e o colonialismo. Alternando entre a narração em primeira e em terceira pessoa, e entre o tempo presente e o passado, o romance utiliza um estilo de prosa esparso e poético.

Don DeLillo

Nascido na cidade de Nova York em 1936, Don DeLillo foi criado em uma família italiana católica no Bronx. Ele descobriu o gosto pela leitura durante um verão quando trabalhou como atendente em um estacionamento.

Trabalhou como revisor de publicidade depois de ter se formado em Arte da Comunicação em 1958, mas, desiludido com o trabalho, saiu em 1964 com a intenção de escrever ficção. Os romances de DeLillo tem sido descritos como pós-modernos e tem o consumismo americano e o vazio da cultura como temas recorrentes.

Outras obras

1985 *Ruído branco* (veja à direita)
1988 *Libra*
1991 *Mao II*
1997 *Submundo*
2011 *O anjo esmeralda*

O CONTO DA AIA
(1985), MARGARET ATWOOD

Versão distópica do futuro não muito distante, *O conto da aia*, da canadense Margaret Atwood (veja p. 327), retrata uma versão dos Estados Unidos na qual o estabelecimento de uma teocracia cristã levou à perda das liberdades das mulheres. Casta e classe tornam-se princípios organizacionais da sociedade, permitindo que Atwood comente sobre desigualdades dos tempos atuais. A narradora é Offred, uma "aia" – concubina para fins reprodutivos em uma era repleta de doenças sexualmente transmissíveis. Seu mestre desenvolve sentimentos por ela e lhe dá privilégios, além de acesso a alguns dos segredos do regime. Mais tarde, ela se envolve em um crescente movimento de resistência. O poder dessa controversa obra de ficção vem de sua crítica devastadora ao patriarcalismo exagerado.

O AMOR NOS TEMPOS DO CÓLERA
(1985), GABRIEL GARCÍA MÁRQUEZ

Delicada análise das dificuldades e ambiguidades do amor, *O amor nos tempos do cólera*, do romancista colombiano vencedor do Nobel, Gabriel Garcia Márquez (veja p. 284), navega habilmente pelos meandros do sentimento humano. Duas versões do amor são apresentadas, ambas consagradas por uma figura masculina: um apaixonado e outro pragmático. O apaixonado, Florentino Ariza, pede sua amada em casamento cinquenta anos depois de ser rejeitado em favor do dr. Juvenal Urbino, o pragmático. Uma questão central no livro é: qual tipo de amor é mais provável de trazer a felicidade? A cólera é apresentada literalmente na narrativa, mas também serve de analogia imaginária para a paixão. Outros temas da obra incluem aceitação da velhice e perpetuação do amor romântico entre os idosos, mesmo quando o corpo está enfermo.

(...) ela não se enterraria viva nessas quatro paredes para costurar sua mortalha, como se esperava das viúvas nativas.

O amor nos tempos do cólera
Gabriel García Márquez

RUÍDO BRANCO
(1985), DON DELILLO

Em seu romance *best-seller Ruído branco*, o autor e dramaturgo Don DeLillo conta como o presidente dos Estudos sobre Hitler em uma universidade norte-americana é forçado a confrontar sua própria mortalidade quando um vazamento químico cria um "evento tóxico aéreo". O livro é uma análise sombriamente divertida do consumismo, das pretensões intelectuais no ambiente acadêmico e da dominância da mídia. Também trata de coesão, confiança e amor na unidade familiar – descrita como o "berço da falta de informação no mundo".

A TRILOGIA DE NOVA YORK
(1985-1986; 1987), PAUL AUSTER

Paul Auster brinca com identidade, ilusão e o absurdo nesses três romances complementares de enorme sucesso: *Cidade de vidro*, *Fantasmas* e *O quarto fechado*. A trilogia é uma ficção policial de clima cinema *noir*, com elementos do experimentalismo pós-moderno. As relações entre um autor e seu tema são exploradas provocativamente: no primeiro livro, o protagonista é um escritor de histórias de detetive que se complica ao ser confundido com um investigador; no último, um autor que sofre de bloqueio artístico tenta obsessivamente encontrar um romancista de sucesso que desapareceu. Mergulhando a si mesmas na escrita de ficção, cartas, poemas ou reportagens, as personagens se alienam da realidade. Um tema recorrente na trilogia é a obra do acaso e da coincidência em nossa vida.

Paul Auster

Romancista, ensaísta, tradutor e poeta, Paul Auster escreve principalmente sobre ideias do ser, identidade e significado – e, às vezes, o próprio autor aparece em seus livros. Nascido em 1947, em Newark, New Jersey, Auster mudou-se para Paris em 1970 para traduzir literatura contemporânea francesa. Retornando aos Estados Unidos quatro anos depois, continuou seu trabalho de tradução, escreveu poesia e começou a produzir uma série de romances de mistério existencialistas, compilados em *A trilogia de Nova York*. Auster também escreveu peças, duas das quais foram adaptadas para filmes que ele mesmo dirigiu.

Outras obras

1982 *A invenção da solidão*
1985-1987 *A trilogia de Nova York* (veja acima)
1990 *A música do acaso*
2005 *As loucuras de Brooklyn*

WANR DE JIUSHI XINTIAO
(1989), WANG SHU O

Wang Shuo (1958-) é um escritor chinês que trabalha no estilo *hooligan*, típico por usar o dialeto pequinês para mostrar indiferença aos valores dominantes. Seu celebrado *Wanr de jiu shi xintiao* [Jogando por emoções] é um romance satírico sobre alienação urbana centrado em um assassinato. É narrado pelo principal suspeito, Fang Yan, um homem que gosta de jogar cartas, beber e conquistar mulheres. Com seu protagonista durão, o livro é repleto de personagens criminosas e fora da lei, relembrando a ficção policial *hard-boiled*.

O PACIENTE INGLÊS
(1992), MICHAEL ONDAATJE

Em seu livro vencedor do prêmio Booker, *O paciente inglês*, do autor canadense nascido no Sri Lanka Michael Ondaatje (1943-) mostra como a vida de quatro personagens se cruza em uma vila italiana em 1945. Uma enfermeira, um ladrão e um sapador *sikh* se preocupam com a vítima de um acidente de avião que está ferida no andar de cima. A narrativa viaja ao passado para revelar um romance no deserto norte-africano e outros segredos perigosos. Mentiras e meias verdades mascaram identidades, e o dano físico e emocional é infligido tanto pela guerra como pelo amor.

TEXACO
(1992), PATRICK CHAMOISEAU

Esse romance decisivo do autor martiniquenho Patrick Chamoiseau (1953-) foi nomeado a partir de uma favela real – que, por sua vez, recebeu o nome da companhia de combustíveis por causa de suas conexões industriais. A fundadora dessa comunidade, cujo pai foi um escravo liberto, conta a história de sua família, começando no início dos anos 1820. A narrativa é pontuada por excertos de seus cadernos, diários e cartas. No âmago do livro, está a luta entre colonizador e colonizado, e entre a história oficial e a tradição oral, ambas refletidas na combinação dos idiomas francês e crioulo.

O deserto não poderia ser reivindicado ou possuído – era um pedaço de tecido carregado pelos ventos, jamais segurado pelas pedras, com centenas de nomes que mudavam...

O paciente inglês
Michael Ondaatje

O ROCHEDO DE TANIOS
(1993), AMIN MAALOUF

O autor libanês Amin Maalouf (1949-), que escreve em francês, venceu o prêmio Prix Goncourt por *O rochedo de Tanios*. O romance se passa no final dos anos 1880, quando o Líbano esteve preso no conflito entre a Europa e o Império Otomano. Ele conta a história de Tanios, filho ilegítimo de um xeque, que foge de sua terra natal com o pai adotivo para escapar dos inimigos políticos. Tanios logo é envolvido no conflito maior e torna-se um improvável intermediário entre os poderes do Ocidente e do Oriente.

GREEN GRASS, RUNNING WATER
(1993), THOMAS KING

O romancista e radialista Tomas King (1943-), que é em parte *cherokee*, escreve sobre a cultura nativa norte-americana em prosa coloquial e concisa. *Green grass, running water* [Grama verde, água corrente] se passa no território Blackfoot de Alberta, Canadá. A estrutura do romance é complexa, com quatro enredos intercalados por diferentes mitos da criação. Uma das histórias apresenta figuras de tradições nativas norte-americanas e cristãs, além de personagens da literatura (como Robinson Crusoé). Tanto cômica quanto satírica, a obra toca em aspectos culturais e políticos das questões de posse dos norte-americanos nativos.

OS CONTOS ESCOLHIDOS
(1996), ALICE MUNRO

A autora canadense Alice Munro escreveu romances, mas seus contos são considerados uma conquista suprema, como pode ser visto na coletânea de oito dos seus livros. A maioria se passa no condado de Huron, sudoeste de Ontário, mostrando tipicamente uma estrutura brilhante, que vai e volta no tempo. Também mostram uma preocupação com a ambiguidade moral e a problemática dos relacionamentos,

O que aquele coiote sonha, tudo pode acontecer.
Green grass, running water
Thomas King

além da responsabilidade que as pessoas assumem como pais, filhos e parentes em diferentes períodos da vida.

GRAÇA INFINITA
(1997), DAVID FOSTER WALLACE

Enxurrada de humor extravagante e incidentes surreais, *Graça infinita* é a obra-prima de David Foster Wallace (1962-2008), escritor norte-americano cujo suicídio consolidou seu *status cult*. Ambicioso romance que explora vício, recuperação e o sonho americano, sua trama se passa em um distópico futuro próximo. Em múltiplas camadas e estilo não cronológico, ele apresenta grande variedade de personagens, como os residentes de um centro de integração social em Boston, alunos de uma academia de tênis nas redondezas e uma gangue de terroristas quebequianos em cadeiras de rodas. Os vícios que ele analisa abrangem entretenimento, sexo, nacionalismo e drogas.

MEU NOME É VERMELHO
(1998), ORHAN PAMUK

Misterioso assassinato de um intelectual em torno dos miniaturistas do século XVI, *Meu nome é vermelho* rendeu reconhecimento internacional para seu autor, o turco Orhan Pamuk (1952-), vencedor do Nobel. O livro expõe uma consciência pós-moderna de sua própria arte: as personagens sabem que são fictícias, e o leitor é mencionado com frequência. A narração alterna pontos de vista, frequentemente entre narradores inesperados – há trechos narrados

Alice Munro

Escritora de histórias brilhantemente trabalhadas, atrativas e emocionalmente ricas, Alice Munro desenvolveu e aprimorou a arte de escrever contos ao longo de seis décadas. Nascida em Ontário, Canadá, em 1931, teve seu primeiro texto publicado em 1950, enquanto estudava inglês e jornalismo na University of Western Ontario. Sua primeira coletânea de contos, *Dance of the Happy Shades* [A dança das sombras felizes], foi publicada em 1968, mostrando a vida das mulheres em uma pequena cidade de Ontário – embora Munro tenha se mudado de sua cidade natal dez anos antes. Escrevendo uma incrível gama de contos e romances, ela foi pioneira em um estilo narrativo rico em imagens e, ao mesmo tempo, lírico, esparso e intenso em sua descrição das complexidades da vida cotidiana.

Outras obras

1978 *Quem você pensa que é?*
1996 *Os contos escolhidos* (veja à esquerda)
1998 *O amor de uma boa mulher*
2004 *Fugitiva*

Jhumpa Lahiri

O pai de Jhumpa Lahiri emigrou para o Reino Unido vindo da Índia, e Jhumpa nasceu em Londres em 1967. Sua família se mudou para os Estados Unidos – país que considera seu lar – quando ela tinha dois anos de idade. Depois da escola, frequentou a Universidade de Boston, onde recebeu múltiplas graduações, e começou a lecionar escrita criativa. Renomada por sua prosa contida e mordaz, Lahiri é aclamada por seus contos e romances, escrevendo sobre temas relativos à sua experiência como segunda geração de hindus-americanos.

Outras obras

1999 *Intérprete de males* (veja abaixo)
2003 *O xará*
2008 *Terra descansada*
2013 *Aguapés*

por uma moeda e pela cor vermelha. Os temas do romance incluem devoção artística, amor e tensões entre Oriente e Ocidente.

INTÉRPRETE DE MALES
(1999), JHUMPA LAHIRI

Primeira obra de ficção de Jhumpa Lahiri, *Intérprete de males* foi inicialmente rejeitada por várias editoras, mas acabou vencendo o Prêmio Pulitzer. Coletânea de oito contos, o tema que os une é a experiência da primeira e da segunda geração de imigrantes indianos na América do Norte. Entre outros assuntos explorados, estão a perda, expectativas frustradas, a desconexão entre diferentes gerações de imigrantes e a luta para encontrar um lugar no Ocidente para a cultura tradicional da Índia, onde se passam duas das histórias. Em muitas delas, a comida desempenha um papel fundamental como foco da interação humana.

AUSTERLITZ
(2001), W. G. SEBALD

Escrevendo com frequência em uma forma intencionalmente elaborada de sua língua nativa, o autor alemão Sebald (1944-2001) viveu na Inglaterra durante a última parte de sua vida. *Austerlitz* é típico de suas obras em suas reflexões melancólicas sobre perda, lembranças e dissolução por meio da memória, da história e da observação. O título do livro é o nome da personagem principal, enviada à Inglaterra para pais adotivos. Mais tarde, depois de descobrir sua identidade tcheca e tornar-se um historiador de arquitetura, ele explora seu passado conturbado.

Ninguém explica exatamente o que acontece dentro de nós quando as portas atrás das quais jazem nossos terrores da infância são abertas.
Austerlitz
W. G. Sebald

AS AVENTURAS DE PI
(2001), YANN MARTEL

Em seu aclamado romance *As aventuras de Pi*, o autor canadense Yann Martel (1963-) acompanha a jornada de um adolescente indiano, filho de um funcionário de zoológico, que passa 227 dias à deriva em um bote salva-vidas no oceano Pacífico após um naufrágio, com apenas um tigre-de-bengala chamado Richard Parker como companhia. O garoto, a caminho do Canadá, desenvolve sabedoria por meio da adversidade. Suas experiências (incluindo delírio, cegueira, suricatos e algas carnívoras) exigem reflexões urgentes e profundas sobre espiritualidade, religiões e zoologia.

O CAÇADOR DE PIPAS
(2003), KHALED HOSSEINI

Retratando temas como traição, culpa, pecado, reparação e amizade, *O caçador de pipas* começa no Afeganistão em 1975. Um garoto de doze anos planeja ganhar uma competição de pipas com a ajuda de seu melhor amigo, mas um ato de violência marca o dia do concurso. Exilado na Califórnia após a invasão soviética em 1979, ele por fim retorna para uma terra sob o domínio talibã. Para escrever esse romance parcialmente autobiográfico, Khaled Hosseini (1965-) se inspirou na proibição de empinar pipas que havia sido imposta à sua terra natal.

2666
(2004), ROBERTO BOLAÑO

Último, não revisado e labiríntico romance do escritor chileno Roberto

Bolaño (1953-2003), *2666* (cujo título nunca é completamente explicado) trata de um misterioso escritor, Archimboldi. Em parte ambientado na frente oriental da Segunda Guerra Mundial, a história acontece principalmente em uma cidade mexicana famosa por cerca de trezentos homicídios de mulheres em série. Após detalhar os homicídios em incansáveis relatos policiais, Bolaño recompensa os leitores por sua paciência com uma vívida reconstrução histórica que esclarece o enigma no âmago do romance.

MEIO SOL AMARELO
(2006), CHIMAMANDA NGOZI ADICHIE

Adichie nomeou sua obra-prima *Meio sol amarelo* – que narra a Guerra Civil da Nigéria (1967-1970) por meio de seu impacto em três personagens principais – em homenagem ao símbolo da bandeira de Biafra. Os temas incluem o custo humano do conflito, política e identidade na África pós-colonial e o relacionamento entre África e Ocidente. Escrevendo com subtextos feministas, Adichie também questiona a ética do jornalismo ocidental e a função da base acadêmica, além da efetividade do auxílio humanitário.

Metáforas são nossa forma de nos perder em semelhanças ou pisar na água em um mar de aparências.

2666

Roberto Bolaño

MAGO DO CORVO
(2006), NGUGI WA THIONG'O

Ambientado em uma ditadura imaginária africana, *Mago do corvo* é uma ousada sátira do totalitarismo. O autor, Ngugi wa Thiong'o (1938-), prisioneiro de consciência em seu nativo Quênia, emigrou para os Estados Unidos depois de ser solto. Em uma paródia sobre governos corruptos, o enredo envolve um déspota que deseja subir aos céus construindo uma Torre de Babel moderna. A esperança é encontrada em diversas vozes dissidentes – como um grupo que causa confusão com cobras de plástico. Influenciado pelas tradições orais, o livro opera em traços caricatos, com alguns toques escatológicos.

O FUNDAMENTALISTA RELUTANTE
(2007), MOHSIN HAMID

Apresentado como um monólogo que acontece em um café em Lahore, Paquistão, *O fundamentalista relutante* captura as experiências de um paquistanês que deixa os Estados Unidos e volta para casa depois de um romance fracassado e do Onze de Setembro, virando as costas para um emprego bem remunerado. No Paquistão, sua desilusão com o capitalismo norte-americano se transforma em opiniões mais radicais. O autor paquistanês Mohsin Hamid (1971-) usa a história da namorada do narrador, incapaz de livrar-se de um relacionamento anterior, como metáfora para o apego nostálgico dos Estados Unidos às glórias passadas.

PRECISAMOS DE NOVOS NOMES
(2013), NOVIOLET BULAWAYO

Ambientado inicialmente em uma favela do Zimbábue chamada Paraíso, o maduro romance *Precisamos de novos nomes* retrata a vida acometida pela violência, pela pobreza, pela doença e pela injustiça. A jovem narradora, enviada para viver com sua tia no centro-oeste dos Estados Unidos, enfrenta uma nova fonte de tristeza: a exclusividade do sonho americano. O romance é especialmente memorável por seu retrato da lealdade e da vitalidade das amizades de infância no Zimbábue, onde a autora NoViolet Bulawayo (1981-) nasceu e cresceu.

Chimamanda Ngozi Adichie

Nascida em 1977 no sudeste da Nigéria, Chimamanda Ngozi Adichie estudou medicina e enfermagem na Universidade da Nigéria em Enugu, onde seu pai era professor de estatística e sua mãe foi a primeira mulher arquivista. Cursou comunicação e ciências políticas nos Estados Unidos, obtendo mais tarde um mestrado em estudos africanos por Yale. Autora de romances, contos e poesia, venceu o Orange Prize 2007 de Ficção por *Meio sol amarelo*. Adichie divide seu tempo entre os Estados Unidos e a Nigéria, onde ensina escrita criativa.

Outras obras

2003 *Hibisco roxo*
2006 *Meio sol amarelo* (veja à esquerda)
2013 *Americanah*

GLOSSÁRIO

Alegoria Obra de arte ou literatura que contém sentido ou mensagem oculta, em geral transmitida simbolicamente. Por exemplo, um conto sobre animais conflitantes em uma fazenda pode ser uma alegoria para os líderes políticos corruptos de um país.

Alexandrino Verso poético que consiste em doze sílabas divididas em seis pés iâmbicos (sílaba átona seguida por sílaba tônica).

Aliteração Uso de diversas palavras em sequência ou próximas que comecem com a mesma consoante ou som, frequentemente por um efeito poético proposital.

Anti-herói Protagonista de uma obra literária que personifica um código moral notavelmente diferente do herói tradicional (ou exemplar) por ser não heroico ou vil.

Antirromance Termo cunhado pelo filósofo **existencialista** e escritor Jean--Paul Sartre em meados do século XX para descrever um **romance** no qual as convenções formais são deliberadamente ignoradas ou subvertidas. Desenvolvimento fundamental da literatura **pós-moderna**, o antirromance pode ter algumas características em comum com a **metaficção**.

Balada Forma de verso popular que narra uma história, em geral embalada em música, largamente disseminada na Europa da Idade Média até o início do século XIX.

Bildungsroman "Romance de formação" que fala sobre as primeiras lutas e a educação emocional de um **protagonista** jovem, que cresce e amadurece durante o processo. O **gênero** teve origem na Alemanha no final do século XVIII. Muitos *Bildungsromans* são tidos como parcialmente autobiográficos.

Canção de gesta Forma de poema épico do século XI ao XIII que incorpora lendas sobre figuras históricas, como Carlos Magno, e que era cantado ou recitado na corte. É frequentemente considerado o início da literatura francesa. O termo "**chanson de geste**" vem do francês arcaico e significa "música de atos heroicos".

Canto Do significado italiano para "música", parte de um poema longo (ou especialmente épico), comparável ao capítulo de um **romance** ou longa obra de **não ficção**.

Classicismo de Weimar Movimento literário alemão que durou dos anos 1780 a 1805, nomeado em homenagem à cidade alemã de Weimar, lar de seus principais autores: Johann Wolfgang von Goethe e Friedrich von Schiller. Esses autores utilizaram a estrutura do **teatro** e da **poesia** clássica grega para criar obras de equilíbrio e harmonia estética.

Clássico Em seu sentido literário, uma obra largamente aceita como sendo de valor duradouro e digna de estudo.

Comédia Um dos dois tipos de teatro criados na Grécia antiga (o outro é a **tragédia**), cujo propósito é o riso, o entretenimento e a **sátira**. Em contraste com a tragédia, a comédia tende a apresentar um final feliz e a abordar pessoas comuns e aspectos mundanos da vida.

Conceito Metáfora elaborada ou improvável, especialmente popular na **poesia** elisabetana, comparando duas coisas que sem dúvida não são similares. O poeta inglês John Donne famosamente compara amantes distantes aos ponteiros de um compasso: separados, mas ainda conectados.

Conto de fadas Conto curto que apresenta personagens da fantasia folclórica e eventos extraordinários, ambientados em um mundo mágico, atemporal e geralmente rural.

Conto folclórico Conto popular ou tradicional passado de geração em geração pela transmissão oral; outro nome para **conto de fadas**.

Dístico Dois versos sucessivos, frequentemente rimando. Quando ocorre na conclusão de um poema (como em um **soneto** shakespeariano), pode formar uma somatória do sentimento ou da mensagem do poema.

Distopia O oposto de **utopia**: visão (geralmente em formato de **romance**) de um futuro no qual a sociedade é dominada por um Estado totalitarista ou foi despedaçada – muitas vezes, por desastres ambientais ou pela guerra. A vida em uma distopia costuma envolver medo e privações.

Enredo História principal, ou sequência e relação entre eventos cruciais, em uma obra de literatura.

Esquema rítmico Padrão das rimas em um poema. Certos tipos de poema têm rígidos esquemas rítmicos, como a ***terza rima***, o **soneto** shakespeariano e a **ode** keatsiana.

Estética Relacionado à beleza ou à apreciação da beleza; como substantivo, usado para denotar o conjunto de princípios e ideias que definem um movimento artístico ("uma estética clássica").

Esteticismo Movimento originado no final do século XIX na Inglaterra, que valorizava a "arte pela arte" e rejeitava a ideia de que a arte ou a literatura deveriam oferecer uma mensagem moral ou um propósito social. Seus líderes incluíam o dramaturgo Oscar Wilde, o artista James Whistler e o poeta e artista Dante Gabriel Rossetti.

Existencialismo Teoria filosófica que surgiu na Europa no final do século XIX, focando na experiência individual do mundo e na importância da atuação e da responsabilidade individual. A literatura existencialista frequentemente contém elementos de ansiedade, solidão e paranoia nas reações das personagens a um universo sem sentido.

Fábula História simples com uma mensagem moral que apresenta, com frequência, animais como personagens e elementos míticos.

Falácia patética Cunhado pelo crítico vitoriano John Ruskin, em 1856, o termo descreve um mecanismo literário pelo qual emoções humanas são atribuídas à natureza ou ao ambiente, de modo que a natureza pareça oferecer uma reflexão sobre o estado interior da personagem.

Falha trágica Na **tragédia** grega, elemento da personalidade do **protagonista** que o conduz ao seu declínio.

Ficção Obra inteiramente inventada, consistindo de uma **narrativa** criada e personagens imaginárias. Uma obra de ficção pode ser totalmente fantástica ou ambientada no mundo real. Em um sentido mais amplo, ficção é o **gênero** que consiste em **romances** e histórias.

Ficção científica Escrita que explora a possibilidade de contextos que, à época da escrita, são impossíveis, extrapolando a ciência dos tempos atuais; ou que introduz algum tipo de **conceito** especulativo baseado na ciência, como uma sociedade (na Terra ou em outro planeta) desenvolvida com costumes completamente diferentes dos nossos.

Ficção especulativa Usado pela primeira vez em 1947 pelo escritor de **ficção científica** norte-americano Robert A. Heinlein como sinônimo para esse gênero, o termo hoje significa um gênero livre de obra que lida com a questão "E se?" por meio de **ficção científica**, terror, fantasia, mistério e outros gêneros, ou às vezes todos ao mesmo tempo.

Ficção *hard-boiled* Tipo de ficção policial urbana que teve origem nas revistas de investigação norte-americanas dos anos 1920, geralmente com um detetive sarcástico como **protagonista** e apresentando gângsteres, prostitutas, armas, sexo e violência, além de diálogos rápidos e coloquiais.

Fluxo de consciência Técnica experimental de grande importância, usada por escritores **modernistas**, que tenta retratar pensamentos, sentimentos e percepções de uma personagem enquanto ocorrem, frequentemente misturados e inacabados, em detrimento de frases formais e compostas. Seus proponentes incluem James Joyce, Virginia Woolf e William Faulkner.

Folclore Crenças, lendas e costumes tradicionais de uma cultura, transmitidas pela tradição oral por muitas centenas (ou até milhares) de anos.

Gênero Estilo ou categoria de literatura (ou arte ou música), como **tragédia**, **comédia**, histórico, suspense, **ficção científica**, **romance** ou policial.

Gótico Gênero que explora os limites da imaginação, nascido na Inglaterra e Alemanha no final do século XVIII e início do século XIX. Suas características incluem cenários sombrios e macabros (como castelos, ruínas ou cemitérios), seres sobrenaturais (como fantasmas e vampiros) e um clima de mistério e terror.

Haicai Estrutura japonesa que consiste em um poema curto com três versos de cinco, sete e cinco sílabas, respectivamente, e que aborda tradicionalmente o mundo natural. Floresceu do século XVII ao XIX e tornou-se popular na literatura ocidental no século XX.

Herói byroniano Herói com as qualidades pelas quais o poeta romântico inglês Lord Byron foi conhecido, incluindo rebeldia, paixão, heroísmo, apreço pela moralidade convencional e, possivelmente, um apetite pela autodestruição.

Humanismo Durante o Renascimento, movimento intelectual que brotou de um interesse reavivado no pensamento clássico grego e romano; hoje, um sistema secular e racionalista de pensamento que enfatiza o ser humano em detrimento da ação divina.

Lenda História tradicional, ligada a eventos históricos, pessoas ou locais, que opera no âmbito do possível (em oposição a um **mito**, que incorpora elementos sobrenaturais), embora as datas exatas e os detalhes possam ter sido perdidos.

Literatura mundial Literatura que desenvolveu um público e exerceu influência além de sua cultura e idioma originais.

Literatura pós-colonial Ramo da literatura, especialmente dos **romances**, que se desenvolveu em antigas colônias ao redor do mundo em meados do século XX, abordando as consequências da colonização e examinando questões como opressão e liberdade, identidade cultural e diáspora.

Literatura vitoriana Literatura britânica escrita durante o reinado da rainha Victória (1837-1901), geralmente consistindo em **romances** longos e ambiciosos que retratavam diversos setores da sociedade e, com frequência, possuíam uma lição moral. Seus principais autores foram Charles Dickens, George Eliot e William Makepeace Thackeray.

Metaficção Tipo de escrita pós-moderna que utiliza técnicas para lembrar o leitor da artificialidade de uma obra literária (por exemplo, introduzindo o autor como personagem ou apresentando personagens conscientes de que estão em uma história), com o objetivo de direcionar a atenção para a relação entre **ficção** e vida real.

Metáfora Figura de linguagem que acrescenta uma camada adicional de significado a um objeto comparando-o a outra coisa.

Métrica Na poesia, o ritmo de um verso, ditado pelo "pé" (sílaba tônica).

Mito Narrativa simbólica de deuses ou seres sobre-humanos que existem em um tempo alheio à história humana, usada para explicar costumes, rituais e crenças de um povo ou cultura. É frequentemente associado a **lenda**, embora sejam distintos.

Modernismo Em literatura, movimento que durou do final do século XIX a meados do século XX. Rompeu com as estruturas tradicionais e expandiu os limites da **poesia** e da **ficção** com métodos experimentais que buscavam um novo nível de verdade psicológica, como o **fluxo de consciência**.

Mote Tema que retorna diversas vezes ao longo de uma obra e que pode refletir ou intensificar os outros temas ou a mensagem central.

Narrativa escravista Narrativa de não ficção contada por um escravo que escapou ou a quem foi concedida a liberdade. Relativamente raras (uma vez que a educação era negada aos escravos), eram usadas por ativistas antiescravagistas para levar o sofrimento dos cativos à atenção do público geral, ajudando a encerrar o comércio europeu de escravos e a abolir a escravatura na América do Norte.

Narrativa moldura Narrativa exterior que introduz uma história (ou histórias) contida(s) nela – geralmente, por meio de uma personagem que narra a história principal, interior. A moldura fornece contexto e estrutura e, às vezes, incorpora muitas histórias diferentes, como em ***Decamerão***, de Giovanni Boccaccio, e ***Os contos de Canterbury***, de Geoffrey Chaucer.

Naturalismo Movimento literário que foi além do realismo na tentativa de recriar o comportamento humano em detalhes exatos e precisos. Também tentou mostrar como as pessoas (especialmente os pobres) são moldadas por seus ambientes e pressões sociais, e foi muito criticada por se concentrar na miséria humana. Teve origem na França em meados do século XIX, e talvez seja mais bem exemplificado pelos romances de Émile Zola.

Não ficção Obra em **prosa** na qual nada é inventado, baseada em fatos e eventos reais (ao contrário da **ficção**).

Neoclassicismo Fascinação pelos ideais da Grécia e Roma clássicas predominante nas artes na Europa durante o Iluminismo (1650-1800). Na literatura, o neoclassicismo se desenvolveu com mais afinco na França, com os dramaturgos Molière e Jean Racine escrevendo **comédias** e **tragédias**, respectivamente, que aderiam às **unidades** clássicas. Na Grã-Bretanha, seus principais expoentes incluíam o poeta Alexander Pope e o sátiro Jonathan Swift.

Novela Obra de **ficção em prosa** mais curta que um **romance**, porém mais longa que um conto. Uma novela pode abordar temas quase tão abrangentes quanto um romance, embora retenha parte da unidade compacta de um conto.

Novo jornalismo Forma de **não ficção** que utiliza mecanismos estilísticos da **ficção** para alcançar um efeito literário superior, dramatizando fatos em vez de ater-se à verdade jornalística objetiva. Seus principais praticantes incluíam Hunter S. Thompson, Truman Capote, Norman Mailer e Joan Didion. O nome deriva do livro de 1973 do autor norte-americano Tom Wolfe.

Ode Poema lírico **rimado** escrito para uma pessoa, um lugar ou um objeto – geralmente, como homenagem. Teve origem na Grécia antiga, onde era encenado com acompanhamento musical.

Paródia Obra que zomba de seu alvo por meio da imitação humorística, satírica ou irônica e do exagero de seus elementos menos efetivos.

Peça Obra cuja intenção é ser encenada em um palco diante de um público. Teve origem em Atenas nos séculos VI e V a.C., e o termo vem da palavra grega para "ação". Os principais **gêneros** eram originalmente **tragédia** e **comédia**.

Poesia Escrita literária de expressão concentrada, com o objetivo de causar maior ressonância que a **prosa**. A poesia utiliza uma grande variedade de mecanismos, incluindo **aliteração**, **rima**, **metáfora** e ritmo, para alcançar seus efeitos. Diferentes formas de poesia incluem a épica, a **balada**, o **soneto** e, mais recentemente, a forma menos estruturada de verso livre.

Protagonista Personagem principal de uma história ou **narrativa**; a pessoa para quem a história acontece.

Poema épico Longo poema **narrativo**, detalhando as aventuras de um herói histórico ou lendário. Poemas épicos são os textos literários mais antigos do mundo, e provavelmente tiveram origem na tradição oral.

Pós-modernismo Na literatura, movimento que começou após a Segunda Guerra Mundial, a partir das experimentações da era **modernista**. Obras pós-modernistas exibem diferentes abordagens, mas costumam caçoar das tradições antigas por meio da **paródia**, do pastiche e da mistura de elementos entre arte alta e baixa; técnicas de **metaficção** são utilizadas para chamar a atenção para a artificialidade de uma obra.

Prosa Forma natural e comum da linguagem falada ou escrita, em oposição a formas mais estruturadas e rítmicas de **poesia**.

Realismo Retrato fiel da vida como é vivida por pessoas comuns. Com frequência, refere-se especificamente à abordagem literária adotada na França (em particular, nos **romances** de Gustave Flaubert) no século XIX, com dados materiais detalhados e visão sociológica em reação à natureza emocional da literatura **romântica**.

Realismo fantástico Estilo **pós-moderno** de expressão artística que, na literatura, toma a forma de uma **narrativa realista** tradicional em que são introduzidos elementos bizarros ou sobrenaturais, forçando o leitor a reavaliar a realidade da **ficção**.

Rima Repetição do mesmo som em duas ou mais palavras. Quando ocorre ao final dos versos de um poema, cria um efeito usado pelos poetas para alcançar fins distintos (por exemplo, intensificar o significado, concluir um poema, ou, simplesmente, por harmonia).

Renascimento do Harlem Florescimento da literatura negra norte-americana (e também da arte e da música) surgida na nova classe média negra dos anos 1920 no Harlem, Nova York. Durando aproximadamente de 1918 até o início dos anos 1930, ajudou a estabelecer uma identidade cultural negra nos Estados Unidos.

Roman à clef Obra na qual pessoas e eventos reais são apresentados em forma ficcional. Do francês, "**romance** com chave".

Romance (estrutura) Obra de ficção em **prosa**, em geral com centenas de páginas, contendo, tipicamente, personagens e um **enredo**. A estrutura do romance se desenvolveu pouco a pouco do século XVI em diante.

Romance (gênero) Do século XVI ao XVIII, obra de **ficção** que continha aventuras extraordinárias ou elementos fantásticos. Na ficção contemporânea, **gênero** cujo **enredo** e cuja **narrativa** focam no amor romântico.

Romance de costumes Estilo literário que examinava (geralmente de forma satírica) os valores e as contradições da sociedade por meio dos cenários domésticos das classes média e alta, e no qual o **realismo** literário era um elemento primordial. Desenvolvido parcialmente em reação aos romances **góticos** do final do século XVIII e aos excessos do **romantismo**.

Romance epistolar Tipo de **romance** popular na literatura europeia do século XVIII, no qual a **narrativa** é contada inteiramente por meio de cartas ou outros documentos escritos pelas personagens.

Romance picaresco Da palavra espanhola "pícaro", significando "trapaceiro" ou "maroto"; **narrativa em prosa** episódica sobre um herói malandro, porém carismático.

Romantismo Na literatura, movimento literário europeu que teve início ao final no século XVIII, no qual escritores rejeitaram os ideais de razão objetiva do Iluminismo e escreveram apenas a partir de suas perspectivas pessoais. Racionalidade e concisão foram substituídas por inspiração e subjetividade. Os temas incluíam experiências emocionais intensas e a beleza sublime da natureza.

Saga **Narrativa** da Islândia ou da Noruega escrita na Idade Média, sobretudo na língua nórdica antiga, abordando principalmente a fundação da Islândia (sagas familiares), os reis da Noruega (sagas dos reis) e proezas lendárias ou heroicas (sagas da Antiguidade). Embora escrita em **prosa**, a saga compartilha características com a poesia épica.

Sátira Originada nas **comédias** da Grécia antiga, é uma forma literária que utiliza elementos como ironia, sarcasmo, zombaria e sagacidade para expor ou atacar vícios ou fraquezas humanas, geralmente com a intenção de inspirar mudança.

Solilóquio Mecanismo de uma peça no qual uma personagem conta seus pensamentos mais íntimos em voz alta, compartilhando-os diretamente com o público.

Soneto Tipo de poema criado na Itália medieval, possui catorze versos com determinado número de sílabas e segue um **esquema rítmico** específico. Os dois tipos mais comuns de soneto são o petrarquiano (ou italiano) e o shakespeariano (ou inglês).

Sturm und Drang [tempestade e ímpeto], Movimento literário alemão do final do século XVIII que rejeitou as convenções do Iluminismo, deleitando-se nos extremos da individualidade, da violência e da expressão apaixonada. Os jovens Johann Wolfgang von Goethe e Friedrich von Schiller foram dois de seus principais expoentes.

Terza rima Forma de **poesia** que utiliza estrofes de três versos com um **esquema rítmico** entrecruzado, de modo que o primeiro e o terceiro verso **rimem** entre si e o verso do meio rime com o primeiro e o terceiro verso da estrofe seguinte. Desenvolvido (embora não inventado) pelo poeta italiano Dante Alighieri.

Tragédia Um dos dois tipos de peças criados na Grécia antiga (o outro é a **comédia**), no qual os eventos avançam rumo a uma conclusão catastrófica, e que mostra personagens deprimidas passando por sofrimentos terríveis, frequentemente por causa de um **defeito trágico**.

Transcendentalismo Movimento do século XIX, nos Estados Unidos, cujos adeptos viam beleza e bondade divinas na natureza, tentando expressá-las pela literatura. Seus escritores mais famosos foram Henry David Thoreau e Ralph Waldo Emerson.

Trovador Compositor e cantor viajante nas cortes da Europa medieval. Costumavam ser artistas de berço nobre que cantavam contos sobre amor cortês, em vez de histórias sobre feitos heroicos e sangrentos.

Trouvère Compositor de poemas épicos do norte da França que se apresentava, aproximadamente, do século XI ao XIV.

Unidades Três regras que governavam a estrutura do teatro **neoclássico**, seguindo as notas de Aristóteles sobre o teatro grego. São elas: unidade de ação (um único **enredo** ou história), unidade de tempo (um único dia) e unidade de espaço (um único lugar).

Utopia Sociedade teoricamente perfeita na qual todas as pessoas vivem uma existência harmoniosa. Termo proveniente do nome da obra de 1516 do humanista e estadista inglês Sir Thomas More.

Vernáculo Idioma de um país específico; linguagem cotidiana como é falada, em oposição à linguagem literária formal.

Voz narrativa Forma pela qual uma **narrativa** é comunicada ao leitor – por exemplo, em primeira pessoa ou por meio de um narrador onisciente.

ÍNDICE

Os números em **negrito** se referem às principais inserções.

D

F

G

H

I

J

K

L

M

N

O

P

S

T

W

XYZ

AGRADECIMENTOS

Dorling Kindersley gostaria de agradecer a Margaret McCormack pelo índice do livro; a Alexandra, Beeden, Sam Kennedy e Georgina Palffy pelo auxílio editorial; e a Gadi Farfour e Phil Gamble pela assistência no design.

CRÉDITOS DAS IMAGENS

A editora gostaria de agradecer a todos listados a seguir por sua gentil permissão para reproduzir suas fotografias:

(Legenda: a-acima; b-abaixo; c-centro; e-esquerda; d-direita; t-topo)

23 akg-images: Roland e Sabrina Michaud (bd). **25 akg-images:** British Library (te). **28 Alamy Images:** Peter Horree (be). **29 Dreamstime.com:** Nikolai Sorokin (bd). **30 Corbis:** Alfredo Dagli Orti/The Art Archive (td). **32 Getty Images:** Universal History Archive/ Colaborador (b). **33 Alamy Images:** ACTIVE MUSEUM (td). **36 Corbis:** (be). **Dreamstime.com:** Emicristea (td). **38 Getty Images:** De Agostini Picture Library (be). **39 Alamy Images:** epa european pressphoto agency b.v. (te). **51 Alamy Images:** World History Archive (te). **64 Corbis:** David Lees (te). **65 Corbis:** Hulton-Deutsch/ Hulton-Deutsch Collection (td). **67 The Art Archive:** Ashmolean Museum (bd). **69 The Bridgeman Art Library:** Private Collection/ Bridgeman Images (te). **70 Alamy Images:** Pictorial Press Ltd (be). **71 Corbis:** (td). **73 Corbis:** Michael Nicholson (td). **78 Corbis:** (be). **81 Dreamstime.com:** Typhoonski (be). **84 Corbis:** (be). **85 Corbis:** Steven Vidler/Eurasia Press (td). **87 Corbis:** Lebrecht Authors/Lebrecht Music & Arts (te). **Alamy Images:** Lebrecht Music and Arts Photo Library (bd). **88 Corbis:** John Springer Collection (bd). **89 Alamy Images:** AF archive (te). **97 Corbis:** The Art Archive (td). **99 Corbis:** (be). **101 Corbis:** Leemage (td). **114 Corbis:** Robbie Jack (te). **115 Topfoto:** The Granger Collection (be). **Corbis:** Leemage (td). **117 Getty Images:** DEA PICTURE LIBRARY (td). **119 Corbis:** Hulton-Deutsch/Hulton-Deutsch Collection (td). **121 Corbis:** (td). **123 Corbis:** Hulton-Deutsch Collection (td). **127 Corbis:** (be). **129 Getty Images:** Stock Montage/Colaborador (be). **134 Getty Images:** Hulton Archive/Stringer (be). **136 Alamy Images:** Daniel J. Rao (t). **137 Corbis:** (td). **140 Corbis:** (be). **142 Corbis:** John Springer Collection (te). **143 Corbis:** (bd). **144 Alamy Images:** North Wind Picture Archives (te). **145 Alamy Images:** United Archives GmbH (te). **147 Corbis:** Chris Hellier (td). **Alamy Images:** Classic Image (bc). **148 Corbis:** Geoffrey Clements (te). **160 Corbis:** Hulton-Deutsch Collection (be). **161 Corbis:** Leemage (td). **162 Topfoto:** The Granger Collection (td). **163 The Bridgeman Art Library:** Archives Charmet (bd). **167 Corbis:** Hulton-Deutsch Collection (td). **170 Corbis:** (te). **Alamy Images:** ITAR-TASS Photo Agency (be). **171 Getty Images:** Oscar G. Rejlander/ Colaborador (td). **Corbis:** Derek Bayes/ Lebrecht Music & Arts/Lebrecht Music & Arts (bc). **174 Corbis:** (be). **175 Getty Images:** Imagno (td). **176 Corbis:** David Scharf (te). Hulton-Deutsch Collection (bd). **180 Alamy Images:** Heritage Image Partnership Ltd (te). **181 Corbis:** Leemage (be). **Alamy Images:** GL Archive (td). **183 Corbis:** The Print Collector (be). **187 Corbis:** (be). **189 Corbis:** (td). **191 Corbis:** Hulton-Deutsch Collection (td). **193 Corbis:** (td). **197 Corbis:** Hulton-Deutsch Collection (td). **211 Corbis:** (td). **216 Getty Images:** Culture Club/ Colaborador (be). **217 Getty Images:** Apic/ Colaborador (td). **219 Alamy Images:** Gabriela Insuratelu (te). **220 Corbis:** Leemage (be). **225 akg-images:** ullstein bild (t). **227 akg-images:** (bc). **Corbis:** Hulton-Deutsch Collection (td). **230 Corbis:** (be). **231 Getty Images:** Paramount Pictures/Handout (td). **239 Corbis:** Bettmann (td). **252 Getty Images:** Hulton Archive/Stringer (be). **255 Getty Images:** Heritage Images/Colaborador (bd). **257 Dreamstime.com:** Nicolarenna (te). **Corbis:** Bettmann (td). **261 Alamy Images:** Everett Collection Historical (be). **265 Corbis:** Bettmann (be). CHARLES PLATIAU/Reuters (td). **267 Alamy Images:** Eye Ubiquitous (te). **268 Topfoto:** Charles Walker (be). **269 Alamy Images:** ZUMA Press, Inc. (td). **271 Corbis:** Marc Brasz (td). **273 Getty Images:** Donald Uhrbrock/ Colaborador (be). **274 Getty Images:** Keystone-France/Colaborador (b). **275 Corbis:** Sophie Bassouls/Sygma (td). **279 Corbis:** Hulton-Deutsch Collection (be). **282 Corbis:** Karl-Heinz Eiferle/dpa (bd). **284 Getty Images:** Philippe Le Tellier/ Colaborador (be). **285 Alamy Images:** Jan Sochor (td). **297 Corbis:** Bettmann (bd). **299 Corbis:** Sophie Bassouls/ Sygma (td). **302 Corbis:** Walter McBride (be). **303 Alamy Images:** Dinodia Photos (bd). **304 Getty Images:** Dinodia Photos/ Colaborador (te). **305 Alamy Images:** FotoFlirt (bd). **307 Corbis:** (td). **309 Corbis:** Nigel Pavitt/ JAI (be). Colin McPherson (td). **315 Corbis:** Destinations (be). Eric Fougere/ VIP Images (td). **317 Corbis:** Jihan Abdalla/Blend Images (te). **321 Alamy Images:** PPFC Collection (td). **Corbis:** Sophie Bassouls/Sygma (be). **323 Corbis:** James Andanson/Sygma (td). **325 Corbis:** Colin McPherson (be). **327 Corbis:** Rune Hellestad (td). **329 Alamy Images:** dpa picture alliance (td).

Conheça todos os títulos da série:

DK | Penguin Random House | GLOBOLIVROS

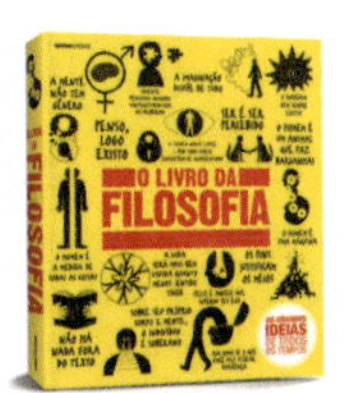

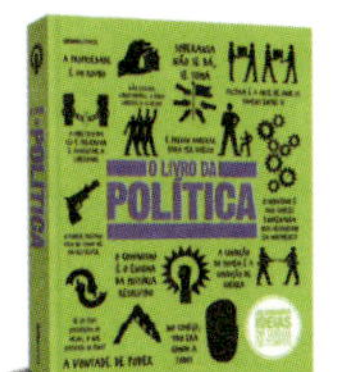

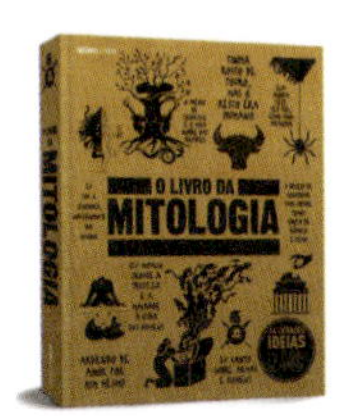

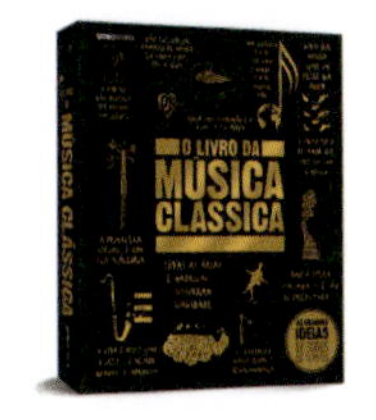

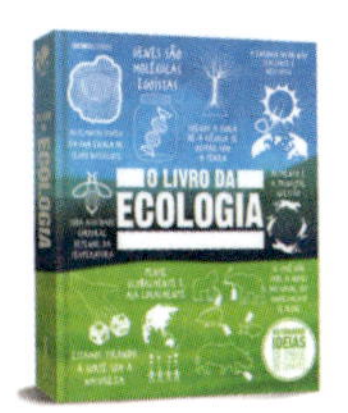

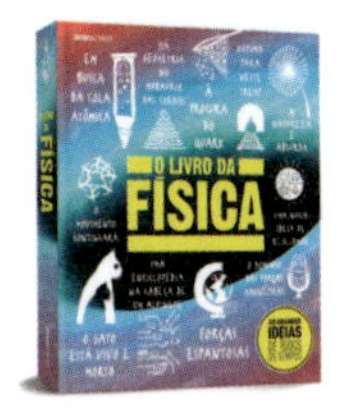

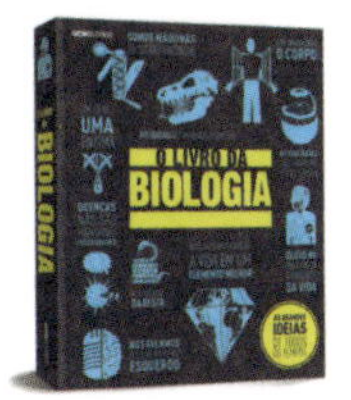

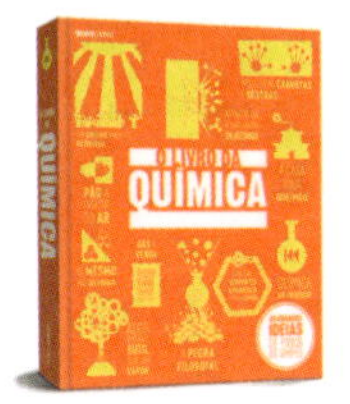

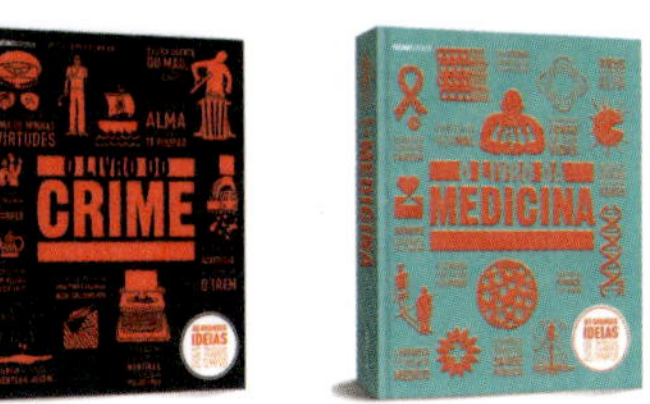